行政裁量と衡量原則
〔増補第2版〕

海老沢 俊郎

行政裁量と衡量原則
〔増補第2版〕

学術選書
263
行政法

信山社

増補第2版発行によせて

　初版発行からそれ程経過していない時点で増補版を作成した理由を，弁明の趣旨も含めて述べることにする。

　初版本のかなりの部分は書き下ろしである。決して書き急いだ訳ではないが，もう少し説明を加えた方が良いと思われる部分を，出版後になって発見した。それは裁量論と法治主義（特に法律の留保）との関係の説明であり，もうひとつは行政裁量ないし衡量の司法統制の説明である。これが増補版発行の主たる理由であるが，それを述べることにする。

　法治主義と行政裁量の関係について見れば，両者は強く繋がっており，前者の議論は当然のことに後者に及び，後者の議論は前者の議論の一部でもあることが分かる。したがって，行政裁量論は憲法論でもある。唐突であるが比較のためにフランスでの行政裁量を見ると，ここには制度上の制約があることが分かる。すなわち，第五共和制の憲法は「法律事項」を列記し，これに属さない事項を「命令事項」として，これを政府の命令制定権に専属させている。この命令事項に関する限り，命令は法律の根拠なくして制定できる。そして，従来の法律も命令で改廃できる。これは日本国憲法の下では当然に許されない。このように，フランスでは法律の留保の通用は制度上制限されている。したがって，裁量論も日本のそれとはかなり異なったものになるはずである。行政裁量は法治主義の進展に即して論じられなければならない。そうであれば，日本法での裁量論を行うに際してフランスの裁量論を参照することを全面的に否定するのではないものの，そうした憲法上の制約を絶えず意識しておく必要がある。増補版は法治主義の進化に即した裁量論の必要という観点から初版の説明を補充した。ここでは補充の趣旨を分かり易くするためにフランス法に触れただけであるから，これ以上にフランスの裁量論自体を本書で論じることはしない。

　初版に対するもうひとつの補充は裁量ないし衡量の司法統制の説明部分に係わる。ここで強調したのは，権力間の権限配分という観点が日本での司法統制論では欠落していることである。（利益）衡量は私法の領域では，ありふれた紛争解決手法であり，このための理論も豊富に蓄積されてきているはずである。しかも，そこで扱われる多くは経済的利益である。裁判官は，登場するそれぞれの利益に法解釈の名の下で「重みづけ」を積極的に行うこともできよう。しかし行政訴訟では，様々な利益が扱われる。増補版で言及されている「日光太郎杉事件」で登

増補第 2 版発行によせて

場するのは「交通増加に対処することを目的とする国道拡幅によって得られる公共の利益，かけがえのない景観，風致，文化遺産ないし環境保護の要請」である。本書で紹介する「規範的授権論」によると，こうした利益についてそれぞれ重みづけを行いその上で決定をすることを，立法者が行政に授権した，ということになる。そうすると，裁判官は得意とする民事事件と同様に，そこに登場する利益の重みづけを自分で積極的に行い，そのうえで，この行政決定を覆滅することができるのか，という議論をしなければならない。流石に覆滅は避けて，自分で重みづけはするものの，余程のことがない限り，行政がした決定は決定として尊重するという選択肢があるかも知れない。いずれにしてもこれは権力間の権限配分の問題であり，「責任論」にも係わるはずであり，複雑である。このように，司法統制論はこうした問題を含む。そして，衡量という手法自体が持つ不透明さ，不安定さ，予測可能性の欠如，限界または胡散臭さなども指摘されてきている。因みに，本書は数字を使った衡量過程の説明の試みがドイツで行われていることを紹介している。

　以上の 2 点は既に初版本での記述の前提になっていたはずであるが，必ずしも明確に表現されていなかった憾みがある。このため増補という形で説明を付け加えた。これによって，日本で行われている裁量論ないし衡量論と本書のそれとの間に横たわる距離が明らかになると思う。本書の記述は，汗牛充棟とまでは言わないものの，多量の文献を読み込む過程で学んだ結論である。公法学者が自己韜晦を余儀なくされていた時代がかつてはあったが，現在は学問の自由も，表現の自由も保障されている時代である。裁量論が拠り所とする資料をより一層豊富にして，視野を広げて自由な議論をして欲しい。そうでないと，裁量論をはじめとする公法学の議論が今後先細りしてしまう。法曹が「裁量」という概念を使って事件に対処するときに，いくつかの判例を思い浮かべるだけでは甚だ心許ない。

　最後に，今回の増補版の出版を引き受けていただいた信山社の皆様，特に初版に引きつづき編集の労をお執りいただいた稲葉文子氏に，記して感謝を申し上げます。

2024 年 12 月　校正を終えた日
熊本市の自宅にて

海老沢俊郎

はしがき（第1版）

　日本語による日常会話では「裁量」あるいは「自由裁量」という単語が使われることが多い。便利だからであろう。例えば，そもそも議論の中に入らせないとき，相手との話を打ち切ろうとするとき，これは自分の（あるいは第三者の）裁量であると言えば，取り敢えずそれで済む場合が多い。しかし，日常言語であるから，その意味が吟味されて使われているわけではない。それは当然である。言葉は曖昧であるほど効果的であることもある。では，この言葉を正面から取り扱っている行政法学ではどうか。これが意外にも曖昧である。日常言語として使われる「裁量」と余り変わらない，と言えば言い過ぎであろうか。裁量論の出発点である道具概念からして一致していない。例えば，「覊束裁量」という言葉を使用する人もいれば，これの使用に反対する人もいる。裁量論という建築物を建てるための道具に精度がなければ，立派な建築物は完成するはずもない。あるいは，「日本国憲法の下での行政裁量」という観点で現在行われている議論を見たときに，戦前からの議論が吟味されずに，そのまま引き継がれてきているように見える場合もある。これが私よりも若い世代に属する学者の議論にも見られる。いずれにしても重要なのは，憲法も含めた公法体系から吟味した行政裁量の位置づけである。特に，行政裁量の所在に係わる議論に注目する必要がある。所在論は，体系的な説明と密接に関係しているはずである。

　行政行為をはじめとした行政活動を違法とする場合に，それの根拠となる法律規定の違反を理由とすることと，その行政行為に裁量権を認めた上で，それの踰越（逸脱）あるいは濫用を理由にすること（裁量瑕疵論）の間には，もともと紙一重の差しかない。裁量概念自体が曖昧で，このためそれの所在も曖昧であれば，両者の境界も曖昧である。関連法規の解釈をせずして容易に裁量権の踰越・濫用論に議論を移行することも可能になる。法治主義から見て，これが望ましい現象なのか。反対に，憲法や法律などによって認められた裁量権に，踰越・濫用論を通して容易に裁判所が介入することもある。これも望ましい現象なのか。他の議論でもそうであるが，裁量論においては利益衡量論（以下には「衡量論」と呼ぶ）が重要な役割を果たす。法律実務に携わる法律家の殆どの仕事を占める事実認定は，当然のことに事実についての価値評価を伴う。価値評価には衡量が行われる場合も多い。法律実務に習熟しているからこそ，衡量という言葉を使うかは別にしても，それに頼るとも言えるのではなかろうか。本来ならば法律の解釈によって解

はしがき（第1版）

決されるべき事案が裁量権の踰越・濫用論に移されて，そこにおいては明示的か否かを問わず衡量論が適用される場合もある。そうした光景からは，最後の場面で突然に登場してあらゆる難問を一挙に解決する「機械仕掛けの神」（deus ex machina）が思い起こされる。しかしながら，この万能な衡量論は実は法律論としては空白であるように見える。日本法の判例では，まったく素朴な衡量論が行われていることもある。

　ドイツの裁量論のようなものは，その議論の仕方も含めてその国特有の文化現象であるから，日本法を考えるときには役に立たない，という指摘があるかも知れない。ドイツでは，法律学は「法教義学」という名称をもっても行われる。日本では「教義学」という言葉に何やら古めかしさを感じて，その使用が否定されることもあろう。しかし，古めかしい議論でないことは本書を一読すれば理解できよう。言葉の使い方は別にしても，ドイツでは裁量論をゴルディオスの結び目に擬える議論もある。しかし，法治主義（法の支配）や権利保護に係わり，そして，立法権，司法権，行政権の相互の関係に係わる裁量論のような結び目は，刀で断ち切るのではなく，それを丁寧に解きほぐす努力をつづけていくほかなかろう。そうであるからこそ，ドイツでは現在でも裁量論の重要な学問上の業績が相次いで登場するのである。これと関連して注目したいのは，ドイツの行政法の文献では，行政権の行使は「後づけが可能か」という言葉が頻りに登場していることである。行政裁量も，これが行政権の行使である以上やはりこうした観点からの吟味が求められている。議論を封じるブラックボックスではないのである。ドイツの大学でドイツの裁量論の授業が演習ないし特殊講義で15回開講されるとして，これと同じ密度で日本法の裁量論を日本の大学で何回できるのか，ということを想像することがある。これはロースクールも含めた日本の法学教育の重大な問題でもある。

　日本法に対する評価が動機になって外国法を研究することは今後もつづけていくべきである。大切なことは資料の正確な理解と解釈である。なお，本書は可能な限り議論の対象を拡げた。その際に，学説に着目して可能な限りこれを丁寧に取り上げることにした。ドイツの学説が持つ力量に感銘を受けたからでもある。憲法裁判所や行政裁判所の判例が出れば，それを敷衍した議論が直ちに開始する。反対であれば，これに果敢に対抗した議論が展開される場合もある。このような学説に惹かれたために，本書の記述が冗漫であるという感想を持たれるかも知れない。あるいは，対象を拡げたために説明に厚薄ないし精粗の差があるという批判を受けるかも知れない。なお，ドイツの裁量論については，日本では重要な労

はしがき（第1版）

作が既にある。こうした蓄積の上に本書が作られていることは言うまでもない。

　本書が扱う行政裁量論の勉強をかなり前に開始したが，長期間にわたる中断があった。しかし，手書きにより既に作成していたサブノートの山は，長い中断の後に勉強を再開する勇気をあたえてくれた。勉強を再開するうちに，これまでに知らなかった世界を知ろうとする好奇心に駆り立てられ，しかもイタリア製の万年筆を用いたノート作成が目的のようになってしまった。しかし，こうした至福の時間は私にわずかしか残されていない。このため，ノートの一部分を記録として残したのが本書である。もう少し書きたい気持ちもあるが，これに応えるためには今後何年かは必要であろう。これは無理であるので，有り余る時間が残されている若い世代の人たちの研究に委ねることにした。本書で使えなかったノートの残りの部分は全燔祭(ホロコースト)に供えるしかない。

　本書の出版を引き受けていただいた信山社の皆様，特に編集の労を執っていただいた稲葉文子さんに感謝を申し上げる。また，北海道大学法学研究科の岸本太樹教授からは文献取得に際してご助力をいただいた。筆者が熊本大学法学部や大学院で開講していた行政法科目を，同教授が学生として受講されていた以来の縁がなければ本書は生まれなかったであろう。厚くお礼を申し上げたい。

　最後に私事にわたるが，妻正子に感謝を申し上げる。体育会系出身である彼女は，時にはユーモアと叱咤も交えて50年近く筆者を支えつづけてくれた。

　　　　　　　　　　　　　　　　　　　　　2021年の年明けを迎えて
　　　　　　　　　　　　　　　　　　　　　熊本市の自宅にて

　　　　　　　　　　　　　　　　　　　　　　　　　　　海老沢俊郎

目　次

増補第2版発行によせて　(v)
はしがき（第1版）　(vii)

第1編　行政裁量

序章　はじめに ………………………………………………………………… 3
 1　問題設定　(3)
 2　議論の概観　(5)

第1章　ドイツ裁量論の歴史的な展開 ……………………………………… 13
 I　裁量論の展開（特に行政と司法の本質論との関連で） ……………… 13
  1　公権力行使の実定法的拘束の対立物としての裁量　(14)
  2　実定法の文言への限定　(15)
  3　行政と裁判の本質論　(16)
  4　不確定法概念論史の概観　(17)
 II　裁量瑕疵論の歴史 ………………………………………………………… 25
  1　プロイセン一般州法典　(26)
  2　勤務法上の違反としての裁量瑕疵論　(29)
  3　フランス法をモデルとした裁量瑕疵論　(30)
  4　管轄権または権能の踰越に対する制限としての目的拘束　(30)
  5　決定手続における瑕疵としての裁量権の踰越　(31)
  6　裁量瑕疵論の要約　(32)

第2章　基本法の下での裁量論の転換 ……………………………………… 35
 I　基本法の下での行政裁判権
  （個人の権利保護の体系としての行政裁判権） ……………………… 35
  1　客観的法保護　(35)
  2　主観的法保護　(36)
  3　裁量論との関連からみた基本法上の行政裁判権　(37)

目　次

　　Ⅱ　行政法規範構造の特徴（特にフランス法との比較で）………………40
　　　　1　ドイツ法について　(40)
　　　　2　フランス法について　(41)
　　Ⅲ　行政裁量論の転換……………………………………………………………42
　　　　1　伝統的な裁量論　(42)
　　　　2　法治主義と裁量　(50)

第3章　行政裁量の態様……………………………………………………………53
　　Ⅰ　裁 量 概 念………………………………………………………………………53
　　　　1　裁量概念の概要　(53)
　　　　2　裁量権の種類　(56)
　　　　3　覊束裁量という概念について　(57)
　　Ⅱ　裁量権の限界…………………………………………………………………64
　　　　1　一般的説明　(64)
　　　　2　裁量権の不行使　(66)
　　　　3　裁量権の踰越　(66)
　　　　4　裁量権の誤用　(67)
　　　　5　裁量瑕疵を1つに縮減する議論　(70)
　　　　6　裁量権行使に際しての考慮事項の追完と補充　(71)

第4章　判断余地の理論……………………………………………………………73
　　Ⅰ　判断余地論の展開……………………………………………………………73
　　　　1　判断余地論の前提　(73)
　　　　2　1950年代初頭までの議論　(76)
　　　　3　ロイスの不確定法概念論　(78)
　　Ⅱ　判断余地論……………………………………………………………………82
　　　　1　バホフの議論　(82)
　　　　2　是認可能性論　(88)
　　　　3　判断余地論の要約と展開　(92)
　　Ⅲ　判断余地の限界………………………………………………………………98
　　Ⅳ　統 一 理 論………………………………………………………………………99
　　　　は じ め に　(99)
　　　　1　ブリンガー　(100)
　　　　2　国法学者大会での報告　(101)

　　　　3　裁量統制論からの統一論 (103)
　　　　4　規範論的研究から見た裁量論 (105)
　　　　5　統一論の総括 (110)

第5章　規範的授権論 ……………………………………………… 113
　Ⅰ　規範的授権論の前提 ……………………………………………… 113
　　　1　は じ め に (113)
　　　2　判断余地論から規範的授権論への展開 (114)
　　　3　意味論的不確定性 (114)
　Ⅱ　規範的授権論 ……………………………………………………… 123
　　　1　規範的授権論の概要 (123)
　　　2　規範的授権論における行政の判断余地 (判断授権) (126)
　　　3　規範的授権論の問題点 (131)
　　　4　概念思考から決定思考への転換 (132)
　　　5　最終的決定についての行政に対する授権 (140)
　Ⅲ　判断余地 (判断授権) 論が適用される領域 …………………… 140
　　　1　試験での決定 (140)
　　　2　訓令から独立した合議体の決定 (147)
　　　3　予 測 概 念 (150)
　　　4　受 容 概 念 (154)
　　　5　技 術 条 項 (155)
　Ⅳ　環境法と技術法における規範具体化権能 ……………………… 156
　　　1　問題の所在 (156)
　　　2　判例法による展開 (157)
　　　3　判断授権と行政規則 (165)
　　　4　判例による規範具体化権能 (授権領域の拡大) (169)
　Ⅴ　リスク決定と判断余地理論 ……………………………………… 171
　　　1　リスク概念について (171)
　　　2　リスク概念研究の紹介 (172)
　　　3　法律の制御力の喪失 (197)

補章 (裁量論における合目的性の地位と行政留保) ………………… 201
　Ⅰ　裁量論における合目的性の地位 ………………………………… 201
　　　1　合目的性の議論の歴史的背景 (201)

目　次

　　　2　現時点での合目的性の位置づけの試み（202）
　　　3　区別の困難さ（203）
　　　4　合目的性の規範化（203）
　　　5　合目的性と権利保護の関係（204）
　Ⅱ　行政の留保……………………………………………………………206
　　　1　行政留保論とその例示（206）
　　　2　「行政留保」の検討（209）

第2編　衡量原則

第1章　議論の前提………………………………………………………213
　Ⅰ　検討対象について……………………………………………………213
　　　1　序（213）
　　　2　行政計画（213）
　　　3　特定部門計画のいくつかの特色（214）
　　　4　建設管理計画と特定部門計画の比較（215）
　　　5　特定部門計画の特色（216）
　Ⅱ　計画裁量について……………………………………………………217
　　　1　行政裁判所の判例（217）
　　　2　学説における計画裁量論（218）
　　　3　批判論（223）
　　　4　現時点での批判論（228）
第2章　連邦行政裁判所の判例による衡量原則…………………………231
　Ⅰ　衡量原則の概要………………………………………………………231
　　　1　決定発見のための手続としての衡量（231）
　　　2　衡量原則の憲法上の地位（231）
　　　3　計画における衡量原則の特性と普遍性（232）
　　　4　計画裁量に対する枠としての衡量原則（234）
　Ⅱ　連邦行政裁判所の判例………………………………………………235
　　　1　判例法による衡量原則の成立（235）
　　　2　利益の意味（239）
　　　3　衡量の義務（裁量瑕疵論との関連を含む）（241）

第3章　決定方式としての衡量の構造 ……………………………… 243
- Ⅰ　衡量の段階の概要 ……………………………………………… 243
- Ⅱ　衡量の段階の詳細な説明 ……………………………………… 245
  - 1　利益の調査（第1段階）　(246)
  - 2　衡量の中に利益を挿入する過程（第2段階）　(250)
  - 3　利益についての重要性の判定（第3段階）　(252)
  - 4　計画の決定（第4段階）　(253)
- Ⅲ　衡量の段階に関する議論（特に計画裁量の所在について） …… 255
  - 1　利益の調査と挿入　(255)
  - 2　重要性の判定と調整　(272)

第4章　法律規範と衡量の関係 …………………………………… 285
- Ⅰ　法原理と法準則の区別 ………………………………………… 285
  - 1　法原理と法準則　(285)
  - 2　厳格な規範と衡量の指示　(288)
- Ⅱ　不文の法原則と衡量 …………………………………………… 293
  - 1　配慮原則　(293)
  - 2　紛争解決原則　(295)
  - 3　計画の正当化　(296)

第5章　衡量の過程と結果の概念 ………………………………… 307
- Ⅰ　衡量の統制対象についての議論 ……………………………… 308
  - 1　連邦行政裁判所の判例　(309)
  - 2　判例に対する学説の批判　(309)
- Ⅱ　過程の統制と結果の統制 ……………………………………… 316
  - 1　衡量の結果について　(316)
  - 2　衡量の過程について　(316)
  - 3　衡量の過程における瑕疵の明白性と衡量の結果に対する影響　(318)

第6章　建設法典改正法における衡量原則の取扱い ………… 323
- Ⅰ　改正法の経緯 …………………………………………………… 323
  - 1　計画維持の概念　(323)
  - 2　瑕疵に対する計画の脆弱性　(324)
  - 3　2004年改正法までの立法状況　(326)
  - 4　改正法の概要　(329)

　　　　5　専門家委員会報告書　(335)
　　　　6　連邦政府草案　(339)
　　Ⅱ　新しい法律のいくつかの問題点 ………………………………………… 345
　　　　1　実体的意味の衡量原則は変更されたのか　(345)
　　　　2　衡量原則から手続規定への転換の可否　(346)
　　　　3　衡量資料の調査および評価の手続と衡量原則　(347)
　　Ⅲ　改正法における規定の説明 …………………………………………… 350
　　　　1　調査の瑕疵　(351)
　　　　2　評価の瑕疵　(352)
　　　　3　改正法における利益の調整の取扱い　(353)

補章　衡量の統制 ………………………………………………………………… 357
　　は じ め に　(357)
　　Ⅰ　衡量の構造についての一般的な説明 ………………………………… 357
　　　　1　法律の制御力の喪失と衡量　(357)
　　　　2　統制論からみた衡量　(360)
　　　　3　事実関係の調査と衡量統制の明白性　(362)
　　Ⅱ　衡量審査の視点 ………………………………………………………… 365
　　　　1　責　任　論　(365)
　　　　2　責任論による衡量の統制の程度　(371)
　　Ⅲ　同一尺度で測ることができない利益の衡量 ………………………… 372
　　　　1　原理的な議論　(373)
　　　　2　数字による衡量の説明　(375)
　　Ⅳ　衡量の構造と裁判所による統制 ……………………………………… 380
　　　　1　衡量における利益の重要性の判定　(381)
　　　　2　統制の態様　(384)

結論と展望（日本法への提言も含めて） ……………………………………… 393

事 項 索 引　(397)

第1編　行政裁量

序章　はじめに

1　問題設定

　裁量論を見るときに，日本の行政判例についてつぎのような指摘がある。すなわち，判例は裁量権行使にあたって考慮すべき要素およびその規範的内容等を相当程度具体的に定め，その上でこれを社会観念審査に結び付けている。その結果，行政法学説が提示してきた解釈技術上の道具があまり意味をもたなくなる。ある行政決定につき「諸般の事情を総合考慮する」必要の存在を根拠に，判断要素の選択・判断過程の合理性欠如に着目した裁量統制手法を導くことができるとすれば，裁量統制論が解釈枠組みとしての意味を失ってしまい，アドホックな利益考量と変わらなくなってしまうのではないか，という疑問が生じる[1]という指摘である。

　筆者も以上の指摘と共通する問題意識をもってきており，本書が書かれた理由のひとつもこの意識に因る。「行政裁量に関する理論的枠組みの溶融化現象」[2]という言葉がある。しかし，「溶融化」というよりも，日本法における裁量論の「没体系性」（Systemlosigkeit）という言葉を使う方が良いように思われる。まず考えなければならないのは裁量権の所在をどこに求めるのか，ということである。この点についての議論が十分に展開していないために，裁量論ないし裁量統制論の多くは，要するに事件において現れた利益の衡量をその場限りで行うことで終始することになる。このような裁量権所在論は，やはり具体的事案での「法の趣旨目的の合理的・目的的解釈に委ねること」を力説した田中二郎博士の学説[3]の影響に因るところが大きい。この議論は結局「行政行為には，処分要件の認定判断の場面であれ（要件裁量），処分するかどうかの判断の場面（効果裁量）であれ，多かれ少なかれ裁量を働かせる余地が認められているものであり，その裁量の質ないし幅がそれぞれの処分により様々に異なるものであるので，裁判所もそ

---

[1]　橋本博之・行政判例と仕組み解釈（弘文堂，2009 年）56頁。
[2]　橋本・前掲145頁。
[3]　田中二郎・行政法総論（有斐閣，1957 年）281頁以下，同・司法権の限界（弘文堂，1976 年）138頁。

第 1 編　行 政 裁 量

の質ないし幅の相違に応じた裁量行為の審査をすべきであるとの認識に立ち，前記のような分類によらず，各個の行政処分について，その裁量の範囲や目的に応じた判断をしてきているように思われる」[4]という，裁量権の所在論から見れば議論を放棄したに等しい殆ど内容のない記述に行き着く。そしてこれは際限のない新たな裁量権の承認をもたらすはずである[5]。裁量権の統制という観点からの十分な理論的な吟味なくして，次々と新たな裁量類型を承認して，これを統制から免れた裁量類型のリストに加えることにどのような意味があるのか。更に，つぎのような指摘がされることがある。すなわちある判例を分析した結果，「結論として原告を敗訴させるのであるから，行政裁量を認めるより裁判所が自ら審理したほうが原告を納得させやすく」，「どうせ被告を敗訴させるのであるから，その裁量を尊重したほうが納得が得られやすい」という指摘である[6]。

確かに裁量統制基準として「裁量権踰越・濫用の審査」があり，そこでは「社会観念審査」ないし「著しさの統制」が行われてきた。しかし，これは後に章を改めて論じる予定であるが，裁量権踰越・濫用の審査は，本来は十分な裁量権所在論が先行した上で行われるべきものであることは論理的に見ても当然である[7]。そして，歴史的に見てもそのように展開してきた。ドイツ法に即していえば，後に見るように行政権行使に枠を嵌めるのが法律であり，その枠の内側にあるのが裁量権であると観念された。この枠を嵌める法律については解釈が行われるが，この解釈は制限が加えられ，硬直的に行われていた（文法的解釈）。すなわち今日でいう文理解釈しか許されなかった。体系的解釈や目的論的解釈は許されなかったのである。何故そのようなことが行われたのか，裁量論の歴史を要約した後の章における説明に譲るが，そうした硬直性から生じる不都合を避けるために，後に裁量権限界論が登場する。

論理的にも，歴史的背景から見ても採り得ない裁量統制基準としての裁量権踰越・濫用の審査は裁量統制論を単なる利益衡量論に変形させる。以下にはこれを「衡量論」と呼ぶことにするが，裁量論における衡量論は，後に詳しく述べるよ

---

(4) 司法研究所編・改訂行政事件訴訟の一般的問題に関する実務的研究（法曹会，2000年）179頁。
(5) 例えば川神裕「裁量処分と司法審査（判例を中心にして）」判時 1932 号 11 頁以下。ここでは「政治的・外交的裁量」，「専門技術的裁量」という従来の裁量類型に加えて「個別政策的・公益評価的裁量」を挙げる。こうした列挙に何の意味があるのか，筆者には理解することができない。
(6) 阿部泰隆・行政裁量と行政救済（三省堂，1987）129頁。
(7) 亘理格・公益と行政裁量（弘文堂，2002年）44頁以下は「裁量権の踰越・濫用論本来の土俵からの逸脱」という表題のもとで，本書と共通の立場を論じる。

うに当然のことに不可避である。しかし，衡量論は行政統制を有効に進めることもできるが，衡量を経た結果によっては法が行政裁量権を認めた趣旨に背馳する可能性もある。その所在を十分な法令の解釈をすることなく裁量権を承認しておいて，その上で裁量権踰越・濫用の審査の段階で「社会観念審査」が行われ，そこにおいて登場する利益の重みづけ如何によっては，判断代置も行われるのである。これが行政統制のひとつである裁量統制の望ましい姿であろうか。

2　議論の概観

a）法治主義の発展と裁量

　以下には本書の概要を述べることにするが，参考文献の引用を含めた議論は本編での各事項の説明に際しておいて行うことにして，ここでは本書が前提とする事項，あるいは，本書の基本的な視点を列挙することにする。特に，初版本では必ずしも明確に表示されていなかった論点を述べることにする。本書は直接にはドイツの議論を扱っている。しかし，常に日本法を念頭に置いて書かれている。ドイツ法などの外国法の議論に関心がない読者もこの序文だけを読んで，何か思い当たることがあれば，本編を是非精読していただきたい。

　日本国憲法の下での日本の裁量論というテーマを念頭に置いて，ドイツの裁量論を研究することを本書の主要な課題とする。ドイツの裁量論の歴史（厳密にいうとオーストリアも含むので，ドイツ語圏での裁量論）を通してみると，日本法が現在直面している裁量論の問題点とその原因がかなり明確に分かるように思えるからである。後に裁量論の歴史を包括的に分析した研究書の紹介を通して述べるが，行政裁量は前法的な包括的な国家権力の属性として考えられていた。法律は，行政にとっては単なる「枠」であって，裁量権の基礎としては考えられていなかったのである。裁量権の行使は法適用とは別の作用であると考えられていた。こうした行政と対比されるのが裁判という作用であって，裁判官にとって法律は活動の唯一の指針である。しかし，こうした行政や裁判に対する法律の異なったそれぞれの意味は第二次世界大戦後のドイツや日本でそのまま通用するのか。

　ドイツの基本法（憲法）は第20条第3項において「立法は憲法秩序に，執行権および裁判は法律および法に拘束される」という規定を置く。このように「法律による行政」であり，「法による裁判」ということで，執行権であれ裁判権であれ，いずれに対しても法律が意味するところは同じである。日本国憲法でも同様である。第41条を法律の法規創造力の規定であるとして，法律の優位はもとより，法律の留保原則は，憲法の要求である。法律は行政にとっては内容であり，

目的であり，基礎である。しかし，日本では相変わらず「枠理論」が依然として存在しているにもみえる。自由裁量と羈束裁量の対比を前提とした議論がその典型である。

　以上のように，ドイツの基本法や日本国憲法の下で行政と法律との関係についての理解が変われば，行政裁量についての説明も変化する。例えば行政裁量を「随意の残存空間」とする議論がある。これは，行政は法律によって拘束されているが，自由に判断する空間が残されており，それが行政裁量であるというのである。あるいは「法律執行に際しての可動域」という言葉もある。しかし，日本国憲法の下でもそうであるが，基本法下での裁量概念を「法律附従的権能」として理解するのが最も良く行政裁量の性質を表しているように思える。いずれにしても，行政裁量とはもはや「自由裁量」ではないのである。この言葉は現在では消滅した。呼称が変わったということだけでなく，裁量自体についての理解も変化する。裁量は「行為の裁量」では最早なく，それは「選択の裁量」であるというように，行政には執るべき行為について法律上複数の可能性が存在しているのであり，そのいずれを選択するかは行政の自由に委ねられている，という理解である。これは法治主義の進化として捉えられている。

b）不確定法概念と判断余地論

　「不確定概念」あるいは「曖昧な概念」を法律が規定していれば（典型的には例えば公益概念），それは枠としての法律に謂わば穴が開いたようなものであって，行政には当然に自由な判断（裁量）が認められることになる。しかし，テツナーを代表する学説はこれを改め，こうした概念を「法概念」であるとした。すなわち，それの適用は法適用であるから，裁判の対象となる，とすることにした。このような背景をもっているために，言葉の使い方の問題でもあるが，現在では不確定概念は「不確定法概念」と呼ぶことにしている。

　法律要件においても，行政の自由な判断の領域を承認する議論が1950年代の中期頃から主張されることになる。「判断余地」（Beurteilungsspielraum）と呼ばれており，これを主張する理論は「判断余地論」と呼ばれている。この判断余地論の展開にはめざましいものがある。その理由については，日本法に対する教訓として特に指摘すべきこととして，つぎの事情がある。すなわち「瑕疵論の二重底性」という言葉がある。行政行為の瑕疵を論じるときに，憲法や法律などの制定法の違反を原因とする場合と，裁量瑕疵を原因とする場合の二つの可能性があるからであり，それを表現した言葉である。これは否定的な意味で用いる。安易に制定法の十分な解釈を省いて，裁量瑕疵論に移し替えて事案を処理するこ

とをつづけると，法治主義を掘り崩すことにもなるし，裁判所が不当に，行政が行使すべき裁量権に介入することにもなる。したがって，何が行政裁量であり（つまり何がその事案についての拘束力をもった行政の判断に属する事項か），何が羈束行為であるか（つまり何がその事案についての拘束力をもった裁判所の判断に属する事項か）について，けじめをつけるという意味もあるのであろうが，ドイツの公法学は理論構築の努力をつづけてきた。その際に，基本法第19条第4項が大きな役割を果たしたのである。同項は「何人も公権力により権利を毀損されたときは，その者には出訴の途が開かれている」という規定である。理論構築は主として法律要件の領域において行われた。これが発展して後に「規範的授権論」が唱えられるようになり，これは現在の裁量論での通説である。したがって，この規範的授権論は要件裁量の領域において発展したものともいえる。因みに，この理論は説明概念として魅力がある，と筆者は考えている。つまり或る現象について，そうした前提を採れば旨く説明ができる，という意味での概念である。したがって，具体的な事案の解決を目指して基準を提供するというものではない。発見の論理と正当化の論理の区分というものがあるが，後者の意味において，この理論には魅力がある，ということである。

　なお，外国では甚だ理解しがたいドイツ特有の，この裁量と判断余地の二元的な裁量論は現時点では放棄されつつある，というのが現在でのドイツの裁量論の姿である。したがって，ドイツは要件裁量説ではなく，効果裁量説が採られているというドイツの裁量論に関する日本での相変わらずの評言は，現時点では不正確である。

　c）衡量原則

　衡量論については，計画法で発展してきた衡量原則が中心になるが，衡量の司法統制の議論では，この序文において日本法の議論にも若干触れておくことにする。本格的な議論には立ち至らず，問題点の指摘にとどめた。なお，日本法に係わる議論については本編においては記述しないので，参照させていただいた文献の表示もこの序文で行うことにする。

　「衡量原則」の形成には「法務官が成し遂げた偉業」という評価が定着している1969年12月の連邦行政裁判所の判決が果たした功績が顕著である。計画法という領域で確立された判例法理であるが，これの発展には学説も寄与し，計画法にとどまらず，衡量が議論されるときは広くこの法理が使われる。衡量原則は比例原則の表現であるが，その内容の中で狭義の比例原則と呼ばれているものの適用の観点からの衡量原則が重要である。これが計画裁量と衡量原則の間で均衡を

保つ機能を果たしている。

　EU の指令に建設法典を適合させるための法律が 2004 年に成立したのであるが，これによって建設法典においては「衡量原則」に対して大きな変更が行われた。衡量に登場する利益の調査や評価に係わり，それが重要であるとされた瑕疵も「衡量の瑕疵」としては主張できず，「手続の瑕疵」としてそうすべきであるように変更したことは「欧州法の了解」によるものとされたが，これは「立法上の擬制」でもある。「欧州法の了解」とはいえ，きわめてアングロ・サクソン的な性質をもつものであり，「自然的正義」(natural justice) を思い起こさせる。すなわち，正義の内容は実体的に確定することは困難であるので，一定の手続上ないし形式上の要求を経て行われた判定を正義とみなす。更には，その形式的・手続的な要求自体を正義とする，というものである。Brexit ということで，イギリスは EU から脱退したが，この「欧州法の了解」が今後どこまでつづくのか，興味があるところでもある。

　Abwägung というドイツ語に関心をもっている。取りあえず「衡量」という訳語を使って本書はつくられているが，言葉自体からはその実体を想像することは困難である。例えば，アレクシーの『基本権論』(Robert Alexy, Theorie der Grundrechte, Suhrkamp, 1994) には英訳本 (A Thoery of Constitutional Rights, translated by Julian Rivers, Oxford University Press, 2002) もある。ここでは balancing という言葉が当てられている。つまり「均衡」という意味が重視されているように見える。

　他にも例はあるが代表的なものとして，建設法典は第 1 条第 7 項において「建設管理計画の策定に際しては，公的利益および私的利益は，対立した利益の相互間および同じ利益の相互間において，それぞれ適正に衡量されなければならない」として，衡量原則を定める。これがどのようなものであるか，例えばつぎのような説明がある。すなわち，「異なった主体間の公的利益相互間」，「同じ主体の異なった公益相互間」，「異なった権利主体の私的利益相互間」，「同じ権利主体の異なった私的利益相互間」および「公的利益と私的利益が相互に対立している場合」という組み合わせである。計画法において想定されている衡量ということで，その構造はかなり複雑である。衡量の過程は，2 つの利益を見比べて軽重を判断する過程であるというほど単純ではない。計量器の比喩をもって説明すると，重要性の判定をされた利益がその判断に応じて，利益になるものとして，または，有害なものとして竿秤（天秤）の皿にそれぞれ分配される過程として衡量決定を観念するならば，その皿に割り当てられた重要性は価値関係である。この関係は互いに結びついている。或る利益の重要性を変更するならば，それに応じて別の

総ての利益も変更する。衡量の中に入れられた価値の過大評価は必然的に他の価値の過小評価であり，その逆も真である。重要性の判定がこのような依存関係にあるならば，或る利益が不当に無視されれば衡量過程は崩壊することになる。

以上のように衡量過程を説明する学説もある。これにしたがうならば，自分の利益と関係がない他人の利益が不当に無視されて衡量の中にいれられない場合にもそれを責問することができるか，ということも問われることになる。これは日本での取消訴訟の主張制限論を思い出させる議論でもある。

d）衡量の統制

衡量統制を中心にした裁量統制論というものをどのように理解すべきか。これについては2つの観点から見ていくべきである。1つは「行政責任論」の観点であり，もう1つは衡量を行うに際して，同一の基準で測ることができない利益間の衡量という観点である。

行政法学上の行政責任論には様々なものがある。例えば，行政の多元化に伴う公私協働に係わる公私の責任分担という議論[8]もその例である。しかし，本書での行政責任論は，現代国家において果たすべき行政の役割というものに着眼しており，こうした責任論から見た裁判所が果たす機能を論じている。したがって，ここでの議論は裁量統制にとどまらず，行政訴訟全般にまで視野を広げている。かなり前にドイツの国法学者大会で行われた有名な報告があるが，これを本書で使わせていただいている。

日本の衡量統制を中心とした裁量統制論を見ると，「社会観念審査」とともに，「判断過程審査」が唱えられている。両者の関係をどのように理解するかはここでは問わないが[9]，判断過程審査が日光太郎杉事件における東京高裁の昭和48年7月13日の判決（行集24巻6＝7号533頁）に端を発しているということができる。この日本の議論をどう評価すべきか，ここで少し述べておくことにする。

原理的な話になるが，法律学の筆記試験でA答案が90点，B答案が30点として評価されると，A答案はB答案よりもすぐれているという順序づけをすることができる（順序尺度）。何故それが可能かというと，AとBが共に同一の尺度で評価されているからである。しかし，梨と林檎は果物としては共通であるが，まったく別のものである。したがって，同一の基準で評価できないから，いずれが優れているかは判定できない。或る人は梨を90点，林檎を30点と評価するが，

---

[8] 米村恒治「行政の多元化と行政責任」磯部力ほか編『行政法の新構想Ⅲ』（有斐閣，2008）305頁以下。
[9] 山本隆司「行政裁量の判断過程審査」行政法研究14号（2016）1頁以下。

第1編　行政裁量

別の人がそれとはまったく反対の評価をすることは避けられない。日光太郎杉事件では「交通増加に対処することを目的とする国道拡幅によって得られる公共の利益と，かけがえのない景観，風致，文化的遺産ないし環境保護の要請」の軽重が争点であったが，両者を同一の尺度で測ることはできない。したがって，この事案では順序尺度を使うことはできない。原理的には梨と林檎の場合と同じである。しかし，この場合でも行政は一方の利益を優位に置き，他方の利益を劣位に置くことができる。こうした判定を行う権能ないし権限があたえられているからである。すなわち，立法者はそうした判断をすることについて，行政に授権をしている。指示された目的規定の枠内で，法律内容の具体化について特別の権限を行政に付与することが行われる。もともと立法者は衡量を行い，その結果できたのが法律であるともいえる。しかし，立法者は総ての事案を予想して規律をすることはできない。また，「法律の制御力の喪失」ということもいわれるが，現在ではこうした姿を取っている法律が多い。

　以上の前提で見たとき，議論しなければならないのは，同一の尺度で測れない利益について行政が行った衡量の結果に対して，裁判所がどこまで評価できるのか，という問題である。つまり権力間の権限配分の問題である。価値観が異なる人々が共存している民主主義の社会においては「道徳的実在論」のような主張を振り回すことはできないと思われる。行政が行った判断に対して「重みづけ」の評価をして，これを司法審査にもとめる。その際に「適正な考慮要素」であるとか「適正な比較衡量」などという形容詞が付けられた言葉が用いられる(10)。しかし，こうした形容詞を使って司法審査の範囲ないし統制密度の問題に答えようとしても不可能である。これと反対の立場を採る人も同じような形容詞を使った別の重みづけの主張をするであろう。林檎と梨の価値を順序づけること（重みづけの評価）は原理的に不可能であり，この不可能を形容詞を使って可能にしようとしても無理である。つまり，権限配分問題の解決は形容詞を使っても解決されない。また，そもそも衡量は政策的判断を隠すために使われる法的な仮装であるというように，ドイツで指摘されている衡量に対する不信も看過することができない。要するに，衡量という名称で，こうした法的な仮装を裁判所も行うことができるか，という問題を含むのである。また，これは日本ではあまり意識もされておらず，別の問題に属するかも知れないが，衡量に頼ることは法的安定性を害

---

(10)　この議論については亘理　格・行政行為と司法的統制（有斐閣，2018）344頁以下；村上裕章・行政訴訟の解釈理論（弘文堂，2019）235頁以下；榊原秀訓・行政裁量と行政的正義（日本評論社，2023）9頁以下を参照した。

するという議論もドイツでは真剣に行われている。このように先に指摘した行政責任論の観点とも併せると，司法審査の程度は極めてささやかなものであるはずである。確かに民主主義社会における少数者の保護は裁判所の重要な役割であるという認識を，筆者も当然のことに共有しているのであるが。

　こうした結論に不満であれば，日本の裁量論は裁量瑕疵論を議論の主たる場所にすることをやめるべきである。それに代えて，裁判所が拘束力もって最終的に判定すべき事案は何か（羈束行為），行政が拘束力もって最終的に判定すべき事案は何か（裁量行為）という議論をすべきである。「裁判所ハ法ヲ知レリ」（jura novit curia）という原則にあるように，これは裁判所が決めることである。この方向において判例の集積が行われるべきであり，学説もこうした集積に寄与すべきである。

第1章　ドイツ裁量論の歴史的な展開

I　裁量論の展開（特に行政と司法の本質論との関連で）

　基本法下での裁量論の議論に入る前に，ドイツでの裁量論の発展を概観することが必要である。これの展開を見ることによって，日本の裁量論も，議論に際しての文言の使用も含めて，いかにしてその基本構造において大きな影響を受けたのかを知ることができる。しかし，この歴史的な展開を知ることは，ドイツにおいても容易ではない。国家学などの議論を展開するに際して偶々触れられていたに過ぎない「裁量論」を発見して，これを体系的な議論として発展させることは至難の作業であろう。したがって，裁量についての包括的な理論史研究はドイツにおいても稀である。こうした事情の下において，ドイツにおいて刊行されたモノグラフである Ulla Held-Daab, Das freie Ermessen, Duncker & Humblot 1996 は貴重な業績である。神聖ローマ帝国の時代であった18世紀からドイツ帝政の時代までの裁量論を概観しており，日本でも注目されて然るべき文献である[1]。したがって，こうした包括的な研究に依拠して裁量論の発展過程を概観することは，ドイツ法での議論だけでなく，日本法の現状を理解するためにも，有用である。私自身この論文を通読することによって，ドイツ法だけでなく，日本法での議論について示唆を受けた。このため，本書のような研究書では異例であるかも知れないが，この論文を紹介することから始めることにする。以下にはこの論文の紹介をするのであるが，特に日本法を見るときに参照すべき事項に重点を置いた記述をすることにする。なお，本書ではモノグラフの紹介という形をとるので，ここに登場する重要な学説などを，私の方で原典に遡って検討する作業は省略した。

---

[1]　海老沢俊郎「ドイツ裁量論の歴史的展開——ある理論史的研究に即して」名城法学第66巻第1・2合併号（2016年）87頁以下はこのモノグラフを要約した紹介論文である。この論文はあくまでも概括的な紹介にとどまっているが，本書はこの論文を下敷きにしたうえで，個別の問題についてこのモノグラフをもう少し詳細に紹介する。因みに，このモノグラフの著者は現在連邦行政裁判所の裁判官である。

第1編　行政裁量

1　公権力行使の実定法的拘束の対立物としての裁量

　裁量は公権力行使に関する実定的・客観的・実体法的な拘束の対立物として理解された[2]。したがって，実定法上の規定が欠缺していたり，不明確に見えたりする場合に行政の裁量権が語られる。裁量は実定法によって引かれた限界の内側においてのみ存在するのであって，その概念は政策的必要，合目的性の観点および主観的な意見による決定のための自由な領域をあたえたのである。この場合「自由裁量」（freies Ermessen）を語ることは，実定法上の拘束と裁判所による統制からの行政の自由を象徴化している。そして，「理性的または職務上の裁量」（vernünftiges od. amtliches Ermessen）のような表現は客観的な決定の理性法または勤務法上の拘束を強調しており，これによって裁量権行使を単なる「恣意」から区別していた。

　その後国法学者によって君主の属性から国家権力の属性への変更という，主権の意味が変更されたが，君主と国民代表の関係に関する憲法的理解を変更しなかった。国民代表を国家権力への参与ではなく，制限的・修正的機能に限定したために，単なる限界として実定法を理解したのであって，裁量権の基礎として実定法を理解することにはならなかった。やはり裁量権は前法的な，そして包括的な国家権力の属性である。この観念によると，憲法的法律は国家目的を具体化するためのものではなく，君主によって具体化された目的の実現に法的限界線を引くだけである。これは「法律の優位」（Vorrang des Gesetzes）に法律の機能を限定することであり，「法律の留保」（Vorbehalt des Gesetzes）の機能に着目することを遅らせる。

　実定法を裁量権の限界とする説明は，裁量概念に2つの意味をあたえる。すなわち，まず前述のように裁量権は前法的な包括的にあたえられた国家権力の属性であり，それ故法的制限の対象である。しかしつぎに，裁量権は決定や行為の自由な領域において，すべての法的な限界を斟酌した後で残っているものでもある。この残余の領域は専ら実定的・客観的「法規」（Rechtssätze）によって限界づけられているのである。したがって，国家の行為を定める法規が存在しないか，または，存在しても，それが一義的でなくもしくは確定的な規律を伴わない法規が介入する場合には，裁量権が認められることになる。最初の場合，つまり法規が欠けてる場合は狭義の政府の領域が想定される。君主の対外的な代表権力，軍

---

　(2)　Ulla Held-Daab, Das freie Ermessen, 1996 S.61. ff.

事的な司令権力はその例である。一部の者は，国民代表の解散もこれに含める。第 2 の場合，つまり一義的または確定的な規定の欠如の場合は，行政裁量の範囲をめぐる，後に行われる議論の提供場所となる。いずれにしてもその限界は，実定法の解釈・適用の問題となった。実定法を裁量権の限界とする思考の結果，法的拘束の到達距離を分析し，法的拘束が尽くされ，すべての法律適合性の要求が充たされたときにはじめて裁量権を認める，ということが容易になった。

2 実定法の文言への限定

　法適用は確かに規範の解釈，事実関係の調査および包摂（当て嵌め）として記述されるが，規範適用に際しての法的瑕疵としては解釈の瑕疵だけが想定されている，ということは確かである[3]。F.F. マイヤーにあっては，瑕疵ある事実関係の認定を原因とする適用の瑕疵は法的な瑕疵としてでなく，裁量の瑕疵として分類されている。フォン・グナイストはこれを法的領域と裁量領域の間に位置している「中間の領域」(ein mittleres Gebiet) に分類し，ここにおいて事実問題を基準の問題（Maßfrage）とともにひとつの段階に置く。ベールは解釈の事後審査だけを裁判官に留保することよって，同様の結論に達する。

　つぎに，解釈の瑕疵だけが法適用の瑕疵として理解されたが，解釈は単に文法的・目的論的解釈として具体化された。この文法的解釈は今日の言葉で言えば「文理解釈」である。他の法領域では既にその時代でも普遍的であった体系的解釈と歴史的解釈は除外されていた。目的論的解釈は行政に留保されていた。したがって，専ら瑕疵ある文法的解釈が解釈の瑕疵とされたのである。「包摂概念」という口実のもとで，事実認定とともに，解釈の先取りを可能にする事実関係の評価が押しつけられた。このような包摂モデルは，3 つの段階で示されている法適用の方法論的な秩序づけを完全に放棄した。包摂は 2 つの定法（lege artis）から具体化された前提の帰結ではもはやなく，事実関係の評価としてむしろ事件に関係した事実の前提の主観的な標本作製のようになる。したがって，それは法適用の結論に対する任意の影響を獲得する。これは他の法領域におけるこの時代での解釈理論の発展からも遅れているだけでなく，法適用に際して恣意を排除するという明確な目的に相反する解釈モデルである。

　行政の恣意という問題が残っている。これは事実関係の評価の特権の授与 (Freibrief)，行政における目的論的解釈の独占，体系解釈や歴史的解釈の排除，

---

[3]　Held-Daab, S.70 ff.

第1編　行政裁量

そして，これによって担われている文言の取り違えの適法性の審査への限定から生じるものでもある。通常裁判所の管轄権を排除しようとするために，行政裁量を裁判官のそれと同様に解釈理論を用いて秩序づけをする可能性は，法治国的な前提から奪い取られた。しかし，効果的権利保護という目標を達するために，この法治国的な前提はフランスの「越権」（excès de pouvoir）という取消事由がモデルである新たな濫用論において蘇生するのである。

3　行政と裁判の本質論

ラーバント（Paul Laband）は今日の日本の裁量論を見るときにも示唆をあたえてくれる議論をしていた。本書は理論史的研究を直接の目的としてはいないので，ここでもヘルト・ダープの研究の紹介という形で議論をする[4]。

ラーバントは形式的または主観的な権力分立の側面と実質的または客観的な権力分立の側面を対比する。彼は裁判所または行政庁として構成されたそれぞれの機関の間の実定法上の権限配分を形式的意味の権力分立と呼ぶ。そして実質的意味の権力分立として，法律執行の理論の枠内において，法的に確定された「裁決」（Entscheidung）と，法的に単に制限された「処分」（Verfügung）を区別する。裁決および処分は実定法により裁判所にも，行政庁にも割り当てられる。例えば裁判所は，強制執行においては，いくつかの行政任務を果たしている。行政庁も，例えば行政上の争訟において法的な裁決を行う。しかしラーバントは，伝統的な権力分立の観念の継続性から完全に縁を切らなかった。行政は自由な目的活動であり，それは法律執行に対する「剰余」（Mehr）であるとして記述することが，実質的意味の裁判と実質的意味の行政の区別の具体化として行われた。

ラーバントは実質的意味の裁判を，現行法に所与の事実を包摂する（当て嵌める）という性質をもつ裁決の行為形式と同一視する。実質的意味の裁判はすべての論理的推論と同様に，裁決を委託された者から独立しており，それが行政庁であれ，裁判所であれ，裁決については自由をあたえていない。これに対して，実質的意味の行政の行為形式としての処分または行政行為は，法律で引かれた限界の内部における裁量による決定として性格づけられる。行政は国家の業務遂行（Geschäftsführung）であり，国家目標の自己責任をもった実現における意欲された成果の達成である。行政行為はいつも法適用を超えた成果を目指すのであるから，法秩序との関係において，単なる法律執行の場合においても「要件に対する

---

(4)　Held-Daab, S.127 ff.

帰結」ではなく，動機による行為として行われる。したがって，単なる偶有的なものであって，概念的ではない限界を法律において見出す，行政の自由な意思とともにある行政裁量を処分の重要な構成要素とするのである。法的に規定された行政上の措置は確かに法規の適用として承認される。しかし，法規が大前提として小前提である事実に適用されるという論理的な意味での決定ではなく，法規によってあたえられた権能が特定の効果の達成のための権力手段として用いられている。

　では実質的意味の裁判の場合はどうか。ラーバントによると，法的に開かれた決定の自由な範囲においてさえも裁判官の判決に際しては論理的に一義的な包摂の性質を排除することができない。事実の認定に際して「広い裁量の領域」が残される。客観法は裁判官に対して裁量的権力をあたえ，彼に公正性（Billigkeit）の斟酌を指示し，仲裁的宣言を委ねる。しかし，すべての場合においてこうした法的に制限された処分は存在せず，純粋に論理的に発見されるべき決定が存在する。何故ならば，事実の認定と，裁判官に対して法律によりあたえられた裁量の領域は，その「意思」によって左右されるのでないからである。決定の裁量の充填に際しては，裁判官は自分の意思ではなく，客観法のそれを通用させなければならず，「まさに生きた法の声であれ」（sei nur die viva vox legis）ということになる。論理的・一義的な裁判官の判決発見と，単に偶然的に法律で定められた行政の裁量権の行使という対比が行われ，そして2種類の裁量が今や向き合っている。法律によってあたえられた，裁判官の覊束された裁量と，行政の前法律的な自由な裁量の対比である(5)。

　20世紀の初頭においても学説は覊束裁量もしくは裁判官の裁量と，自由裁量を区別していた。この区別は2つの側面をもっていた。すなわち，1つには法的に拘束された国家の活動と，単に法的に制限された国家活動の区別であり，もう1つはこの両形式をそれぞれ司法と行政という国家作用に組み込むことである。決定された国家作用と自由なそれの二元論に，殆ど動揺せず固執していたのである(6)。

4　不確定法概念論史の概観

a）裁量要件としての不確定概念

　後に見るように，「判断余地論」が行われる場所は法律規定の「構成要件の側

---

(5)　Held-Daab, S.223.
(6)　Held-Daab, S.223.

面」である。そこにおける法律規定によって表現された概念（構成要件要素）が曖昧である場合については、概念の解釈適用が特定の条件を充したときに、行政の判断が最終的なものとして通用する。これが「判断余地」（Beurteilungsspielraum）というものであるが、これを理解するためには、やはりこの構成要件の側面における裁量論の歴史的な背景に触れることが必要であろう。例によって、前章でも紹介した研究をここでも使うことが必要である。しかし、この研究の包括的な紹介をする余裕はないので、極めて重点的なものにとどまらざるを得ない。構成要件の側面における法律における曖昧な概念を「不確定概念」と呼ぶか、それとも「不確定法概念」と呼ぶかは単なる用語の使用の好みや便宜の問題でなく、やはり歴史的な背景をもっていることは後述の通りであるが、ここでは取り敢えずこれを「不確定概念」と呼ぶことにする。

　さて、以下にはこの理論史研究の紹介をするのであるが[7]、不確定概念をめぐる議論は2つの問題に関係する。まず構成要件と法律効果を一義的に結びつけている「強行規定」が法適用者に対して、規範の正文の曖昧な文言の故に決定の自由な余地を残しているか、という問題がある。2番目の問題は、行政裁判所の管轄権の区分の文脈において存在するのであって、果たして行政か、それとも行政裁判所に、決定について最終的な判断権が帰属するのか、ということである。この問題については、まず行政に対して最終的な拘束力を持った構成要件の具体化の権能をみとめる。つまり法律の文言の限界内において、文言の曖昧性を自分の判断で充填する行政の権能を認めるのである。既に裁量の理論史で見たように、法律は行政裁量の限界ないし枠を定めるのであり、その枠の解釈は厳格に行われるべきであり、文法的解釈（文理解釈）をもって行われるべきであった。したがって、法律規定が曖昧（不確定）であれば、それは行政が自分で判断すべき事項である。このような伝統的な議論は、不確定概念の使用においては行政庁による規範具体化の法律による黙示の授権が存在している、という主張によっても補足された。不確定概念の適用が法適用であって、解釈問題であるとは理解されていない。これに代わって概念適用についての決定は、決定の基礎である「事実の認定」に分類され、あるいは「事実関係の評価」として分類されるのである。この点の理解が裁量論の歴史を見るときに極めて重要である、と思われる。

　すなわち、法律で規定された概念についての解釈を先取りするために、「事実関係」の評価について、不確定概念の具体化に関する決定を行政に留保する。あ

---

[7]　Held-Daab, S.140 ff.

る事実関係の構成要件適合性の肯定により，既に法律効果の適用可能性が決定されたのであるから，法適用者の自由は単に事実の前提の中に在り，これによって事実のモメントの認定から，法律において掲げられた一定の範疇が推断される，というものである[8]。「事実関係の評価の自由としての裁量論」が顕著であるベルナツィク（Edmund Bernatzik）の有名な「技術的裁量論」（techniches Ermessen）もこの文脈において理解すべきである[9]。

b）不確定概念から不確定法概念への転換

　日本法では現時点でも「不確定概念」という用語が何の躊躇いもなく用いられている。これは用語の使用の便宜に係わるだけであるから，敢えてこれを問題視する必要がないかも知れない。しかし，ドイツでは，「不確定概念」（unbestimmter Begriff）から「不確定法概念」（unbestimmter Rechtsbegriff）への転換は重要な意味をもっている。少なくともこの転換が「効果裁量」の承認に行き着くのである。この点についてこれまで紹介してきた裁量論の歴史研究に依拠した説明を再び行うことにする。

aa）転換承認の前提　　不確定概念を裁量の構成要件に分類する試みとは異なり，「不確定法概念」は２つの異なった前提から出発した。最初の前提は，個人の法的地位を規定する規範の適用は決して行政の裁量の中には入らない，とするものである。この基本的思考はバイエルンの行政裁判所の実務に対抗したものであり，グルート（Oskar Gluth）とテツナー（Friedrich Tezner）により，すべての事実の解釈と適用は構成要件の確定性にかかわりなく，法律問題として取り扱わなければならない，という基本原則として一般化された。この一般化の基礎を第２の基本的思考が形成するのであり，これもグルートとテツナーによって発展させられた。すなわちこの２人は，いわゆる不確定法概念の具体化は一般の構成要件の具体化と同様に，解釈によってのみ行われなければならない，と主張するのである。

　不確定法概念論として最初に見るべきは，行政庁が専ら公益を顧慮して決定しなければならず，行政の行為には主観的な権利が差し出されていない場合にのみ自由裁量は存在することが可能である，という司法国家的観念である。このような観念の基礎となっている主観的な権利領域の区分としての権利の理解と，裁量問題に際しての通常の争訟の途の排除は，主観的権利と裁量を互いに排除しあう

---

(8)　Held-Daab, S.151.
(9)　ベルナツィクの技術的裁量論については Held-Daab, S.151 がかなり詳しい記述をしている。その紹介として，海老沢・前掲107頁以下。

19

対立物として把握し，国家権力の客観法的拘束を無視する，という結果になる。しかし，裁量概念自体，主観的な権利保障の欠如によってはじめて確定されるのであるから，裁量概念に立ち返ることなしに主観的権利付与の基準を見いだすことが必要である。そうでなければ，循環論法に陥ることになる[10]。

bb）グルートとテツナーの議論 　不確定法概念論の更なる発展は，グルートとテツナーによってもたらされたのである。彼らにとっては，不確定法概念の解釈の可能性と必要性が重要な観点である。

グルートとテツナーは，すべての構成要件要素の正確な解釈が可能であり，法律よっても委託されている，という原則から出発する。テツナーは，裁量と客観法の拘束の対比にもとづいて首尾一貫した議論をしており，法律効果の書き替えも含めて，すべての法規範を行政の行為の構成要件および法的限定として理解する。したがって彼にとっては，規範正文におけるすべての不確定概念の具体化は解釈問題であり，法律問題である。グルートとテツナーは不確定な構成要件要素は確定的なそれと同様に解釈という方法で具体化されるという確認を，行政の留保の認定のためには解釈と同様に，事実関係の認定に際しては自由な余地は存在しないという説明をもって補充している。解釈も，事実関係の認定も法適用であり，法的統制の方法で裁判所によって審査されなければならない，とするのである。事実関係の認定も法適用であり，法的統制の方法で審査されなければならないという説明は，事実関係の評価に際しての行政裁量に反対する。そこで，行政裁判所の法的統制は原則として法律問題での上告（revisio in iure）に制限される，と主張するベルナツィクに反対する。

cc）テツナーの議論 　テツナーは主観的権利に迂回することなく，不確定概念を解釈問題とする。したがって，不確定概念を「法概念」とする。彼は，すべての法的な枠（制限）が使い果たされたときにはじめて，行政の裁量というものを語ることができる，とする。彼によると，このような条件を確認することが規範解釈の任務であり，そして調査された事実関係をこの条件に包摂する任務があるのであって，この場合には構成要件の確定性は問題とならないのである[11]。

テツナーはグルートより一層根源的に，不確定法概念解釈の必要の根拠づけと同様に，不確定法概念の解釈能力の根拠づけに取りかかっている。グルートは不確定法概念に際しては少なくともそれの具体化のための「手掛かり」が発見され得るということだけを指摘している。しかし，テツナーは結論においてグルート

---

[10]　Held-Daab, S.157-158.
[11]　Held-Daab, S.159-161.

に賛成するが，自分の議論を概念上の厳密化の限界についての基本的な考慮に依拠させている。つまり，厳密に書かれていない解釈の指標がいまだに手掛かりをあたえているという事実ではなく，すべての概念は多かれ少なかれ曖昧であるという認識が，すべての不確定法概念による裁量権付与の要請を退けたのである。総ての限界線すれすれの場合を疑いがないように把握することについての言語の不可能性が，外見上確定した概念についても適用の不安定をもたらす，と言うのである。

　テツナーは，概念の不確定性は具体的な，境界領域における事実関係に直面してはじめて認識し得るのであり，一つおよび同じ概念は個々の事案における適用に際して文脈に応じて確定または不確定として現れるということの例として，Straße と Weg（注：いずれも道ないし道路などを表現する言葉である）または Hütte と Haus（注：いずれも家屋ないし建物を表現する言葉である）の区別を挙げる。厳密でないすべての概念が行政の裁量権を形成しているとするのであれば，数字による表示や厳密科学の専門語彙以外のすべてのものが裁量権付与ということになってしまう。彼は，概念の適用領域の不安定さからそれの意味の確定性を推論することができないとするノイマン（Fr.Neumann）に反対している。すなわち，一定の範囲において存在し，一定の条件や前提にしたがっているように見えるものの総括概念が動揺していようとも，そこから条件や前提自体が我々の理解を超えているほどに動揺していることには決してならない。したがって，解釈の任務は概念適用の条件としての抽象的な指標における概念の意味を，個々の事実関係の組み込みに関する疑義が解消されるほどに具体化することにある，というのである[12]。

　ノイマンとテツナーは，解釈の任務として不確定法概念を理解することを立法者の意思から正当化する。立法者が多かれ少なかれ曖昧な概念を侵害授権に際して用い，そのような構成要件要素に，時として広くおよぶ法律効果を結びつけるならば，立法者はこうした概念を用いるに際して何も考えず，すべてを行政に委ねようとしている，ということは想定できない。すべての構成要件要素と同様に，いわゆる不確定法概念においても，権威ある立法者の意思が宿っているのであって，法律の権威が放棄されてはならないとするならば，それは解釈という手段で見出すことができ，またそうしなければならない。行政裁量を推定するという伝統は，解釈による確定が可能であるという推定に代替した。通常は裁量の構成要

---

(12) Held-Daab, S.162-163.

件とされる公益，必要性および合目的性という概念でさえ一義的に確定できるのであり，それ故それの適用は法的統制の枠内で審査され得る。したがって，解釈に先行する事実関係についての評価の行政留保によって解釈的概念の具体化が旨く行かないことを回避するために，テツナーとグルートは事実の認定を事実関係の評価の型にはめ込むことに反対する。そして事実の認定も法適用の要素として法的統制に服することを強調する。

　dd）権限問題への転換　さて，以上のような不確定法概念の理論の弱点は，それが不確定法概念の具体化の問題を，解釈の限界が明かである場合に深化させなかった点にある。概念の具体化が必ずしも一義的な解決に行き着かないことが分かっており，法的統制可能性の到達範囲の結論は得られず，それは行政裁判所の審査の権能を可能な限り広く定めるという自由主義に動機づけられた努力の中に放置される。不確定法概念の具体化がどの程度まで解釈によって行われうるかの問いは，結局は権限ないし管轄権公準への飛躍（Sprung auf ein Kompetenzpostulat）の問題になってしまう。例えばテツナーによると，裁判官にはその職務により規範の内容を「権威をもった作用」をもって規定することが委ねられている。解釈の任務の法的性質または解釈の任務の一義的解決可能性が決定するのではなく，裁判の作用から導き出された裁判所の決定の留保が決定するのである[13]。

　法概念としての不確定法概念の果てにあるのは権限の要請への撤退である。これは反対論でも同様である。反対論と同様に，ここでも法的拘束や法適用の分析を犠牲にして，権力分立や国家作用の記述からの拘束力をもった具体化の権能が導き出されており，これが前景に置かれる。その目標方向だけが対立している。すなわち一方が，不確定な構成要件を行政の合目的性判断のための場所を守る楯として主張するか，または，事実関係の評価の具体化を行政に委ねるために法適用や法解釈を切り詰めて説明するのに対して，他方は，法的統制の枠内で拘束力をもった概念の具体化について裁判官の権能を正当化するために，解釈の制限された能力を無視しなければならない，と考えている。

　この不確定法概念論は，概念の具体化を正当にも解釈問題として定義することによって，合目的的な決定の行政留保の黙示の承認論に反駁をしている。すなわち，解釈が構成要件充足のための基準を調査したときにはじめて事実関係の調査が意味をもち得るのである。これを明らかにしたために，事実関係の専門的な評価に頼ることが外見的合法主義（Scheinlegalismus）であることを明らかにす

---

(13)　Held-Daab, S.166.

る(14)。

　1920年代の行政法理論や実務においては，不確定法概念論は単に結論においてであって，その理由づけでは主張されていなかった。確かにますます多くの不確定概念は法概念とされ，それの適用は裁量問題としてではなく，裁判所によって審査され得る法律問題として取り扱われることになった。しかしながら，これらの概念の解釈の必要や能力とともにする議論は大した役割しか果たさなかった。その理由は，解釈の機能上の能力に頼ることは19世紀の80年代以来いつも問題にされてきた，ということに求められる。行政法学が不確定法概念の適用を解釈問題として考えていた時代には，一義的に決定されるという裁判官の法適用と，自由な行政の裁量を区別するという伝統は，既に民事法学者の側からは却けられていたのである。

　ee）民事法上の議論との比較　　一義的に前もって定められた結論の単なる発見として法適用を観念することは，民事法の方法論においては，19世紀の初頭の単純な法実証主義からの訣別以来崩壊した。解釈論上の議論においてそれ以来いつも表明されてきた法適用の論理的性質に対する疑問は，新たな民事法上の「一般条項」の刷り込みの下で，そして，その他の理論においても公然と議論された。裁判官の創造的な活動の正当化は，法適用に際しての裁判官の自由な形成的な裁量領域を根拠づけ，または，後に自由法運動に連動して実証的な方法論に対する反動において法とは異なる（contra legem）法形成および権能を要求する研究の出発点となった。解釈方法論的に単なる法発見の零にまで縮減された裁量領域として裁判官の裁量権を理解することはもはや不可能になった。このような観念の崩壊により，行政裁判所の統制の正当化もまた問題とされた。行政裁判権は行政のための管轄権の区分をめぐる相変わらずの論争において，自らの裁判を政治的に疑義がないようにするために，法適用を一義的に羈束された活動として主張することが求められた。行政裁判官の決定の裁量領域を公然と承認するならば，例えば警察法や営業法において違法で正当化できない『二重行政』（Doppelverwaltung）として裁判を評価することに対抗して行政司法を正当化することは困難であった。同様のことは，不確定法概念の適用に際しての解釈の判断余地の承認においても見られた。この判断余地の厳密な区分を根拠づけることはきわめて困難であったので，重要な領域においてこれを公然として承認することは，苦労して獲得され，法治国的な成果として考えられた行政裁判所の統制を無効にす

---

(14)　Held-Daab, S.167.

るおそれがあった。20世紀初頭の支配的行政法学はこのような結果をいかなる犠牲を払っても避けようとした。解釈問題を厳密に議論しないで，完全に決定された概念適用と，完全に自由なそれとの二者択一に固執した[15]。

ff）確定し得る法概念と自由に充填し得る裁量概念の二分法　法適用に際しての覊束性と自由の境界を概念具体化の確定性の境界としてではなく，不確定概念の範疇と裁量概念の範疇の境界として定めようとしたW.イェリネク（Walter Jellinek）は不確定な概念を言語学的意味での曖昧な概念として理解し，その上でこれを基礎にしてその概念を分析して，適用の裁量余地を限界づけようとした[16]。

帝国の終わり頃の行政法学においては，殆どすべての不確定概念が一義的に確定し得るものとして承認される限りで不確定法概念論が行われた。裁量概念の領域は裁量決定の伝統的な同義語である，公益，合目的性，公正性（Billigkeit）の具体化に制限された。確定し得る法概念と自由に充填し得る裁量概念の二分法により，学説は解釈問題としての概念の具体化のための不愉快な考察を更に進めることを回避した。法概念として宣言された構成要件要素については，一義的に確定された解釈の結論という教義の脆弱さにもかかわらず，法適用の一義的確定性の要請に固執した。学説は，この概念の適用範囲を経験的に認定される事実または経験則にもとづいて一義的に確定できる，という確信を支持した。更に学説はこれとともに，補充的議論として，法概念と裁量概念の二分法を根拠づけるために，価値概念または自由な目的具体化として裁量の内容を記述することを通して，裁量権付与として理解されることが可能な概念の制限列挙を展開した。これによると，公益の具体化はいまだもって圧倒的に裁量決定として考えられている。これに対して，必要性や合目的性の概念は，それが法定目的に関係する場合には法概念とされる。規範の関連性から配分指針または平均基準が導き出されるときは，相当性（Angemessenheit）または公正性の概念は確定され得るものと見なされた。

以上のような議論の結果，わずかな概念が裁量権の付与として承認され，構成要件適用について可能な限り広範に行政裁判所が統制することを正当化することになる。授権規範が不正確に定められていても，自由権や財産権の侵害を裁判所の統制の下に置くという努力が法政策的に見て取れる。法規または法律の留保は侵害の要件が十分に具体化している場合にのみ個人に対して有益であるという認識から，曖昧な概念であってもこれが確定できるという主張をもって，裁判所が

---

[15]　Held-Daab, S.169-171.
[16]　Held-Daab, S.172-181.

構成要件の文言における立法上の不明確さを修正することを学説は求めた。プロイセンの上級行政裁判所は，取り分けその特権化した地位のために，この要求を最初から斟酌していた。南ドイツの行政裁判所やオーストリアの行政裁判権は行政裁量をますます制限する規定を通してそれの権限領域を拡大したのである。また，行政法学も経験的事実をもって解釈論を補充することによって，不確定概念の裁判所による精査を法的統制として正当化する，一義的に決定された法適用の要請を支えた。

　以上のような裁量概念から法概念への交替は段階的な認識の歩みの結果であるが，伝統的な学説に対する徹底的な，公然たる反対にまでには至らなかった。実は理論的な展開が消尽するところには，選択的に指示された法律効果の選択に裁量概念を限定することが行われた。

　gg）要約　　以上，裁量論を見るときに日本では必ずしも十分に自覚的に論じられて来なかった論点を，ドイツの学説史の研究を要約して紹介するするという形で論じた。法と行政の関係について，まず法は行政権の行使に対する枠として認識されていた。法律が果たすべき役割を「法律の優位」に限定することでもあるが，法的観点からの行政権の統制は法律の文言の解釈ないしは文法的解釈からするもの（文理解釈）に限定された。これが行われていた時代においても民事法的観点から見れば既に時代遅れであり，今日の目からみると甚だ奇異であるが，行政権と行政裁判権の関係からそのような限定が行われていたのである。この伝統はその後長く続く。そして，法律の文言に着目したために裁量権の所在もこの観点から判定することが行われた。今日の用語でいえば，「要件裁量説」が先行する，ということができよう。そして，こうした限定がその後法的瑕疵とは区別されたいわゆる「裁量瑕疵」の議論の展開の理由にもなる。本書で使用したヘルト・ダープの学説の理論史研究では裁量瑕疵論の歴史的展開についても詳しく論じられている。

II　裁量瑕疵論の歴史

　行政裁判所法第114条は行政訴訟の観点からの裁量統制の規定を置く。すなわち「裁量により行為することを行政庁が授権されている限り，裁量権の限界が踰越されたために，または授権の目的に適わないやり方で裁量権が行使されたために，果たして行政行為が違法であるか，または行政行為の拒否もしくは不履行が違法であるか，についても，裁判所は審査しなければならない。行政庁は行政行為に関する裁量考慮事項を，行政裁判所の手続においても補充することができ

る」という規定である。

　適法性と必要性もしくは合目的性の対比は，相変わらず裁量論の基本的な構成要素のままである[17]。この対比は，法適用と裁量権行使の違いを表現するだけでなく，同時に，行政裁判所の審査の限界を示すことでもある。裁判所の統制が行政行為や命令についての法的統制に制限されている限り，行政上の処置に関する必要性や合目的性の審査は排除されるとされた。不確定概念を顧慮して事実認定や事実の評価を自由な行政裁量の対象であるとする学説は，執行行為の必要性や合目的性の判断はいずれにしても裁量問題の一部であり，それ故裁判所の統制を免れる，とする。

1　プロイセン一般州法典

　しかしながらこのような支配的な見解に対抗して，侵害の適格性（Eignung）であるとか必要不可欠（Erforderlichkeit）という意味での必要性（Notwendigkeit）の審査を求める声が次第に大きくなった。これに最初に応えたのが18世紀での「濫用論」（Mißbrauchslehre）であったが，19世紀の60年代の法治国的な要求において再生した「恣意禁止原則」（Willkürverbot）とともにある「裁量瑕疵論」（Ermessensfehlerlehre）がこの要求の実現に寄与したのである。プロイセンの上級行政裁判所は警察法における「裁量踰越論」をこの要求に結びつけて展開し，恣意を，識別できる警察上の動機をもたない行為と同一視した。その際にプロイセンの一般州法典第2部第17章第10条が警察目的の制限的具体化を可能にした。因みにこの規定はつぎのようなものである。

　「警察ノ任務ハ公ノ静謐・安寧及ビ秩序ヲ維持シ及ビ公共又ハ各個人ニ對スル危害ヲ除クガタメ必要ナル措置ヲナスニ在リ」[18]
そして，更にこの規定は適法性の要件としての必要性（Notwendigkeit）の実定法上の根拠づけを可能にしたのである[19]。

　覊束された裁判官の法発見との対立物を表現する「行政の自由裁量」を語ることは，「義務に適った合理的な裁量」という常套句によって捕捉され，相対化された。主観的な気紛れとか好みによる行動ではなく，国家目的の実現に向けられ

---

(17)　Held-Daab, S.186 ff.
(18)　柳瀬良幹「警察の観念」行政法の基礎理論第2巻（清水弘文堂書房，1967年）180頁による。
(19)　訳語の問題であるが，須藤陽子・比例原則の現代的意義と機能（法律文化社，2009年）27頁は，Erforderlichkeit を「必要性」と訳され，Notwendigkeit を「必然性」と訳される。

た行動だけが正当化される，とするのである。特に事実認定に際しての行政の特権（Prärogative）を支持する学説は，義務に適った理性的な，職務遂行のルールの中にその限界を見いだす正しく理解された自由として，行政の自由を必要性や合目的性の問題において規定した。このような意味において，恣意および義務違反による裁量権踰越の警察上の指示は，プロイセンの上級行政裁判所の判例においても用いられた。この指示は警察上の措置に対する武器としてではなく，消極的な意味で，つまり警察の行動は義務違反の非難を受けるに値しないという意味でのみ用いられた。比例原則の発展の出発点はまず，認識し得る警察上の動機の瑕疵として恣意を詳細に記述することによってつくりだされた。

　学説において「動機の統制」として示された前提が，不適切で，過度な侵害に対する制裁として発展してきたということは，警察概念や動機概念の具体化によって左右される。1つには許容される「警察上の動機」の範囲が制限的に定められていることが決定的である。もう1つは「動機」を主観的にではなく，つまり処分者の意図としてではなく，客観的に，つまり措置の目的方向として具体化することが肝要である。

　プロイセンの上級行政裁判所は，一般州法典第2部第17章第10条に直接に立ち返ることによって警察上の処分権力や命令権力を「危険防止」の目的に限定することに成功した[20]。「動機」の概念自体は同裁判所により，原則として主観的に行政官の意図の意味ではなく，客観的な，処置の目的方向の意味で解釈された。フォン・グナイストと同様に，恣意（Willkür）または嫌がらせ（Schikane）という呼び方をそのまま使っていた。しかし，私情を交えた動機からの法定の権能の意図的な目的逸脱の証明も，故意または過失の義務違反の証明も要求されなかった。それに代えて同裁判所は措置が警察目的に，つまり一般州法典第2部第17章第10条の厳格解釈により危険の防止という目的に奉仕しない場合には，それだけで警察上の動機の識別可能性を否定した。事実上の侵害要件の審査可能性の理論にもとづいて，危険が欠落しているときは，通常は事実の基礎の欠落ないし構成要件充足の欠如が責問されるがために，法律効果の指示の不適切性が動機の主要な適用場面となる。この不適切性が恣意による裁量権踰越の徴証となる。必要とされている負担の賦課を踰越する場合は，「動機理論」の枠内では恣意の徴証として斟酌された。

　19世紀の80年代の中期以降，プロイセンの上級行政裁判所が警察上の措置の

---

[20]　Held-Daab, S.191 ff.

適切性だけでなく,「必要性」(Erforderlichkeit) も審査する事案が多くなった[21]。一般州法典第 2 部第 17 章第 10 条による「必要ナル措置」(die nöthigen Anstalten) という構成要件要素の解釈によって,Erforderlichkeit が適切性と並んで警察上の危険防止の適法要件として根拠づけられたためである。テツナーはプロイセンの判例においては追求されなかった根拠づけを一般州法典のこの規定の文言から導き出す。「必要ナル措置」の概念には,1 つには現存する危険の防止のための合目的性および有用性 (Tauglichkeit) という要求と,この目的のために不可欠に必要とされているもの (das Gebotene) に局限するという要求の 2 つのものが存在する。この 2 つの法律上の要求は警察措置の適法性の要件として行政裁判所によって審査されなければならないのであるから,その限りでは必要性や合目的性の統制の排除からその統制の「正しい限界」に立ち返らなければならない,とする。テツナーはこれを,警察の過剰侵害についての審査可能性として規定する。

　テツナーはこのように一般州法典のこの規定の文言から比例原則を根拠づけたが,他の学者は 18 世紀の濫用論から知られている戦略を採った。彼らは自然法的な基本原則または警察概念をもって議論したのである。例えば O. マイヤーは危険防止の任務の基礎を,公の秩序を乱さないという臣民の警察上の義務として具体化する。このような視点は,警察上の法律効果裁量を 2 つの点から制限する可能性をあたえる。臣民の義務の援用は 1 つには相手方の選択の制限を正当化し,そしてもう 1 つは義務の限界を具体化することにおいて比例原則を正当化する。危険防止の制限の適格性 (Eignung) は前提とされている。決定的なのは,危険回避に必要なものに制限することである。この場合比例関係を保たない措置を「権力の踰越」と呼ぶことが,裁量権の踰越であるとかフランスの越権訴訟を連想させるのである。O. マイヤーは比例原則を法的限界 (Rechtsschranke) として理解しようとしていたのは疑いない。警察上の概括条項が警察に対してこの自然的尺度を越えた防止のための授権をしようとしていることは想定できないのであるから,すべての比例関係を保たないものは法的瑕疵をもつ,ということになる。自然法的構成を採るかは別にしても,法規的形式をもった侵害の授権の要求から,侵害は実体的法律にもとづき,そして,それの基準にしたがってのみ許容される,ということが導き出される。過剰な侵害は,侵害のために警察が法律により授権されている状態をつくりだす以上のものを要求することを特徴としている。

---

[21]　Held-Daab, S.193 ff.

このように警察の措置の適切性（Eignung）や必要性（Erforderlichkeit）は法律適合性の要件として構成されたのであり，このため裁量瑕疵論の本来の文脈から離れた。このような展開の決定的な転換点は，動機概念を媒介とした恣意禁止原則の具体化ではなく，措置の目的としての客観化された解釈である。意図としての動機の主観的な理解と異なって客観化された解釈は，目的・手段の関係を基準とした合理的な侵害審査の可能性を開いた。

　後期立憲主義的な裁量瑕疵論の起源は，行政に対して友好的であるが，法治国的な特色をもった19世紀の60年代の「濫用論」（die Mißbrauchslehre）のルネッサンスに求められる。F.F. マイヤーや v. グナイストは「中間的な」瑕疵，つまり法的瑕疵と単なる不当（Unzweckmässigkeit）との間にある裁量の瑕疵を，法的瑕疵を授権規範の文言に対する違反に局限することに対する補填のために主張した。この新たな裁量瑕疵論の範疇は1つには通常裁判所の管轄権排除を根拠づけ，もう1つは行政裁判所の審査の要求を正当化した。

　19世紀の80年代において行政裁判所の権限を適法性の統制に制限することが行われ，プロイセンにおいてさえ警察上の措置について裁量権の統制の排除が規定されると，行政法学は新たな立場の表明を余儀なくされた。すなわち，裁量瑕疵論の範疇を放棄するか，それとも，瑕疵の構成要件を新たに構成する必要があった。不確定概念は，テツナーは別にして大抵の学者にとっては少なくとも潜在的には裁量権の授権であった。行政措置の必要性や合目的性の審査不可能性の理論は殆ど崩れなかった。あのプロイセンの上級行政裁判所の「動機の統制」は丁度始まったばかりであった。憲法の援用，例えば差別禁止原則や自由の保障の援用は70年代以来法治国の要請への撤退のために視野から消えた。基本権が単にプログラム規定，あるいは，せいぜい領域特有の留保として理解されている限りでは，その援用はそれほど有用でなかった。それに代えて学説は裁量権踰越の概念と結びつき，義務に適った，恣意的でない裁量権の行使という救済条項（salvatorisch）を独自の瑕疵範疇の発展のための出発点として用いた。このために彼らは既に承認されている法的瑕疵と同列に取り扱われるさまざまな裁量瑕疵において裁量権踰越の概念を具体化した。

2　勤務法上の違反としての裁量瑕疵論

　例えば19世紀の90年代までに処分者側の「悪意」（böse Absicht）または「拒否し得る職務義務違反」（verwerfbare Dienstpflichtverletzung）を，外部法規違反を

証明しないで裁量瑕疵を証明する手段として主張する議論が行われた[22]。このような主観的なモメントに頼ることは，必要性や合目的性の審査不可能性という伝統に因るのである。行政上の目的達成のために用いられる手段の選択も，行政裁判所の適法性統制の枠内においては審査され得ない裁量の問題として理解された。それ故重大な権能濫用の制裁を可能にする迂回路として処分者の意思に結びつくことが残されていた。

3　フランス法をモデルとした裁量瑕疵論

比較法学的にフランスの越権（excès de pouvoir）に依拠して裁量瑕疵論を展開した議論もあった[23]。

「越権」はコンセイユ・デタの行政判例において，無権限，手続や形式規定の違反および実体規定の文言に対する違反と並んで発展してきた。財政的利益を追求し，自分の党派に属する者を守り，政治的な反対者を差別する地区警察の警察権限濫用に際して，コンセイユ・デタは，行政の権限は法律の文言に対する違反がなくとも取り消し得る，とした。法政策的背景はプロイセンの「動機の統制」と同じである。フランスの判例がプロイセンのそれと同様に，職務管理者の意図ではなく，措置の目的方向や適切性（Geeignetheit）に注目することによって同じ結論に達したのである。フォン・ラウン（Rudolf v. Laun）は越権に関するフランスの判例から，裁量権は実定法によって評価された目的，または，少なくとも禁止されない目的のためにのみ行使することができることを明らかにした。彼はこれを，形式的・実体的法規範への「外部的」拘束を補充する「内部的」裁量権の限界として承認する。フォン・ラウンは実定的オーストリアの法からこの内部的限界を導く努力をしなかった。目的に違反した裁量権の行使制裁の必要を証明するために，彼はいくつかの警察上の権限の濫用の事例を引用するだけである。これにつづけて目的拘束を「事物の本性」による法基本原則である，とする。何故ならば，フランスの越権に関する理論は「ほとんど総ての現代文化国家に共通した法状況」の表現であるからである，とする。

4　管轄権または権能の踰越に対する制限としての目的拘束

管轄権は後期立憲主義での理論においてはまずフォン・ゲルバー（Carl Friedrich von Gerber）により，許容される裁量権行使の外部的な限界として説明され

---

[22]　Held-Daab, S.203 ff.
[23]　Held-Daab, S.208.

た(24)。しかし，フォン・ゲルバーは決定の目的拘束に対する違反と結びつけてはいなかった。公法上の行政活動としてはもはや理解され得ないもの，特に通常裁判所の決定管轄権への侵害（例えば収用事件におけるそれ）だけを彼は除外した。O. マイヤーは管轄権の概念を主観的権利から区別することにおいて，それが職務管理者の自己の利益や自分の主観的な観念にしたがうのではなく，公益のために，そしてそれ故に目的に拘束されて行使されなければならない目的達成権限として管轄権の概念規定をする。管轄権は公益が要求するものにいつも制限されるという要約的確認とともに，管轄権の限界は作用の範囲に意味を変え，侵害目的と侵害手段の関係の審査の障害は取り除かれる。

　目的拘束を適切（geeignet）で必要（erforderlich）な侵害への限定として理性法上根拠づけ，行政裁判所が統制できるとしている警察法上の説明とは異なり，O. マイヤーは行政法総論における目的拘束や統制をもっと抑制的に規定している。「公益」とか「公安」のような構成要件要素による侵害目的の言い換えは，それの解釈適用を法律問題として審査するためには十分に確定的でない，と考えている。しかしこのような見解は，例えばプロイセンの「一般州行政法」第127条第3項第2号またはバーデンの「行政裁判所法」第4条のように，特別の法律規定にもとづき対応する事実関係認定の審査が裁量の統制として許容されると宣言されることにより，緩和される。O. マイヤーは不確定な構成要件による拘束や，これによって挙げられている侵害目的を法的拘束として認め，この統制の完全な放棄が余儀なくされることによって，統制されるのは構成要件の解釈と包摂に必要な事実認定である，ということを初めて認めたのである。これに対して，目的拘束を裁量権の限界として構成することにより，警察法の外部における比例原則の実定法的根拠づけの欠如を少なくとも補填したのである。つまり，事実の統制を裁量統制として理解することにより，裁量権授権としての不確定概念を法政策的に望ましくない帰結の埋め合わせをしたのである。

5　決定手続における瑕疵としての裁量権の踰越

　裁量瑕疵論は瑕疵ある決定発見論として，ザクセンの行政判例において展開した(25)。19世紀から20世紀への転換後，ザクセンの判例はその裁量瑕疵論により，これまで唱えられてきた考えと一線を画する。裁量審査禁止原則により，適切性（Geeignetheit）必要性（Erforderlichkeit）または平等取扱い（Gleichbehandlung）を

---

(24)　Held-Daab, S.210 ff.
(25)　Held-Daab, S.212 ff.

基準とする処分の統制を許さないものとする。同様にザクセンの判例は職務違反から裁量瑕疵を導くことにしたがわなかった。それに代えて「不文法」の対象とされるさまざまな決定発見の条件から，許容される裁量権行使の限界を構成する。裁量権の踰越は，決定の結論と，不利益になるような影響をあたえる決定手続の瑕疵のための集合概念として現れる。瑕疵の証明は行政行為の理由付記を手がかりとして行われる。

　アペルト（Karl Apelt）はザクセンの判例において展開した手続の原則を要約して，つぎのように言う。「行政庁の裁量に左右される決定に際しては，裁量は完全なものでなく，拘束されないものでない。……むしろそれは行政庁を義務づけによって拘束する。すなわち，総ての決定を客観的（sachlich）で正しい（sachgemäß）観点の下で行い，公共の福祉の要求を斟酌し，正当な私的利益の侵害を，それが何らかの方法で可能な限り回避するように行うように義務づけられている。このような考慮の最終的な結果，つまり行われた決定そのものは確かに行政争訟手続（Verwaltungsstreitverfahren）からは引き離されている。しかし，上級行政裁判所は，行政庁が果たしてその考慮に際して前記の限界を遵守したか，ないしは，その際に法錯誤的見解を前提にしたのか，ということを審査しなければならない。その限りで，その決定が正当な疑義を惹き起こす原因となれば，法違反が認定されなければならない」。

　こうした構成の基礎づけは義務に適った裁量権の行使と，恣意的な行為の伝統的な対比である。この場合に，個々の手続原則を実定法上根拠づけることなく，正しい決定発見の義務として裁量権の義務拘束が具体化されているのである。

6　裁量瑕疵論の要約

　裁量瑕疵論は行政法拘束の厳格な規定が行われていた時代にあまりにも狭いと感じられていた行政裁判所による法的統制を拡大し，裁量権踰越の具体化を通して承認されていた法的瑕疵を拡大するために用いられた[26]。職務違反を媒介とした構成，動機の統制および手続の瑕疵としての裁量瑕疵論という3つのモデルは裁量瑕疵論を独立した法的瑕疵の範疇として根拠づけることに成功しなかった。詳細を見れば，裁量瑕疵の要件は単なる違法か，それとも職務違反の行為であり，外部の関係においては適法な行為の場合であることが分かった。裁量瑕疵と法的瑕疵の交差は20世紀の初頭の学説においては部分的には識別されていた。しか

---

(26)　Held-Daab, S.222. ff.

し，完全に排除されなかった。特に裁量瑕疵を手続の瑕疵として説明することは，同じ瑕疵を，ある場合には法的瑕疵として，そして，ある場合には裁量の瑕疵として把握するという観点の二重化をもたらした。比例原則の場合と異なり，支配的な学説は裁量権踰越を法的瑕疵の体系の中に解消することに成功しなかった。制限的に規定された，もしくは不十分にしか把握されなかった法的限界の補填は，後に理論が継続して破綻していくという代償を伴うのである。

第2章　基本法の下での裁量論の転換

Ⅰ　基本法の下での行政裁判権
（個人の権利保護の体系としての行政裁判権）

　第二次世界大戦後の行政に対する裁判所の統制の特色を示すことが，ドイツでの裁量論の展開をみるときに必要である。

　ある学説によると，第二次世界大戦後に展開した行政裁判所が行う行政に対する統制については，5つの改革がその特色として挙げられる。すなわち，概括条項，基本法第19条第4項が定める裁判所による権利保護の保障，基本権の直接適用の保障，行政訴訟類型の増加および行政庁からの行政裁判所の組織的分離，というものである(1)。すべてをここで詳細に紹介することはできないが，基本法第19条第4項は裁量論との関連で特に重要であるので，以下にはこれについて述べておくことにする。

　基本法は第19条第4項第1文において「何人も公権力により権利を毀損されたときは，その者には出訴の途（Rechtsweg）が開かれている」という規定を置いている。この規定は個人の権利保護に味方した決定を行ったとされる(2)。これを詳細に論じる学説によると，個人の権利保護，つまり主観的法保護（subjektiver Rechtsschutz）は客観的法保護（objektiver Rechtsschutz）と対比されるのであり，これはあくまでもモデルとして想定されたものである(3)。立法者はこのモデルを使うのであるが，その置かれるべき力点は変化する(4)。

1　客観的法保護

　客観的法保護は行政裁判権の統制機能を強調する。行政裁判権の本質は国家が常に適法に行動することについての一般的利益を実現することにある，とされて

---

(1) Martin Ibler, Rechtpflegender Rechtsschutz im Verwaltungsrecht, 1999, S.350 ff. 日本において，これについての研究は既に多くあるが，ここでは特に南博方・行政裁判制度──ドイツにおける成立と発展（有斐閣，1960年），特に154頁以下を挙げておく。
(2) Ibler, S.169 ff.
(3) Ibler, S.141 ff.
(4) 以下の説明はIbler, 141 ff. による。

いる。そして，この一般的利益は2つの異なった点から見ることができるのであって，1つは，個人の保護を視野の外に置くものであり，もう1つは個人の保護を尊重するものである。このような客観的法保護も個人を使うことがある。個人の保護を視野の外に置く客観的法保護のシステムの下でも，国家は自分の法が正しく扱われていることに関心をもつ。法の保護は自分で統制できるので，裁判所がなくとも可能である。しかし，法規範についての意見の違いや望ましくない間違った決定の可能性は常にあり，そうした失策を利害関係のない機関，つまり裁判所によって解明したり匡正したりすることが国家や行政にとって有益であることもある。個人に対して無制限に優位な立場を享受していたナチス国家体制の下でさえも，行政裁判所に生存権を残そうとした。しかし，こうした視点は国家社会主義者の発明物ではなく，行政裁判権の基本観念の始まり以来のものでもあった。これの主張者はグナイスト（Rudolf von Gneist）とボルンハク（Conrad Bornhak）である。彼らは国家に対抗する，出訴についての市民の主観的権利を否定した。今日においてもこの客観的法保護の観点はフランスにおいて支配的である。特に，フランスの行政裁判所は自分の判決をきわめて簡潔に理由づけするだけである。つまり，裁判所にとっては瑕疵を指摘するが，市民を保護し納得させることが優先するのではない。むしろ服従が期待されているのである。

つぎにこの観点の下でも，国家が果たして客観的に適法に行動しているか否かということの審査は同時に，違法に負担を課されていることから個人を保護することでもある，と主張されることがある。例えばイタリアは今日にいたるまで，瑕疵ある行政活動に対する個人の権利保護は単なる法的反射（Rechtsreflex）である。

2　主観的法保護

以上の客観的法保護に対応したモデルであり，基本法が特に第19条第4項において前提としている主観的法保護（権利保護）は，個人の公的な主観的法，つまり公権を承認し，これを国家に先立つものとして，または，国家によって個人に割り当てられたものとして承認する。そして，国家は特別の機関，つまり行政裁判所に服従する。裁判所は，何らかの他の国家機関がこの個人の公権を毀損することを阻止する。主観的法保護は主として個人の権利を保障しようとするのであるから，個人は訴えを提起するのであり，かくして裁判所による保護を作動させる。

主観的法保護は客観的法保護と同様に，国家行為の適法性が問題である。その理由は客観法が主観法（権利）を形成することができるからであり，同時にこう

した権利は常に客観法を内容としているからである。例えば行政裁判所法（Verwaltungsgerichtsordnung）はその第 113 条第 1 項において，行政行為が違法であり，これによって原告の権利が毀損されたときは，その行政行為は取り消される，という規定を置く。違法な行政行為の名宛て人などが訴えるとしているので，特に権利保護の意味内容は明らかである。

このように客観的法保護と主観的法保護（権利保護）という行政訴訟の構成の視点が学説によって明らかにされたのであるが，前述のように基本法は後者の立場に立つのである。

3 裁量論との関連からみた基本法上の行政裁判権

a) 基本法第 19 条第 4 項

基本法第 19 条第 4 項は行政裁判権に関する憲法の基本的な規定である。この規定から行政裁判所の具体的な権能はどのようなものとして理解されているのか。この点について連邦憲法裁判所は 1991 年 4 月 17 日の決定（Beschluß）[5]において，つぎのように判示する。

> 「基本法第 19 条第 4 項の手続法上の基本権は，公権力により自己の権利が毀損されたと主張する者に出訴の途を保障する。したがって，裁判所への接近だけでなく，権利保護の実効性も保障される。市民は事実上，実効的な裁判所の統制に対する請求権をもつ。……ここから争われている行政行為を法的および事実の観点から完全に審査する裁判所の責務が導き出される。このことはまた，行政手続においてなされた認定や評価へ（裁判所が）拘束されることを否定する」

この説明のうち特に注目すべきは，憲法上要求された権利保護の実効性は，行政決定については完全に事実および法律上の観点から裁判所による審査が行われなければならないことを要求している点である。裁判所は原則として，行政が行った事実認定・法律の解釈適用を審査しなければならず，法概念の不確定性は裁判所の統制の制限を正当化することができない。

憲法上要求された原則として，不確定で，具体化を要求する概念の完全な裁判所の審査は，つぎの連邦行政裁判所の判決においてもより一層明確に示されている[6]。

> 「その内容が確定的な事実関係によって充足されるのではなく，個々の事

---

(5) Beschluß des Ersten Senats vom 17.4.1991 (BVerfGE 84, 34, 49).
(6) Urteil des 3. Senats vom 25.11.1993 (BVerwGE 94, 307, 309).

案の所与の構成要件への適用に際して精密さを要する概念も原則として無制限の裁判所の審査を必要とする。最終的な結論が不確定法概念から導き出される限りでは，この無制限の統制は規範の意味内容の確定にも，事実認定にも，そして個々の事案において認定された不確定法概念の適用にもおよぶ。このことは，基本法第19条第4項の出訴の途から導き出されるのであって，これは公権力により自分の権利が毀損されたと信ずる市民に対して，裁判所への接近だけでなく，更に権利保護の実効性をも保障するのである。市民は，実効的な裁判所の統制に対する請求権を事実上有する。……ここから，争われている行政行為を法的および事実上の観点から完全に審査する，という裁判所の義務が原則として生ずる。このことは，行政手続においてなされた認定や評価への拘束を原則として排除する」。

以上のような判例の紹介に見られるように，基本法第19条第4項による実効的な権利保護原則を媒介として，規範の指示の内容的な密度や確定性を顧慮することのない行政に対する行政裁判所の広範囲におよぶ統制機能が確立されたのである。そしてこれに対応するのが，原則として完全な事実および法的観点に関する行政行為に関する統制である，とされる[7]。このような欧州における他の国の行政裁判所について確認される統制任務を超えた行政裁判権の権能は，裁判権（司法権）において示されているドイツの権力分立原則の特色として指摘することができる，とされる[8]。

基本法第19条第4項は行政についての完全な統制ではなく，完全な法的統制だけを要求する。裁判所による完全な法的統制は，立法者が例外的に，裁判的統制の修正・制限または排除を定めることを否定しない。立法者は例外的に，最終的な決定の権能を行政に割り当て，これによって，そして，その限りにおいて行政裁判所の統制を制限することができる[9]。

---

[7] Pache, Tatbestandliche Abwägung und Beurteilungsspielraum, Mohr Siebeck, 2001, S.461; Eberhard Schmidt-Assmann, in:Maunz/Dürig/Herzog/Scholz (Hrsg), Grundgesetz, Kommentar (C.H.Beck), (Lfg.42.2003) Art.19 IV Rdnr. 181ff. この2つの文献は筆者（海老沢）が本書執筆に際して方向づけをあたえてくれた。

[8] Schmidt-Assmann, Einleitung, Rdnr.183.in: Schoch/Schmidt-Assmann/Piezner, VwGO (C.H.Beck) なお，シュミットーアスマンは同時につぎのような指摘を行っている。すなわち，欧州の法との比較において，ドイツ法は実体的統制密度において際立っている。外国では行政による事実認定の拘束の承認は異例ではない。評価的行政決定，そして，そもそも不確定で，広範囲に広がりのある表現による法律概念の場合の統制を縮減した領域の承認は欧州裁判所の判例でも，そして大抵の加盟国の裁判所の判例でも見られるのである，と（Schmidt-Assmann, Art.19 IV Rdnr.183）。

[9] Pache, S.462.

b）実体的基本権との関連

　以上が基本法第19条第4項の規定内容であるとして，行政の統制密度や統制強度との関連で他の憲法原則ないし憲法上の指示を考慮に容れることができるであろうか。いくつかの観点が挙げられようが，ここでは「実体的基本権」（materielle Grundrechte）との関連に触れておくことにする[10]。

　行政裁判権の統制密度ないし統制強度を「実体的基本権にとっての重要性」（Grundrechtsrelevanz）または「基本権の強度」（Grundrechtsintensität）との関連で答えようとする議論がある[11]。この議論についてはいくつかの観点がある[12]。

　1つは，基本権一般を結びつける観点である。すなわち，そもそも基本権が係わる限りでは裁判所の統制は特に強力でなければならないという，「であれば，それに比例して」という公式は良く知られており，真実さを持っている。しかし，この視点は不毛である。この公式では基本権に対する侵害と，そうでない他の侵害の区別の可能性が示唆されている。しかし，基本権を拡張しようとする主張が広く行き渡り，支配的となった後では，基本権の侵害としては定義できないような，個人の領域に対する干渉はもはや想定され得ないのである。利益から最も程遠い建設法上の処分でさえ，所有権の保障（基本法第14条）に対する侵害とされ得るからである。

　個別の基本権に結びつけることが，関係する実体法や手続法の解釈に際して重要な役割を果たすことは確かである。しかし，統制密度の問題がそれぞれに関係する基本権の直接的な把握によって解決することができるかは疑問である。すなわち，個々の基本権は互いに決して確固たる価値秩序にあるのではなく，それ故に，ここにおいて得られた裁判所の統制密度に関する議論は「比例原則」に頼ることになる。行政決定が基本権の地位と対立する場合に，このことは明確になる。したがって，それぞれに関係する基本権に遡ることによって一般的な裁判所の統

---

[10]　実体的基本権の他に，「調和のとれた権利保護」（ausgewogener Rechtsschutz），「法治国原則」，「法律の確定性」および「法律の留保」が行政裁判権の統制密度ないし統制強度との関連で取り上げられることがある（Pache, S.463ff.）が，ここでは省略する。

[11]　これと連なる考えは，かつて日本でも詳細に紹介されたことがある「基本権にとって重要な行政手続」という観念であって，これは連邦憲法裁判所の1979年12月20日のミュールハイム・ケルリッヒ決定（BVerfGE 53, 30）において里程標に達したものである。これについては文献の紹介も含めて，海老沢俊郎・行政手続法の研究（成文堂，1992年）93頁以下参照。

[12]　以下の記述は Eberhard Schmidt-Assmann/Tomas Groß, Zur verwaltungsgerichtlichen Kontrolldichte nach der Privat-Grundschul-Entscheidung des BVerfG, NVwZ 1993, S.617 ff. (618). にしたがう。

制を「アクツィオ法的手続の叢」(aktionenrechtliche Verfahrensgflecht) に分解することは警戒すべきであって，このことは特に統制密度の体系にとって重要である。

以上が実体的基本権との関連での行政裁判権の統制密度についての主要な議論である。このようにして統制密度との関連で実体的基本権は，基本法第19条第4項に代替し得るのではない。むしろ，裁判所による権利保護の一般的で包括的な保障としての基本法第19条第4項は全体の統制の主題にとっても，そして裁判所の審査の強度にとっても，「青銅の堅さを持った岸壁」(rocher de bronze) のままである[13]。

II　行政法規範構造の特徴（特にフランス法との比較で）

以下にはドイツの裁量論を見ていくことにするが，従来こうした議論を観察するに際しては，日本法についても同様であるが，議論の基盤となる法構造がどのような特色をもつかという点については意識されなかったのではないか，という感想を持っている。以下の説明は，直接にはドイツ法について行われているが[14]，ここで示された特色は日本法についても多くの点で当て嵌まろう。

1　ドイツ法について

ドイツ法についての説明によると，行政法については「条件的規範構造」(die konditionale Normstruktur) がその特色として指摘されている。この説明は直接には環境法の領域を取り扱っているが，規範の特色の説明は行政法一般にも通用するものといえよう。すなわち，個別事案の法律の制御が問題となっている限り，ドイツ行政法の条件的規範構造は中心に位置しており，主要な地位を占める。これは理論的な考察の結果であるとは決して言えず，歴史的・政治的に性格づけられた了解の結果である。この条件的構造の体系的・実務的意味は，まずドイツ行政法の法治国的伝統と―比較法学的に―外国の行政法秩序の「目的論的規範構造」(finale Normstruktur) を考慮に入れてはじめて明らかになる。

ドイツ行政法においては行政と市民の関係を，行政の「法化」(Verrechtlichung) と「脱政治化」(Entpolitisiereung) から出発して，相互の権利と義務をもった関係として把握していることが，その特色である[15]。法律にもとづき，そして

---

(13)　Schmidt-Assmann/Groß, S.619.
(14)　Rüdiger Breuer, Konditionale und finale Rechtssetzung, in: AöR 2002, S.523 ff.
(15)　Breuer, S.527 ff.

第2章　基本法の下での裁量論の転換

法律の枠内での独立した，自由な権利義務の保持者，つまり債権者・債務者として市民が行政と相対峙する。そして，争いある場合には訴訟当事者として裁判所の判定に服するのと同様に，行政と市民は行政法関係において相互に法律の拘束，つまり双方に効力をもつ拘束力の中で相対峙する。かくして行政は法的に確定された権能の主体となり，市民は主観的な，裁判を通して主張し得る権利の所持者となり，両当事者は―つまり行政も市民も―強行的な，裁判の対象となる義務の名宛人となる。このモデルの政治的な趣旨は，国家の執行府およびそれの行政に対する不信と，独立の裁判所および行政の法化に対する信頼並びに自由な個人主義，市民の主観的権利，それと結びついた訴訟の権能と個人の権利保護の強化というものである。以上の関連で見ると，個別事案での決定に関するドイツ行政法の条件的規範構造は，行政法の展開を決定する法治国的・法政策的な尺度であることが分かる。

　日本法についても妥当するであろう以上のような条件的規範構造と対比される「目的論的規範構造」とはどのようなものであろうか。再び論文の紹介に戻るが，ここではフランス法とイギリス法が説明されている。ここでは前者の紹介にとどめる。この論文での説明はこの点も詳細であるが，ドイツ法の特色を際立たせる範囲での紹介にとどめる。

2　フランス法について

　フランスの行政法は[16]，それがまったく別の国家観を前提にしているという理由で，既に19世紀においてドイツの法曹を魅了していた。フランスの行政法はドイツの伝統とは異なり，市民の主観的権利，法律関係および個人の権利保護ではなく，国家，国家の活動および客観的な法的統制から構想されている。フランスの行政法の目的論的規範構造および顕著な特色である「行政裁量」（pouvoir discrétionnaire）の突出した役割の根拠が，こうしたことに求められるのである。フランスでは行政法は民事法から截然と区別されるのであって，民事法は主観的権利，つまり個人の法主体が取得・行使・喪失する権能を中心に置く。しかし，行政法はこのような権能の体系を作り出すことができなかった。国家は権能を取得・喪失するのではなく，立法権および執行権として憲法から獲得する広大な権能を行使するだけである。すなわち，個人を超えた公権力ということである。立法者および行政の領域は体系的な法典を提供せず，実体的な，条件的な要求をす

---

[16]　Breuer, S. 542 ff.

第 1 編　行政裁量

ることを放棄したのである。このため行政が行う具体化や裁量に広い領域があたえられ，裁判の事例報告がなされるのであり，これにより共和国の最上級の行政裁判権を行使するコンセイユ・デタの卓越した地位が確立された[17]。

III　行政裁量論の転換

1　伝統的な裁量論

a）法適用と裁量の行使の区別

第1章において裁量論の歴史をモノグラフの紹介という形で概観したが，もう

---

[17] フランス行政法の姿は既に「客観的法保護」の議論でその一部を見てきたが，更につぎのような評価もドイツでは有力に唱えられている。例えば Claus D. Classen, Die Europäisierung der Verwaltungsgerichtsbarkeit, 1996 はドイツ，フランスおよび EU の行政訴訟法を比較研究した代表的な研究であり，良く引用もされている重要な文献である。ここでは，ドイツの裁判所との比較でフランスの行政裁判所について，つぎのような評価をしている（S.141.）。すなわち，「フランスでは行政裁判所については，越権訴訟においては，客観的な法的統制にその主たる機能がある。このため，裁判所の統制の基準については，ドイツとは異なった理解が支配している。ドイツでは基本法第19条第4項に照らして，裁判所の統制を制限することには特別の正当化を必要とする。これに対して，フランスでは裁判所の統制は既にその出発点において，法治国家から見て疑義がないものとして宣言されたものであるが，国家が行う決定の一部分，つまり法適合性（légalité）に制限されている。フランスの行政裁判所は合目的性（opportunité）の統制は禁止されている。一定程度の行政の行為自由が，必要とされている個別事案の保証のためには，相応しく，必要であると考えられている。これは明らかに憲法的な背景に根拠がある。今日においてすら，法律は枠であって行政の行動の基礎とは見做されていない。フランスの行政裁判所の活動の基礎となっている構成についての了解は，おそらくドイツにおける会計検査院（Rechnungshöfe）と同じであろう」（傍点・海老沢）。また，最近の文献である Mattias Wendel, Verwaltungsermessen als Mehrebenenproblem, 2019, S.38 において，フランスの裁量論についてつぎのような指摘をする。すなわち，フランスでは裁量問題は，広範囲においてドイツとは異なった状況にある。これは，議会と執行府との関係にある。後者（執行府）はフランスにおいては既に憲法構造上の理由から，法制定に大きな，そして独立した役割を果たしている。終始法律によって制御された行政の行為というドイツの指導像は，フランスでは最初から当てはまらない。法律は行政の行為にとって枠であって，基礎としては考えられていない。更に付け加えると，ドイツでは執行府の正当化は議会を媒介とする。しかし，フランスの第五共和制では行政の正当化は二本のロープを通して行われるのであり，これは行政の裁量領域の種類と範囲に広範囲の影響をあたえる，と。日本法の議論として，裁量論であるとか，裁量統制の密度の議論においてフランス法の理論を導入しようとする試みもあるかも知れないが，フランスの憲法構造との違いに留意した議論が是非とも必要となろう。この文献は，第五共和制では法律事項に属さない事項を命令事項として，政府の命令制定権に専属させているのである。これを「行政の正当化の二本のロープ」というのである，とする。当然のことに日本国憲法でのもとでは，このようなものは存在するはずもない。

少し伝統的な裁量論を確認するという意味で説明を付け加えることにする。

ドイツ語圏での支配的な観念では，原則として「行政裁量」を「法適用」から区別してきていることが重要な特色である。1875年のオーストリアの行政訴訟法（Das Gesetz über den österreichischen Verwaltungsgerichtshof vom 20.10.1875）は第3条第e号において，行政が自由な裁量にしたがい行政をする権能がある事件を，行政裁判所の管轄権から除外していた[18]。しかし，現代の観念から見れば甚だ奇異であるが，こうした伝統的な裁量論も，その核心において「法律の留保」の領域に止まるものと考えられていたのである。公益が必要とするものを法規定に影響されることなく定める権能が行政には存在する，という考えである。すなわち，法規範から自由で，立法者から影響を受けない領域の承認ということである。法律の観念内容から自由な残存領域が依然として存在しており，これが法実現と結びつけることができない伝統的な意味での行政裁量である，ということである[19]。ゾル（Hermann. Soell）の指摘するところにしたがってこの法適用から区別される裁量の観念を述べると，つぎのようになる[20]。

すなわち，このような観念は基本的には2つの基礎づけに遡ることができる。一つは形式法的思考過程（Gedankengänge formell-rechtlicher Natur）であって，ここでは法律適合性の原則が行政活動の法律との形式的関連性の原則（Grundsatz formaler Gesetzesbezogenheit）を示していることが分かる。もう一つは時代おくれの法実現に関する法理論的・方法論的な理解である。これによると，法発見（Rechtsfindung）は法の非創造的な確認と適用以外の何物でもなく，単なる概念的演繹，形式論的包摂，認識的思考であって，ここでは無欠缺の理論を前提とするか，それとも，法の欠缺を前提とした議論から得られる帰結を無視するかである。ゾルのこの指摘については既に本書の第1章で紹介された裁量論の歴史の説明においても指摘されている。

b）伝統的な裁量論を支える代表的な議論

以上のような伝統的な議論を支える有力な学説としてイェリネク（Georg Jell-

---

[18] Wendel, S.14 同法におけるような南ドイツにおける行政訴訟法（例えばヴュルテンベルク）では行政で訴訟事項については「概括主義」が採られていたので，裁量事案についてはここから除外していたのである。しかし，列記主義が採られていたプロイセンではこうした規定は存在しなかった（Wendel, S.13 Anm.12 参照）。

[19] 以上の説明は Wendel, S.14 による。ここにおいてはラウン（Rudolf von Raun）とスティール・ゾムロ（Fritz Stier-Somlo）の主張が紹介されている。前者は「法規範から自由行政の領域の承認」を言い，後者は「自由裁量はその起源において行政活動に内在している」を言う。要するに，法的拘束から自由行政の領域の承認である。

[20] Hermann Soell, Das Ermessen der Eingriffsverwaltung, 1973 S.66ff.

inek）の議論が挙げられることがある[21]。これについて触れると，イェリネクは，法秩序を超越して，そして，「自分で創り出した法の枠」（die Schranken des von ihr geschaffenen Rechts）の中に自分自身を置く国家権力の像をその国家学の体系において主張していたことが注目される（die zwei-Seiten-Lehre）。彼は自然的国家概念（natürlicher Staatsbegriff）と法律学的国家概念（jurisrischer Staatsbegriff）の区別を行い，社会学的に認識に向けられた国家の側面を，法律学認識に向けられた国家側面から区別したのである。第1の側面を国体としての国家の社会学的概念をもって表示し，第2の側面を法人としての国家の法律学的概念をもって表示したのである。国家団体によって創造され，保証される法秩序への，この団体の自己服従の帰結として国家の法人性は説明された。すなわち，国家の法への拘束は自由意思による自己義務づけからの帰結である。このような理論は，法律の留保や関連する法律の枠の適用領域の彼方に，自由な行政裁量の観念とともに，実定法上根拠づけられず，正当化されないにもかかわらず，法的な義務づけを行う事実上の国家権力の特別保護区（Reservat）をつくりだす。法秩序の背後に，あるいは，それと並行する国家権力の実在（Präsenz）としての自動的な目的追求の行政の剰余（Mehr）の観念を必要とした。そこでは法秩序の執行と保証をいくつかの国家作用の単なる一つであるとすることとされており，すなわち，これを唯一の，あるいは最高の目標であるとは考えていなかったのである。

　ゾルの議論に戻ると，法適用から区別された裁量の観念を支える2つの基礎づけは，裁量論が依存しているすべての「歴史的・慣習的な議論」（historisch-konventionelle Argumenten）において表現されているのであって，これは違法性から区別される合目的性の議論，行為の議論，解釈の議論，そして，統制の議論，というものである。これらの中で特に「行為の議論」（Handlungsargument）といわれているものを取り上げて紹介することにする[22]。

　aa）伝統的な行為の議論　既にみてきている伝統的な「行為の議論」は行政裁量を「行為裁量」（Handlungsermessen od. Verhaltensermessen）と呼んできている。ここでは機能論が強調されている。このことは一つには，正義に覊束された作用としての裁判と，行為の作用としての行政の対比において示されている。行政については行為と形成，すなわち専らまたは主として創造的なるもののモメントが要求されている，とする。そしてもう一つは，司法と行政にとって法はそ

---

[21]　Held-Daab, S.234. 以下にはここで説明されているイェリネクの議論を要約するだけで，原典に遡った紹介は行わない。
[22]　Soell. S.80 ff.

れぞれ異なった意味をもっているとする主張である。すなわち，実体法は司法にとっては自分のものでない行動（fremdes Verhalten）の判断基準であるが，行政にとっては自己の行動のための規矩（Richtschnur）であり，本来の行動のための指針である。以上のことから「行為裁量」（Handlungsermesen）と裁判官の「判断裁量」（Urteilsermessen）は機能的にそれぞれ異なった意味をもつ。その理由とするところは，行政活動の本質に属する自らの主導（Initiative）にしたがって行動の領域を制限し，これによって立法や裁判による過度な制約に対抗して自分の自立性を保持することがこの行為裁量の本質である，というものである。換言すると，行政の特殊な作用から，法秩序に対する構造的に異なった裁量領域における地位を推論できると信じているのである(23)。

ゾルによると，行政と司法に関するこのような思考は二つの変形を生み出す。一つの変形は，フルーメ（Werner Flume）によって代表されるものであって，裁量権授権の可能性を法規の構成要件の側面においても，法律効果の側面においても認め，行政に自分の主導で行為を許す規範（行為規範［Handlungsnorm］）と，行政庁の決定を客観的に（sachlich）規定する規範（客観的決定規範［Sachentscheidungsnorm］）を一般的に区別する。これに対して，もう一つの変形は，これは通説でもあるが，法秩序によって定立された活動の構成要件について，決定に際しての行政の自由を否定する。そして，自らの主導による行政という観点を，複数の行動の間での選択の可能性（eine Wahlmöglichkeit unter mehreren Arten des Sichverhaltens）をあたえる規範の法律効果の領域に限定する。

bb）フルーメの議論　　以上の変形中フルーメの議論をみると，これは法と法律が行政活動を内容的に拘束するか，という本書において既に指摘している伝統的な理論に帰着する。彼においては行政による主導と法は対立しているようにみえる。彼はこの問題を「枠理論」（Schrankenlehre）に立ち帰ることによって解決した。「法律は司法にとっては目的であり，行政にとっては枠である」というシュタールが立てた命題は，彼（フルーメ）にとっては出発点である。行政法の法律適合性の原則の要求は，単に権力を法によって正当化するだけであるという彼の主張は古い立憲主義の理論に根拠を置いている。しかし，既に近年の憲法論はこれを克服しているのである。法律は侵害行政にとっては単なる限界ではなく，原因，委託を定めるのであり，そして，目標や措置を定めるのである。すなわち，法律適合性の原則を形式的な権限限定から，内容についての拘束に変更したので

---

(23) 以上の説明は Soell, S.80.

ある。これが今日において首尾一貫して通用することは固より疑問の余地のないところである。それ故，国家の行動と法の両者を対立物として対比することは今日においては不可能である。

　ゾルによると，要するにフルーメの理論は「行為の理論」を枠理論にもとづいて構成した。これと同じ思考は，行為の観点と，これに関連するとされる法と法律の内容的拘束からの自由（裁量）を法律効果の宣言（Ausspruch von Rechtsfolgen）に限定する見解においてもみられるのである。例えばつぎのような主張がそうであるとして，バホフの主張が紹介されている[24]。すなわち，裁量の場合には，自分の決断の自由（Entschließungsfreiheit）という―ある場合には広く，ある場合には狭い―自由な領域があたえられており，ここでは行政庁は自らの観念にしたがい，取り分け合目的性の観点から行動し，そして決定をする。この領域は固より法的な区画によって境界線が定められているが，この区画の内部においては行政庁は自由である。裁量権は区画を設けられた裁判所の統制という効果を伴って行政の自由を志向する，というものである。

　さて，以上は裁量の本質論についてのゾルの説明であるが，こうした伝統的な理論からの転換として，つぎように裁量の本質は説明される[25]。すなわち，行政裁量は行政が自分の目標として考えていること（Zielvorstellung）のための自由な領域ではもはやなく，法律執行に際しての限定された可動域（Bereich begrenzter Beweglichkeit beim Vollzug des Gesetzes）でなければならない。裁量概念がこのように転換したのは「法律の留保原則の先鋭化」（der verschärfte Grundsatz des Gesetzesvorbehaltes）であり，そして，行政訴訟における「限定列記主義」（Emumerationsprinzip）の放棄である。法律の留保原則の先鋭化と裁判所による権利保護の一般的な憲法上の保障のためには，まず法律における構成要件における不確定法概念の使用は行政での裁量権を生み出さない，という見解が広く主張された。そして，法律効果の側面における複数の行為の間での選択を法律が残しておく場合に限り裁量権は存在する，という主張が行われることになる。

　なお，裁量権の種類の説明で見るが，決定裁量（ないし行為裁量）と選択裁量の区別があり，前者から後者への進化が指摘されることになる。この進化は法治

---

[24]　Soell. S.86.
[25]　Martin Bullinger,; Das Ermessen der öffentlichen Verwaltung, JZ (Juristen Zeitung) 1984, S.1001ff (1003). なお，これとほぼ同じ内容の論文が Verwaltungsermessen im modernen Staat, in; in: Martin Bullinger (Hrsg.), Verwaltungsermessen im modernen Staat, S.131ff. にも収められている。読者の参照の便宜のためには単行本より雑誌を指示した方が良いと思うので，今後は前者の雑誌だけを指示する。

主義の先鋭化に伴って生じるものであると言えよう。フルーメが言うような国家の行動と法を対立物と見ることは今日では不可能である。すなわち前法的な国家権力の属性としての「自由裁量」を否定して，規範による裁量権の付与に着目すると，法の彼方にある「法から自由な国家行為の可能性」は否定されるはずである(26)。行政に対して前法的に認められ，あるいは，規範の正文により抽象的一般的に開かれている行為の自由に対抗して狭義の裁量概念を認めるとすると，これは規範の適用者に対して個々の場合に総ての関連する法的限界を斟酌した後に残っている具体的な判断の自由な領域を指している。こうした概念規定自体が，既に法律効果の選択に縮減されている(27)。したがって法律効果の側面での「行為裁量」を認めるにしても，それは選択裁量ということに限定されることになる。日本法においてもこの進化に注目する必要があろう(28)。

c) 伝統的な理論のまとめ

以上のようにドイツの伝統的な裁量論をみてきたが，これを要約する趣旨でルップの文章を，少し長くなるが，ここで引用する(29)。基本法が成立してかなりの時間が経過している時点でこの論文は書かれたが，その時点でも相変わらず古い裁量論が残存していることに対する批判論がここでも展開されているのは，先にみたゾルが指摘したものと同じである。基本法下でも残存している古い裁量論というものがどの様なものとして要約されるのか。これまで述べたことと重複する部分もあり，少し長くなるが，これを引用という形でみていくことにする。その内容は現時点での日本法での裁量論に対する教訓を含むとも考えている。ルップはつぎのように述べる。

「法律は法から自由な公共の福祉の実現を本質とする行政の行動領域の単

---

(26) この説明は Held-Dabb, S.229. による。
(27) Held-Daab, S.229 は更につぎのように説明する。すなわち，抽象的・一般的に開かれている行為の自由に対して，狭義の裁量概念は，規範の適用者に個々の場合に，すべての関連する法的限界を斟酌した後に残っている具体的な決定の自由な領域を指す。この概念規定は法律効果の選択に縮減することを目的とする。この概念は，別の規定の優位，法治国によりもしくは憲法上導き出された比例原則および平等原則による制限に係わる。裁量権零収縮はこの時点ではいまだ述べられていないのであるが，法的限界の全部もしくは授権規範の目的が（法律の）文言により包括されている個々の決定の選択を排除し得るということが個々の事案から明らかになることを意味する。
(28) 宇賀克也・行政法概説Ⅰ（有斐閣，第 8 版 2023）372頁は効果裁量の説明として，行為（決定）裁量と選択裁量を，判例を援用して並列的に説明しているが，本文での説明にあるように，前者から後者への進化として見るべきである。
(29) Hans Heinlich Rupp, Grundfragen der heutigen Verwaltungsrechtslehre–Verwaltungsnorm und Verwaltungsrechtsverhältnis, 1965, S.178ff.

なる枠であるが，裁判官にとって法律はその活動の内容であり，唯一の指針であるとするシュタールの考えから出発して，法律に対する行政の地位はその他の法適用者のそれとはまったく別のもの，つまりより一層自由なものであるという見解が根を下ろした。既にラーバントはこのような裁量問題の歴史的な基盤を指摘していたのであり，これは今日においても『裁判官の裁量』と『行政裁量』というまったく別の判断において現れている。

　しかし，今日の憲法秩序においては，行政裁量の性質について，このような観念が成立する前提が果たして通用するのかという大きな問題がある。フルーメは先のシュタールの考えに明示的に依拠して……行為規範（これは必然的に行政に対して『行為の自由な領域』をあたえておく）と客観的決定規範（ここでは行政は裁判官のように法適用に制限される）を区別することができると信じている。すなわち，オットー・マイヤーとまったく同様に，ここでは実質的意味での裁判が行われるのである。

　既にみたように，本来この問題はもっと根が深い。つまりこうした前提の正しさの問いを本質としているのである。すなわち，法律に対する裁判官の関係と行政の関係に重大な影響をおよぼす歴史的な区別という病の罹患である。今日フルーメはまだ行っているのであるが，裁判を法適用と同一視し，行政裁量をこの法適用と対比する区別である。……この輪郭はオットー・マイヤーにおいて明確に現れている。彼はつぎのように語る。何が法律により決定されるべき事案について意欲されているかを宣言すること（これは『法の宣言』（Rechtsprechung）と書き換えるのが最も妥当であろう）を内容としている民事裁判所の『裁量』と，自分の補足物（eigene Zutat）により法律の意思に何か新たなものを付け加える自由な裁量が区別されなければならない，と。このように発見された裁判の観念から，行政裁量は裁判の対象となり得ない，と結論づけた。ラウンは後にこれについて，つぎのように語る。すなわち，自由な裁量において行政庁は自分の意思を立法者に代えることが授権されている，と。しかし裁判官は，法律規定がいまだに不明確で疑わしくとも，公正である，または，合目的的であると考えるものにかかわりなく，最善の知見と意思にしたがい，何が法律の意思として調査されるべきかを述べなければならない。最後に，ワルター・イェリネクはこの展開を完成させたのであり，行政の自由裁量は裁判官の唯一の任務である法適用とは異なったものであることを本質にしていることを，彼が強調したのは疑いない。すなわち，かくして赤い糸としての行政裁量を通して，司法と行政の対立への投

影の歴史を特色とした法律適用と行政裁量の区別が今日にまで引き続いている」。

d) 伝統的な理論からの転換

ドイツにおける行政裁量をめぐる議論が根本的に転換したのは，第二次世界大戦後においてである。この転換がまた，オーストリアやスイスにも影響を及ぼすのであるが，「法治国家」を建設することが目標とされていた[30]。政府と行政が全権をもち，議会は単に折にふれて行われる政治的な同意のために招集されていた，1933年から1945年までの全体主義体制の対立物として法治主義は考えられることとなった。行政裁量は行政が自分で立てた目標のための自由な領域ではもはやない。趨勢から言えば，裁量は完全な法治国家の「異物」と考えられるようになった。これに関する代表的な説明によると，つぎのようになる[31]。

すなわち，すべての裁量権の付与や行使は，法律による目標設定に完全に服従したものと見なされなければならない。法律は単なる限界ないし枠だけではなく，同時に，その行使のための排他的な基準であり，照準である。これを説明するためには，すでに見た法律に対する行政の地位を，法律に対する裁判官のそれとまったく異なったものとする，歴史的な立場をもう一度思い出す必要がある。すなわち，法律は行政にとっては自由な公共の福祉の実現を本質するとする行動領域の単なる枠であるが，裁判官にとって法律は活動の内容の唯一の指針である。すなわち，法律に対する行政の地位はその他の法適用者のそれとはまったく別のものであり，つまり行政はより一層自由であるとするのであり，裁判官の裁量と行政裁量をまったく別のものと見る立場である。法律に対する裁判官の関係と，行政の関係との間の区分，つまり裁判を法適用と同一視し，行政をこの法適用から区別するという以上のような歴史的な病からの訣別である[32]。これが第二次大戦後において行われた転換である。

以上まとめるならば，基本法第19条第4項は主観法の領域において実効的権利保護の保障をあたえ，そして第20条第3項は法律の留保を規定している。こうした基本法のもとでは行政については「法を超越した行為の保護区」の存在は否定される。

---

(30) Bullinger, JZ S.1003.
(31) Hans Heinlich Rupp, Grundfragen der heutigen Verwaltungsrechtslehre–Verwaltungsnorm und Verwaltungsrechtsverhältnis, 1965, S.117.
(32) Rupp, S.117.ff.

2　法治主義と裁量

　法律の留保にしたがえば，少なくとも古典的な留保の領域においては，行政は法律がなければ活動することは許されず，その限りでは個別事案の裁量の取り扱いも「法律という釣鐘」（Glocken des Gesetzes）で覆われていなければならない[33]。したがって，個別行為を留保原則に組み込んだ後で，行政にとって自由な，意思的な個別的事案形成の領域を行政裁量であるとするならば，裁量の位置づけの変更が必要である。すなわち，裁量権の行使を，つまり法律に代替した法形成を法律による授権の表現と見ることであり，裁量を始原的に行政固有の，法律の彼方にあるものとしてではなく，法律の下にある，法律によって生まれた法律意思からの免除として捉えることが必要である。この「法律による授権」という法技術的な技巧概念だけが，法律の留保の通用の下で，執行府のために裁量権という特別の領域を獲得することを可能にする。

　しかし，このような授権思考による法理論的根拠づけはどのようにして可能なのか，という問題は残る。法はそれの法的通用性の故に法的性質を喪失したり，法のない領域に法により踏み込むことが授権されたりしている，という法螺吹き男爵が物語る，跡づけができない議論を承認することができないからである。この点についてつぎのような説明がされる。すなわち，法ができることは法的に随意に行動する法的許可をあたえることであり，随意はこの場合法的に意欲されており，つまり法的領域の中で運動しているのである。このような領域において，例えば行政行為（Verwaltungsakt）の例に見られるように，なされた行為の方でも具体的な法的義務や第三者の権利を形成するということを想定するならば，こうした行為は必然的に「法創造行為」である。このような基礎づけから行政裁量権行使の授権，つまり個別事案の法創造行為の授権として理解することができる。この授権はウィーン学派の法理論の体系においてのみ正当な位置づけをもっているように見える。なぜならこの法理論によると，すべての行政行為は法創造，規範制定，予め指示されていない決定（Determinante）の法律による充填であるからである。そして古典的な作用理論によると，法規範の制定はそれ自身最高の国家権力に帰属していると考えられているが故に，「授権」を必要としているからである。しかし，裁量論を含むドイツの公法学がウィーン学派の理論をそもそも受け入れるか，という問題は残ろう。ドイツの裁量論はウィーン学派の法理論的

---

(33)　以下の説明は Rupp, S.181 ff. による。

基礎づけを顧慮しなくとも授権の思考に参加して，この思考によって行政裁量を説明することができる，ともされている[34]。

以上のように規範執行に際しての必然的な，単なる段階的な，具体化の余地として裁量を考える以上，執行機関による無条件の裁量という区分は許されない。このため覊束的な裁量と自由裁量の区別ももはや維持されない。司法と行政法について言われてきたが，裁量は法秩序のすべての段階において現れる，裁判官の裁量から行政機関のそれと並んで立法者の裁量が見られるのである[35]。

---

(34) Rupp, a.a.O., S.184 ff.
(35) Ulla Held-Daab, Das freie Ermessen, 1996, S.242 ヘルトーダープは同書において(S.244) ウィーン学派を代表するメルクル (Adolf Merkl, Allgemeines Verwaltungsrecht, 1927) のつぎの言葉を引用する。「裁判官の裁量は無視された。それがあまりにも小さいからである。立法者の裁量は知られなかった。それはあまりにも広大なものであったからである」。

第3章　行政裁量の態様

I　裁量概念

1　裁量概念の概要

a）裁量概念の定着

　当初は裁量は最も広い意味で考えられていた。法律から自由な行政活動であって，構成要件の側面においても，法律効果の側面においても存在し得るものも観念されていた。これは後に詳しく述べるが，1950年代の中頃まで裁判所によって完全に審査される法概念と，裁判所によって審査されないもしくは制限されて審査される裁量概念が区別されていた。しかし，1950年以降これは放棄された。そして，裁量権念は原則として法律効果の側面に限定される。今日ドイツにおいて「裁量」ないし「裁量権」（Ermessen）と呼ばれるものの主要な特色を，ある学説の整理にしたがって述べると，つぎのようになる[1]。

　すなわち，適用すべき法規範において形成された行政決定における自由な作用域（Spielraum）であって，立法者によって確定された構成要件の実現という法的効果の確定に際して認められるものである。つまり構成要件と結合する法律効果の確定についての，規範的に形成・制限・制御される行為の権能，換言すると，行政による法律効果確定についての「法律附従的権能」（die gesetzakzessorische Befugnis）である。

　これをもう少し説明すると[2]，法律によって要求された構成要件が存在する場合にのみ，行政に対して固有の決定の自由な領域が開かれており，裁量規範の個々の構成要件が欠落している場合には，決定の自由な領域は行政に対して開かれていない，ということである。したがって，法律によって形成されていない行政の行為や決定の領域は裁量概念から排除される。裁量権は立法者によって与えられなければならないのである。裁量概念の定義を示すことによって述べたが，これをもう少し説明すると，つぎのようになる。

---

　(1)　Eckhard Pache, Tatbestandliche Abwägung und Beurteilungsspielraum, 2001, S.23 ff.
　(2)　Pache, S.24.

第1編　行政裁量

b）法律附従的裁量

　前述のように，行政裁量について「法律附従的裁量」（gesetzakzessorisches Ermessen）という言葉があり，これはまた「計画裁量」と区別された通常の裁量概念と結び付けられて用いられることもあるが[3]，行政裁量の性質を表現するために広く一般的に用いられていることに注意する必要がある。「附従性」は，例えば抵当権は被担保債権が成立しなければ成立することはできず，またそれが消滅すればこれに伴って消滅するというように，成立・存続・消滅などにおいて主たる権利と運命をともにする現象を指す言葉であるが，法治主義が要求する法律と行政裁量の関係についても，これに倣った説明がされているのである。

c）行政裁量に関する法律規定

　ドイツの行政手続法（「連邦行政手続法」Verwaltungsverfahrensgesetz v. 25.5.1976）は純然たる手続規定以外の行政実体法に係わる行政法の基本事項に関して，「付帯事項」（die annexen Materien）ないし「関連事項」（die konnexen Materien）と呼ばれる事項に関する規定を置いている[4]。行政手続に関連する付帯的な事項という趣旨で置かれた規定であるが，名称はどうあれ行政法体系の核心部分（日本で「行政法総論部分」に該当する規定が多い）に相当する。そして，この法律は例えば第40条において「行政庁は裁量により行動することを授権されているときは，授権の目的にしたがい裁量権を行使し，裁量権の法律による限界を遵守しなければならない」として，簡潔に裁量権行使の基本原則を定めている。この規定は裁量権の存在について法律による授権の必要と依存を明らかにしており，同時に裁量権は法的な拘束から自由な裁量という意味での随意の決定を授権されたのでないことを明らかにしている。すなわち，義務に適って，つまり法律による裁量権授権に方位を定め，法秩序に関係するすべての価値評価を斟酌した上で充塡すべき行政の自由な判断の作用域（Spielraum）として裁量を理解すべきであることをこの規定は確認している。また，行政裁判所法（Verwaltungsgerichtsordnung）第114条は行政訴訟の観点からの裁量統制の規定を置く。すなわち「裁量により行為することを行政庁が授権されている限り，裁量権の限界が踰越されたために，または，授権の目的に適わないやり方で裁量権が行使されたために，果たして行政行為が違法であるか，または，行政行為の拒否もしくは不履行が違法であるか，についても，裁判所は審査しなければならない。行政庁は行政行為に関する裁量考慮事項を，行政裁判所の手続においても補充することができる」という規定で

---

(3)　例えば Ekkehard Hofmann, Abwägung im Recht, 2007, S.163.
(4)　この点について海老沢俊郎・行政手続法の研究（成文堂，1992年）102頁以下。

第 3 章　行政裁量の態様

ある。この規定により裁量領域とされる行政決定の自由の領域が認められると同時に，この自由な領域は法律上の限界として示された枠内において存在し，裁量権付与の目的に適うように行政によって用いられなければならないことを明らかにしている[5]。

　以上の説明との関連で，適法性（Rechtsmässigkeit）から区別された合目的性（Zweckmässigkeit）をどのように理解することができるか，という問題を確認する必要がある。裁量論の歴史において説明したように，かつて理解された行政の本質が法律の執行ではなく，国家の法秩序によって嵌め込まれた枠の内部における（法律を限度する）国家任務のために行われるものに在るとするならば，公益実現という行政の本来の目標，つまり合目的性は，追求されるべき国家目標の選択という意味で，自由で，法や法律によって実体的に覊束されない領域に組み込まれる。すなわち，適法性と合目的性は峻別されるべきであって，しかも互いに並存する概念であるとされる。日本の行政不服審査法が処分の違法性とともに不当を挙げて，処分の「適法」，「違法」の区別とともに「当」，「不当」を挙げているのもこの伝統に倣うのである。ドイツの行政裁判所法第 68 条が「前置手続」（Vorverfahren）において行政行為の適法性および合目的性が審査されるべきことを定めているのも同様である。しかし，前述のように裁量権を理解すると，合目的性を違法性と同等に並存させることは許されなくなる。したがって合目的性は法律を根拠とする裁量権の枠内において観念されるものとなる[6]。この合目的性の議論は改めて章を分けて説明する。

d）効果裁量としての裁量

　前述のように裁量の概念については，これは適用すべき法規範において形成される，行政決定に際しての行政の自由な判断の作用域（Spielraum）であって，立法者によって確定された要件の実現という法律効果の確定に際して認められるものと説明される。構成要件と結合する法律効果の確定についての規範により形成され，制限され，または制御された行政の権能，という説明，または行政による法律効果確定についての法律附従的権能（gesetzakzessorische Befugnis）という説明である[7]。

　特に機能の側面からみると，裁量は法律と憲法によって示された法的限界の枠内における独立した決定をするについての行政の能力ないし可能性の形成である。

---

　(5)　以上の説明は Pache, 27 ff. による。
　(6)　この点については Hermann Soell, Das Ermessen der Eingriffsverwaltung, 1973, S.72 ff.
　(7)　Pache, S.23.

55

第1編　行政裁量

このように法秩序によって定立された活動の構成要件について行政の自由を否定し，行政自らの主導による行為を，複数の行動の中の選択可能性をあたえる規範の法律効果の中に限定する[8]。なお，第二次大戦後，基本法が通用する1950年代にも裁量を法律効果とともに，法律の要件の認定についても承認することが有力に主張されていたが，これについては後述することにして，現在のドイツでは「行政裁量」（Verwaltungsermessen）は法律効果に係わる概念である。しかし，これが修正されることは後述する。

2　裁量権の種類

その種類をみたときに，裁量は行為と決定の自由な判断の領域であって，同じように可能な複数の種類の行為の間の選択である。すなわち，Aを為しもしくはBを為し，または何もしない，ということの選択についての自由な判断の可能性の領域である。この場合「可能性」とは，法的に可能であるということである。実定法はこのような行動の種類については優先権をあたえていない[9]。あるいはこれをもう少し詳細に分類する試みとして，決定裁量（Entschließungsermessen）と選択裁量（Auswahlermessen）の区別がある。「行為裁量」（Verhaltensermessen）という古い言い方があったが，これをこのように区分するのである。すなわち，規範の構成要件が充足されるときに裁量規範により授権された行政庁にそもそも行動するか否かが委ねられている場合に，前者の裁量権が存在する。これに対して，規範の構成要件が充足されるときに，行政庁が自分の行為の実施の種類，内容または目標方向について決定することができる場合，つまり特に複数の考慮される法律効果の間または複数の潜在的に行われる指示の名宛て人の間での選択を行わなければならない場合に後者の選択裁量が存在する。またこの種の裁量権は，行政に対して，1つの規範において重畳的にあたえられる。したがって，行政は行為をするか（ob）についても，いかにしてするか（wie）についても，執行すべき規範によって完全に拘束されているのではなく，この2つの問題についても

---

[8]　H Soell, S.82.
[9]　Ernst Forsthoff, Lehrbuch des Verwaltungsrechts Bd. 1, Allgemeiner Teil, 10. Aufl. 1973, S.84；フォルストホフはこれについてつぎのような例で説明している。ある市が広場を喜歌劇の作曲家の記念碑で飾ることと決定した場合に，それよりもモーツアルトの記念碑を優先する音楽愛好家は市行政当局の芸術センスのなさを非難できても，裁量権の瑕疵ある行使を非難することはできない。何故なら法秩序は記念碑の建立についてはそもそも無関心であるからである。もっともその記念碑が公の秩序という警察上の保護法益を害するような極端な場合は別であるが，という。

裁量権にしたがい決定を行わなければならない(10)。

　また，裁量権は「できる」(kann)，とか「許される」(dürfen) あるいは「権能がある」(befugt) という文言であたえられることがある。なお以上とは別に，これは裁量権の特殊例であるが，Soll という用語をもって裁量権が授権されることがある。ここでは行政には裁量権行使についてきわめて限定的な判断領域しかあたえられていない。つまり法律執行の典型的（typisch）な場合にはこの Soll 規定で定められた法律効果に拘束される。しかし，異型の（atypisch）事実関係の場合には法律効果の実現を放棄する可能性があたえられている(11)。この場合の裁量は「免除裁量」(Dispensermessen) とも呼ばれる(12)。以上のようにこの Soll 規定で裁量権が授権される場合，つまり免除裁量の場合は，「訓示規定」とはまったく別のものであることに注意する必要がある。これはドイツでの特別の概念であろうと思われる。

3　羈束裁量という概念について

　現在のドイツ行政法では「自由裁量」(freies Ermessen) もそうであるが，「羈束裁量」(gebundenes Ermessen) という用語はあまり使われていないようにみえる。これに対して日本法では，ここで繰り返すまでもなく行政裁量論に関する教科書レベルの説明でも必ず登場する言葉であって，この羈束裁量は法規裁量とともに「自由裁量」ないし「便宜裁量」もしくは「目的裁量」と対比される。この言葉で表されている概念を適用するのはドイツにおいても，日本においても不可能であるように見えるが，この点も含めて特別の項目を設けて少し触れておくことにする。

a）自由裁量と羈束裁量の区別

　自由裁量と羈束裁量の区別は，既に裁量論の歴史において見たように，現憲法

---

(10) Pache S.26; H.J.Wolff／O.Bachof／R.Stober, Verwaltungsrecht I, 10. Aufl. 1994. § 31 Rn. 35 ff. なお，この区分は Flume の行為規範（Handlungsnorm）と実体決定規範（Sach-Entscheidungsnorm）の区別に遡る，とされる。Soell, S.83.

(11) Pache, S.26.

(12) Hans J.Wolff et all, § 31 Rnr.34 なお，ドイツの連邦行政手続法（Bundesverwaltungsverfahrengesetz 1976）の第 28 条は聴聞請求権の規定であるが，この法典成立の先行作業である 1963 年に公表された「行政手続法模範草案」(Musterentwurf eines Verwaltungsverfahrengesetzes) は聴聞請求権を Soll 規定で保障していた（同草案第 21 条）。しかし請求権を保障する趣旨であることには変わりはないのであって，聴聞の除外事由を確定できないという理由で，Soll 規定で保障したということである。典型的な場合には行政庁は聴聞の実施を義務づけられる。その点において裁量の余地はない。以上については海老沢・前掲 206 頁以下参照。

下ではもはや採り得ない司法と行政の区別と結びついている。すなわち，論理的・一義的な裁判官の判決発見と，単に偶然的に法律で定められた行政の裁量権の行使という対比が行われ，2種類の裁量を対比する。すなわち，法律によってあたえられた，裁判官の覊束された裁量と，行政の前法律的な自由な裁量の対比である。「自由裁量」という決まり文句は無用な言葉の重複冗語（Pleonasmus）のように見える[13]。何故なら，法秩序によって引かれた授権の枠の充填が法的に定められていないからである。すなわち，裁量は法秩序によって授権されたものである以上，「自由」という形容詞は不要であるからである。そしてまた，覊束（拘束）が法的な性質を持っている以上，「覊束裁量」は概念自体矛盾している。法的覊束（拘束）は裁量を例えば事後的に制限するだけでなく，裁量権の付与を最初から排除するのである。このことは覊束（拘束）が授権規範から直ちに読み取られる場合だけでなく，解釈的に調査されなければならない場合についても言える。認定された裁量の拘束が法的に根拠づけられないときは，「覊束裁量」という用語は法律的な意味をもたない。法的にはこの場合単なる（自由な）裁量だけが存在するのである。

b）基本法下の覊束裁量

さて，このように現憲法下（日本国憲法でも同様である）での裁量論においては「覊束裁量」という概念は採り得ないと思われるが，なおもこれを主張する可能性を論じる議論が戦後の基本法の下でも存在する。これはおそらく少数説であろうが，議論自体としてはとても興味があるので，少し紹介することにする。ゾル（Soell）が唱える学説[14]がそうであって，法の欠缺論との対比で，比較的詳細にこの言葉によって表される概念を説明している。したがって，これまでの議論の流れから見ると，異質でもある。

この学説によると，法律適合性の支配のもとにおいては侵害行政の裁量は法を超えた（meta-juristisch）領域であり，法律から自由な領域に目標をもっているのではなく，法律という基準の作用であり，専ら法律の目的を実現するためのものであり，それ故にこうしたことから内容において規定されるのであれば，法律内容からの自由でなく，法律実現の特殊な方法であることが裁量の本質である。覊束された裁量は法発見のためにあるのだから，これを解釈的適用と同一視することが当然のようにみえる。しかし，このような同一視は覊束された裁量の本質を表現することができない。

---

[13] 以下の記述は，Held-Daab, S.244 ff. による。
[14] Soell, S.141. ff.

法律解釈の本質は法律の正文において包み込まれた意味を明確にし，その上でこれを分解することである。これによって包摂が可能になる。それ故，解釈は精神的な解明を受け入れる何らかの内容をもった所与とされるものに関する意味の解明である。したがって，解釈は「思考プロセス」であって，解釈されるべき言語標識がその成立に際して随伴し，解明により認識され得る観念をその本質的部分において再生することを本質とする。何であるか（ないしは何であったか）という問題から出発するのであるから，解釈は認識の問題，認識思考，観察の問題である。以上が解釈であるとして，これは法の欠缺の補填（Lückenausfüllung）から区別されなければならない。現時点ではもはや概念法学が通用していない以上，法の欠缺という現象は承認せざるを得ないのであり，この補填が「解釈」の名のもとで行われる。民事法では解釈と欠缺の補填の違いはあまり重要でないかもしれない。しかし刑事法と侵害行政にとってはそれの重要性は強調してもしきれない。

　以上のような法の欠缺についての認識構造に対して，覊束された裁量は大きな違いを示している。すなわち，法律が一定の選択可能性を残したままにしておく場合にのみ，裁量の各形態を認めることができる。裁量の本質をなすこのような判断の自由は決定の窮境（Dilemma）であって，それの克服が意思決定であるものである。それ故，それぞれの裁量を行う精神活動は認識活動と並んで，本質は意思的な思考である。したがって，すべての裁量は「随意の残存空間」（ein Restraum subjektiven Fürrichtighaltens）(15)にその所在地をもっている。

　それでは法の欠缺の補填と覊束裁量はどのように異なるのか。法の欠缺とは決定されるべき事案についての事実関係の法的判断のために，そもそも規範なるものが導き出されずまたは通用すべき規範が導き出されない。その理由は，具体的法律問題は法律の観念の外にある。つまり，立法者によって想定されていなかったからである。このような法律の予定に反した不完全性，事実関係のために予定されている場所での法的規律内容の欠如または単純に法の沈黙と表現されているとき，支配的な欠缺論は専ら法律の外の領域（praeter-legem-Gebiet）において行われる。しかし，法律の外での法の欠缺（praeter-legem-Lücke）の補填は法律の内容と法律目的を水平的に拡大することである。こうしたことから法律の外での欠缺補填は覊束裁量と同一視することができない。何故なら覊束裁量の場合には裁量について拘束力をもたなければならない法律目的の実現・執行が重要なので

---

(15) Soell, 149; 直訳すると「主観的に正しいと思考する残存空間」であろうが，「随意の残存空間」と訳した。

あって，それの拡大ではないからである[16]。

　ドイツにおける法の欠缺論は法定の目的設定の拡大ないし補充の場合にのみ欠缺をみとめているが，それはあまりに一面的である。何故なら，これと並んで法内部の欠缺（intra-legem-Lücke）が存在するからである。ここでは法の発見は法定の目的設定の内部に止まっているが，法律の実現に際して解釈を越えた創造的な自由が存在しているのである[17]。

　こうした法内部の欠缺の補填に際して一定の自由がみとめられるものの，無拘束が存在するということでは決してない。欠缺を補填する法発見の任務は，法律の価値観念との並立または超越をするのではなく，それの任務は法律の観念を詳細化し，発展させることによって具体的な場合に（in concreto）この観念を実現することにその本質がある。立法目的（ratio legis）はそれ故に単に枠ではなく，むしろ基準（Maxime）であり，活動の決定根拠である[18]。

　要するに，法内部での欠缺の本質とこれの補填は以下のようなメルクマールの中に見いだされる。

　第1に，これは法律の拘束と確定性の予定にしたがった緩和であって，具体的事案の決定に際して法発見は一定の裁量と選択可能性に直面している，という事実。

　第2に，規範の内容を意図的に開けたままにしておくことは法律の個別的な実現を可能にするという目的のためにある。このような方法によってのみ個々の事案の正義が確保される，という事実。

　第3に，決定の裁量判断にもかかわらず選択の自由は，客観的拘束基準にしたがわなければならず，このため「随意の残存空間」は制限されたものであり，いかにして法律と憲法における指針が個別的事案において具体化されなければならないか，という問題に行き着く[19]。

　以上挙げた法内部の法の欠缺のメルクマールは覊束された裁量のそれと機能的に完全に一致する[20]。

　立法者は経験概念とは区別される価値概念を規定し，そしてまた，概括条項を規定することによって意図的に規範の内容を開けたままにしておく。裁判所は当然であるが行政庁も具体的な事案の解決に際して，法概念の内容を詳細にして具

---

(16)　Soell, S.156.
(17)　Soell, S.160.
(18)　Soell, S.190.
(19)　Soell, S.200.
(20)　Soell, S.200.

体化をするための基準を策定し，それの適用という形でその事案を解決していく。これが法の欠缺の補填であるならば，行政裁量も法律の実現のための作用であり，法律目的を実現するためのものである。

　以上がゾルの主張であるが，これが裁量の本質であるならば，それは常に法によって覊束されているのである。後に詳しく触れるが，ドイツでの第二次大戦後の裁量論の発展に大きな寄与をしたバホフ（Otto Bachof）の論文ではつぎのような指摘がある[21]。

　　「これまで好んで用いられ，今日においても一部では用いられている『自由裁量』と『覊束裁量』の区別を私は採らない。これは誤解される。何故なら，すべての裁量は特定の限界内で『自由』であるからである。そうでなければ，そもそも裁量を語ることはできない。また，そもそも裁量は自由でないからである。ある場合には狭く，ある場合には広く描かれた法秩序の内部での自由であり，その限りではこの法秩序に『覊束されている』からである。ここにおいては自由と覊束の程度による段階だけが存在する。原則的な違いは存在しないのである」。

これは既に基本法のもとでの裁量の位置づけの議論において説明した通りである。バホフのこの説明がおそらく現在では普通に採られている考えであろう。ある行政法の教科書につぎのような説明がある。すなわち，自由裁量は（このような誤解をあたえるような文言が今日においても時として使われようとも）存在しない。「義務に適った裁量」，あるいはよりすぐれた言葉として「法的に覊束された裁量」だけが存在する[22]。自由裁量は便宜裁量とも呼ばれているように，適法性から区別された合目的性（Zweckmässigkeit）を本質とする。裁量論の歴史でみたように，行政活動が法律の執行ではなく，法や法律という枠の内側にあり，これらによって実体的に覊束されない場合には，こうした行政活動については適法・違法という観点からの評価をすることができない。しかし，こうした行政活動も本来は公益を実現するという目的のために在るはずであるから，こうした目的に適合するという観点から評価されなければならない。合目的性（ないし便宜）について評価される行政活動が自由（便宜）裁量ないし目的裁量と呼ばれた。換言すると，適法性と合目的性が峻別されて，これらが互いに並存する時代から伝来する言葉の使い方であろう。しかし前述のように，現在では法や法律から離れた行政

---

(21)　Otto Bachof, Beurteilungsspielraum, Ermessen und unbestimmte Rechtsbegriffe im Verwaltungsrecht, JZ 1955, 97.（98）.

(22)　Hartmut Maurer, Allgemeines Verwaltungsrecht, 15. Aufl., 2004, §7 Rdnr. 17.

活動は存在し得ないし，また裁量という観念も法律によって承認されたものであり，その意味で法律によって覊束されなければならないはずである。したがって，自由裁量と対比した覊束裁量（法規裁量）という議論をする必要はなく，また自由裁量という言葉も使うべきではなかろう。

c）日本法での「覊束裁量」

以上がドイツ法における議論であろう。しかし，この覊束裁量（法規裁量）については，日本法での議論に少し触れざるを得ない。

日本法では覊束裁量（あるいは「法規裁量」）という言葉は同じでも，その概念は異なった展開をしているように見える。言葉自体は当然のことにドイツ法の影響を受けたが，日本法独自の展開を遂げてきている。例えば田中二郎博士によると，覊束裁量または法規裁量と便宜裁量または目的裁量の区別が裁量行為について行われ，前者は何が法であるかの裁量であり，後者は何が行政の目的に合するかまたは公益に適するかの裁量である，とする。

>「法が一見，行政庁の裁量を認めているように見える場合においても，法自身が一般法則性を予定している場合であれば，そこでの裁量は，結局は，何が法であるかの裁量に帰し，覊束行為と同様，客観的な事実認定の上に，法を解釈し，適用することになるのであって，その正否については，まさに裁判所の審理し判断すべきところといわなくてはならない」[23]。

あるいは藤田宙靖博士はもう少し詳しく，つぎのように説明する。

>「法律の文言の上では一義的には確定しないように見えるが，しかし実は行政機関の自由な裁量が許されるのではなく，法律が予定する客観的な基準が存在する，と考えられる場合を，行政法学上，通常『法規裁量』または『覊束裁量』と呼んでいる。……伝統的な行政法理論によるこのような図式によれば，従って，『法規裁量』ないし『覊束裁量』は，裁量という語は用いているが，理論的には実は，その性質は自由裁量行為ではなく，覊束行為であることになる」[24]

言葉の使い方であるから，あくまでも便宜の問題であって，それが正しいか否か（真偽）は論じることができない。すなわち，「覊束裁量」の道具概念としての意味が問われることになる。換言すると，裁量論（あるいは広く行政法理論）という建築物を完成させるという目的から見てそうした概念を用いることが有効か，ということが問われるだけである。日本法の学説での法規裁量は，先に見たように

---

(23) 田中二郎・司法権の限界（1976年，弘文堂）188頁。
(24) 藤田宙靖・行政法総論（2013年，青林書院）99頁。

法律の文言が一義的でない場合,すなわち法律規定が不確定法概念を用いている場合の解釈を論じている。しかし,そうであれば,これは別個に不確定法概念の解釈に際して論じれば良いのであって,敢えて裁量権の類型の一つとしてあげることは適切ではないと思われる[25]。

更に付け加えると,後に見るように,概念が確定している(一義的)か,不確定である(曖昧)かの区別はあくまでも相対的なものである。法律がいわゆる数量のようなもの指定している(直感的指定)場合は別にして,その他は総て不確定(曖昧)である,と言って良かろう。そうすると,裁量行為と区別された「覊束行為」というものの存在が否定されるのか,という問題も生じる。仮にこれの存在が肯定されるのであれば,覊束行為と覊束裁量の区別は何処に存在するのか,これも不明確なままに放置されている。

もう少し言わせてもらうと,「自由裁量」という概念は,すでに裁量論の歴史について述べたように,前法的な包括的に与えられていた国家権力の属性である。こうした観念は日本法においても受け入れられないものである。したがって,この自由裁量と対立するものとして用いられる「覊束裁量」を使用することも,日本国憲法において否定されたはずの裁量の本質についての理解がいまだもって存続していることの証左のように思えてならない。行政裁量論の歴史を説明する際に本書でも既に力説してきたので,ここでは繰り返しは避けるが,本来自由な活動を行うのが行政(自由裁量)という作用であり,法によって拘束される活動を行うのが裁判という作用であるが,後者にある程度の裁量が認められるとき,それを覊束裁量であるとするという対比が嘗ては行われていた。しかし,これはドイツではこれまで見てきたように法治主義の進化のために許されないということである。日本法において,こうした法治主義の進化を否定することに何か特別の理由があるとは思われない。

なお,日本法では「不確定概念」という言葉が使われている。これも言葉の使い方の問題であるので,慣用語として敢えてそのまま使うことも許されるのかも知れない。しかし,既に裁量論の歴史でみたように,「不確定概念」は裁判所の審査対象から外されるという属性を持つ概念である。この「不確定概念」が「不

---

(25) 覊束裁量は訴訟上の取り扱いは覊束行為と同じであることから,本文で見たように覊束裁量は覊束行為と同じ扱いをするのが一般である。しかし,結論として両者は同じかもしれないが,その理由は異なる。この点を指摘するものとして柳瀬良幹・行政法教科書(再訂版,1968年,有斐閣)104頁。また,塩野宏・行政法Ⅰ(行政法総論,第5版2009年)137頁は認識論としてはともかく,道具概念として覊束裁量(法規裁量)の観念をたてる意義を否定し,また,用語法の不適切を指摘する。

確定法概念」という法概念に昇格して裁判の対象になったという歴史を無視して，この言葉を使うことには賛成しかねる。ドイツ法の議論の発展に影響されることに抵抗感をもつ人は，この言葉の代わりに，ドイツの歴史とは無関係な「曖昧な概念」という無色透明な言葉を使った方が良いと思う。

II　裁量権の限界

1　一般的説明

　以下には，「裁量権の限界論」を説明するが，これは後に述べるいわゆる「判断余地」ないし「判断授権」とされる領域にも，裁量権との構造上の共通性から基本的に通用する。したがって，この議論は「判断余地」ないしは「判断授権」との関連では特別に説明を繰り返さない。

　裁量権の限界という項目のもとで，つぎのような説明がある。裁量とは行政の自由または行政の随意ではない。この誤解を呼ぶ文言が今日においても時として見られることがあっても，「自由裁量」は存在せず，「義務に適った裁量」(pflichtgemäßes Ermessen)，あるいはもっとすぐれた表現として，「法的に覊束された裁量」(rechtsgebundenes Ermessen) だけが存在する[26]。すでに見てきているように，行政裁判所法は第114条において，行政決定の裁判所による統制の範囲を定めており，そして，その範囲は行政手続法第40条が定めている。行政手続法第40条によると，行政庁は授権の目的にしたがい裁量権を行使しなければならず，そして，授権された裁量権の限界を遵守しなければならない。これに対応して，行政裁判所法第114条によると，裁判所の審査対象は行政に対する裁量権授権の目的についての行政行為の適合性と，裁量権の限界に対する踰越である。そして，裁判所による統制は裁量権行使の適法性の審査に限定され，裁量権行使の合目的性にはおよばない。

　例えばつぎのような説明がある[27]。すなわち，法律が行政に対して広義の裁量権を授権している場合には，行政の行為については裁判所の統制を受け入れないで自由に考慮することがその特色である。このことは，古典的な裁量，そして後述する，いわゆる「計画裁量」，「判断余地」ないし「判断授権」について言える。このような授権が存在し，そして裁量権行使の限界が遵守されることが必要

---

[26]　Hartmut Maurer, Allgemeines Verwaltungsrecht, 15. Aufl. 2004, §7 Rn. 17 (S.139).
[27]　Michael Gerhardt, in:Schoch/Schmidt-Assmann/Pietzner, Verwaltungsgerichtsordnung (VwGO): Kommentar, Stand: Oktober 2005 Rn. 20 zu Vob §113.

であるのであって，裁判所はこの両者を完全に審査する。そしてまた，裁量権が法律の授権目的に適合したやり方で用いられたのか，ということについても裁判所の審査はおよぶ。また，法律は結果を定めることなく，多かれ少なかれ結果が未定の行政の行為を目的論的に（final）定めるだけの場合もある。したがって，統制は方法（Art und Weise）について行われることもある。すなわち，裁量権が正しく行使されていれば，裁量権行使にとって重要な状況が正しく認定され，適切に評価され，そして，一般的な基本原則を遵守して，他事考慮（sachfremde Einflüsse）に影響されないで衡量（Abwägung）を行ったのかということ，要するに，適正な考慮に決定は依拠したのか，ということが審査される。

そして，これを前提としてつぎのような説明が行われる[28]。すなわち，一般の行政裁量，そして後述の計画裁量，判断余地（判断授権）は共通の基本構造を形成しているのであるから，裁量統制の基本的な枠組みはつぎのようになる。

すなわち，一般の行政裁量については，裁判所は事実の観点および法的観点から，無制限に以下の事項を審査する。

―行政庁の最終的な地位についての法律上の授権が存在するのか。抽象的にも，そして，その事案についても。必要な場合にはそれの客観的な（sachlich）到達距離が定められなければならない。

―行政庁はそもそもその授権を，そして，法律で許された範囲内で（余りに広すぎず，そして裁量領域を過小評価しないで）用いたのか。授権の（外部的）限界の遵守と，外部法の考慮のための，法律によってつくり出された領域を知り，それを履行するという，（自明の）義務ということである。

―強行法が遵守されたのか（法律の優位）。

―授権の濫用が行われたのか。これはつぎの場合。決定が法秩序において何らの支えを見出し得ず（客観的恣意），これに対応する職務担当者の動機（情実，敵意，基本法第3条第3項の差別禁止に対する違反＝主観的恣意）にもとづき，または善良の風俗に違反する場合。こうした瑕疵は衡量の瑕疵（裁量権の瑕疵）ではなく，原則として当該行政行為を無効にする。

―手続の瑕疵は法律が結論を未定にしている行為委託をしている場合には，より一層重要な意味をもつ。

以上のようなゲルハルトによって示された裁量権行使に対する法的拘束と，これに対応した裁判所の統制は，基本法の施行以来いつも新たに認められた裁

---

(28) Gerhardt, Rn.4 zu § 114.

量権の限界，そして更に直接に憲法から導き出された裁量権の限界を援用することによって拡大した，とされる[29]。裁量権の限界については，これまでは「裁量権の不行使」（Ermessensnichtgebrauch），「裁量権踰越」（Ermessensüberschreitung），「裁量権の誤用」（Ermessensfehlgebrauch）が区別されてきた。これは伝統的な区分であり，裁量権の法律上の限界の包括的な表現でもある[30]。

2　裁量権の不行使

これは「裁量権行使の欠落」（Ermessensmangel, Ermessensausfall），「裁量権の過小行使」（Ermessensunterschreitung）とも呼ばれている。後に見る裁量権の踰越の逆を意味しており，授権の範囲を超えればその行為は違法と評価されるのは当然であるとして，その反対に，授権された裁量権を行使せずして行政決定を行えば，それも違法と評価される，ということであろう[31]。例えば，行政が錯誤により覊束的行政決定であるとしたために，立法者により授権された裁量権をそもそも行使しなかった場合である。法律上の構成要件を誤って解釈する場合，事実関係を誤って認定した場合が考えられる[32]。

3　裁量権の踰越

これは先に見た裁量権不行使の逆を意味する。行政庁が，法律によって認められた以上に決定の自由を要求する場合である。法律で規定された裁量権の枠を超える場合（あるいは適用された法律の構成要件にしたがわない場合）であるか，または，その他の法的な拘束，特に憲法原則もしくは基本権にもとづく原則が遵守されない場合である[33]。

この裁量権の踰越については，つぎのような危惧がある点について留意する必

---

[29]　Pache, S.29.
[30]　Pache, S.29.
[31]　Michael Sachs in: Stelkens/Bonk/Sachs, VwVfG, 8Aufl. 2014, §40 Rn.76 はこの裁量権不行使の場合も裁量権踰越の場合として説明している。これは授権された裁量権を行使しない場合も，授権の枠を超えて行使する場合も，それぞれ消極的な踰越と積極的なそれである，とも言えるのである。
[32]　Fritz Ossenbühl, in: Badura et all, Allgemeines Verwaltungsrecht, 12. Aufl. 2002, §10 II 3 Rn. 16.
[33]　授権規範に対する違反には2つの形態が区別される。すなわち，授権規範の外部的枠を踰越した場合（例えば，裁量権をあたえる構成要件が存在しない場合）と，行政庁が法律で定められた法律効果を超えた場合（例えば最高額がせいぜい2000マルクであるに拘わらず強制金を3000マルク予告する場合）。それとは反対に，強制金を3マルクという最少の額以下に定めた場合である（Sachs, §40 Rn.74 ff.）。

要がある。すなわち，行政の法律適合性の原則においてその表現を見る包括的な法や憲法への拘束のために，行政が裁量権行使に際してどの程度までこのような一般的なルールや憲法原則が適用されるか，ということである。

　「行政の法律適合性の原則において表現を見る包括的な法や憲法の拘束のために，行政は裁量権行使の場合にも，いわゆる自由裁量という意味において法的に無拘束でまたは随意に行為をすることができない。行政は裁量権行使の場合においても，全法秩序に対して，そして，こうした法秩序から生じた指示に対して拘束される。……憲法から生じる裁量権行使のための指示を絶えず分化することにより，単純法で定められた行政の裁量領域を最終的に完全に充填し，原則的に定められた決定の自由を，絶えず広がる裁量権の限界を演繹することにより完全に空にする危険が明らかになる。換言すると，憲法により形成され，具体的な内容において行政裁判所により憲法から導き出され具体化された裁量権の限界に結びつくのは，あるいは主張され，あるいは怖れられている立法者により行政にあたえられた裁量領域の行政裁判所による余りにも広範な侵害の問題である。裁量権の限界として基本権や憲法原則を強調する危険と，立法者によってあたえられた行政の裁量領域を空洞化する危険は紙一重である」[34]。

裁量権の限界を論じて，裁量権の行使がその限界を超える場合に瑕疵があるとして，それが違法であるとする「裁量瑕疵論」は，裁量論の歴史において見たように，あくまでも補充的な機能を果たすべきであった。法律の文言に対する違反を統制するというように，歴史的に見れば裁判所による統制が余りにも制限されていたために，登場したのがこの議論である。基本権，法治国原則から導き出された憲法原則に対する包括的な拘束をこの裁量権踰越論において登場させるならば，実定法が裁量権を行政に授権した趣旨はその土台から掘り崩されてしまうであろう。そしてまた，覊束行為と裁量行為の区別も曖昧になり，その結果，同じ違法でも，それが法律規定に対する違反による違法か，裁量瑕疵による違法かの区別も困難になる。この指摘は当然に日本法についても当てはまる。

4　裁量権の誤用

a）誤用論ないし濫用論の態様

　これは「裁量権の濫用」（Ermessensmissbrauch）とも呼ばれており，この名称

---

[34]　Pache, S.30.

の方が我々にも馴染まれている。先に見た裁量権の踰越が「外部的裁量瑕疵」（äußere Ermessensfehler）と呼ばれているのに対して，この裁量権の誤用は「内部的裁量瑕疵」（innere Ermessensfehler）とも呼ばれている[35]。本来の裁量瑕疵とも呼ばれているが，その理由はこの場合は裁量決定というものの特殊構造の無視を意味するからでもある[36]。

　裁量権の行使が法律による授権の目的を逸脱したときに（Verfehlung des Ermessenszweckes），裁量権の誤用が生じる。行政庁は授権規範の枠は守る。しかし，裁量権を授権した目的とは別の理由で行使する。その理由がそれ自体を見たときに，一般の利益のために在るのか，ということは重要ではない。行政決定は確かに別の事情もしくは他の理由の下では，それに関係する裁量権授権を基礎にして発することができたであろうが，事実上存在している状況もしくは現実に行われた考察からすれば，法律による裁量権授権の目的を逸脱している場合である[37]。

　この裁量権授権の目的を逸脱している場合は，単純な問題ではないことが分かる。例えばつぎのような指摘がある[38]。これを要約することにする。

　すなわち，単純法の瑕疵（einfachrechtliche Fehler）[39]には4つの類型がある。①裁量権をあたえる規範の文言に対する違反，②裁量権をあたえる規範の目的に対する違反，③裁量権行使に際して遵守されるべき単純法上の規範の文言に対する違反，④その他，裁量権行使に際して遵守されるべき規範および規範複合体の目的に対する違反，というものである。

　第1の裁量権をあたえる規範の文言に対する違反は既に見てきているように裁量権の踰越であり，この場合には特別の理論的問題も生じない。これよりもずっと複雑なのは第2番目の裁量権をあたえる規範の目的に対する違反である。これは原則として解釈問題である。この種の違反は広範囲におよぶ問題と結びついている。目的が定まっていれば，それの厳密化並びに目的・手段の関係の確認の問題が生じる。一群の目的があるときは，目的の重要性の決定および目的の衝突の問題が付け加わる。そして目的の領域においては，単純法上の瑕疵と憲法上のそれとの間の区別は流動的である。憲法原則は，まさに単純法規範への目的の帰属

---

(35)　Sachs, §40 Rn.62, 74.
(36)　Pache, S.29.
(37)　Pache, S.29.
(38)　Robert Alexy, Ermessensfehler, JZ 1986 S.701（709ff）.
(39)　ドイツでは憲法規範から区別するために通常の法律などは einfaches Recht という用語が用いられる。あまり良い訳語ではないが，取りあえず「単純法」という訳語を当てることにする。

に影響をあたえるのである。更に付け加えると，目的の実現が阻害されたり，困難になったりする場合にのみ，厳格な意味での目的に対する違反が生じるのである。目的の実現のための手段の投入はただ単に必要でない，という場合は頻繁に生じる。このような状況のもとでは確かに授権の目的に合致しない。しかし，厳密な意味では「必要性」（Erforderlichkeit）の原則に対する違反が生じて，必要でない措置が基本権的地位を侵害したときには，基本権規範に対する違反が生じる。単純法上の目的の追求に由来する瑕疵は，この場合には憲法上の瑕疵となる。更に重要なことは，単純法上の目的の斟酌ないしは重要性の判定に際しての瑕疵は，それがしばしば過程の瑕疵である，ということである。単純法上の瑕疵が常に結果の瑕疵である，ということでは決してない。

　第3の類型の瑕疵，つまり裁量権行使に際して遵守すべきその他の単純法規範の文言に対する違反は，特別の問題を生じさせない。ここでは，その他のいかなる単純法規範がそれぞれ裁量権の行使に適用されるか，という問題だけが登場する。

　これに対して，第4の類型の瑕疵，つまりその他の単純法上の規範複合体に対する違反は，より多くの問題点を示している。これによって法体系の単純法上の目的の全体が関係する。単純法の目的の全体性は，すべての何らかの状況において法的にそもそも許容された目的の殆ど完全な集合を表している。それらの目的のいずれかが裁量権行使に際してそれぞれ斟酌されなければならず，許容されもしくは許容されないか，という問題を提起する。経済性（Wirtschaftlichkeit）とか節約（Sparsamkeit）の原則の斟酌の許容性は，上記の問題領域の一断面である。要約すると，政策的裁量権行使に際しての財政的利益の斟酌の許容性ということである。単純法上の諸目的の集合の包括的な性質は，憲法原則の集合との広範な内容上の交錯を含んでいるのである。

b）裁量権誤用（目的逸脱）の例

　裁量権授権の目的を逸脱している場合についての代表的な理論的説明は以上のものである[40]。具体例を示すことは煩わしくもあるので注釈書に譲るが，先に述べた説明との関連で関心を惹く例を示すと，例えば警察法における財政上の利益の斟酌は原則として裁量瑕疵とされる[41]。しかし，能率性の観点（Effizienzgesichtspunkt）を斟酌することは否定されない。更には職務遂行能力の欠如の証明なしに行われる退職への配置転換のために財政上の考慮をいれること，などである。

---

(40) 以上の議論とほぼ同じ説明をする例として Sachs, § 40 Rn.63.
(41) Sachs, § 40 Rn.94 ff.

5 裁量瑕疵を1つに縮減する議論

　以上の裁量権踰越論と裁量権誤用論を，いずれか1つのものに縮減する議論がある。すなわち，一種類の裁量瑕疵だけが存在する，とする議論である。アレクシーはこの議論を取り上げた上で整理しているので[42]，以下にはこれをアレクシーの議論にしたがって簡単に紹介するにとどめ，ここでは論評は行わない。

a）裁量権踰越への縮減

　裁量瑕疵としては裁量権踰越だけが存在すると主張するとしてアレクシーによって紹介されている学説（Rüdiger Klein）はつぎのようなものである。すなわち，裁量権行使の「適切性」（Sachorientiertheit）または「義務適合性」（Pflichtgemäßheit）の原則は，何ら新しいことを言っているのではなく，単にこれまで言われてきている裁量領域の限界ないし枠を強調しているだけである。この原則が毀損されたときは，裁量領域の枠が傷つけられる。つまり裁量権の限界を逸脱することである。行政法上の「裁量権の濫用」とは，本当は裁量権踰越の特別の場合である。

b）裁量権誤用への縮減

　これとは反対に裁量瑕疵としては裁量権誤用だけが存在すると主張する学説（Hermann Soell）がある。この学説によると，法律目的（ratio legis）の違反とされる裁量権誤用だけが裁量瑕疵として存在する。この違反は2種類のものに分けられる。1つは多段階の拘束基準の誤認または必要とされた個別化が行われないことである。特に裁量権を認める規範の目的，法定の全体的規律の目標並びに基本権やその他の憲法原則の序列関係を，この多段階の拘束基準の中に入れる。一般に裁量権の踰越とされている，法的根拠をもたない裁量権の行使は「裁量権の誤用」であるということを斟酌するならば，多段階拘束的基準は裁量権行使に関係する法秩序のすべての内容的な要求を包含することになる。

　この学説が言うもう1つの法律目的の違反，つまり必要とされる個別化が行われていないということは，個別事案の公正性（Gerechtigkeit）を求めるという裁量権の授権と結びついた原則との衡量もしくは公益と個別利益の間の衡量が行われなかったりする場合，適切な結論に至らなかった場合，または，すべての重要な事実の調査が行われなかった場合に生じる。

---

[42]　Alexy, S.704.

6　裁量権行使に際しての考慮事項の追完と補充

　行政裁判所法第114条第2文は「行政行為に関する裁量考慮事項を，行政裁判所の手続においても補充することができる」という規定を置いている。この規定をここで詳細に論じることはできず，ここではこの規定の概略だけに触れることにする(43)。

　行政裁判所法第114条にこの規定が追加されたのは1997年であった。それ以前には，どの程度まで行政庁が裁判の係属中に考慮事項を追加したり，補充したりすることができるかは，深く考察されてこなかった。裁量決定の判断のために基準となる時点を行政庁の最後の決定に固定すべきであり，そして，裁量権行使に際しての考慮を変更することは，行政行為の主文がたとえ変更していなくとも行政行為の新たな発出であるとする主張により，追完行為や補充行為による裁量瑕疵の修正は原則として否定された。裁量権行使（衡量の実施）としての行政庁の意思形成は包括的統一体を成しているという思考に，以上の議論は依拠しているのである。裁量権行使に際しての考慮が追完されるならば，いつでも完全な，新たな，追完された裁量権の行使ということになり，（行政）手続を空転させてしまうことになる。

　さて，行政裁判所法の改正により，第114条はこの第2文を追加して，行政行為に係わる裁量権行使に際しての考慮事項を行政裁判手続の係属中においても補充することができるようにしたのである。この規定は訴訟物の変更なくして可能な治癒の規定である。立法者はこうした規定を設けるに際して，実は理由付記の瑕疵の治癒に関する連邦行政手続法第45条の改正規定に着目していたのである。

　以上ゲルハルトの解説によりこの追加規定を説明してきたのであるが，この連邦行政手続法第45条の改正規定について，説明の便宜のために触れておくことにする。

　連邦行政手続法は第39条において，行政行為について「理由付記」（理由の提示）の義務を定める(44)。そして，行政行為に理由付記の瑕疵がある場合の治癒規定を定めるのが，同法第45条第1項第2号の規定である。これによると，必要とされる理由付記が後になされたときは，そうした瑕疵は顧慮されない。「顧慮されない」（unbeachtlich）とは，この場合理由付記の瑕疵が治癒されたのであるから，この瑕疵は当該行政行為の取消原因とはならない，ということである。そ

---

(43)　Gerhardt, §114 Rn. 12a.
(44)　海老沢俊郎・行政手続法の研究（成文堂，1992年）274頁以下。

第1編　行政裁量

して，同条第2項の旧規定は「前置手続の終結までに，または，前置手続が行われないときは，行政裁判所に訴えが提起されるまでに限り」追完行為を行うことができる旨を定めていた。しかし1996年の改正により，この制限は撤廃されることになった。すなわち現行の第2項によると，「行政裁判所の手続の最終事実審の終結までに追完行為を行うことができる」のである。

以上が，連邦行政手続法第45条が規定する理由付記の瑕疵についての治癒制度の概要である。これは手続の瑕疵に関する規定であるが，その規定の趣旨が実体法上の裁量考慮事項にまで拡大した，ということである。すなわち，行政行為の必要とされる理由付記が行政裁判所の手続の終結までに追完されたときは，実体法上の理由付記もこの裁判手続の中に入れることができる，ということなのである(45)。

行政訴訟係属中の裁量権行使に際しての考慮事項の補充は，行政手続法上，実体法上許容されるのであって，いずれにしても原則として行政行為の新たな発出を意味するのではない(46)。裁量権行使に際しての考慮を訴訟継続中（完全に）交換することは，「補充することができる」という文言からも，この規定の成立過程からも，否定されるべきことについては疑義がない。これは訴訟法上の追完行為の限界として受忍すべきである。またこれとの関連で，理由の追完行為における制限と同様に，行政行為の同一性の保持と，耐えられない程の権利防御の侵害ではないという限定が存在する。

---

(45) Gerhardt, §114 Rn.12c.
(46) Gerhardt, §114 Rn.12d.

第4章　判断余地の理論

I　判断余地論の展開

1　判断余地論の前提

　現在の裁量論として規範的授権論が有力に唱えられている。これは後に説明することにするが、その前にこうした議論を理解するための前提として、「判断余地論」に触れる必要があると思われるので、まずこれを説明する[1]。このために、便宜上つぎのような議論を紹介することから、判断余地に関する議論を始めることにする[2]。

a) 法律の文言と解釈

　基本法は第20条第3項において「立法は憲法秩序に、執行権と裁判は法律と法によって拘束される」という規定を置く。このように、基本法は法治主義を正面から規定している。法律適用は、法律の機械的な適用執行を超える限りにおいて、この基本法の規定と緊張関係に立つ。

　法律拘束について問題がないのは、覊束的法適用において見られるのであるが、法律によって「言明されたもの」（das Gesagte）が一義的で、「意欲されたもの」（das Gewollte）と一致する場合（だけ）である。この場合には、法適用は法適用者によって単に発見されなければならないという、法律上の争いの解決を殆ど既に含んでいる明確な立法者意思の単なる確認（Identifikation）と執行である。既に規範プログラムの中に含まれている解決方法の「中身を取り出す」（entpacken）という具象的な説明もある（トルーテ）。換言すると、現行法をそれに対応する事実関係に適用することは、立法者によって完全に定められている、ということである。これが覊束的法適用について想定されているのである。

　これに対して、関係する法律問題の解答が法律により明確に、一義的に、そし

---

(1) 判断余地論については、既に貴重な研究が行われている。例えば、山田純次郎・自由裁量論（有斐閣、1960年）325頁以下、田村悦一・自由裁量とその限界（有斐閣、1967年）87頁以下。

(2) Ekkehard Hufmann, Abwägung im Recht, 2007. S.113 ff.

て，強行的に示されていない場合には，その解答は規範の文章によって表現された主権者の意思（der Wille des Souveräns）だけでなく，補充として行われた法適用者の付加的な考慮にも立脚する。補充の必要は立法者により――例えば行政裁量の領域において――法適用の要素として意識的に挿入される。そしてまた，形成の自由は，裁量の領域をつくり出そうとする立法者の意思にかかわりなく，自然言語の克服できない，または，克服し難い特性から生じる。

　法律上の表現の意味論的な内容（semantischer Gehalt）の確認と，法適用者の補充的な考慮による，一義的でない法規定の内容の具体化および明確化との間の区別が行われる[3]。

　さて，最高裁はマクリーン判決（最判昭和53年10月4日民集32巻7号1223頁，判時903号3頁）の判旨の冒頭において，旧出入国管理令第21条第3項の「在留期間の更新を適当と認めるに足りる相当の理由」の判断について「事項の性質上，出入国管理の責任を負う法務大臣の裁量に任せるのでなければとうてい適切な結果を期待することができない」とする。最高裁が行政庁に対していわゆる要件裁量をみとめた代表的な判例である。判旨で述べられているように，この判決は「在留期間の更新を適当と認めるに足りる相当の理由」の判定について，法適用者である法務大臣による補充的な意味をもつ判断に委ねる趣旨を述べている。

　既に裁量論の歴史でも触れ，また詳しくは後述もするが，要件裁量を原則として否定してきたドイツでの議論は，以上の議論との関連でどのような意味をもつのか。法律の文言の意味論的な確認とともに，これを超えて法適用者が意識的に挿入する法適用の要素に属する部分も含めて，ドイツでは裁判所が判定することになる。そして，それの内容は最終的なものとして通用するはずである。しかし，以上2つの立場のいずれを採るかは，「裁判所ハ法ヲ知レリ」（jura novit curia）という原則[4]にあるように，裁判所であるはずである。日本の最高裁はこうした

---

(3)　ホフマンは更につぎのようにつづける（Hofmann, S.121 ff.）。法律規定の意味論的内容の調査，法適用者の補充的な活動による法律規定の内容の確定，そして，法形成（Rechtsfortbidung）の段階の区別が行われる。いかに困難であれ，立法者によって確定されたものの単なる調査は何処で終わるのか，そして，法の創造，つまり法適用者の形成的・補充的活動は何処で始まるのか。接する3つの領域の区別（分離）は可能な限り明確に行う必要がある。この区別は基本法第103条第2項の刑事法上の類推禁止原則に鑑みても必要であるように見える。そして，これらの3つの領域は法適用者による様々な大きさの裁量領域の要求に結びついており，それ故に法律拘束と権力分立に関して，この要求には警告的機能が付与される。行政や裁判所が用いる形成の自由が大きいほど，法適用に際しての慎重さと注意の程度は大きくなり，裁量領域一般は意味論的法律解釈，補充的（客観的，目的論的）解釈および法形成という段階において増加する。

(4)　因みに，手元にある法律学辞書である BLACK'S LAW DICTIONARY（Fifth Edition），

権能を行政機関たる法務大臣に委譲するという解釈を示した。
b）不確定法概念での自由な判断の領域の否定
　以下には，ドイツでのいわゆる判断授権論を見ていくのであるが，その前にいくつかの点を確認しておく必要がある。
　ドイツではつぎのような説明が行われる[5]。すなわち，「確定法概念」も「不確定法概念」も行政に対する法的拘束が行われていることに変わりはない。法律は不完全であるにせよ，行政が適用しなければならない構成要件または法律効果を確定的に定めている，ということを前提としなければならない。不確定な文言は「正しい」結論への規範的な固定を何ら変えるのではなく，唯一の正しい内容を調査する際の困難さをつくり出すだけである。この任務は行政庁に割り当てられているのであるが，自らの決定についての自由な領域は行政には原則として割り当てられていない。行政庁が達する結論はその限りでは，完全に基本法第19条第4項によって憲法上定められた（行政）裁判所の統制の下に置かれる。この統制は規範の意味内容の確定にも，事実の基礎の認定にも，そして，個々の事案において認定された事実への不確定法概念の適用にもおよぶ。
　そして連邦憲法裁判所の判決（BVerfGE 61, 82; 103, 142, 156）を援用して，つぎのような説明が行われる[6]。すなわち，同裁判所は行政が行った事実または法の認定に裁判所が拘束されることは原則として基本法第19条第4項に違反すると，と宣言した。しかし，立法者によって開かれた形成，裁量および判断余地により，裁判所による法的統制の実施を制限することは否定していない。憲法裁判所はそうした領域を，裁量の場合は別として，例外としてのみ許容されると考えている。通常の場合には，それらの領域は明文をもって法律から導き出され，または解釈を通して十分に明確に調査されなければならない。立法者はそうした領域をあたえるについて自由でなく，基本法第19条第4項からみて常に十分に重大な実質

　　West Publishing, 1979 は The court knows the laws; The court recognizes rights という2つの意味を載せている。しかし，Deutsches Rechtslexikon, C.H.Beck, Bd.2, 3.Aufl. 2001, では，Das Gericht kennt die Rechtssätze だけを載せている。

(5)　以下の記述は Michael Sachs, in: Stelkens/Bonk/Sachs, VwVfG, 8Aufl. 2014, §40 Rn.147 による。なお，ここではつぎのような事例が報告されている（Sachs, Rn.148）。すなわち，旧東独領であったメックレンブルク＝フォールポンメルン州の司法省は行政裁判所法に対して過激な改正の提案をした，ということである。これによると，これまで承認されてきた判断余地の授権の場合を大きく超えて，衡量的・評価的要素を伴ったすべての不確定法概念の場合に，裁判所の統制の可能性を否定しようとしたのである。この提案は正当にも批判され，採用されなかった，ということである。「スリムな国家」を求める努力の枠内での提案ということであるが，現時点は実現されていないとのことである。

(6)　以下の記述は Sachs, Rn.151 による。

第1編　行政裁量

的根拠を必要とする。したがって，不確定法概念についても原則として行政の厳格な法律による拘束が保持されなければならない[7]。

2　1950年代初頭までの議論

判断余地の理論の説明のためには，1950年代の初頭での議論に遡らなければならない[8]。

すでに指摘してきていることであるが，君主やそれに帰属する行政の主権が国民代表の侵害による制限や裁判所の統制なくして無制限に存在しており，それ故君主による行政が自分の目標観念（Zielvorstellung）の展開と実現の権能をもっている領域として，裁量は理解されてきた。現在では裁量と判断余地は区別されているが，もともとこうした区別なくして裁量は統一的に理解されていたのである。すなわち裁量は規範の構成要件の側面に限定されるのではなく，法規範の側面において用いられている概念の一部も裁量権授権を表現し得ることが前提とされていた。しかし，同じ裁量でも質的に異なっており，「意思的裁量」（volitives Ermessen）と「認識的裁量」（kognitives Ermessen）の区別が行われ，後者が構成要件の側面における裁量である，とされていた。

1918年の帝政終結の後，および，これと結びついた行政の自由を肯定する理論的根拠の消滅の後でも，行政裁量の広い理解は余り変わらず，基本法の施行後にも暫くつづいた。すなわち，行政裁量というとき，規範の構成要件の側面においても，法律効果の側面においても存在する行政の自由な判断の領域が考えられてきたのである[9]。

---

(7)　なお，「不確定法概念」についてはつぎのような指摘がある。判断余地論を理解するためにも重要であると思われので，紹介しておく。Mattias Wendel, Verwaltungsermessen als Mehrebenenproblem, 2019, S.27. すなわち，不確定法概念は後期立憲主義のオーストリアにおいては，行政の行為の可能な限りの訴訟の可能性をつくりだすために，自由裁量に対する対抗範疇として発達したのである。誇張していえば，断固として広く理解された不確定法概念の範疇は，行政裁判所の管轄権に肯定的に応えることとされており，これによって行政の行為の裁判所による統制の門を広く押し広げることとされている。しかし，今日不確定法概念の範疇はまったく異なった規範の文脈に移し替えられている。機能の変遷と同じく，かつては自由裁量からの原則的な分離概念として発達してきた不確定法概念の形姿は今や基本法の庇護の下で，裁判所の統制密度という段階的問題のための方便に使われている。

(8)　以下の記述はEckhartd, Pache, Tatbeständliche Abwägung und Beurteilungsspielraum, 2001, S.52ff, による。この点の日本での研究として田村悦一・自由裁量とその限界（有斐閣1967年）87頁以下。

(9)　Fritz Ossenbühl, in:(Hrsg. von Erichsen), Allgemeines Verwaltungsrecht, 12. Aufl. 2002 §10 Rdnr. 10

すなわち連邦行政裁判所は1950年代の初め頃に一連の判決において不確定法概念を裁量概念の中に入れ，このため不確定法概念における要件の存否について審査を拒否し，行政庁の決定を専ら裁量瑕疵の存否について審査した[10]。連邦の立法者も基本法施行後にも，広い裁量概念を用いたのである。1954年に提案された行政裁判所法の草案には，つぎのような条文を付加することが提案された。
「行政行為が不確定法概念にもとづいて行われる限り，この概念に内在する限界が遵守されたかを，裁判所は審査しなければならない」。
そして連邦参議院内務委員会も，つぎのような規定を設けることを提案した。
「行政庁が不確定法概念によって制限または覊束されているときは，この概念の判断が法律の趣旨に反している場合にのみ，違法性が存在する」。
　しかし，この提案は実現しなかった。その理由は，不確定法概念の取扱は教義学的に決して解明されておらず，そして立法者は法発見の方法論を権威的に決定する権限をもっていない，というものであった。しかし，このような広く把握されていた裁量権の概念に対して制限が行われた。一定の変動幅（Bandbreite）においては個別事案での法律の意味を行政裁判所とは別に判断する特権を行政は持っているというようには，構成要件の側面での裁量はもはや考えられない，ということである[11]。
　繰り返す部分もあるが，ブリンガーにしたがってもう少しつづけると[12]，第二次大戦後において裁量は法治国家の「異物」であった。行政裁量は行政が自分の目標として考えていること（Zielvorstellung）のための自由な領域では最早なく，法律執行に際しての限定された可動性の領域（Bereich begrenzter Beweglichkeit beim Vollzug des Gesetzes）でなければならない。「裁量概念」がこのように転換したのは「法律の留保原則の先鋭化」（der verschärfte Grundsatz des Gesetzesvorbehaltes）であり，そして行政訴訟における限定列記主義（Enumerationsprinzip）の放棄である。法律の留保原則の先鋭化と裁判所による権利保護の一般的な憲法上の保障のために，まず法律における構成要件における不確定法概念の使用は行政の裁量権を生み出さない，という見解が広く主張された。法律効果の側面において複数の行為様式の間での選択を，法律が行政に残しておく場合に限り裁量権は存在する。例えば「公の交通の利益」のような不確定法概念は，個々の事案にお

---

(10)　以下の記述はPache, S.55 ff. による。
(11)　Vgl. Martin Bullinger, Das Ermesen der öffentlichen Verwaltung. JZ, 1984S. 1001 (1005).
(12)　Bullinger, S.1003.

いて唯一の解釈・適用をすることができるのであり，したがって，この概念は完全に裁判所によって審査される，というのである。

以上がブリンガーが指摘する1950年代の中頃において「判断余地論」が誕生する背景であり，これに寄与した学説として，特にロイス（Hermann Reuß），バホフ（Otto Bachof）およびウレ（Carl.H.Ule）の名前が挙げられている[13]。今これを詳細に紹介する余裕はないが，しかしここにおいて展開した議論は後の裁量論ないし判断余地論の骨格を形成するのであって，こうした点に留意しながらそれぞれが主張する議論の要点を見ておくことにする[14]。

3　ロイスの不確定法概念論

a）判断余地論の先駆者としての議論

ロイスは不確定法概念における裁量を全面的に否定したのであり[15]，この議論が契機となって後にバホフやウレの判断余地理論が出現したのである。その意味で，ロイスの学説は後の判断余地論の先駆者でもあるので，紹介する理由がある。

ロイスによると，裁量の一つの発現形式は複数の――同じように許容された――行動方法の間の行政庁の選択の自由である。つまり，複数の行為の選択肢からの選択の自由が，主要で疑いのない裁量というものの発現形式である。行政庁に対してこのような意味での裁量権によって与えられた自由は，行政庁の「行為」，すなわち作為・不作為に関係し，そして行政庁によってなされるべき，または，なされるべきでない「措置」，つまり行為方法に関係する。例えば所有者でない者，またはその他の非管理者の物についての警察違反の行為によって生じる警察違反の状態に対峙する警察行政庁に与えられる。ここでは警察は障害を生ぜしめた者に対する行為責任に関する要求と，障害を生ぜしめた者に対する状態責任との間を選択する権利をもつ。警察は一つの要求もしくは別の要求または両者の要求をするかは原則として自由である。すべての行為，すなわち警察が自由に委ねられた様々な行為の間で行うすべての選択は法律上許容されている。ここでは選択的に，自由に委ねられた行政庁の意思決定が問題なので，この裁量は「意思的または行為裁量」（volitives oder Handlungsermessen）と呼ばれる。

他方で「裁量」という名称で呼ばれる第2番目の法現象は行政庁の行動ではな

---

(13)　Bullinger, S.1003.

(14)　なお，これらの学説については，既に山田準次郎・自由裁量論（有斐閣，1960年）347頁以下に詳細な紹介がある。

(15)　Hermann Reuß, Das Ermessen, DVBl 1953, S.585 ff.

く，つまり行政庁の作為・不作為にではなく，行政庁の認識行為に係わる。例えばプロイセンの「警察行政法」(Polizeiverwaltungsgesetz v.1.6.1931) において，警察行政庁は「義務に適った裁量により必要な措置」を執らなければならない，という規定が置かれているとき，認識行為，つまり指示すべき「措置の必要性」についての判断は警察行政庁に委ねられている。果たして措置が「必要」か，それとも「不要」か，ということは純粋な認識行為である。認識行為に——つまり思考現象の執行という意味での「判断」に——法律による基準性（＝裁判官の審査不可能性）が認められる裁量権は上述の「意思的」裁量権と対比される，いわゆる「認識的裁量」(kognitives Ermessen) である。

　しかし少なくとも，ふたつの完全に互いに本質的に異なる概念について，「裁量」という言葉を使うことは不適切である[16]。裁量の第2の発現形式，つまり「認識的裁量」または「判定的裁量」(Urteilsermessen) の範疇を認めることによって，裁量の対立概念である「不確定法概念」との境界線が消滅してしまうことになる。認識的裁量に際して行われる認識行為は通常，事実問題および法律問題として裁判官によって判断されるものと見なされる，不確定法概念の具体化以外の何ものでない。

　例えばロイスが挙げる判例に即してみると，これは占領時代のものであるが，住所または一般営業の関与地を別の通貨地域——これは実際には東ベルリンないしソヴィエト占領地区である——に持っている申請者は「一般営業の許可が（西）ベルリンの経済に不利益をおよぼさないことが予測される」場合に限り許可される，という規定が当時の「営業の自由に関するベルリンの法律」にあった（第14条第4項）。ベルリン上級行政裁判所によると，義務に適った裁量の枠内で正しい複数の決定の中からの選択権を行政庁がもっている場合には，それは裁量決定ということになる。一つの決定が正しく，他のものが間違いである場合には裁量決定は存在しない。このような観点からこの規定をみると，果たして西ベルリンの経済が一般営業の許可によって不利益を受けるか，という問題については一つの正しい答えが存在するだけである。ここではいわゆる不確定法概念が存在するだけである，ということになる。ロイスはこの判例の立場を採る。もっとも同判例は立法者がこの決定を行政庁の裁量に委ねようとしたならば，これを明文をもって表示したであろうとしたが，ロイスはこれに反対した。すなわち，完全に裁判官により審査される事実問題や裁量問題を立法者がつくり出すことはできな

---

[16]　Reuß, S.586.

第1編　行政裁量

いはずである，という(17)。

　以上のようにロイスは規範の構成要件の側面における裁量を明確に否定したのであり，裁量概念自体の限定ないし縮小に寄与した。そして，ロイスにおいては不確定法概念とされるものについては，これが裁判所によって完全に審査され得ることを当然の前提としていることが注目される。この前提を採ることによって構成要件の側面での行政庁の裁量権の否定という結論に達したのである。それではこの「意思」または「認識」もしくは「判断」という形容詞がついた裁量概念の構成が正しいか否かは別にして，この前提は何を根拠にして主張されるのであろうか。この点については，ロイスの学説が実は「概念法学」の強い影響下にあったといことができる。第二次大戦後の(西)ドイツにおいてもやはりこの学説の影響はまだ残っていたのである。この点は後述することにして，この不確定法概念の審査の権限の所在についてのロイスの説明は明快であるので，これについて見ることにする(18)。

　不確定法概念についての Quis judicabit の問題，すなわち誰が不確定法概念を個々の事案について確定的に具体化しなければならないかの問題は，すでに50年ほど前にライヒ最高裁判所（Reichsgericht）が取り扱っていた。同裁判所は(19)，「異常な騒音を生じる操業」という要件をみたとき，行政庁の行動領域において存在している決定のための技術的裁量が考えられるのであり，行政庁の裁量がこの要件の存否について最終的に決定すべきである，と判示した。すなわち，裁判所は具体的な概念の現実の客観的な存否ではなく，この概念ついての行政庁の義務に適った確信だけが法律上の構成要件とみなされる，というように立法者の意思を解釈したのである。しかし，その後特に憲法状況も激変したので，ライヒ最高裁判所の法的観点の無批判の受容は許されない。特に基本法第19条第4項との関連でそのように言える。

　以上がロイスの主張であるが，公権力の行使により権利を毀損された何人に対しても，出訴の途（Rechtsweg）を保障する基本法第19条第4項の規定がここでは指摘されている。これを通して不確定法概念における行政庁の裁量権の存在が否定されているのである。この点についてロイスは，同様にこの規定を指摘する他の学説・判例を援用しておおよそつぎのように主張する。すなわち，行政行為の適法性の統制は行政裁判所に無制限に帰属している。立法者がそれの存在に法

---

(17)　Reuß, S.586.
(18)　Reuß, S.588 ff.
(19)　以下の説明は Reuß, S.588.

律効果を結び付けている構成要件を，不確定法概念を用いて規定している場合にもそうである。裁判官の審査の制限は基本法第19条第4項によると，許されない。出訴の途，すなわち裁判所への途は全部の法的争いおよびすべての重要な法律問題の決定が裁判所に帰属している場合にのみ現実に開かれているからである。正当にもミュンスター高等行政裁判所はすべての行政行為について裁判所からの自由を否定した。これによって不確定法概念の裁判官による審査可能性は基本法上定められた。あるいは不確定法概念が裁判の対象になり得ないことの肯定または裁判の対象になり得ることの否定は，憲法上の権利保護の本質的部分を人目につかぬように排除する。すなわち，裁量論において意思的または行為裁量について発達してきた基本原則を——これは裁量の領域での規範の欠如の中に正当化を見いだしている——不確定法概念の具体化において認められている認識的または判断的裁量に転用することは，法的に許されないのである。不確定法概念の「不確定性」を「確定できないこと」と同一視することはできないのであり，これをすることは立法行為を無効にする。

b）法の欠缺論との関係

すでに見たようにロイスは規範の構成要件の側面における裁量を否定したのであり，これによって裁量概念の限定ないし縮小に貢献したのである。認識行為は事実問題，法律問題とともに，裁判官によって判断されるのであり，不確定法概念具体化以外の何ものでもない。法律によって用いられる不確定法概念は，法律問題についての規範的な解決である。その理由は，そもそも不確定法概念を法概念たらしめるものは「単に発見される」だけの解決方法，この不確定法概念をもって予め設定されている解決方法，つまり具体的場合において予め存在するもの（präexistent）として前提とされたものであるからである[20]。不確定法概念の場合には，立法者は社会生活の抽象的な遠隔操作により，その進行のおくれて出てくる障害について，前もって一つの解決方法という意味で立場を表明する。ロイスの以上のような主張では，無欠缺の教義つまり法典編纂された法の自己完結性の観念が決定的前提であることが明らかである。したがって不確定法概念によって示された解決方法は前もって存在するものとして前提とされ，それ故発見されるだけである，と言うのである。

すべての法律は，たとえその意味が疑義あるものであれ，客観的にみると一定の意味をもち，したがって法的決定は常に理論的に一義的に定められているので

---

[20] Reuß, S.588.

あるから，唯一の決定だけが正しい（可能である）というのである。ここでは概念法学的由来をもつ観念がみられるのである。すなわち法的決定は理論的には常に一義的に定められているから，法の実施に際して裁量余地は存在しないという主張は，その基礎づけを実定法秩序の論理的「自己完結性」とその裏面である無欠缺の教義においてもっている。しかし，法の無欠缺は擬制（Fiktion）であることが現在では明かである。これは法律の執行が認識的思考を通して，形式的・論理的基準を志向する手続を媒介としてのみ行われるという考えが擬制であるのと全く同じである(21)。こうした思考が1950年代中頃においてもまだ維持されていたのである(22)。

II 判断余地論

1 バホフの議論

バホフの論文(23)は1950年代の中頃に書かれたのであり，その判断余地論の論証の確かさと明快性により，その後のドイツの裁量論を決定づけたのである。その後につづく規範的授権論への転換に大きく寄与したように思われ，日本法の現在の議論にも多くの点において通用するものといえよう。そこで，少し詳しく紹介することにする。

バホフがまず指摘するのは，異なった現象が「裁量」という概念にまとめられることであり，これが裁量論の不明確性の原因であるとする。すなわち，法律が

---

(21) Hermann Soell, Das Ermessen der Eingriffsverwaltung, 1973, S.76ff.(93).
(22) W. イェリネクも実定法には欠缺がないことを前提としていた。しかし，こうした前提を採っても，不確定概念での裁量を認めていた。その意味が個別的場合に疑義があっても，「客観的に考察すれば」一定の意味をもつのであり，法適用者が「それがないときにその中に含まれている何か」を付加することは不可能である，と考えていた。したがって，法発見者には「何が」ということを確認する任務だけが与えられる（Soell, S.77）。しかし彼はつぎのような意味で裁量を考えていたのである。すなわち，彼の見解によると，自由裁量の徴表は「不確定概念」（彼の理論ではまだ不確定「法概念」という言葉は使われていなかった）の中にある。彼は，法によって基準性をあたえられた，瑕疵なくして成立した，不確定法概念の個別的な限定であるとして，自由裁量を暫定的に定義する。彼にとっては，こうした限定は概念自体の性質からではなく，常に立法者の意思に左右される。すなわち，法律によって意欲された多義性と，そこから生じた拘束されない意思形成が授権され，しかも合目的性，必要性のような価値を指示する不確定法概念である，ということになる。以上の説明はSoell,S.78ff.による。このように，法の欠缺を肯定していても，裁量は承認されることになり，法の欠缺と構成要件での裁量権は論理的に結びつかない。
(23) Otto Bachof, Beurteilungsspielraum, Ermessen und unbestimmte Rechtsbegriffe im Verwaltungsrecht, JZ 1955, S.97 ff.

行政庁に対して，法律で定められた要件が存在する場合について，行為の自由をあたえているか，それとも，まさにこのような要件について行政庁に判断の余地をあたえているか，ということは区別されなければならない。前者の場合は，「行為裁量」（Handlungsermessen）または「意思裁量」（volitives Ermessen）であり，後者の場合は「包摂裁量」（Subsumtionsermessen），「認識裁量」（kognitives Ermessen），「判定裁量」（Urteilsermessen）または「判断裁量」（Beurteilungsermessen）である。行為裁量は意思の決定であり，事実関係の判断は，それを包摂するについて——この判断に一定の判断の余地が存在しているのであるが——常に認識行為である。ところが裁量は複数の法的に可能な行為の選択として定義されるのであるが，これについては判断余地を考えることができない。判断余地においては行政庁は自分の行動を選択するのではない。むしろ行政庁の異なった行為の可能性は様々な判断の可能性の（その限りでは必然的な）効果として生じるのである。

裁量という言葉で表現される「行為裁量」は裁量権付与の目的に応じて区別される。すなわち，互いに法的に同じ価値であり，合目的性の考慮（判断）だけが選択について基準となるという理由で，可能なる複数の行為の選択権が行政庁にあたえられている場合，あるいは，なされるべき決定が確かに正義に関係しているが，個別事案で互いに衡量すべき観点の多様性の故に，出現する全部の事案について立法者が詳細な規定をすることができないことを理由として，行政庁に裁量権があたえられている場合の2つの区別である。このように2つに区別される「裁量行為」について，「裁量」という言葉を使うべきである。

バホフの以上の主張は，基本的には既にみたロイスにしたがったものであることが分かろう。このように裁量の概念を専ら行為裁量に限定し，「判断裁量」に代えて「判断余地」という言葉を用いる提案を行ったのである。

バホフは構成要件において用いられている「不確定法概念」という言葉は誤解を招きやすいのであるから，これに代えて「不確定法律概念」（unbestimmter Gesetzbegriff）を用いることが良い，という提案を行った。何故なら，そもそも法概念（Rechtsbegriff）という言葉には裁判官による完全な審査可能性が結びついているからである，という。しかし，「不確定法概念」という言葉が今や市民権を得たのであるから，この概念を維持することにする，という[24]。

a）不確定法概念における法の解釈と事実認定

不確定法概念の解釈（概念の抽象的意味内容の確定）は完全に裁判所の審査を受

---

[24] Bachof, S.98.

ける。法の解釈は裁判所が行う以上，これは不確定法概念についてもいえる。バホフはこれを自明のことである，という(25)。

同様に，不確定法概念の適用に際しての行政庁の決定の基礎となる事実の調査や認定も，裁判所によって完全に審査される。これも自明のことである。公権力行使としての侵害を正当化する事実が存在することが要件であるとして立法者が規定を置くが，これを正当化する事実の認定を，侵害をする行政庁の，いわゆる「裁量」のもとに置き，当事者がその事実が存在しないことを主張することを禁止するならば，それは矛盾している。このようなことを許せば，行政の法律適合性の原則は形式的な遵守にもかかわらず，実質的に回避され，これの本質的な内容が空洞化してしまう。したがって，法治主義，そしてまた基本法第19条第4項における公権力の措置に対する憲法上保障された包括的な権利保護からみて許されない。

b）包摂における行政の自由な判断の余地

バホフによると，不確定法概念の適用の段階において行政庁の自由判断の余地が認められるのは，適切に調査された事実関係の適切に解釈された概念への包摂（当て嵌め）においてである。2つの問題がある。すなわち，不確定法概念の適用に際して，そもそも自由な判断を行政にあたえることが許されるかという問題と，いかなる要件のもとでこのような判断の余地ないし領域を承認できるかという問題である。

c）価値概念と経験概念

バホフは当時広く行われていた「価値概念」（Wertbegriff）と「経験概念」（Erfahrungsbegriffe）の区別にしたがって，前者の概念においては，立法者が唯一の決定を適法なものとして承認することを疑問視したのである(26)。

aa）価値概念　すなわち，確かに法的共同体の大きく，全体的な一致した観念において十分に具体化される価値概念では唯一の決定を観念することができよう。しかし，立法者が通常の場合に価値概念を規定している場合に，その限界の内部において（主観的だけでなく，客観的にも）可能な判断の領域の内部において，正しいまたは間違った判断を語ることは殆どできず，単に異なった，可能なる「見解」を語ることができるだけである。裁判所による「正しい」判断が，少なからず主観的な自分の価値観念をもって行政庁ないし前審のそれに代替するならば，尋常ならざる不安定要因がすべての手続にもたらされ，最終的には誰に

---

(25)　Bachof, S.99.
(26)　Bachof, S.99.

とっても得にならない結果となり，特にすぐれた法発見のための保障が得られない結果となる。

　しかし，果たして立法者はこのような主観的な，価値に関係した概念を用いることによって，自分の判断のための領域を行政庁にあたえることが許̇さ̇れ̇る̇か̇，という問題はまだ残っている。立法者が不確定法概念に立ち返ることは「困り抜いた末の不満足な解決策」(Verlegenheitslösung) である(27)。不確定法概念の使用は，行政の法律適合性と市民の自由および財産の侵害のための要件の法規による規律についての立法者の義務からみて疑義あるものである。しかし，立法者に過重な負担をかけることはできない。行政の行為のすべての要件が最終的な要件にいたるまで定めることはできないのである。不確定で，多かれ少なかれ主観的な価値判断を伴うことによってのみ充填することができる概念を描く必要的な行政の行為の状況が存在する。果たして立法者がこのような不確定とされた規定を別様に，より一層具体的に規律することができたのか，という問題については，立法者自身に対しても審査できない判断の自由の一定の領域があたえられなければならない(28)。

　いずれにしても，このような行政にあたえられた判断余地の問題は，裁判所による事実の統制の問題とは全く別である。事実が存在するか否かの問題は証拠評価の問題である。果たして事実関係を形成する事実が価値概念の中に入れられるかの問題は，価値の判断なのであって立法者が適切な限界において行政庁に委ねることができるものである。行政の行為の構成要件はこの場合，事実が価値概念の中に現̇実̇に̇入るということではなく，理性ある評価をしていればこの事実がこの概念の中に入るものと行政庁がみなすことが許̇さ̇れ̇る̇，ということである(29)。

　バホフによると，このように立法者は法的指示によって設けられた限界の内部において，必然的に価値判断と結びついた自由の領域の充填を生活事実の包摂に際して行うことを行政庁に対して委ねた，ということになる(30)。これをバホフは「判断余地」(Beurteilungsspielraum) と名付ける。不確定な価値概念の適用に際しては包摂の前提条件は常に主観的な「価値評価」(Wertung) であるということにまで，彼の主張はおよぶ。立法者はこのような価値評価を，法規範の構成要件における不確定な価値概念の使用を通して，法規範の適用について管轄権を

---

(27)　Bachof, S.99.
(28)　Bachof, S.100.
(29)　Bachof, S.100.
(30)　Pache, S.61.

もっている行政庁に委ねる。裁判所は行政庁により事実関係の包摂に際して行われた価値評価の審査をする場合に，自分の主観的な見解を行政庁のそれに代替することができないのである[31]。ここに「判断余地」を認めるのである。

bb）経験概念　これに対して，「経験概念」に事実関係を包摂するに際しては立法者により唯一の解決が正しいものとみなされることが前提となっている[32]。しかしこの場合に，審査を免れた行政庁の判断余地を否定することは性急である。例えば貯蔵槽が交通の危険を意味するか，いうことは確かに経験的事実を手掛かりにして客観的に確定し得る。しかし，これはあくまで理論的にそう言えるだけであって，実際には決定の正しさについては異論がないように調査することができないことは稀でない。決定の正しい判断と結果についての責任は決定を行う行政庁が負い，裁判所はこれを負うことができない。特に裁判所には特別の専門知識が欠けている。しばしば賞賛されている鑑定人の尋問という逃げ道は最良の解決策ではない。鑑定人は決定について責任を負わず，更にその意見はしばしば矛盾に満ちている。経験概念についても不文の構成要件の付加が行われ得る。つまり「行政庁の義務に適った判断により」ということである。

バホフは以上のまとめとしてつぎの点を列挙する[33]。

すなわち，不確定法概念の適用に際して行政庁の裁量権（正しくは判断余地）を承認することは法治主義を決定的に傷つけるという非難はつぎの観点を顧慮すれば当たらない。

①　それが価値概念であれ，経験概念であれ，あるいは両者の構成要素を混合したものであれ，すべての不確定法概念は行政庁に判断余地を承認するわけでない。法治主義はこのような判断の領域の付与を例外としているようにみえる。将来このような判断の領域の付与の意図を法律自体において表現することが立法者に対して求められるべきである。

②　当然のことに行政庁の自由な領域は，その限界が遵守されたかまたは踰越されたかということについて，裁判所の審査に服する。行政庁が包摂について義務に適った衡量にいたることが全くできなかったときは，その決定は違法である。

③　行政庁が不確定法概念を特色とする構成要件の存在を，判断余地を援用して主張するだけでは不十分である。むしろ行政庁は，理性的な評価をしていればその推論の帰結が導き出されるような事実を主張しなければならない。したがっ

---

(31)　Pache, S.61.
(32)　Bachof, S.100.
(33)　Bachof, S.100 ff.

て，「裁量瑕疵（正しくは瑕疵ある判断）が明らかに存在しなかった」というようなステレオタイプの貧困な公式に立ち返るべきではない。むしろ裁判所は，行政庁がその結論に達したことを正しいと考えるのが許されたということと，何故そうなるのかの理由を根拠づけなければならない。しかし，裁判所が同じ結論に達した，ということではない。

　いずれにしてもバホフの判断余地論においては，判断余地は概念の判断にあるのではなく，これから全く区別された問題，すなわち果たしてこの概念によって示される構成要件が具体的な事案において存在しているかという問題が，主観的・客観的に制限された認識可能性の故に，一定の領域において最終責任をもって行政庁に委ねられたままでいることができるか，ということである。包摂がこうした領域をあたえるのであって，解釈がそうするのではない。
　以上の説明をバホフにしたがって要約すると，つぎのようになる(34)。
① 　一般に法秩序の異種の現象が「裁量」という言葉の下に統合されている。複数の法的に可能な行為様式間の意思決定としての「行為裁量」と行為の要件の認識上の判断に際しての領域としての「判断裁量」（「包摂裁量」）はそれぞれ区別されなければならない。いわゆる「判断裁量」をその本質にしたがって「裁量」ではなく，「判断余地」と呼ぶ方が概念の明確化のためにすぐれている。
② 　判断余地の sedes materiae（所在地）はいわゆる「不確定法概念」である。これは経験概念，価値概念および両者の要素から構成されている。
③ 　裁判所によって審査され得るのは不確定法概念の解釈であり，事実関係の判断の基礎とされた事実の存在である。これに関する裁判所の審査権の制限は違憲である。
④ 　事実関係を不確定法概念に適用するに際しては，果たして法律が法適用行政庁に対して審査できない判断余地をあたえようとしているか，に注目しなければならない。立法者がこのような意図の明示的な表明を怠ったときは，価値概念の場合には，言明された価値の観念が唯一の正しい決定が可能であるとする程度に，果たして，そしてどの程度まで客観化され得るか，ということに着目しなければならない。経験概念の場合には，実務においては事実関係の十分に一義的な判断が決定を行う行政庁の責任状況の下で果たして可能か，ということが問題となる。

---

(34)　Bachof, S.102.

⑤　このような判断余地の付与に対する憲法上の疑義は，立法者が十分な根拠なくして，行政庁の法規による詳細な拘束を放棄した場合にのみ生じる。
⑥　法律が沈黙している場合には，審査ができない判断余地の存在は例外である。推定はこの判断余地存在の認定に反対する。それ故，それの存在は慎重な根拠づけが必要である。
⑦　行政庁の判断余地もまた，その限界の遵守について裁判所の審査に服する。
⑧　行政庁は自分の判断余地を援用するに際しては，自分の推論を根拠づける事実を提示しなければならない。更にその推論が正しいとすることが許されることと，その理由を提示しなければならない。「裁量瑕疵は明白でない」というようなステレオタイプの表現は裁判所の任務に適合しない。

以上がバホフの議論の概要であるが，日本法を見るときにも注意を喚起するつぎのような視点が示されている。すなわちバホフの議論によれば，裁判官の統制は「裁量瑕疵」（ドイツでは行政裁判所法第114条，日本法では行訴法第30条）の存否の審査に制限されない。むしろこの議論は，不確定法概念の適用のプロセスとして，概念の解釈，判断すべき事実関係の調査並びに解釈された概念への事実関係の包摂という3つの段階を区別するのである。そして，これらの3つのすべての段階において行政の自由な判断を承認するのではないのである(35)。

2　是認可能性論

バホフが判断余地論を展開したのとほぼ同時期に発表されたウレの「是認可能性論」(Vertretbarkeitslehre)(36)と呼ばれる理論がある。これもバホフと同様に判断余地論を発展させた業績の一つに数え入れられることができるので，ここでは判断余地論の一つとして取り扱うことにする。

要約すると，それはバホフの議論と比較して言語哲学的・意味論的な議論の性質がより強いように見えるのである。規範における構成要件において不確定法概念が存在する場合には，ある事実関係へのこうした規範の適用は複数の正当と認められる（あるいは是認できる）結論に行き着く，とする考えである。規範適用に権限をもつ行政庁は複数の正当な解決方法の中の一つを選択することができる。そして，裁判所はこのような場合には，正当性承認の限界の遵守の観点からその

---

(35)　Pache, S.59.
(36)　Carl H.Ule, Zur Anwendung unbestimmter Rechtsbegriffe im Verwaltungsrecht, in: Gedächtnisschrift für Walter Jellinek, 1955 S.309 ff.

行政決定を審査することができる，というものである(37)。
　ウレがこの議論を展開する際に対象とする不確定法概念は，つぎのようなものである。例えば，「公的必要」，「服務上の必要」，「経済的必要」，「交通技術上の必要」，「社会的必要」，「住宅政策上の必要」，「健康上の必要」，「文化上の必要」，「公益」，「公の交通の利益」，「危険」，「公の安寧秩序」，「行政の整序された進行」，「市町村区域の秩序ある発展」，「適正」，「信頼性」，「専門知識」，「不公正な損害」，などといったものである(38)。

a）不確定法概念の位置づけ

　ウレの是認可能性論は裁量と不確定法概念を峻別することを前提としており，不確定法概念におけるあらゆる種類の裁量権付与の否定である。行政は裁量権が付与されているときは原則として法的拘束から自由である。これに対して不確定法概念の場合には，行政は原則として法的に拘束される。構成要件要素が確定的でなく，多かれ少なかれ不確定に定められているときもそうなのである。立法者が行政法規の構成要件において不確定法概念を用いるときには，立法者と行政の関係だけでなく，行政と裁判所の関係にも係わる。すなわち，確定した概念や確固たる構成要件からの行政の解放を本質としており，これは同時に行政の利益になるような立法者の断念を示している。その限りでは不確定法概念の使用は，法治国家・法治国的秩序と必然的に衝突せざるを得ない行政国家への志向の表現である。このような法治国的秩序は，行政の領域では行政裁判権の制度と行政によって行われたすべての処置の審査のための行政裁判所の包括的な管轄権の中に具体化される。すべての行政行為をその適法性について審査する権限を行政裁判所がもっている法治国的秩序においては，不確定法概念の使用を通して，立法者により行政庁にあたえられた大きな決定の自由は最終的には行政裁判所によって再び制限されるということになる(39)。このような不確定法概念は法制度の一部分でもあるが，確定概念や確固たる構成要件を通した法律による行政の「絶対的拘束」と，固有の決定（裁量）を法律が授権することによる「絶対的自由」の両極の中間において不確定法概念が存続する。

　ウレの以上の主張は当時の有力説と明らかに対立する(40)。すなわち当時の有力説は不確定法概念を裁量権の授権から分離するのであり，このためこの概念を

---

(37)　この要約は Pache, S.63 にしたがう。
(38)　Ule, S.318.
(39)　Ule, S.314.
(40)　以下の記述は Pache, S.65 による。

適用するに際して行政の広範な決定の自由を認めるか，それとも不確定法概念を法概念として評価して，ここから行政の絶対的拘束と，これに対応した広範な行政裁判権の統制権能を導き出す可能性だけがあった。しかし，ウレは行政の相対的自由と拘束を同時に認めるのであり，これは裁量権に対する不確定法概念の特殊性を斟酌した行政裁判所の統制の可能性を開くのである。

b) 事実的不確定法概念と規範的不確定法概念

ウレによると，必ずしもすべての不確定法概念が，制限された法的拘束をもたらすのではない。彼は「事実的不確定法概念」(faktische unbestimmte Rechtsbegriffe)または「記述的不確定法概念」(deskriptive unbestimmteBegriffe)と「規範的不確定法概念」(normative Rechtsbegriffe)を区別する。

行政法の法規が事実的(記述的)概念を定めており，概念が不確定であるときに，それの解釈と適用は価値判断がされなくても可能である。当然のことに事実的(記述的)概念の場合にも解釈問題や包摂問題は存在している。赤旗を携えることが禁止されている場合に，いかなる要件のもとで旗が法律規定でいう「赤」とみなされるか，ということについて争いは当然のことに生じる。この概念も不確定法概念であるが，それの適用は可能であり，この場合概念規定と事実関係の間には価値判断が割り込まない。ところが規範的概念の適用に際しては，以上の推論は直ちに採り得ない[41]。

それではこの規範概念はどのようなものか。ウレは，一般法学や刑事法学において行われた規範概念に関する研究(特にエンギッシュの議論)を基礎にした議論を展開する。そしてこの議論を行政法に転用する。

すなわち，法律を適用する行政庁に対しては，自分の前に置かれた価値評価を援用することが必要か，それとも自らの価値評価を行うことが必要か，という問題が提示される。行政法の通説によると，行政庁はこのような価値評価に遡ることが必要である，とされる。例えばW. イェリネクは「社会的観念」，「公正で，公明正大に思考する者の意見」，「社会の平均的見解」を語り，またロイスは「法共同体の価値観念」を語る[42]。しかし，正当にもエンギッシュはいうのであるが，文化的領域での価値と規範に関するよく考えられた客観化された理解は，相対的に通用する「固有の評価」に最終的に行き着く。例えば特定の層への接合も，この層に味方する選択として個人的な見解をその中に閉じ込めている，というのがそれである。このことは当然に社会的・経済的領域での価値や規範の理解につい

---

(41) Ule, S.318.
(42) Ule, S.322.

ても通用する。国民経済において重要なまたは生存に必要な「需要」(Bedarf)が存在するのか，あるいはその他の方法では除去できない「窮状」(Notlage)が存在するのかということを，認識行為を通して本当に認定できるのか。このような主観的な規範的概念の適用に際しては，一義的な決定は稀にしかできない，ということは経験が教えるところである。例えば大都市において140台または141台のタクシーの許可が需要に一致するかという問題は，「正確な」法的決定を受け入れない[43]。

　立法者によって意図されたのではないが，実務的には否定できない規範概念の多義性と結びついた判定行為の主観性および不合理性は，行政裁判所が行政庁と紛争状態になる本来の理由である。行政庁が固有の価値判断を行い，「固有の評価」を行い，裁量権行使と同様に創造的に活動している場合に，これが裁判所によって修正されるということは，理解できない。行政庁はこれを自分の領域の侵害とみなす。しかし，行政庁がこのように考えることは固より正当でない。前述のように，裁量と不確定法概念の区別が「絶対的自由」と「絶対的拘束」の区別に遡るのであり，行政庁は法律の構成要件が不確定法概念を含んでいる場合には，「相対的に」拘束され，「相対的に」自由であるからである。行政庁は自分が行う価値判断に際しては，所与の社会的・文化的または経済的価値基準を遵守し，他の行政庁が同じ状況で矢張り執行したであろう価値基準を実施しなければならない。それにもかかわらず「境界事例」(Grenzfälle)では異なった判断があり得る。ここにおいては不確定法概念が事実上あたえる「相対的自由」が存在する[44]。

　行政裁判所はこのような境界事例においては，事実関係に関する自分の判断についてこれだけが基準となると宣言することができるか，という問題が生じる。行政裁判所は事実の状況の判断において疑わしいときは，認定された事実関係を基礎にして行政庁の見解がこれも採り得る(vertretbar)とするときには，この行政庁の見解にしたがう。特定の事実関係の評価において異なった結論に達し得るときは(これは――同じ価値観念をもった――鑑定人の鑑定によって強調されるのであるが)，これらの評価のすべては不確定法概念の枠内にとどまり，適法である。それ故，行政裁判所はこのような境界事例においては，行政庁の判定を自らの価値判断に代えることは禁止される。行政庁による事実関係の評価が「判断余地」の限界において行われている限りでは，行政裁判所は行政庁によって行われた価値判断の審査に際しては，果たしてこの価値判断が思考の法則や一般的な経験則

---

(43)　Ule, S.323 ff.
(44)　Ule, S.325.

なくして成立したか否かだけを審査しなければならない[45]。

3　判断余地論の要約と展開

a）行政裁量に対する積極評価

　1950年代の中頃に特にバホフとウレによって提唱された判断余地論は，その後の判例学説において広く受け入れられ，更にこの議論は展開することになる。

　不確定法概念においては，単に一つの決定が法律に適合しているものとして承認されるという観念は裁判所の統制を先鋭化し，権利保護を強化した。しかし同時に，この観念は行政の行為を困難にしたことは争いのないところであろう。このため，可能な限り行政と折り合いを付けていかなければならなかった。こうした要請に応えたのが，バホフの判断余地論やウレの是認可能性論であった[46]。いずれにしても，こうした議論は行政裁量の消極的評価を前提としたものでもあった。しかし，その後行政裁量に対する消極的評価は積極的なものに変化する。すなわち，行政裁量を再び自由な形成のための領域として承認し，市民とともに公的な団体に対して積極的な役割を承認するのである。ブリンガーにしたがって行政裁量に対する積極的な評価の傾向を要約すると，つぎのようになる[47]。

　すなわち，一つには行政は可能な限り立法者によって欠缺がないように制御されなければならないという観念が放棄されたことである。こうした観念のために立法者に過大な要求を行い，行政を麻痺させ，市民が法に服従することを妨げる「法律の洪水」の幕開けが告げられることになったからである。また，行政裁量に対する消極的評価を変えた別の要因として，連邦憲法裁判所の決定が挙げられている。すなわち，同裁判所は1978年8月8日のカルカール決定（Kalkar-Beschluß BVerfGE 49, 89）において，いわゆる「本質性理論」（Wesentlichkeitstheorie）を示した[48]。これによると，議会立法者は「自由と財産」という法律留保の古典的な核心的領域の外側においても，事情がそれを認め，必要とする限り詳細を政府に委ねることが許される。政府や行政の方でも自分に委ねられた法律の具体化の本質的な部分だけを法規命令または行政規則を通して一般的に定めるだけで良い。その他の場合には行政は法律目的実現のために不可欠な柔軟性を日常業務についてもつことが許され，またそうでなければならない。すなわち，裁量

---

(45)　Ule, S.327.
(46)　Martin Ibler, Rechtspflegender Rechtsschutz im Verwaltungsrecht, 1999, S.363.
(47)　Bullinger, S.1005.
(48)　「本質性理論」については岸本太樹・行政契約の機能と限界（有斐閣，2019年）59頁以下参照。

にしたがった決定をすることを授権されていなければならない，というのである。本質性理論は，本質的なるものを確定する法律の指針を形成的に充塡する行政の任務と権能として裁量を理解する可能性を開いた。これによって行政裁量は行政裁判所の任務として可能な限り充塡されなければならない，法治国において疑義ある法律の欠缺という戦後の性質を喪失したのである。

　構成要件の側面における裁量（判断余地）についても，特定の変動幅で個別事案での法律の意味を行政裁判所とは異なって判断する特権が行政にあたえられているのではない。不確定法概念を個別事案で適用するについて形成的に具体化する制限された自由な領域が認められなければならないのである。

　b）判断余地論の要約
　aa）概要　　この判断余地論はその後どのように展開していくのか。個別的な展開はそれぞれ後述することにして，それの概括的な特徴をここで確認・整理しておくことが必要であると思われる。

　法適用に際して単にひとつの適法な決定という原則の例外として理解された行政の自由の領域が判断余地として理解される。裁量が規範の法律効果の側面での規範から離れた決定の自由な領域をいうのに対して，判断余地は行為の構成要件の側面においてみられるものである。法規範の構成要件の構成要素としての不確定法概念とそれの具体化に際して，この判断余地が想定されるのが通常である。行政上の判断余地は，不確定法概念の内部における行政の最終的な決定権能として定義することができる[49]。

　判断余地を認めるためには不確定法概念の存在が必要であるが，この概念が曖昧であるため，その概念がいかなる現実の切り取り部分に適用され，それ故規範において定められている法律効果の出現が指図されているかについて一義的に定められていない[50]。後に紹介する言語哲学上の議論にしたがうならば，一義的に（帰属を）認定も否定もされない特性を表現する言語上の標識が想定されるのであって，それ故不確定法概念の適用に際してはいわゆる「中立的候補者」（neutrale Kandidaten）が想定される。先に見たウレが挙げたような「公的必要」，「服務上の必要」，「経済的必要」，「交通技術上の必要」，「社会的必要」，「住宅政策上の必要」，「健康上の必要」，「文化上の必要」，「公益」，「公の交通の利益」，「危険」，「公の安寧秩序」，「行政の整序された進行」，「市町村区域の秩序ある発展」，「適正」，「信頼性」，「専門知識」，「不公正な損害」，などといったものであ

---

[49]　Pache, S.34.
[50]　Pache, S.35.

る。こうした不確定法概念を使用すること自体には「法律の留保」,「法律の確定性」という憲法原則からみても問題はない。規範の規律内容が確定性をもって規範の文言から直接に導き出されなくとも,一般に承認されている法解釈の原則を援用することにおいて調査されるならば,それで十分である[51]。行政は,承認された解釈方法を援用して,立法者によって求められた規律内容を調査しなければならない。不確定法概念の適用は,唯一の正しい,法律の指示に一致した決定に行き着くことができる,ということである。法概念の不確定性それ自体は,行政の法律拘束の緩和または行政の判断余地の根拠にならない。その理由は,法規範において用いられているすべての概念はその意味内容においては,結局は多義的で,不確定であるからである。あらゆる種類の法規の適用は,法規において用いられている自然言語の不明確性の故に,純粋に認識的で,間主観的に伝達し得る,そして完全に客観的に跡づけし得る過程でないことは広く受け入れられている。むしろ法適用のすべての過程は,認識と決断の要素を必然的にもっている。このため,実務レベルでの不確定法概念と確定概念の区別は規範を具体化する際の決断の程度に応じているのであるから,量的なものであり,質的なものでない[52]。以上の理由から,行政裁判所は行政による不確定法概念の適用に際しては完全な法的統制を行わなければならず,この法的統制に際しては適用すべき概念の不確定性だけを根拠にして何らかの自由な判断の余地を承認することは許されない。不確定法概念の解釈は典型的な行政裁判所の任務である。

　以上のことを前提として,いかなる場合にこの判断余地が認められるのか。すなわち,法概念の不確定性を超えて,不確定法概念を通して最終的な決定権能が行政に割り当てられるためには,いかなる観点が必要なのか。

　言うまでなく,法律が直接明文をもって定める場合には当然に判断余地は肯定される。例えば競争制限禁止法（Gesetz gegen Wettbewerbsbeschränkungen）は第71条第5項第2文において,カルテル庁の処分に対する訴願手続について,つぎのような規定を置いている。

　「全経済的状況と展開の評価は,この場合裁判所の評価を受けない」
すなわち,全経済的状況の判断についての最終決定責任を明文をもってカルテル庁に課して,これに応じた裁判所の統制を法律により排除した[53]。あるいは行政裁判所法の施行以来,不確定法概念の中で少なくともその適用が「予測」や

---

(51) Pache, S.36.
(52) 以上 Pache, S.38. による。
(53) Pache, S.39.

「評価」に関係しているものについては判断余地が認められ，そのため裁判所の統制を制限する立法の可否が議論がされてきた，と言われている[54]。こうした規定はすで見た行政裁量の一般的な性質を定める行政手続法第40条や裁量権の限界に関する行政裁判所法第114条の規定に倣うものであろうが，こうした規定を設けてみても余り役立たない。というのは，適用が何らかの形で評価や予測に結びつかない不確定法概念は殆ど想定することができないからである[55]。そもそもこうした概念を行政と裁判所の間の権限配分の指標とすることに問題があるとも言える。この点は後述する。

bb）判断余地論の変化 現時点での判断余地論の概要が以上のものであるとして，これをみると1950年代に発表された判断余地論とその内容が異なっていることに注意すべきである。すなわち，裁量概念を限定して，それを法律効果の側面においてのみ認め，判断余地論に対して途を開いたロイスの主張では，行政庁の「意思」と「認識」もしくは「判断」の区別は裁量とそうでないものの峻別に際して決定的な役割を果たしていた。この区別がバホフの「判断余地論」においてもやはり重要であった。すでにそこで指摘したように，概念法学の思考がその時点では残っていたのである。しかし現時点での判断余地論ではこの区別はその意味を喪失している。また，裁量の本質についても同様であるが，判断余地の理解の仕方にも変化が生じているのである。すなわち，判断余地は不確定法概念に関する判断権の所在の問題（あるいは権限割り当て）である。更にいえば，不確定法概念における複数の適用の可能性を承認した上での，不確定法概念適用に関する拘束力をもった，それ故に適法な決定についての「権限の割り当て」に行き着くのである。これは，裁量論についての議論が機能論的な性質をもつことを示すことでもある。これは後にみる「規範的授権論」による，判断授権論に途を開く思考であり，詳細は後述する。

cc）判断余地が認められる領域 現在の判断余地論を概観しているのであるが，バホフやウレの説明と重複する点もあるが，これの内容をここで確認しておくことにする。

不確定法概念の適用に際しての行政の判断余地の承認とは，構成要件に係わる行政の決定の自由な余地ないし領域の承認をいう。この行政決定の自由な余地ないし領域は，不確定法概念に関係した解釈・事実関係（Sachverhalt）の調査および包摂に関する完全で，包括的な自由ではなく，裁量の場合と同様に，法的に制

---

(54) Pache, 39.
(55) Pache, 40.

限された自由である。そもそも法適用という作用が規範の解釈，事実関係の調査および解釈された構成要件に，調査された事実関係を包摂するということであるならば，行政の自由な判断の余地ないし領域は，それぞれについてみていかなければならない。

(1) **包摂について**　判断余地という行政の自由な判断の領域は，法律の解釈および行政の行為の事実の要件（事実関係）の認定に際しては認められない。後述のように，異論もあるがこれは通説である。通説によると，行政の最終的な決定の権能は法律上確定した構成要件への認定された事実関係の「包摂」に際して存在する。すなわち，適切に認定された事実関係が適用すべき法律規定の適切に解釈された構成要件を果たして実現するのか，という問題においてのみ，行政は最終的な決定を授権される。個別的な事案における事実の状況が適切に確定された法律上の構成要件の概念範囲に適合するかという問題において判断余地が存在する場合には，行政裁判所は行政の視点に代えて自分の視点をもってくることは許されない[56]。これはバホフが指摘していたように，「判断余地は概念の判断にあるのではなく，これから全く区別された問題，すなわち果たしてこの概念によって示される構成要件が具体的な事案において存在しているかという判定が，主観的・客観的に制限された認識可能性の故に，一定の領域において最終責任をもって，行政庁にあたえられたままでいることができるか，という問題である。包摂がこうした領域をあたえるのであって，解釈がそうするのではない」[57]。

(2) **法の解釈について**　判断余地は不確定法概念の解釈にまで拡張すると主張する見解が一部にある[58]。これによると，法律概念の解釈の過程と，解釈された法概念への認定された事実の包摂の過程は，理論的には分離することができるが，現実には解釈と包摂は不可分で，互いに関係し合い，互いに絡み合っており，それ故自由な領域は必然的にこれら２つの領域に関係せざるを得ない，というのである。すなわち，行政のための判断余地ないし判断の授権が不確定法概念の解釈を包含するか，という問いに対して，これを肯定的に理解しようとするのである。この説によると，解釈を包摂から分離することは，言葉の上では特に困難ということはない。しかし，特に大まかであって，是認できる（vertretbar）とされるような場合にみられる概念においては，内容やその実質的な範囲に関する

---

[56] 以上 Pache, S.43.
[57] Bachof, S.101.
[58] Horst Sendler, Skeptisches zum unbestimmten Rechtsbegriffen, in: Festschrift für Carl Hermann Ule zum 80. Geburtstag, 1987, S.337.

一般的な解釈はきわめて僅かなことしか言っていないので，その解釈は根本的には立法上不確定なままにされた内容のきわめて曖昧な書き換えにすぎず，それ故この概念の適用については，きわめてわずかなものしかあたえることができない。これが不確定法概念の特徴である。こうした概念の個々の事案における適用または不適用によってはじめて詳細な形成や具体化を，この概念は獲得することができる。適用・不適用をみる材料が時間が経つにつれて広がりをもってくるほど，この概念の内容は明確になり，確定的になる。したがって，行政による「自主的な」包摂のための領域は狭くなる。ますます洗練された解釈による明確な限定と，これと結びついた概念の濃縮による明確な限定により包摂のために領域は狭くなるのである[59]。

　「言ってみれば解釈は包摂により食事をあたえられる。解釈はある意味で包摂に依存して生活をしており，そして包摂は解釈に依存して生活している。……まず何が包摂の問題であるかということが本当のところ解釈問題として生じることが少なくない。要約して言うと，行政に対して包摂の場合にのみ判断余地をあたえ，これとは反対に，解釈に際してはこれをあたえないということであるとすると，その構造からすれば統一体を形成する状況を切断し，同時に，包摂に際してあたえようとした自由な領域を時間の経過とともに次第に切り取ってしまう」[60]。

以上が少数説の概要であるが，通説はつぎのよう考える。すなわち，確かに解釈すべき規範に応じて把握されまたはそうされない事実としての生活事実または現象を顧慮してすべての規範解釈は行われ，同時にすべての包摂はそれぞれに解釈的要素を含んでいる，ということは肯定することができる。しかし，一般抽象的局面に存在する法解釈の過程と，個別具体的に行われる適用の過程は区別することが可能である。不確定法概念のような法の抽象的な解釈は，規範または概念のすべての解釈と同様に，行政裁判所が原則として完全に，そして無制限に自らの責任で行わなければならない裁判所の排他的な法律問題である[61]。

　(3)　**事実関係の認定について**　　また，一部分ではあるが，判断余地は事実関係の調査および事実関係の認定にまでおよぶとするものがある。しかし，行政の承認された判断余地の枠内においても，事実関係の調査は完全に裁判所によって審査され得るものとみなされ，行政の自由な判断の余地もしくは領域または最終

---

(59)　Sendler, S.343.
(60)　Sendler, S.344.
(61)　Pache, S.44.

的な決定権能は存在しない。立法者が行政の行為のために，規範的に構成要件を定めたときは，立法者により構成要件存在の場合に予定されまたは許された法律効果を正当化するためには，構成要件は事実として存在しなければならず，そしてこのような事実の存在を裁判所は完全に審査できなければならない。この点については，既にバホフが明快にして指摘していたことでもあり，重要である。

> 「一定の事実がこの侵害を一般抽象的ルールで正当化する場合にのみ，法律適合性にもとづく執行府の侵害が行えるとすると，このような行為の適法性は，行政庁が基礎とした事実が実際に存在し，単に行政庁によって是認できる（vertretbar）やり方で認定されたのではないということに左右される。裁量領域や判断余地を伴った行政行為の場合にも，果たして行政庁が裁量領域や判断余地を遂行するに際して，正しい事実の認定を前提としているか，ということに裁判官の統制は関係する」(62)。

以上のことから明らかなように，判断余地を伴った不確定法概念の適用に際しては，行政は決定に関係した事実の調査について自由をもたない。行政裁判所は，判断余地の内部において行政の行為の事実の基礎を完全に審査しなければならない。

III　判断余地の限界

　裁量権の限界論が既に述べられたが，同様にここでは判断余地の限界に触れておきたい。

　判断余地の領域については裁判所の審査は制限される(63)。行政訴訟法上この制限された裁判所の審査は，行政裁判所第114条の適用によるのであり，この規定は成立史からも，文言からも裁量権に係わるものであるが，裁量と判断余地との間の構造上の平行性の故に，裁判所による判断余地の統制も対象にする，とされてきている。

　判断余地の領域における制限された裁判所の統制は，果たして行政が判断余地の法律の限界を遵守し，法律による判断の授権を行使したのか，という点に制限される。これが基本である。行政による判断に代えて，これが判断余地特有で規範特有のさまざまな限界を踰越していないときは，判断余地充填についての自分の見解をもってくるということを，行政裁判所は行うことができない。換言すると，裁判所は行政決定の合目的性または客観的な正しさを判定してはならず，部

---

(62)　Zitiert nach: Pache, S.46.
(63)　以下の記述は Pache, 47 ff. の説明による。

分的には判断の踰越および法的瑕疵について審査するだけである。

　以上のことから，行政の判断余地の領域における裁判所の統制は，果たして事実上判断余地が存在するのか，そして，その判断余地が定められた手続において法律から導き出され得る実体的評価および指示を遵守して恣意なく，そして後づけができる（nachvollziehbar）充填が行われたのか，という点に限定される。これに対して，本来の評価または判断の過程は裁判所の統制に服さず，裁判所は関連する事実関係の判断をもって，行政が行った判断を代えることができない。したがって，行政の判断の領域における裁判所の統制については，決定成立のための手続法上の指示の遵守の比較的厳格な統制が行われるが，実体法上の統制は広範囲にわたって明白性の統制に制限される，ということが総括的に言える。

Ⅳ　統 一 理 論

はじめに

　オーストリアなども含めたドイツ語圏においては法律効果の側面における裁量権の行使と構成要件にける不確定法概念の具体化の間の厳格な区別（分離論）は中心的な特色であった。分離論はベルナチク（Edmund Bernatzik），テツナー（Friedrich Tezner）およびラウン（Rudolf von Laun）において定着した[64]。例えばテツナーが構成要件の側面について「不確定法概念」を確立して，行政庁のそこでの裁量権を否定した。そして裁量権を法律効果の側面に限定し，しかもこの場合の裁量権を選択裁量に限定したのである。これは法治主義の発展の過程での現象として評価されることはすでに述べたことである。

　基本法のもとにおいてもこの分離論は1950年代において主張される[65]。裁量と不確定法概念の構造の違いを前提として，これまで一般的意味において用いられていた「裁量」概念を専ら法律効果の側面における裁量として用いた。そして，構成要件の側面での行政の自由な判断の領域を「判断余地」と名付けたのである。判断余地論の核心的な考えは，複数の行為選択肢の中で選択する行政庁の意思決定という意味での「意思的裁量」と，行政の行為の要件の判断に関連した認識に係わる自由な判断の領域という意味での「認識的裁量」の範疇的区別である。判断余地論は観念的転換点であり，主要な点は「不確定法概念」である。行政によるこれの具体化は原則として裁判所の統制のもとにあり，例外的な場合に限り制

---

(64)　Wendel, S.18.
(65)　以下の説明は Wendel, S.19. による

第 1 編　行 政 裁 量

限されて審査され得るのが判断余地というものである。

　本書では裁量と判断余地という 2 つの類型については，既にそれぞれの概念を述べた。しかし，この両者の関係をいかに理解すべきか。特に裁量論を展開するときに，両者を並列して説明することが正しいのか，あるいは両者に共通する要素として何が挙げられるのか，という問題を提起する必要があるのかということである。現在では両者を統一した説明が次第に有力になりつつある（統一理論）。こうした説明が行われるようになった事情は日本では必ずしも体系的に知られていないような感想をもっている。これはドイツ（ドイツ語圏）での行政法理論特有の現象でもあるためでもあるが，その過程を見ることは日本での裁量論の今後の展開を考える上でも重要である。

1　ブリンガー

　さて，以上のように「裁量」と「判断余地」は別のものとされてきたが，両者を統合する議論が有力に行われてきている。これまで見てきているゾル（Soell）もこれに属する。すなわち彼によると，裁量論の箇所で見たフルーメの議論は行為と法適用（法発見）の不統一から出発する。しかし，行政の行為も含めて総ての行為は法律によって形式的に制限されているだけでなく，実体的に内容において確定し得るのであり，しかも主導性や目標についてもそうである。このため，行為と法適用（法発見）は一致し得るのであり，行為と，行為の法的基準の一致の問題は，法律問題となり得るということは疑いがない[66]。

　以上の議論を前提として統一理論を見ていくのであるが，まずブリンガー（Martin Bullinger）に注目する必要がある[67]。既にみたようにブリンガーによると，旧西ドイツにおいて基本法制定の当初は，法治主義の「異物」とする行政裁量についての消極的評価はその後積極的評価なものに変化していく。すなわち，行政裁量を自由な形成のための領域として正面から承認し，市民とともに公的な団体に対して積極的な役割を承認するのである。これについては前述した。

　ブリンガーによると，「構成要件の側面における裁量権」についても，一定の変動幅において法律の意味を行政裁判所と異なって判断する特権が行政にあたえられているだけである，というようには最早考えられないのである[68]。これに代えて多くの場合，「不確定法律概念」を個別事案において適用するために，行

---

(66)　Soell, S.84.
(67)　Bullinger, S.1001ff.
(68)　Bullinger, S.1006.

政のプログラムを通して形成的に具体化する，制限はされてはいるものの，自由な領域が行政に承認されなければならない，という。このような法律を具体化する行政プログラムは，開かれた法律効果裁量とまったく同様に，事案毎に展開するが，通常の場合には拘束力を持った一般的な行政規則を示すこともできる。この規則は，それの適用に際しては行政裁判所により個別的な場合に是認可能性（Vertretbarkeit）について，すなわち裁量瑕疵について審査され，そして，憲法上の原則にもとづき，個別事案を超えて，行政実務のための法的な基準になる。つまり法規定に接近した効果を展開することができるのである。かくして行政法においては民事法や刑事法とは異なり，法律を具体化する「事案規範」（Fallnorm）が（最高位の裁判官による）判例だけでなく，一定の限度をもって行政庁の決定実務によっても成立する。法律効果の側面での裁量条項または構成要件の側面での不確定法概念が，法律の指針の枠内で形成的・創造的決定を行政に授権している限り，そうした裁量条項や不確定法概念は憲法の権利保護の保障には違反しない，とする[69]。

　ブリンガーは結論として，裁量は法律効果の側面に限定されないことを言う。法律規定の構成要件の側面においても，同じ趣旨から立法者により裁量権が認められたのであり，これにより法律による主要な決定が行政プログラムによって具体化され，そして，この具体化は事案において実現される，とする。要するに，裁量というものは法律上の主要な決定を形成的に充填し，そして，具体的な行為プログラムにまでそれを凝縮する任務と責任を行政に委譲するのであり，これは法規命令の発出の授権による場合と同様である，という。これの点は後述の規範的授権論に繋がる発想が見られる。

　なお，ブリンガーにおいては行政裁量に対する積極的な評価が見られるのであり，このため「戦術的裁量」（taktisches Ermessen）も提唱するが[70]，これの紹介はここでは省略する。

2　国法学者大会での報告

　統一理論の形成に際して主要な役割を果たしたのは，1975年にアウグスブルクで開催された「ドイツ国法学者大会」（Vereinigung der Deutschen Staatsrechtslehrer）におけるショルツ（Rupert Scholtz）とシュミット=アスマン（Eberhard Schmidt-Assmann）の報告である。この大会の統一テーマの一つは「行政責任と

---

　(69)　Bullinger, S.1007.
　(70)　Bullinger, S.1007.

第1編　行政裁量

行政裁判権」である[71]。

(1) ショルツ

　この報告では統一テーマである「行政責任」との関連に着目した行政裁量論が展開されたことが重要である。すなわち，この報告によると，行政法上の裁量の正当化と限界は，権力分立的法治国家の問題である。自己責任をもった行政 (eigenverantwortliche Verwaltung) の保証は，行政裁量によっても行われる。正当な裁量は判断余地と法律効果裁量の範疇に縮減されない。何故なら構成要件での裁量と法律効果での裁量は完全に分離されるのではなく，そして，判断余地と構成要件での裁量の区分は外見的な解決方法であるからである。本当のとこでは評価的または判断を行う不確定法概念の充填も―もとより限定されたものであるが―構成要件での裁量である。こうしたことから，原則的な統一的な行政裁量の承認に行き着く。これは―判断余地論のもとでは―類型学的に要件裁量，効果裁量と形成的裁量に分けられる。こうした範疇の境界は量的な違いを捉えているだけである。そもそも裁量問題は裁判対象の可能性をもとめる努力の袋小路から抜け出し，権限をもっている立法者の責任に立ち帰ることが必要である。それ故に裁量とは具体的法制定である。立法者は個別的な事案において，いかなる具体化の自由な領域または裁量領域が行政に対して開かれているかを審査しなければならない。立法者がこうした義務を十分に果たさなかった場合には，ここから生じる実質的法治国家の欠落は，裁判権とそれの司法的な統制を通して補填することができない。何故ならば統制すべき裁量決定は典型的には，法律を超えた (metajuristisch) 目標，価値評価または認識に義務づけられているからである。こうした目標具体化の権限は行政裁判権と行政との関係においては，後者が優先する。

　このようにショルツにおいては，裁量権の本質的な構成要素は最終的な拘束力をもった，裁判所によっても遵守されるべき法を超えた行政目的の具体的な権能である。

(2) シュミット―アスマン

　「行政責任と行政裁判権」のテーマのもう一人の報告者であるシュミット―アスマンは「行政裁判所による統制の強度」という観点の下でつぎのように主張する[72]。

---

(71) Veröffentlichung der Vereinigung der Deutschen Staatsrechtslehrer (VVDStRL), Heft 34, S.145ff.
(72) Eberhard Schmidt-Assmann, VVDStRL Heft 34 S.221 ff.

すなわち，行政裁量と計画裁量の区別を質的なものと見ることはできない[73]。これは，それぞれの法律における構成要件が分離できないということからも言える。行政裁量も計画裁量も，行政の行為は関係するあらゆる観点を余すところなく調査し，そして，それを衡量することによってのみ行われることが許されるという原則の下にある。合理的な行動の符丁（rechtliche Chiffre）としての衡量，法律によって制御された行政の本源としての衡量をいうことができる。計画裁量と行政裁量は量的に区別されるだけであり，その区別は法律での言明の詳細さと，衡量の結果の概観可能性を本質としている。同様に判断余地と裁量も範疇としては分離されず，法律によって狭く拘束されている行政領域についてつくり出されたものであり，法律に対して異なった立場を示しているが故に，法的な浸透を見るためには依然として適切なものである。これに対して，形成的な行政については，この区別は維持できない。これまで行われてきた委譲の区別の相対化は必要である。というのは裁判所による統制メカニズムへ柔軟に移行すること（gleitende Übergänge）を，法律による言明の濃淡の程度の中に組み入れることは必要だからである。そして，裁判所による統制のための新たな区別は，法律が定める基準の精密さだけでなく，更に2つの観点にしたがう。すなわち，

　─行政領域特有の権利保護の必要。
　─自己責任を伴った代弁者としての行政の権限と，それの特殊な組織である。

　以上のようにシュミット─アスマンは判断余地，通常の裁量および計画裁量（これらを合わせて「最広義の裁量行為」（diskretionäres Handeln）という言葉があるのでこれを使うが）という3つのすべての行政の自由な判断の領域の統合的要素を特に「衡量」（Abwägung）の中に見出す。それは最広義の裁量行為において，質ではなく，衡量に際して斟酌すべき法律上の言明の密度から見るとそれぞれ量的な意味で異なる。それ故，これら行政の3つの自由な判断の領域は柔軟な移行を伴う行政の権能であるから，これらは統一的に理解する必要がある[74]。但し，統制の観点から見ると，法律が定める基準の密度ないし精密さだけでなく，それぞれの行政領域特有の権利保護と，行政責任の代弁者としての行政の権限および組織という観点を容れなければならない，というのである。

3　裁量統制論からの統一論

　行政裁判所法第114条は既に見てきているように，裁量権の踰越と濫用につい

---

(73)　Schmidt-Assmann, VVDStRl Heft 34, S.251 ff.
(74)　これついては Pache, S.110. 参照。

103

ての裁判所による統制の規定である。この規定に則して統一論が主張される。例えばゲルハルトは行政裁判所の注釈書においてつぎのように説明する。殆ど引用に近い形で紹介すると，つぎのようなものである[75]。

　まず，覊束行為との比較において説明が行われる。すなわち，実体法が行政の行為を完全に拘束する場合には（条件的プログラム化，厳格な包摂プログラム化），「跡付けをする行政統制」（nachvollziehende Verwaltungskontrolle）が行われる。（行政の）行為に対する指示と統制規範は同じである。法適用に際しては，裁判所は行政庁に代替する。必要とされる「衡量」は前もって存在する価値判断の発見として理解され，この発見は裁判所によって行われる。したがって，行政手続と行政過程は役割を果たさない。行政手続や行政過程において行政を支える事実関係や法的な根拠は，行政庁が意図したものを支えるために裁判手続において追完される。ここにおいては行政のための価値評価や包摂のための領域は存在せず，行政の第一次的決定の権能は効果のないものにとどまっている。その限りでは行政裁判所の活動は通常裁判所のそれと異ならない。行政裁判所の無制限の統制がここでは原則なのである。

　ところが行政裁判所法第114条が定める場合はこれと異なる。この規定は衡量統制（Abwägungskontroll）の類型を定める。法律が古典的な裁量，計画裁量，予測的決定，判断余地のようなものを含む最広義の裁量権（diskretionäres Handeln, Ermessen im weitesten Sinn）を行政に授権する場合には，行政の行為は熟慮（Erwägn），重要性の判定，そして衡量という，裁判所の統制が近づけない（あるいは裁判所の統制から自由な）領域の形を取る。この様な授権が法律によって行われ，裁量権行使の外部的な限界が遵守されるならば（これは裁判所が全面的に審査する），裁判所の統制は裁量権が授権の目的にしたがって行使されたかということだけにおよぶ。この場合，法律は行政の行為の結果を定めるのでなく，多かれ少なかれ結果が不確定な行為を目的論的に制御する。したがって，裁判所の統制は目に余るような過ち（eklatante Fehlgriffe）は別としても，行政庁の決定の結果ではなく，決定発見のやり方（Art und Wese）を対象とする。すなわち，裁量権がそもそも行使されたのか，裁量権行使にとって重要な事実が正しく認定され，正当に評価され，一般的な法原則や関係する重要性判定のための規定（指令）が遵守され，そして，他事考慮なくして衡量が行われたのか，ということ，要するに決定が正当な衡量にもとづいているのか，ということが裁判所の統制の対象となる。最広

---

[75] Michel Gerhardt, in: Schoch/Schmidt-Aßmann/Piezner, Verwaltungsgerichtsordnubg (Kommentar) 2005, Vorb. §113 Rn.20.

義の裁量権が統制という観点から見てこのような特色を持つとすれば，分離論が前提とする裁量行為と判断余地の区別も，それが共にこうした裁量権の概念中に含まれる以上，成り立ち得ないということになる。このように衡量が両者を繋ぐ役割を果たしているともいえる。

　以上のことから第114条の規定は衡量統制の基本的な要素を定めている[76]。したがって，行政行為の基本的な発出に際しての裁量の統制のために発達してきた法思想（Rechtsgedanken）を，例えば形成裁量，計画裁量，規範制定裁量のような裁量や判断授権（判断余地）という行政の最終的な決定の授権の領域へ「準用」するというのは正しくない。これによって一ついえることは，それぞれの法律拘束の種類および範囲の問題と，これにそれぞれ結びついた裁判所の統制の特性の問題という実体法上の問題から視線を外すということである。そして，もう一ついえることは，確かに第114条がいう一般的な行政裁量は歴史的に優位な地位を占めている。しかし，規範や統制の構造を体系的に認識するならば，行政に最終的な決定権能をあたえるために立法者が選び得るいくつかの形態の一つにすぎない。

4　規範論的研究から見た裁量論

　コッホは不確定法概念と行政裁量の共通性を主張する[77]。すなわち，コッホは不確定法概念を，「意味論」（semantics）において言われている「曖昧な概念」（vager Begriff）であるとする。後述する言語の「曖昧性」についての説明をここで要約することにもなるが，W. イェリネックは「ジプシーが集団で彷徨すること」を禁止する警察命令を例に挙げる。2・3名のジプシーが「集団」でないことは明らかである（消極的候補者）。50名のジプシーが「集団」であることは明らかである（積極的候補者）。このような積極的候補者と消極的候補者の間には「中立的候補者」（neutrale Kandidaten）が存在するのであって，イェリネックはこれを「疑義の領域」と呼んだのである。これは後に見ることにする。

　コッホは以上の不確定法概念と裁量を対比する。そして彼は法規の法律効果の側面における選択の自由ではなく，行政の法治国的拘束を背景にして（特に平等原則による拘束）構成要件の補充または構成要件の形成の機能として裁量を説明

---

(76)　以下の説明は Gerhardt, §114 Rn.3 による。
(77)　Hans-Joahim Koch, Ermessensermächtigungen im Verwaltungsrecht, 1979 等で主張されているが，本書では Pache, S.114 ff. の紹介にしたがい，共著である Hans-Joahim Koch/Helmut Rüßmann, Juristische Begründungslehre, 1982, S.85 ff. での説明をもって補充することにする。

する。彼は裁量を純粋に論理的・意味論的に考察するに際しては2つの異なった裁量権授権の理解があり得ることを認める。すなわち「義務論理」（deontische Logik）[78]にもとづいて，裁量権を「条件を伴った許可」（bedingte Erlaubnis）として理解することと，「条件を伴った命令」（bedingtes Gebot）として理解することである。そして，それぞれが裁量を法律効果の側面と，構成要件の側面に対応するものとする。

憲法上の観点から彼は裁量権授権を「条件を伴った命令」として，そして，裁量権を構成要件補充の権能として理解する。論理的・意味論的なパースペクティブから見た裁量権の授権と不確定法概念の共通性は，つぎの点にある。すなわち，両者の場合には構成要件の補充が仲介しているのであって，これは統一的な基準により，特に規範目的への拘束において行われる。違いはつぎの点にある。裁量の領域では，この構成要件補充は連言的な（konjunktiv）構成要件の補充として，つまり規範の適用領域の制限として行われる。これに対して，不確定法概念の領域では構成要件の補充は選言的（disjunktiv）構成要件の補充，すなわち規範の適用領域の拡充として行われることである[79]。

コッホの主張は以上のようなものであるとして，コッホ・リュースマンの説明によってこれを補足すると，以下のようになる[80]。

「環境汚染防止法」（Bundesimmissionsschutzgesetz-BImSchG）の規定が説明のための例として使われている[81]。すなわち，第17条第1項は「事後的指示」として，「この法律から生じた義務およびこの法律にもとづいて発せられた法規命令から生じた義務の履行のために，許可を発した後に指示をすることができる」と規定する。そして第2項はこの指示が操業者および施設にとって経済的に適切でない（wirtschaftlich nicht vertretbar）こと（1号），または技術の水準から見て達成できないこと（2号）が行政庁に知られた事実より明らかな場合，この事後の指

---

(78) 「義務的論理」については，酒匂一郎「規範・規範命題・規範的言明」法政研究61巻3・4号451以下（九州大学法政学会，1995）。これによると，「〜が命じられている」，「〜が禁じられている」または「〜が許されている」という定式をもった文章は「義務文」（deontic sentence）とも呼ばれており，「〜せよ」，「〜するな」または「〜してよい」などの定式を持つ文である「指令文」（prescriptive sentence）と対比される（456頁）。

(79) 論理学の用語の使用に際しては，沢田允茂・現代論理学入門（岩波書店，1962年）および近藤洋逸ほか・論理学入門（岩波書店，1979年）を参照した。

(80) Koch／Rüßmann, S.85 ff.

(81) この法律は1974年に成立しており，この書物が公刊された時点（1982年）でも既に一度改正されている（13. 8. 1980, BGBl I S. 1310）。説明のために用いられている事後的な指示の制度は，現時点では第17条の規定において拡充された形で存続している。しかし，本書ではこの規定の説明自体は目的ではないので，現行規定の説明は省略する。

示を行ってはならない，とする。すなわち，「許可をあたえられた後の義務（*P*flicht）が履行されず，義務履行を確実にする事後の指示が経済的に適切であり（*w*irtschaftlich vertretbar），かつ技術（*T*echnik）の水準から見て達成することができる場合には，行政庁はこの事後の指示を発することができる（*e*rlaubt）」ということである。

これを更なる説明のためにつぎのように表示する。

(1)　P∧W∧T↔E(N)

このような規範において重要なことは，法律上の構成要件が充足している場合でも，行政庁の行為は確定しているようには見えないことである。行政庁が事後的指示を発することができると言明されている場合には，指示を発することも，それを発することの放棄も法的に許容される。したがって，多数説はこのような規範をつぎのようなものとして理解する。すなわち，裁量規範の特殊な意味は，その法律効果の側面が構成要件実現の場合にはいくつかの（複数の）行動を選択の下に置く。裁量権をあたえる規範の場合に，法律上の構成要件の充足が１つの具体的な行為の必要に行き着かないときには，演繹的説明モデル（das deduktive Begründungsmodell）を適用するという努力は成功しない。通説も裁量決定の説明のためには三段論法的な説明のモデルの適用を要求していない。しかし，この見解は失当である。行政庁は法律によって許された措置の適用・不適用の決定に際して決して自由でない。したがって，「その場合には行政庁は……できる」という法律の文章を「その場合には行政庁は……許されている」というように転義することは不適切である。何故なら義務論的・論理的意味での許可は，選択に委ねられている選択肢の間の決定に関して，本当の意味での自由（Freilassung）を意味しているからである。これに対して，行政庁は裁量権行使に際して複数の条件の下にある。まず行政庁は裁量権授権の目的が達成されるように裁量権の行使をしなければならない。このことが，裁量権をあたえる規範の目的論的プログラムの要素（finale Programmelement）の特質である。したがって，行政庁は裁量権授権の目的を達成ないし促進するために許容された決定のいずれが適切であるか，を問わなければならない。先に挙げた「環境汚染防止法」（Bundesimmissionsschutzgesetz BImSchG）第17条の規定に即してこの目的拘束を説明すると，つぎのようになる[82]。

すなわち，環境汚染防止法第17条の規定の目的については，事後の指示を可

---

(82)　Koch／Rüßmann, S.87.

能にする目的と，法律が裁量権を付与する目的を区別することが必要である。事後の指示を発する可能性は――既に法律上の構成要件が示しているように――許可付与の後において状況が変化する場合には，操業者の義務を確保するために定められているものである。つぎに裁量権の授権の目的を問う場合には，操業者の義務が不履行になったときに，何故そもそも事後の指示を放棄することができるのか，ということについての理由を考える必要がある。操業者の利益は「経済的に適切である」というメルクマールにより裁量権授権の構成要件によって既に斟酌されているはずである。

環境に対する有害な影響に対抗する事前配慮のための事後的な指示の場合の裁量権が環境政策とは別のものによってあたえられている場合には，行政庁は例えば以下のような裁量権の行使を考慮することができる[83]。

すなわち，事前配慮義務にしたがわない事業の場合を見ると，行政庁は事後的な指示であって，操業者によって営まれている施設にとっては経済的に適切であり，そして技術の水準から見ると履行し得るものを考慮する。したがって，行政庁は指示をすることができる，という裁量規範の構成要件は充たされる。事業者との対話で，彼がその場合には事業所を閉鎖せざるを得ない，ということを証明した。それの閉鎖の結果は100の就業所の喪失であって，これについては平均以上の失業者を特色とするこの地域においてはこれに代替する就業所を見い出し得ない，ということである。この法律の環境政策的目標設定からみると，環境保護の必要は経済的弱者である企業によって挫折されることがあってはならないということである。しかし，付与された裁量権行使が環境政策的目標設定以外のものの斟酌を許されるとするならば，この法律で規定されている「環境支持の立場」（Pro-Umwelt-Standpunk）に「……但し，近傍においてこれに代替するものがない相当数の職場が喪失する場合には，この限りではない」という条項を補充することができる。

行政がこの立場にしたがうならば，将来においてもこのような基準にしたがうであろう。行政庁は基本権に拘束されており（基本法第1条第3項），それ故裁量権の行使に際しては平等原則（基本法第3条）を遵守しなければならない。決定が行われる基準・原則を，平等原則の遵守が審査できるためにも明示しなければならない。裁量権行使において選択された決定基準の明示の義務は，裁量権授権規範は法律上の構成要件（法定構成要件）の補充を授権しているということを特

---

[83]　Koch／Rüßmann, S.88.

色とする規範構造に必然的に行き着く。それが充足されれば法律効果が生じるという条件を内容としている構成要件には，行政庁が裁量権の授権を利用することにおいて，そして，裁量権授権の目的に対する拘束において初めて自分で開発した条件も含まれる。したがって，法律効果の選択権能は「構成要件補充」の授権の作用にすぎない。このため演繹的な説明のモデルを可能にする。

既に見たように，環境汚染防止法第17条はつぎのように定式化される[84]。

(1)　P∧W∧T ↔ E(N)

ここでは許可の演算子（Erlaubnisoperator）による裁量権の授権は，法律効果の側面において表現されている。しかしながら，これまでの説明から見て，つぎのような定式が適切である。

(2)　P∧W∧T∧Bi ↔ O(N)

構成要件の側面において付け加えられた B_i という要件は「行政庁によって設定された条件」のことを言う。今や法律効果の側面においては命令の演算子（Gebotoperator）が表示されている。その理由は，法律で明文をもって定められた構成要件要素と並んで，行政庁によって付加的に必要であると考えられた要件が充足される場合には，事後的な指示が行われなければならないからである。したがって，行政庁は基準となると考えた要件を明示して，これを構成要件の中に入れなければならない，ということになる。環境汚染防止法第17条の例で言うと，補充規範は以下のようなものになる。

(3)　P∧W∧T∧￢A → O(N)

この場合の￢Aはこの例で言うと「……但し，近傍においてこれに代替するものがない相当数の職場が喪失する場合には，この限りではない」を表している。

環境保護と無関係な目標設定が許されるとするならば，例えば地域のエネルギーの供給の安定を目的とする構成要件の補充も考えられる。これは原発の取扱いについて関連性をもつ。これを￢Bで表せば

(4)　P∧W∧T∧￢（A∨B）→ O(N)

このように，裁量権の授権が構成要件補充の意味を含むとすることによって，構成要件の側面での裁量（判断余地）を承認することとの共通性を承認しようとしているのである。

---

(84)　Koch／Rüßmann, S.89.

第1編　行政裁量

5　統一論の総括

　統一論を主張するいくつかの議論をみてきたが，以下にはこれを総括するという趣旨でこの問題についてのヴェンデル（Mattias Wendel）の主張をみていくことにする[85]。

　彼は分離論を最も根源的に批判するイェステット（Mathis Jestedt）の議論を敷衍する形でつぎのような指摘をする。イェステットは分離論を批判するに際して5つの点を列挙する。第一に裁量と不確定法概念を原則的に分離する分離論は裁量と不確定法概念の原則的な分離を主張している。第2に分離論は，例えば計画裁量や規制裁量のような実務に重要な行政の自由な判断の領域を統合する機能を果たしていない。第3に，分離論は執行府の自由な判断の領域の教義（理論）を不必要に立法府や司法府のそれの教義から分離している。第4に，分離論はドイツ裁量論の欧州や外国法との連結能力を困難なものにしている。そして最後に第5に，これは最も重要な点であるが，分離論は不確定法概念に対して不当に重要な役割をあたえている。以上イェステットが分離論に対して指摘する5つの点について，ウェンデルはまず第1の点については，これはウィーン学派のケルゼンやメルクルが明らかにしたように当然のことに批判されるのである[86]。

　ウェンデルはイェステットが指摘する分離論に対する批判点の中で最後の第5番目のものが最も重要であるという。すなわち，分離論はその主張に際して不確定法概念に不当に重要な役割をあたえている，という批判である。というのは，不確定法概念は構成要件における行政の自由な判断の領域について特有なものでもないし，行政の決定に際しての自由な判断の領域を構成するために特別の訴求力を持っているのでもないからである。不確定法概念は構成要件の側面においても，法律効果の側面においても存在しているのであり，最終的な決定権を伴うも

---

(85)　Mattias Wendel, Verwaltungsermessen als Mehrebenenproblem, S.26 ff.
(86)　ウェンデルはウィーン学派からみた分離論についてつぎのように指摘する（Wendel, S.17.）。すなわち，ケルゼンによると自由裁量は法規の抽象的指示と具体的な行政の行為の間に存在する差（Differenz）以外の何物でない。ここから同時に生じるのは裁量的行政の行為と羈束的なそれとの間には―そもそも個々の法的具体化と同様に―原則的にはなく，せいぜい段階的な区別が存在するだけである。メルクルは具体化行為を他律的（羈束的）確定と自治的（裁量的）確定と名づけ，その割り当て部分は変化し得る，とする。自治的な要素については，裁量は法外的な動機が入り込む法的な建物の門扉として作用する。このようにして裁量は，継続的な法具体化のプロセスの枠内での観念的な自由な判断の領域となる。このような理論的な前提のもとでは行政の裁量と司法の裁量との間にも，法律効果的な裁量と構成要件上の裁量の間にも取り立てていうほどの違いはない，ということになる。

第4章　判断余地の理論

のも，それを伴わないものも，そして，条件的な構造をもった規範の成分も，目的論的な構造をもった規範の成分も持ったものがある。したがって，不確定法概念には意味をもった区別の機能は帰属していない。それは総てを統合するのであり，何も分離しない。これに対して行政の行為の類型を形づくる共通性として，行政の自己プログラム化の権能（法生成論的観点），規範的授権（憲法上の観点）並びに衡量統制の構造的類似性（法教義学的観点）が確認される。以上のことから，行政の自由な判断の領域は，核心において統一的に理解すべき権限の問題として要約すべきである。これは立法府，執行府と司法府の間の三極の関係として測定されるべきである。行政の観点からみれば，立法府との関係においては立法者の外部プログラムと行政の目的プログラム化（具体化）の間の均衡であり，裁判所との関係においては裁判所の審査と行政の最終的決定権（最終的具体化）との間の均衡ということである。構成要件の側面においても，法律効果の側面においても，あるいは両側面において存在する自由な判断の領域においても，自分で選択した合目的性と事案の適切性についての法外的な基準を手がかりとして，規範プログラムを補充する法的な権限を行政はもっている。したがって，判断余地を充填するに際しては裁量と異なり法外的な基準を志向することはない，という主張は正しくない。総ての行政上の決定の自由な判断の領域と同様に，構成要件的判断余地もまた法外的な規範補充についての行政に対する規範的な授権を根拠としている。

　裁量問題がこのように統一的に思考すべき権限の問題として認識されるならば，執行府と司法府の権限配分は誰が行うのか，ということになる。さて，ここまでみてくると，ウェンデルの議論は後にみる「規範的授権論」に途を開くものであるといえる。この規範的授権論は後に検討する。これまで分離論が当たり前に主張されてきたドイツの状況から見ると，裁判所によって審査され制限されて審査される法律効果裁量と，裁判所によって完全に審査される不確定法概念が厳格に区別されるので，目下のところ規範的授権の具体的な内容は，基本的には構成要件での判断余地について論じられてきている[87]。その具体的な例は後に検討する。

---

(87)　Wendel, S.31.

第5章　規範的授権論

I　規範的授権論の前提

1　はじめに

　この授権論の具体的な内容に入る前に，いくつかの点を指摘しておくことにする。

　まず，法律の意味内容には唯一ものしかあり得ない，ということを論理的前提としなければならない。あるいは，システム論的に言えば，不可欠のオペレーション・コード（Operationscode）である「唯一の正しい決定の原則」に固執しなければならない[1]。この前提がなければ，法システムは崩壊するであろう。こうした論理的な前提は別にして，現実には法の意味は複数のものが存在するのであり，むしろこうした例は大多数である。法の意味内容は，観察者から切り離されて孤立して，その本質として法に備わっているのではない。裁量論を展開する場合も同様である。また，後に紹介するが，W. イェリネク（Walter Jellinek）が100年以上前に提唱した「3つの領域モデル論」（Drei-Sphären-Modell）は現代の言語哲学から見ると，3つの分類自体については正当性が承認されてはいるものの，その議論自体は本質論である。法律に本質的に備わっている意味内容を探求して，行政の裁量権を根拠にしようとする議論を言語・規範論的な議論と呼ぶとすると，戦後の西ドイツでも裁量論がこうした観点で議論される例は多い[2]。法律がよって立つ文脈と，法律を具体化する機関の決定状況によって規範の不確定性の程度は変わってくるという認識[3]が，規範的授権論を理解しようとするときに重要である。この理解が言語・規範的議論から裁量論を解放したのである。

---

[1]　Udo Di Fabio, Risikoentscheidungen im Rechtsstaat, 1994, S.289.
[2]　田村悦一・自由裁量とその限界（有斐閣，1967年）はこうした観点に立つ学説を紹介したドイツ裁量論に関する貴重な研究成果である。
[3]　Eberhard Schmidt-Assmann, in: Maunz/Dürig/Herzog/Scholz (Hrsg.), Grundgesetz, Kommentar Stand 2. 2003, Art.19 IV Rn.183.

2 判断余地論から規範的授権論への展開

以上のように，判断余地論は主として法律上の構成要件において定められた「概念」に着目して，行政決定に対する裁判所の統制の範囲を，裁判所または執行府の判断のいずれかが最終的に通用するかの問題として論じてきたのである。

すなわち，第1に，司法または執行府のいずれかに最終的な決定権が帰属しているか，という競合的な闘争がここにおいて行われている。不確定法概念が個々の事案において裁判官に一つの決定を許すのではないという主張から出発して，執行府には最終的な決定権が帰属することが要求されている。しかし，これは文章において示された概念がもつ意味の問題と国家論の問題（執行府か，それとも司法が最終的な決定権を持つのか）が十分に吟味されていないために行われる議論ではないか，という疑問が生じる[4]。したがって，そもそも言語がいかなる役割を果たすのか，ということについての了解がなければならないはずである。特に，曖昧な概念，経験概念，価値概念などが，どのような性質を持っているか，についての了解である。

第2に，判断余地論は法律上の構成要件において定められた概念を注視してきた。すなわち，法律における条件プログラム構造と目的論プログラム構造を区別して，前者については予め存在する（抽象的な）構成要件への認定された事実関係の包摂（当て嵌め）という三段論法を前提とした上で，裁判所による統制範囲を決定してきた（規範的構造論）。しかし，こうした規範的構造論だけが統制範囲や統制強度を定めるのであろうか。さらに他の要素もこれを定めるために登場するのであろうか（例えば行政決定の構造，行政責任論など）。

3 意味論的不確定性

a）多義性と不一致

立法者によって選好された紛争解決を探求する場合に直ちに直面するのは，まず言葉の多義性から生じる障害である[5]。すなわち，日常語において，専門用語もそうであるが，一つまたは同じ言葉が文脈に応じて異なった意味を持つことがある。しかしこうした多義性は，表現の意味のいずれがそこにおいて関連しているかということについてであれば，多くの場合文脈から明らかになる。そのため，意味についての了解の妨げにはならない。例えば Fritz stimmte seinen Flügel と

---

[4] Hans-Joachim Koch/Helmut Rüßmann, Juristische Begründungslehre, 1982, S.200 ff.
[5] 以下には Koch/Rüßmann, S.192 ff. の説明による。

いう文章を「フリッツはグランドピアノを調律した」と解釈する。「フリッツは翼を繕うた」とは誰も解釈しないであろう。なぜなら，フリッツは人間（男性の名前）であって，鳥ではないことについては誰でも了解しているからである。因みに，Flügel というドイツ語はグランドピアノとともに翼という意味も持つ。しかしながら，文脈が関連する意味の推論を許さない場合もある。例えば基本法第100条は，裁判所が決定に際して有効性が問題となる「法律」（Gesetz）を違憲と考えるときは手続を中断して，憲法裁判所の決定を求めなければならない，とする。憲法裁判所は基本法制定直後に，この規定にいう「法律」が法規命令も含むのかという問題に直面した。基本法第100条で用いられた「法律」という表現は文言から見るとこの決定を許さない。すなわち，この「法律」という表現は法律学の専門用語では多義的である。この表現は一つには実質的意味での法律と同義であり，そしてまた形式的意味の法律と同義で使われる。この場合「形式的意味の法律」は立法機関による立法手続における，法律という形式でのすべての指示であり，「実質的意味の法律」は国家の権威による法規範の制定を言う。基本法第100条にいう「法律」が実質的意味で解釈されなければならないときは，この「法律」は法規命令を包含することになる。

　以上の多義性と並んで言語的な協定の不一致（Inkonsistenz）も，立法者によって選好された紛争解決を探求する場合の障害として登場する。この不一致とは，言語共同体の内部において一つまたは同じ言葉が異なった話者により多かれ少なかれ異なった方法で用いられる言語使用である。このような拡散の例は日常言語と専門用語の併存である。法律学の専門用語と日常言語との間にも存在する。

　b）曖昧性

　これまでに述べた「多義性」および「不一致」という意味論的解釈における解釈の困難にもかかわらず，ひとつの意味論的解釈が「見ただけでそれと分かる」（einschlägig）ものとされても，更にこれに加えて，法律表現の適用可能性について決定が行われる事案においては，積極的にも，消極的にも確定的に決定することができない場合がある。これを「曖昧な概念」（vage Begriffe）という。既に述べたが，行政法学では嘗ては「不確定概念」（unbestimmter Begriff）であったが，現在では「不確定法概念」（unbestimmter Rechtsbegrifff）と呼ばれる。

　曖昧な概念を見る際には，言語哲学においてはつぎのような区別が行われている[6]。すなわち，第1に，疑いもなく概念に適用される対象物が存在している場

---

(6) Koch/Rüßmann, S.194 ff.

合（いわゆる「積極的候補者」〔positive Kandedaten〕），つぎに同様に疑いもなく概念に適用されない対象物が存在している場合（いわゆる「消極的候補者」〔negative Kandidaten〕），そして最後に，その概念に適用されるか否かを決定できない対象物が存在いる場合（いわゆる中立的候補者〔neutrale Kandidaten〕）の区別である。以上の区別は実は W. イェリネクがすでに1913年の時点で教授資格論文（Gesetz, Gesetzesanwendung und Zweckmässigkeitserwägung）においておこなっていたものでもある。具体例をあげて説明をしているので，この区分を理解するために，イェリネクのこの点についての説明を直接に見ることも必要である[7]。

　イェリネクは曖昧な概念を「不確定概念」（unbestimmter Begriff）と命名したのであるが，この不確定概念を言語学的意味での曖昧な概念として理解し，その上でこれを基礎としてその概念を分析して裁量領域を限界づけようとしたのである。因みに，ここでは「不確定概念」は「不確定法概念」（unbestimmter Rechtsbegrff）にまではいまだに転化してはいない。彼はおよそつぎのように説明する。すなわち，不確定概念はその重要性の故に，厳密な論理的考察に値する。この概念は確定概念と対立する。不確定概念は確定概念と同様に，そもそも境界をもっている。何故なら，そうでなければ概念でないからである。ある現象の概念への帰属性または非帰属性に関する確実な（断定的な）判断を可能にする唯一の境界を確定概念はもっている。これに対して不確定概念は2つの境界をもっている。それ故，不確定概念の場合にも確実な（断定的）判断が存在している。しかし，以上の肯定的判断と否定的なそれとの間には単なる可能性の境界領域（不確かな判断）が存在する。例えば，1908年1月25日のバーデンの（警察）命令はジプシーが「集団で」（in Horden）徘徊することを禁止していた。どの程度の数の人間がこの「集団」であるかについては，この命令は指示していない。しかし，2, 3名のジプシーは「集団」でないこと，50名のジプシーがそれであることは確実である。この数字の間には2つの境界線が必然的に存在する。誰がこれを数字をもって述べるのか。このような難問についてソフィストたちは詭弁を弄する。法曹も彼らと真剣に向き合わなければならない。しかし，法曹が精密な概念規定の出典を知る前に，この概念に確実に該当する現象と確実に該当しない現象が存在するということを理解しなければならない。したがって，積極的な確実性およ

---

(7)　Walter Jellinek, Gesetz, Gesetzesanwendung und Zweckmässigkeitserwägung, 1913 S.37 ff. なお，イェリネクの裁量（瑕疵）論については，宮田三郎・行政裁量とその統制密度（信山社，増補版，2012年）78頁以下。

び消極的確実性の領域と「疑義の領域」が成立する[8]。

　これをもう少し敷衍して説明すると，つぎのようになる[9]。すなわち，イェリネックは「概念内包」（Begriffsbedeutung〔Intension〕）と「概念外延」（Begfiffsumfang〔Extension〕）の区別を用いている。概念内包が概念にとって本質的なメルクマールを提示しているのに対して，概念外延は，いかなる事実上の現象が概念の中に入るのか，ということを知らせてくれる。イェリネックによると，不確定概念はその概念外延が概念内包を手掛かりにして正確に境界をつけることができないことを特徴としている。すべての事実上の現象について，それが不確定概念に帰属するか，ないしは，そうしないかについて確実に言うことができないのである。帰属することも，帰属しないことも考えられる場合がある。それが先に見た1908年のバーデンの警察命令において示された例である。確定概念とは異なり，不確定概念はつぎの2つの境界をもつ。すなわち，一義的帰属の領域と単に「問題のある帰属の領域」の間の境界と，問題のある帰属の領域と問題のない（確実に否定された）帰属の領域の間の境界である[10]。

　W. イェリネックの「3つの領域モデル論」はその後行政法学では価値を認められなかったが[11]，彼が唱えた「疑義の領域」に相当する中立的候補者についてのコッホ／リュースマンの説明にしたがって議論をつづけると，つぎのようになる[12]。

　すなわち，曖昧な概念とは中立的候補者をもつ概念であることである。述語（Prädikat）の意味は現実における対象において見いだされる特性であるという主張を前提とすると，中立的候補者はそもそも存在しない，ということになる。すなわち対象が，問題となっている特性か，それともそうでないかのいずれかである。それぞれの対象はその特性をもっているか，そうでないかである。すなわち，

---

[8]　Jellinek, S.37.
[9]　Ulla Held-Daab, Das freie Ermessen, 1996, S.170
[10]　以上のイェリネックの説明にしたがうと，行政裁判所による統制はつぎのように説明される（Held-Daab, S.171）。すなわち，不確定概念の適用に際してこの問題のある帰属の領域の境界が守られていたか，ということについてのみ行政裁判所による統制が行われる。行政が不確定な構成要件要素の存在を肯定するならば，事実関係が消極的確実さの領域に入る場合にのみ，その行政決定は違法となる。これとは反対に，構成要件要素の適用の否定は，事実関係が積極的確実さの領域に入る場合にのみ違法となる。この曖昧さの領域の内部においてすべての法適用者，つまり行政も，その決定において自由である。それ故，裁量が法的拘束の対立物であると定義されるならば，曖昧さの領域における審査はもはや法的統制ではなく，裁量統制または裁量代置（Ermessenssubstitution）である。
[11]　Held-Daab, S.170.
[12]　Koch/Rüßmann, S.194 ff.

第1編　行政裁量

言語表現の積極的候補者であるか，あるいは消極的候補者かのいずれであり，決して中立的なそれではない。われわれ（コッホ／リュースマン）の見解によると，互換性（Äquivalenz）を確定できないで，ある表現を認めるか，それとも否定することができるのはどのような場合かについては，十分条件を挙げることができる。法律学の専門用語においては，単なる十分条件を述べることは判例・学説上きわめて重要な役割を果たしている。

すなわち 1986 年の連邦建設法典（Baugesetzbuch BauGB）の前身である連邦建設法（Bundesbaugesetz BBauG）第 35 条第 4 項にいう「建設施設の本質的な変更」についての判例として，つぎのような決定がある。①他の場合にも重要な変更が存在し得る（例えば排水処理の新たな施設における重要な変更）ことを否定しないで，既存の状態の部分的審査だけを要求する重要な建設部分の変更を「本質的な変更」として考える。②「本質的でない変更」として，いずれにしてもすべての現象であって，建設監督上許可に服さないものが通用するのであるが，これによってすべての許可を義務づけられた変更は第 35 条にいう「本質的変更」とは言えない。ここで明らかなように，まず①と②で述べられた条件が十分条件としての性格をもつことである。そして両者の場合に明示的につぎのことを説明する文章を付け加える。すなわち，前に述べたのとは別の条件が存在する場合には，問題となっている表現が場合によっては認められまたは否定され得る，ということである。更に，この表現の意味は適用可能性の十分条件（上述の文章①）によるだけでなく，同時に不適用可能性の十分条件（上述の文章②）によっても確定され得る，ということである。これによって概念適用に際しての積極的，消極的および中立的候補者が登場する原因となる言語記号の意味の形式的構造が見いだされるのである。すなわち，条件①を充たす総ての建設計画は「建設施設の重要な変更」の積極的候補者であり，条件②を充たす総ての計画はそれの消極的候補者であり，①も②も充足しない，総ての計画は中立的候補者である，ということになる。具体的な例は別にして，概念を形成する特性が言語表現の承認または否認のための十分条件という形式であたえられるときは，概念は曖昧である，というように要約することができる。

以上はコッホ／リュースマンの説明であるが，これを敷衍してホフマンはつぎのように言う[13]。すなわち，曖昧な概念の解釈は過程であって，これを通して最初は中立的な候補者とされた対象物が一定の条件のもとで積極的候補者または消

（13）　Ekkehard Hofmann, Abwägung im Recht, S.145, 2007 ff.

極的候補者として分類されるのである。次第に解釈は選言的（disjunktiv）な十分条件を補充することを通して曖昧な表現の意味論的内容を精密なものにするにいたる，という主張である。しかし，こうした楽観論は，当のコッホ／リュースマンによって必ずしも受け入れられるようには見えない[14]。彼らはつぎのような反対論があることを認め，最終的にはこれを承認している。すなわち，この反対論によると，積極的候補者と中立的候補者の間の境界線並びに消極的候補者と中立的候補者の間の境界線は確実でない。言語の話者は異なった程度の確実性をもって対象物を表現の中に組み入れる結果，3つの分類に代えて双極の目盛り（bipolare Skala）であって，それの中間領域では「私は決定することができない」に相当するものが登場せざるを得ないのである。こうした反対論は広く受け入れられるように見えるのであり，言語共同体の言語知識を可能な限り正確に描写する試みは，適用可能性を斟酌しなければならない。積極的候補者と消極的候補者のいずれかに対象を組み入れることについて法適用者が確信している限りで我々が拘束を要求している場合にのみ，法律の文言への法適用者の拘束の要求は実施可能になる。言葉の意味の調査に際して確実さの等級分けをする可能性は無視することができる。積極的候補者または消極的候補者のいずれかに組み入れることが疑わしく見えるすべての対象物は中立的候補者である，ということはそのままにしておくことが許される。

　コッホ／リュースマンは，以上のように言語の意味の調査による曖昧な概念の確定にはこうした限界があるという前提を採った上で，法解釈学は別の法律学の解釈ルールを使って中立的候補者は積極的または消極的候補者のいずれかに組み入れることが許される，という。これに従ったのであろうか，ホフマンは先に見たように，ひとつには十分条件による補充を通した曖昧な概念の意味論的精密化の可能性を主張する。しかし同時に彼は，曖昧な概念（不確定法概念）の解釈は通常，衡量（Abwägung）という形式における目的の衝突の克服を要求する，という。つまり衡量というものと十分条件の補充は互いに矛盾しないのである。むしろ両者は相互補完的である，とする。衝突する利益の衡量としての曖昧な概念の解釈は，法適用の枠内における法律上の不確定性の除去がしばしばこのような利益の調整（Ausgleich）を要求していることを明らかにしている。したがってホフマンによると，法律解釈に際しての曖昧な表現の解釈は過程であって，積極的・消極的候補者の形式における選言的十分条件の補充を通して次第に概念の中

---

[14]　Koch/Rüßmann, S.198 ff.

立的候補者の量を減少させるものである。そして，これに応じる条件をつくり出すことは通常は，衝突する利益のもとでの，衡量過程にとって典型的な利益の調整というものである，ということになる(15)。

因みに，以上のような曖昧な概念についての説明に類する試みとして，「概念の核」(Begriffskern) と「概念の暈」(Begriffshof) の区別がある。コッホ／リュースマンによると，これはヘック (Heck) によって導入されたものである。「暈（かさ）」とは大気光学現象である光環のことであるが，これをもって明確な概念の核心を，拡散した遷移帯によって囲む現象を想定する概念が想定されているようである(16)。しかし，コッホ／リュースマンによると，2つの領域（核心・暈）をもってする隠喩による表象は，先に見た3つの候補者を分けることができない。2つの領域モデルは曖昧な概念の構造を記述し得ない，ということになる(17)。

c）価値概念

曖昧な概念と並んで法律の意味論的内容への法適用者の拘束に制限を加える概念がある(18)。それは価値充填を必要とする，または規範的なものとも呼ばれている価値概念である。価値概念に注意が払われているのは行政法と刑事法である。行政法においては不確定の記述的概念 (deskriptive Begriffe) と価値概念 (Wertbegriffe) が区別され，裁判所によって完全に審査され得ない行政の判断余地が，不確定価値概念だけについて，もしくは，まずこれについて主張される。

まず，曖昧な概念は中立的候補者については，しばしば価値評価 (Wertung) を要求する。この価値評価の必要性は曖昧な概念については，まさにそれを特色づけるのである。すなわち，中立的候補者が概念の厳密化を通して積極的または消極的候補者に組み入れられるか否かは，いかなる解釈方法が決定者にとってより一層相応しいもの (gerecht) に見えるか，ということを前提としてのみ決定されることがしばしば行われる。

第2に，価値概念はこれまで述語として認めてきた意味においての記述的意味成分をもっている。すなわち，対象が現実においてもち得るまたはそうでない属性 (Eigenschaft) を表現する。他方では，価値概念は評価的な意味成分をもっており，これを使って話者は積極的または消極意見表明をするか，または第三者の意見表明を報告することができる。言語は，世界がいかなる状態か，ということ

---

(15) Hofmann, S.148.
(16) Koch/Rüßmann, S.199
(17) Koch/Rüßmann, S.200.
(18) 以下の記述は Koch/Rüßmann, S.201 ff. にしたがった。

の相互的な情報に奉仕するだけでなく，予期されたまたは他者から求められている現実の状態に関する積極的または消極的意見表明を可能にする。

　更に，以上の議論からつぎのことに言及する必要がある。すなわち，価値の述語の評価的意味成分は多くの場合不変であるように見える。「良い」は隠喩的な使い方は別にして，単に積極的意見表明を表現しているのに対して，記述的意味成分は適用領域毎に異なる。例えば，ピアノは車とまったく別の特性をもたなければならない。あるいは——法律の領域での例に即して見ると——「信頼性」(Zuverlässigkeit) は法律の領域毎に異なった記述的意味をもつのであり，同じ言葉をもって表現される概念は旅客運送法でのそれと，旅館営業法におけるそれは異なる。記述的意味成分についての多義性は，あたかもこのような価値の述語が何らの記述的意味をもたないかのごとく誤解されてはならない。音楽の専門家の間では，ピアノ（演奏）への適用に際しての「良い」という記述的内容については，いくつかの言語上の一致が存在している。

　つぎに，不確定性は価値概念の基準ではない。すなわち，価値概念については記述的成分については単なる記述的概念とまったく同じものが通用する。それらの概念（価値概念）は曖昧であるか，そうでないかのいずれかである。

　「環境に対する有害な影響」という概念は，疑いもなく評価的な意味成分である。しかし，それの記述的意味成分は同様に相対的に精密に確定され得る。例えば，環境汚染防止法（Bundesimmissionsschutzgesez）における「環境に対する有害な影響」は明らかに価値的な意味成分である。第3条第1項は「有害」を定義している。これの概念については一定の曖昧性が見られる。しかし，大気汚染防止技術指針（Technische Anleitung zur Reinhaltung der Luft – TALuft）が定める限界値を「危険」の更なる明確化とみなすならば，「環境に対する有害な影響」の概念において，記述的意味成分の一部分は量的に定められる価値概念となる。それ故，記述的曖昧性は価値概念の必然的特性ではない。しかしながら，大抵の価値概念は事実上曖昧である，ということは可能である。

　調査された言葉の意味に対する法適用者の拘束にとって，こうした価値概念の分析はいかなる意味をもつのか。具体的な事案への法律適用にとっては記述的意味成分だけが重要である。このような意味成分（だけ）から法適用者は，決定されるべき事案のいかなる属性が法的に重要であるかということの情報を得るのである。それ故，価値概念の拘束力はそれぞれの記述的意味成分に左右される。

　d）類型概念

　法律規定においては概念ではなく，「類型」((Typen)）が定められることがあ

る[19]。この類型はさまざまな特徴を持っているが，それが定義できないという特徴がある。類型を表現する法律規範は，演繹的決定の説明を許さないという特徴がある。法規の構成要件に相当する大前提は，すべてのメルクマールの表示を通して定義されるのであり，このメルクマールの存在は包摂（当て嵌め）のために必要でありかつ十分である。構成要件Tが十分に確定されたメルクマールの表示によって完全に定義されている場合，換言すると，M^1 から M^x までのメルクマールによる表示が概念の定義である場合にのみ，特定の事実関係Sを構成要件Tに包摂することができる。しかし，必ずしもそうはならない。類型と充填を要する価値評価の基準はこのような定義から引き離される（ラレンツ）。

e）予測概念

予測を要求する法律概念は特に公法の領域において注目される。公法においては，裁判所によって審査されない予測の作用域（Prognosespielraum）を認めることが，予測概念の存在に結び付けられる[20]。例えば，先に挙げた汚染防止法上の「環境に対する有害な影響」とは，イミッションであって，一般または近傍にとっての危険を招来するものをいう。「危険」という表現は一般警察法から由来し，そこでは一貫してつぎのように解釈されている。すなわち，事物の状況または行動が客観的に予測される事象が妨げられることなく進行するならば，蓋然性をもって警察上の法益を害する場合に「危険」が生じる，というものである。すなわち，「危険」という概念の適用に関する決定は，将来の事象の発生（損害）の蓋然性に関する判断を法適用者に対して要求する。例えば，許可にかかるブレーキ・ライニング工場から施設の影響領域内において厳密に確定し得るアスベストの濃度の排出が確定し，そして更に，影響領域内に居住する人間の存在が認められる場合を想定すると，問題となっているアスベストの濃度が「危険」を示しているかということを法適用者が決定しようとするときは，つぎの判断をすることになる。①いかなる種類の被害が「危険」の存在の要件であるのか。②被害発生のいかなる蓋然性に際して「危険」を語ることができるか。③語られている大気有害物質濃度がいかなる被害をもたらし得るか。④いかなる蓋然性をもってこうした被害が発生するのか，という判断である。

予測との関連での危険概念は③と④だけが関係するのであって，①と②ではない。危険概念は①と②に関しては先に見た曖昧な概念ないしは価値概念であって，「蓋然性の度合」（Wahrscheinlichkeitsquotienten）を確定する予測概念と区別され

---

[19]　Koch/Rüßmann, S.73. ff.
[20]　以下の説明は Koch/Rüßmann, S.206ff.; Hofmann, S.148. にしたがう。

ることになる。また，予測概念は「過去の出来事の解釈」（Retrodiktion）という形式での事実関係の調査と殆ど区別されない。予測が過去の観察から将来を推論するのに対して，過去の事実の解釈は過去の出来事を解明する[21]。なお，この予測概念については後述することにする。

II　規範的授権論

1　規範的授権論の概要

ドイツの裁量論は多様な展開を遂げてきたのであるが，その際に指摘すべきは「規範的授権論」（normative Ermächtigungslehre）が大きな役割を果たしてきている。この議論は既に見てきた「判断余地論」を引き継ぐ議論である。この議論を理解するときには，シュミット＝アスマン（Eberhard Schmidt-Aßmann）の議論を見る必要がある。彼はこの議論を通して判断余地論を発展させ，行政と行政裁判権の憲法上の権限区分の問題およびこの権限区分のための立法者の決定的な役割を強調した。行政の自由な判断の余地を基礎づけるために，規範的授権論は法律の拘束を，法律において行われた立法者の決定に置き換えた点にその功績があると評価されるが[22]，それがどのような意味なのか，以下にはこれを見ておくことにする。

シュミット＝アスマンは，法律が拠って立つ文脈と，法律を具体化する機関の決定状況によって規範の不確定性の程度は変わってくる，という認識を示す[23]。その上で，およそつぎのように主張する。すなわち，ドイツの憲法である基本法は第20条第3項[24]で，司法と行政が異なった具体化をするという認識において，この2つの権力が同じ法律に拘束されるということを前提とする。そして基本法第19条第4項においてまさにこの法拘束と法認識を受け継ぐことによって，権利保護の委託を法律の確定性がある場合には一般的に承認するが，これとは反対に，この委託を不確定法概念の場合では制限することは憲法の観念に適合しない。したがって，公権力の行使としての行為は，それが法律によって完全に決定されている限りでは，基本法第19条第4項の枠内で，法律上・事実上の観点から完全な裁判所による法的統制の下にある。法律の解釈・事実の認定と，法律の適用

---

(21)　以上，Hofmann, S.149.
(22)　Eckhartd Pache, Tatbeständliche Abwägung und Beurteilungsspielraum, 2001, S.75.
(23)　Schmidt-Assmann, Art.19 IV Rn.183.
(24)　基本法第20条第3項はつぎのように定める。「立法は憲法秩序に，執行権と裁判権は法律と法に拘束される」。

について行政を審査し，場合によっては修正をする権限を裁判所は持つ。行政が行う事実認定や価値評価に裁判所が拘束されることは許されない。裁判所の審査の権限を是認可能性（Vertretbarkeit）の統制に限定することが許されないのと同様である。この箇所でつぎのような指摘も行っている。すなわち，欧州法との比較において，ドイツ法は実体的統制密度の点で際立っている。外国では行政による事実認定の拘束の承認は決して異例ではない。評価的な行政決定の承認，不確定な法律概念に際しての統制を縮減した領域の承認は，欧州裁判所の判例でも，大抵の加盟国の裁判所の判例でもみられるところである，という指摘をする。

以上のような原則を確認した上で，その例としてつぎのような主張をする。これがこの規範的授権論の主たる内容である[(25)]。

「法規定の不確定性は行政と行政裁判権の権限を分ける意味を持つのではなく，単に発見的（heuristisch）意味をもつにすぎない。実体法が執行府に対して，憲法上疑義のないやり方で，十分に確定された決定プログラムを指示しないで決定を要求したときには，裁判所の統制は行われない。三極の問題構造を前提とする権限上の境界の線引きは，ここでは立法者の割り当て任務に結びつく。すなわち立法者は，法律の留保論と確定性の境界内で細部にまでわたる法的形成の程度を決定するについて自由であるのと同様に，法律で一義的に定められていない状況について最終的な拘束力をもった決定を行政に割り当てることもできるのである。この割り当ての一部は，古典的な裁量的構成要件においてみられるように，規範構造において明らかになるし，一部は――これが区別をするときの困難な場合であるが――特別の判断授権または形成の授権において明らかになる。個別的な構成要件の構造にかかわりなく，自由な判断の領域ではなく，授権が最終的決定に行き着く，ということなのである。いずれにしても，その意味は，裁判所の統制のないままに行政決定を放置しておくということではなく，立法者自身による権限に合わせた実体規範の調整ということなのである」（傍点・原文ゴシック体）。

先に見たように，そもそも言語の意味は，本来それが本質的に備わっているのではない。あるいは，その言語の観察者が置かれている立場から離れて孤立して存在するのではない。不確定法概念と確定法概念の区別は流動的であり，そしてまた不確定法概念の間でもその性質や程度は不均質性であるが故に，それぞれの実体法上の規律がもつ文脈から切り離された不確定法概念と自由な判断の余地を一

---

(25) Schmidt-Assmann, Art.19 IV Rn. 184 ff.

第 5 章　規範的授権論

般的に結び付けることはできないはずである[26]。既に見たように，言語が不確定であるかまたは曖昧な概念を用いているときに，例えばバホフはすでにみたように，ある法概念が「経験概念」かまたは「価値概念」に属するかという判別について，ある事案についての最終的な決定権が行政に帰属するのかまたは裁判所に帰属するのか，という決定を行うに際して重要な役割をあたえていた。こうした判断余地論はその提唱後広く受け入れられたが，その後に登場した規範的授権論においては，シュミットーアスマンが言うように，法における基準の不確定性は権限を分ける価値ではなく，単に発見的価値（heuristischer Wert）をもつだけである。言語的不確定性には，それが最終的な決定についての行政の規範的授権の存在の徴証たり得るという意味で発見的な意味が付与されるだけである。すなわち，試行錯誤を繰り返し，それを評価することで解法を発見する方法ないし手続のことを Heuristik というが，規範的授権論においては，法における基準の不確定性はそうした価値しかもたないのである。言語論的不確定性は，それが最終的な決定の所在を決めるに際しての徴証にとどまる，という意味での発見的な価値しかあたえられないのである。言語的・意味論的不確実性は，行政と裁判権の権限からみて国法的・権限区分的意味を喪失したのである。換言すると，規範的授権論は法適用に際しての行政の裁量余地の根拠づけを，言語的・規範論的な前提から解放した，ということである[27]。この議論では，立法者によって行われた行政に対する最終決定についての「授権」が重要なのである。

　シュミットーアスマンはこの規範的授権論を，特に 1982 年 7 月 8 日の連邦憲法裁判所の決定（ザスバッハ決定）（BVerfGE 61, 82, 111）をもって基礎づけている[28]。連邦憲法裁判所は法律適用に際しての行政上の裁量領域の憲法上の許容性についての基本的な立場を，この決定において確立した，とされている。この決定については後に別の箇所でも触れることになるが，行政決定は完全なコントロールの下にあるが，それと同時にこの完全な統制の弛緩が生じ得る状況を，この憲法裁判所の決定が示していることだけを，今ここでは指摘しておく。この状況として公権力の行使である「構成要件的効力」（Tatbestandwirkung）[29]とともに，

---

(26)　Pache, S.73.
(27)　Pache, S.72.
(28)　Schmidt-Assmann, Art.19 IV Rdn.185.
(29)　行政行為の「構成要件的効力」については，ここでは深入りすることができないが，これについての説明の例を挙げると，つぎの様に説明される。すなわち，「実体法により有効な行政行為自体の発出が法律効果発生のための要件（構成要件要素）であることを言うのであり，これは訴訟法上の用語に倣ったものである」（Michael Sachs, §43 Rn.154 Vw-

125

第1編　行政裁量

形成的裁量および判断余地を挙げているのである。この連邦憲法裁判所の決定にしたがって，規範的授権論を要約すると，基本法第20条第3項および第19条第4項という憲法上の指示にもとづく行政の法適用は，適用される規定の規律密度や用いられた法概念の確定性に左右されないで，原則として完全な裁判所による統制であって，最終的な決定の権限が行政裁判権に帰属しているものに服する，ということである。しかし，この原則は，適用される規定の法適用に際しての過程における個々の要素について，最終的な決定権限を憲法上許容されるやり方で立法者が行政にあたえている場合には，固より通用しない，ということになる(30)。いずれにしても，行政の自由な判断の余地ないし領域についての基礎づけを法律の拘束の程度から，法律において行われた立法者の「授権」という統一的な基礎づけに置き換えたことが規範的授権論の功績である，と評価されている(31)。

2　規範的授権論における行政の判断余地（判断授権）

シュミットーアスマンは判断授権の憲法上の一般的な問題として，つぎの点を指摘している。

「すなわち，個々の法律概念の内部での統制を縮減した空間は基本法第19条第4項と直ちに相容れないわけでない。しかし，このような空間は少なくとも当該法律規定の正文から推論されなければならない。概念の不確定性が判断の授権を示すような一般条項は基本法第19条第4項の前では存在し得ない。どの程度まで個々の規定が合憲的にこの様な授権をすることが許されるかは，具体的な憲法規定を顧慮して，全体の法律規定の体系を基準として答えられなければならない」(32)(傍点・海老沢)。

これは後に触れるが，規範的授権論においても，これまでの判断余地論と同様に，行政に対する判断授権の所在を基本的には「規範構造」に求めているのである(33)。

VfG, in:Stelkens/Bonk/Sachs, VwVfG, 8. Aufl. 2014）。したがって，裁判所はこの行政行為に拘束されることになる。なお，この効力については更に Max-Jürgen Seibert, Die Bindungswirkung von Verwaltungsakten, 1988, S.67 ff. において詳しい説明がある。

(30)　Pache, S.72.
(31)　Pache, S.75.
(32)　Schmidt-Assmann, Art.19 IV Rn.191.
(33)　さて，以上の規範的授権論と近接する議論として「責任論」からの説明がある。責任論については第2編の補章において衡量統制との関連で論じるが，ここでは規範的授権論との関連でみる。ディ・ファビオはこの点についておよそつぎのような指摘をする。(Udo

第 5 章　規範的授権論

　以上の規範的授権論は，ドイツで普通に唱えられてきた裁量と判断余地の区別を相対化して，統一的に把握する途を開くことにもなる。シュミットーアスマンは更につづける。

　「規範的授権論は，行政庁の古い裁量(論)が（認識的）構成要件裁量と（意思的）法律効果裁量の分割により見いだしてきた区別を相対化する。同様に，今日言葉の使用において法律効果に限定されている「行政裁量」（Verwaltungsermessen）と，不確定法概念において見られる，いわゆる「判断余地」（Beurteilungsspielraum）が再び互いに強く接近するのであるが，これら２つのものが同一である，とは宣言しないのである。この区別は発展史上の価値をもっている。この区別は不確定法概念のより精密な把握を助け，裁判所の統制が減少する場合を明らかに制限する。古典的な秩序法，租税法および給付法に見られるように，構成要件と法律効果にしたがって明確に整理され，条件的にプログラムされた場合には，判断余地と裁量権授権の区別は今日においてもいまだに（限定された）意味をもつ。しかし他方では，この区別は全部の法律の題材にとって適切な範疇を提供しない。……統一的な判断枠組みが形成されることが必要であるので，複雑な裁量という形式を教義学上の関連性の中に組み入れることが許容される」[34]。

　シュミットーアスマンは規範的授権論の中心的課題としてつぎの２つの点を挙

Di Fabio, Risikoentdscheidungen im Rechtsstaat, 1994 S.266）すなわち，十分に正確な規範をもって行政をその行為について導く立法者は行政の制御について責任を負う（基本法第20条第3項）。裁判の作用はこの立法者の責任に対応するのであり，それは争いがある場合には法律の実現を保証しなければならない（基本法第20条第3項，第19条第4項）。しばしば指摘されている裁判所の最終責任は，裁判所がその意思を拘束力をもって解釈し，釈義する立法者の最終責任がもともと問題となっている意味においてのみ存在する。行政についての法律による制御が余りに不確定で，決定，価値評価，衡量，予測，形成，政策的決定または標準化のような概念とともに現象的に把握することが試みられている合理化され得る具体化の努力を行政に要求することが困難か，あるいはそれが全くできない場合には，本来の責任問題はいつも生じる，という主張である。更にディ・ファビオは以上の観点から特に裁判権との関連で，つぎのように説明する。（Di Fabio, S.267ff.）すなわち，立法者は自分の責任を委譲することができる。この承認された行政への責任委譲の教義学的な形姿は裁量である。ここにおいても責任を委譲される者として裁判権は考慮されていない。裁判権は法律の最終責任にのみ参加するだけである。つまり，その関係は，法律に関しては原則として派生的である。しかしながら，不確定法概念は，派生的で，法律附従的な裁判所の責任の価値を引き上げる。というのは，裁判所は，輪郭をあたえられていない法律意思の解釈について最終的な拘束力を通した管轄権をもっているからである，という。

(34)　Schmidt-Assmann, Art.19 IV Rn. 186.

げる(35)。すなわち，立法者が法律の構成要件において行政庁に最終的な決定を授権するのはいかなる場合であるかということと，行政裁判所による行政決定についての統制の枠組み（Kontrollraster）を描くことである。

　第1の点についてつぎのように言う(36)。すなわち，いかなる場合に法律の構成要件が行政に対する最終的決定についての授権を定めているか，という問題がある。これは解釈の問題であって，法律の文言に即して行われなければならないが，同時に委託を受けた行政機関の特別の地位，組織および行動方法を評価して行われなければならない(37)。解釈に注目することにおいて「保護規範説」（Schutznormlehre）と対比される。固よりこのような解釈に関係したやり方に対しては異論があり得る。すなわち，そもそも立法者は統制の強度を考えていない。したがって，判断余地はむしろ執行府の専門知識または対象となる題材の規範化の困難から導き出される。歴史的解釈や立法者意思は，保護規範説の場合と同様に決定的でない。解釈は体系的な基準を志向している。こうした考慮から，法解釈のために状況に応じて自由に用いられる定型化した概念の一覧表（offene Topoikatalog）が必要となる。同様のことは伝来的な，領域固有の類型化についても言える。このような指針という意味で，行政裁量および判断の授権などの周知の教義学上の姿が描かれる，と。

　また，第2の点についてつぎのように言う。すなわち，行政法学には最終決定の授権の類型論と，それに組み入れられた統制の枠組みを描くことが求められる。内容上分岐している概念的な統制の手掛かり（手続統制，行為統制，結論の統制）と統制の基準（内容的統制，妥当性の統制，明白性の統制および根拠があるかということ〔Begründetheit〕ないし根拠づけの可能性〔Begründbarkeit〕の統制）を一つの整合した構造にまで発展させることが重要である，と。

　以上がシュミット－アスマンの主張の概要であるが，まず問題なのは，規範的授権論が授権の存在のために独自の理論を展開したのではなく，適用すべき法の解釈を指示していることにある(38)。このため，不確定法概念の適用に際して存在する行政の最終判断権の範囲は，最終決定のために適用すべき法の解釈に際しての行政の規範的授権の明確性，一義性に左右される。したがって明言されているように，「保護規範説」の議論との類似性の指摘も見られるのであって，行政

---

(35)　Schmidt-Assmann, Art.19 IV Rn. 187 ff.
(36)　Rn.187.
(37)　Schmidt-Assmann, Art.19 IV Rn. 187.
(38)　Pache, S.75.

の最終判断権所在決定について一義的で明確な取扱いをすることは困難である。このため定型化した概念の一覧表が必要となり，規範的授権論が展開する前に判例や学説において既に形成されてきた行政の判断余地論での類型が指針として用いられる，というのである。なお，この類型がどのようなものかは後述する。

　第2の点についてシュミット－アスマンはつぎのようにつづける[39]。すなわち，先に指摘した統制枠組みについて統一的な統制モデルが明らかになるか，という問題がある。これは第1の点について指摘した最終決定授権の類型の違いを平準化することとは異なる。構成要件における構造の違いを無視する統制問題における図式論なるものは，規範的授権論と矛盾している。しかし，どの程度まで裁判所の統制の視点が行政決定に対抗して構成され得るか，ということも考えなければならない。裁判所によって形成された権力分立の観念における裁判所の特別の権利保護という任務を，裁判手続固有の能力および限界と同様に考慮しなければならない。このような基本モデルは，部分的な教義学の発展方向を観察するのであり，その上で過度の分化を阻止することに役立つ。特に最近では，衡量の統制を中心に置く提案がなされている。当初は計画上の衡量について発展してきた統制問題は，裁量的行政の行為の場合の3段階で構成された裁判所の審査という基本モデルを明らかにしている，と[40]。最後に指摘された「衡量の統制」という観点は重要であるので，これは後に別に述べることにする。

　シュミット－アスマンは以上の観点から，第2の点，すなわち規範的授権論における行政統制の枠組みについて，つぎのように述べる[41]。

「——裁判所が制約なくして審査するのはつぎの事項である。すなわち，行政がすべての構成要件要素と体系的に結びついている授権の基礎を正確に把握して，そこに含まれている形成の権限を識別したのか，という点。
　——決定にとって重要な事実は行政によって完全に，そして正しく調査されなければならない。裁判所はこの点について，一般的な基本原則（行政裁判所法第86条第3項〔海老沢註・職権探知主義についての規定〕）にしたがい解明しなければならない。複雑な事実関係の場合は，この審査の第一歩は『当事者との法的対話における係争事実の加工』となろう。
　——行政庁が行う衡量は優先的に過程と理由づけに関係するが，衡量の

---

(39)　Schmidt-Assmann, Art.19 IV Rn. 187a.
(40)　Schmidt-Assmann, Art.19 IV Rn. 187a.
(41)　Schmidt-Assmann, Art.19 IV Rn. 187a.

結論は指令の密度に応じて，果たして利益（Belange）が客観的な重要性と比例関係に立たないで取り扱われたか，ということについて審査される」。

「規範的授権論」をシュミット－アスマンの説明に即して紹介をしたが，これをもう少し説明しておくことにする(42)。

すなわち，この議論は行政と行政裁判権の間の権限区分の憲法上の問題およびこのような権限区分のために立法者が確定をする役割を強調する。法律の構成要件において定められてた概念に着目して，その事案において行政に最終的な判断権を認めるのか，それとも裁判所にそうしたものを認めるのかを決定する議論を法理論的・規範的手法（der rechtstheoretische-normative Ansatz）と呼ぶことができる。これと，権力分立的・国家論的手法（der gewaltenteilend-staatstheoretische Ansatz）と対比することによって，シュミット－アスマンは，後者（権力分立的・国家論的手法）の意味での規範的に指示された権限付与という観点を斟酌して，行政の最終的な決定の根拠を理論的に説明しようとした。個々の事案においてそれぞれ適用されるべき法律を基準として，司法と執行府の権限領域を機能的に，そしてそれぞれの能力に応じて定めようとするのである。

そして，この規範的授権論においてはつぎの点が当然の前提となるのである。すなわち，基本法第19条第4項および第20条第3項という2つの憲法規定から見て，行政裁判所の統制の委託は原則として法律の確定性の領域に限定されないこと，そして，法律の不確定性の領域における制限された裁判所の統制はこの両規定によって許されないこと，この2つが規範的授権論において中心的な意味をもつ。特に基本法第19条第4項は原則として，法的観点および事実についての観点で完全な裁判所による法的統制を要求する。しかし，この原則は絶対的な通用を要求するものでない。特に，法律の留保と法律の確定性の枠内において，立法者の形成の自由が存在している。個々の規律の主題の法的浸透の程度と強度を決定することができるだけでなく，原則として一義的に定められていない状況について最終的に拘束力をもった決定を例外的に行政に委ねるという可能性が開かれるのである。

「したがって，規範的授権論は，行政の行為基準と同時に，行政裁判所の統制基準の形成に対して責任を負っている立法者を，主として行政と行政裁判権の間の境界づけの中に取り入れる。この理論は三極の問題構造であって，

---

(42) 以下の記述は Pache, S.69 ff. による。

第5章　規範的授権論

法律が不確定の場合には最終的決定の権限を行政または行政裁判所のいずれかに立法者が割り当てる権限または任務を負っているとするものを前提とする。それ故，規範的授権論は法適用に際しての行政の裁量領域の根拠づけを，言語・規範論的な手法から解放したのである。どのように説明しようと，法適用に際して概念の不確定性がもたらす裁量領域が重要なのではなく，単に，そして専ら立法者によって行われた最終的決定についての行政に対する授権が重要なのである。法的基準の言語論理的・意味論的不確定性は行政と行政裁判権の権限から見て，国法的・権限区分的な意味を喪失したのである。言語論理的不確定性には，それが最終的な決定についての行政の規範的授権の徴証たり得るという意味でのみ発見的な意味を付与されるだけである」[43]。

3　規範的授権論の問題点

規範的授権論は，立法者が最終的な決定についての行政に対する授権を表現することであり，そしてそれと同時に，これについての行政決定の行政裁判所による統制を制限することを主張するのであるが，それはいかなる条件の下で言えるのか，という課題に直面する。規範的授権論は授権の所在のための独自の基準を展開したのではなく，適用すべき法の解釈を指示しただけである。したがって，不確定法概念の適用に際して存在する行政の最終判断権の範囲は，規範的授権の明確性，一義性，および確定性に左右される。規範的授権論は，行政の判断余地の付与は法律の変更を要求するのではなく，あくまでも既存の法律の解釈を通して調査されなければならないことを前提としている。こうした理由から，明確性と一義的な取り扱いに苦慮する。解釈される法律規定は通常は行政に対する判断の授権および行政裁判所の統制密度について明示をしていないのであるから，行政に対する判断の授権の確認が，適用される規定の事実上の表示内容に係わりなく，基準となる規範において表現されていない実務上の考慮や体系的整合性によって左右されてしまう恐れが多分にある[44]。規範的授権に対してはつぎのような辛辣な批判があることにも留意する必要があろう。オッセンビュールはつぎのように指摘する[45]。

「規範的授権論は月並みなことを言っているという点で，そして，問題解

---

(43)　Pache, S.71-72.
(44)　Pache, S.75.
(45)　Fritz Ossenbühl, Gedanken zur Kontrolldichte in der verwaltungsgerichtlichen Rechtsprechung, in; Festschrift für Konrad Redecker, 1993, S.55 ff. (64).

第 1 編　行 政 裁 量

決に際しては結局のところ役に立たず，このため内容に乏しいという点で争われておらず，批判の余地はない。統制密度は実体的な規律密度に左右されているという既に取り扱った主張と，規範的授権論は似ている。……統制の強度について立法者の明示的な指示を探してみてもまったく無駄である。立法者はこの点については無頓着である。立法者は統制問題を学説や実務に委ねて安心している。学説や実務の方でも，決して存在しない立法者意思を探求する。こうした意思は存在しないのであるから，最終的には合理性の根拠や体系整合性で自分の位置を確認する。しかし，こうしたものも適用する法律自体には表現されていないのである。例えば，何時不確定法概念が『判断余地』を内包しているのかという問題は，これに回答する基準について一致していないのであるから，解決されない。したがって，判断余地承認の本質はそれぞれの決定を行う，権限を設定変更する裁判官の権利（Kompetenz-Kompetenz）であり，宝籤に融合し，数十年間の実務で明らかなように，コーヒーの澱による占いとあまり変わらなくなる。学説はその無力のために，裁判官の自己抑制に訴えたり，それを指摘したりするだけである。裁判官の方でも，決定が加重負担であると考えたり，あまりに厄介な問題であると考えたりするときは，この『自己抑制』を喜んで利用する。しかし，事案の状況から見て行政を厳しく叱らなければならないときは，このために必要な統制基準が見いだされなければなければならない」。

以上のような批判にもかかわらず，つぎの点は指摘しておかなければならないであろう。すなわち，既に規範的授権論の登場の前に承認された行政の一群の判断余地が修正された根拠づけをもって規範的で最終的な決定授権として解釈される，という点である。これについては後述する。なお，規範的授権論をこのように手厳しく批判したにもかかわらず，オッセンビュールも「以上の指摘は批判よりもむしろ状況の説明として理解したら良かろう。何故なら，より優れた提案ができる者だけが批判をする資格があるからである」として，最終的には規範的授権論を肯定的にとらえているようである。

4　概念思考から決定思考への転換

判断余地論は法律上の構成要件において定められた概念を注視してきた。すなわち，法律における条件プログラム構造と目的論プログラム構造を区別して，前者については予め存在する（抽象的な）構成要件への認定された事実関係の包摂（当て嵌め）という三段論法を前提とした上で，裁判所による統制範囲を決定し

第5章　規範的授権論

てきた（規範的構造論）。しかし，こうした規範的構造論だけが統制範囲や統制強度を定めるのであろうか。さらに他の要素もこれを定めるために登場するのであろうか（例えば行政決定の構造，行政責任論など）。

　法律において示された条件プログラムについて，予め存在する（抽象的な）構成要件への認定された事実関係を包摂するという三段論法を前提とした上で裁判所の行政決定に対する統制範囲を定める規範的構造論は，規範において定められた「概念」に着目する。しかし，規範において示された実体的な内容が極めて貧弱である場合がある[46]。ここでは，なされるべき行政決定の内容に対する法律の指示にこうした法律の本質があるのではなく，行政の決定プロセスを規範的に構成することにある。法律をもって内容的に規律をするについて確実な基礎づけがなく，事案の実施においてはじめて経験や知識が収集され，決定のための基準を獲得することができるような領域で，こうした法律は制定される。例えば薬品法（Arzneimittelgesetz）や遺伝子工学法（Gentechnikgesetz）が典型である。ここでは極めて曖昧な法律目的が規定され，その上で専門家委員会，行政庁，薬品製造企業が試行錯誤を通して行政決定がされるにいたる。こうした分野においては，行政決定に対する統制をしようとする際に，果たして法律において規定された概念に着目してその範囲を決めることができるのであろうか。あるいは，例えば予測概念（Prognosebegriff）として分類される法律概念が予測決定（Prognoseentscheidung）とされて，裁判所の統制からの自由を一般的に予告するというような議論が行われる。個々の法律概念でも実際には高度に複雑な行政決定を要求しているのであって，またこうした行政決定の方でも，包摂，価値評価，衡量，および予測の要素から構成されているのである。

　そうすると，こうした規範構造に着目するのではなく，「行政決定」に考察を集中することが必要であるとも考えられる。すなわち，事実関係が既存の（抽象的な）概念と比較されるのではなく，評価が行われ，衡量が実施され，決定についての選択肢が考察され，優先順位が定められるということが明らかにされなければならない。他方では，行政決定に考察を集中することの結果，それを行った機関が結果責任を負う行政決定について裁判所はいかなる範囲で統制を行うのか，という問題も生じてくる[47]。

　以上がオッセンビュールの主張の概要であるが，彼はこれを「法律概念から決

---

(46)　以下の記述は Ossenbühl, S.61 ff. にしたがう。
(47)　Ossenbühl, S.66.

133

定思考への転換」という標語を使って表現する[48]。しかし，規範的授権論は「規範構造」に着目することまで否定するには至っていない。既にシュミット−アスマンの説明で見たように，規範的授権論においても構成要件の解釈が行われることが前提とされている。この点では判断余地説を踏襲している。ただし，規範的授権論では構成要件における「概念の本質をめぐる解釈」が行われているのではない。しかし，オッセンビュールが言うように，行政決定を行った機関がそれについて責任を負う，という行政責任論のような，規範構造とは離れた視点が補充的に登場することが考えられる。例えば，事案の状況，行政決定が取り扱うテーマの特殊性（典型的には「高度の科学技術的判断を要する事案」）のようなもの。これは後に要約的に触れることにするが，ここでは「機能論」（funktional-rechtliche Ansätze）について触れておくことにする。

a）機 能 論

いわゆる機能論的な議論がこの規範的授権論と親和的あることは疑いがないであろう。シュミット−アスマンは既に紹介したように，授権の所在は法律の文言に即して決めなければならないが，同時に委託を受けた行政機関の特別の地位，組織および行動方法を評価しなければならないことを指摘しているからである[49]。それではこの機能論（funkionellrechtlicher Ansatz）は，この行政決定に対する統制密度との関連で，いかなるものとして理解されているのか。これについては代表的な説明をここでは紹介することにする。

オッセンビュールによると，機能論は規範理論的・規範論理的に遂行される構想と対比される[50]。法律の解釈・適用と，この過程に対応する裁判所の統制は決して認識という現象ではなく，それ故に統制密度は解釈学（Hermeneutik）や方法論（Metodik）だけを基準として確定できない，という主張にこの機能論はもとづいている。むしろ統制の問題は国家の作用秩序と関連づけられているのであり，それ故権力分立の問題の一部として理解されている。機能論的説明は決定過程を構成要素に分解して，これを厳密に分析して，その結果，認識が終了し，そして価値評価が始まる場所を確定するのではない。機関構成や正当性から判断して，決定を行う手続や問題加工などから判断して，その決定を行うにつきそもそも適合しているか，ということを機能論は問題とするのである。機能論は，特に憲法において承認され，頻繁に用いられている手続なのであって，議会と執行府

---

[48] Ossenbühl, S.61.
[49] Schmidt-Aßmann, Art.19 IV Rn.187.
[50] Ossenbühl, S.66 ff.

の間の権限を，議会と連邦憲法裁判所との間とまったく同じように区分するためのものである。

そして機能法的な考察は，基本法の権力分立の基礎となる最適な機能行使の原則を考慮した上で，行政に対する裁判所の機能的な境界線がいかにして引かれるという規範的な基準によって答えられるべき問題を提起する[51]。この境界線設定についてつぎのような説明がされる[52]。

機能論は多様な観点から成り立っているのである。例えば決定主体の正当性，責任および制裁への服従性，そしてまた，決定主体の構造的装備，行為や機関の能力，決定の条件，決定の効果，事案の領域のそれぞれの特殊性および行為や決定に向けられた統制責任の機能法的割り当てがその例として挙げられる。以上の観点から行政に判断余地があたえられるのは，装備，資源，決定手続またはその他の特殊な基準にしたがい，最終的決定権を行政に認めるにつき，行政裁判所よりもすぐれている場合である。不確定法概念の具体化は事物の本性または規律対象の高度の複雑性もしくは特別の力動性（Dynamik）の故に，きわめて困難となり得るので，裁判所はそれの機能の限界に突き当たる。ここでは裁判の機能の限界の説明がされているが，こうした議論を補足するために，行政の判断余地の機能法的構成について，つぎのような主張も引用されている。

「最終的な決定の執行府に対する授権の発見に際しての問題提起と解決方法は，果たして主観的権利が存在しているのか，という問題での保護目的説による行動と近似している。そこでも立法者が何かを表明する限り，立法者の規定は尊重される。因みに，いかにして立法者のそれぞれの全体的な規律が具体的な法律において憲法上の任務の配分を背景にして——そしてその他全体の法秩序において存在する評価を背景にして——理解されなければならないか，という問題提起を援用して，それぞれの法律は解釈されなければならない。このような補充的解釈は自由な創造ではなく，それは立法者に課せられた基準，つまり事案の領域の特殊性に鑑みて，憲法上一般的に規定された機能秩序を具体的に実現することに方向を定めている」[53]。

b）判断余地（判断授権）承認の具体的な基準

シュミット—アスマンの議論の紹介という形で判断余地論が展開する場面の概

---

(51) 以下の記述は Pache, S.76ff. による。
(52) Ossenbühl, S.78.
(53) Rainer Wahl, Risikobewertung der Exektive und richterliche Kontrolldichte, NVwZ 1991 S.409 ff (411).

略を示すと，つぎのようになる[54]。

判断授権（判断余地）の憲法上の一般的な問題は，規範的授権論により答えられたとされる。すなわち，個々の法律概念の内部での統制を縮減した領域は基本法第19条第4項と直ちに矛盾するものではない。しかし，このような領域は少なくとも当該法律規定の正文から推論されなければならない。概念の不確定性から直ちに判断の授権を肯定するような一般条項（eine allgemeine Klausel）は，基本法第19条第4項によって許されない。どの程度まで個々の規定が合憲的にこうした授権をするが許されるかということは，具体的な憲法規定を斟酌して，全体の法規定体系を基準にして答えられなければならない。

制限されている裁判所による統制についての基準は，実務により通常，裁量統制の基準と関連づけをすることなく述べられているが，よく見ると，まさに裁量権の審査基準と近似している[55]。これによると，裁判所によって審査されるのは

―果たして行政が適用すべき概念の内容と，行政が行動することができる法律上の枠を知っていたのか，

―的確で，完全に調査された事実関係を前提としているか，

――一般的に通用する判断の基準と内部的な決定手続の規定を遵守したか，

――他事考慮（sachfremde Erwägungen）により影響を受けたのか，

という事項になる。

c）判断余地（判断授権）承認の具体的な基準の補足

規範的授権論がこのように従来「判断余地」とされてきた領域に適用される場合を，シュミット―アスマンの説明に即して見てきている。この理論の理解のために，もう少し具体的な説明をする別の議論をここで紹介する必要がある。以下にはゲルハルトの説明を紹介する[56]。この説明で使われている表現はやや難解であるが，ここではより詳細に判断授権が肯定される場合の考え方が示されている。このため，この議論を理解するために，殆ど引用に近い形で紹介することにする。

aa）権限の問題としての判断授権　　ゲルハルトはこれまで「判断余地」（Beurteilungsspielraum）と呼ばれてきた現象の呼称を「判断授権」（Beurteilungs-

---

(54)　Schmidt-Aßmann, Art.19 IV Rn.191.
(55)　Schmidt-Aßmann, Art.19 IV Rn.192.
(56)　以下の説明は Michael Gerhardt, in: Schoch/Schmidt-Aßmann/Pietzner, Verwaltungsgerichtsordnung（Kommentar）2005, §114 Rn. 55-59 による。

ermächtigung）に代える。これは規範的授権論に忠実な用語の選択である。まず，つぎのような説明をする。

　すなわち，判断授権と裁量権との間には同一性ではないが，構造的類似性が存在する。ここで問題となっている法律上の構成要件は開かれており，それの具体化を予定している。「構成要件の裁量」（Tatbestandermessen）という概念は，事実関係に係わる法発見の過程の性質を表現するためには不十分である。しかし，この具体化の権能（Konkretisierungsbefugnis）には，必然的に，それ故概念形成的に，そして例外的に裁判対象性の排除もそうであるが，裁判所による衡量の統制が対応している。「判断余地」の概念をもってするよりも，これが権限の問題であることが良く表されている。すなわち，方法論的な，特に認識理論的またはコミュニケーション論的問題としての法概念の間主観的な一義性（ここからは包摂に際しての規範の第一次的な名宛て人である行政庁の優位性が導き出される）ではなく，事案における最終決定の授権なのである。

　ゲルハルトの以上の説明は，規範的授権論の核心部分である。彼の説明の紹介をつづけると，基準となるのは法規範である。規範制定の授権がこれに相当する権能を含んでいる場合には，正式の法律である必要はない。判断の授権は，明文の規定がある場合は別であるが，何処に事物の法則性（Sachgesetzlichkeit）が，原則として保障された裁判所による完全審査を疑問視するのかを吟味しなければならない。法解釈の基準としてのこうした推断（存在から当為を推断すること）には問題があることは確かである。この事物の法則性には法規範による承認が必要である。こうした承認は多様な典拠から供給される。法律を手がかりとすることは当然として，例えば計画裁量であるとか，手続による正しさの保障のように，基本権によって構成された要求に見られるのであるが，既に法治国的立論の中に取り入れられている合理性の基準，または，権力分立に基礎を置いている作用からみて適切な任務の配分というような一般的な視点が典拠になる。

　そして，この判断授権を調査するためには複雑な考察が必要なのであって，まず第1に，切っ掛けをあたえる事物の法則性について合意が形成されていなければならない。これは様々な経験的視野や了解を考慮してしてなされるのであり，困難な企てでもある。第2に，問題となっている領域での規範には，どの程度まで事物の法則性が取り入れられているか，について調査されなければならない。これには，規範構造を理解するために基準となったものが用いられる。更に，特に経験上論争が多い段階として挙げられるのが，上述の一般的な視点である。第4の段階として，これはこれまで述べてきた段階をフィードバックさせなければ

ならないのであるが，事実や規範の領域についての実効的な裁判所の統制はどのような外観をもつのか，という考慮である。

bb）判断基準の考え方　ゲルハルトは判断授権の所在に関する一般的な説明の後で，つぎのような判断基準についての考え方を提示する。

すなわち，行政庁の法適用を裁判所の審査から除外する法律規定は稀である。認定が行政庁の評価に割り当てられている場合（例えば「行政庁の評価により需要が存在している場合には」，「……不当である〔unzweckmässig〕と思われる場合には」，「行政は……できる」とする例）には，判断授権は肯定される。解釈により，「まさにその意味である」ということが確認されなければならない。これは連邦行政裁判所によって示唆されている。その例は，公務員法上の判断，試験の決定，専門的または多元的な構成員から成る委員会に委ねられている価値評価の決定，予測的な特徴をもった評価，計画的に形成された決定，というものである。しかし，これらは一連の未定の類型にすぎない。もともと立法者の形成自由は，こうした準則をつくること（Kanonisierung）を禁止している。更に付け加えなければならないのは，今日の議論の状況は旧い判例の調査を必要とするが，他方では拡大が必要である，ということである。

cc）定型化した概念の一覧表　さて，ゲルハルトは以上を前提とした上でシュミット－アスマンに倣って，「状況に応じて自由に用いられる定型化した概念の一覧表」（offener Topoikatalog）を，判断授権所在判定の基準として以下のように列挙する。これはシュミット－アスマンが挙げたものよりも詳細である。

(1)　積極的な手がかり

―規範的には把握することができない正しさについての基準（例えば政府の決定〔Guvernativentscheidungen〕，試験官の経験，芸術的な価値評価）。

―政治的・行政的責任における衡量を目指した正反対の目標の指示。これは場合によっては計画や管理経営を含む（例えば，環境に対する配慮，経済統制）。

―恒常的な改良（動態的基本権保護，反復的な問題処理）の留保を伴った特に将来の展開に関する推定にもとづく模範例による評価を必要とするような原則的な知識の欠如（リスク評価，環境の保護〔Umweltnachsorge〕，経済や構造の改革）。

―行政の内部領域における典型的な要因の関連づけ（公務員法）。

―専門家の圏域においては拘束力をもって承認されており，整序され適切な手続において成立した規則であり，行政庁により導入されたもの（技術的規則，建築学上の規則，労働安全）。

―権利の保護および/または利益の斟酌のための特別の手続規定（特に，代表者によって構成された委員会が管轄するかまたは参加する場合）。
　―行政裁量を基準化することにより，法律の意味を平等化することが達成され，それが許される，という考慮。
　―事案を超え，時間的・客観的に正しい具体化について，裁判手続が不適格であること。
　―衡量統制の場合に見られる高度な権利保護の実効性。

(2) **消極的な手がかり**　以上がゲルハルトによって行政に対する判断授権承認のための積極的な手がかりとして提示されたものであるが，これとは逆方向である判断授権を否定する消極的な手がかりとしては，つぎのものが提示されている。
　―基本権に対する影響。これは基本権の剥奪と，調和可能な社会的形成領域との間の侵害の程度に応じて段階づけられる（すなわち，環境被害の低減および事前配慮と対比した，危険防止の重要性の加重。職務遂行の喪失と対比した就業の機会。状況に応じた顧慮義務の実現と対比した所有権の剥奪）。
　―別の法秩序では完全に裁判の対象になること（事物の法則性の相対化）。

(3) **判断授権が（そもそも）問題になり得ない場合**
　―事実解明の困難さ。
　―予測的な決定要因であって，特に経験的知識を基礎にした予測の場合。
　―行政運営の窮状（特にドイツ再統一により旧東独領から新たに編成された州でのそれ）。

d）法律解釈の指針

　ゲルハルトは，以上の多様に展開する考えを共通した構造として説明するために，類型が形成される，とする。こうした類型は，法律解釈の指針（Orientierungshife）を意味することになる。視角や重点の置き方に応じて様々な類型があり得ることになる。そして，それの表現型（Erscheinungsbild）を理解するために，いくつかのものが区別されることになる。これを現象学的連続体（phänomenologische Reihe）と呼ぶ。それは
　―評価の特権（Einschätzugsprärogativen）である。これは政府に帰属する具体化の権能であって，綱領や計画に重点を置く，政治的権能が優勢である。この言葉の背景をみると，もともと君主の家産（Hausgut）を意味するものであった。したがって，この言葉を用いるときには，あくまでも政府のレベルに留保すべきことになる。

第1編　行政裁量

―予測の授権
―受容概念
―狭義の判断授権

というものである。

5　最終的決定についての行政に対する授権

　規範によって付与された行政の最終的決定を示し，制限された裁判所の審査のための基準をあたえる厳密な制度ではないが，方向づけと類型化のための概念として，行政裁量と判断授権（判断余地）が区別される。行政裁量については既に述べたので，ここでは繰り返さない。後者すなわち判断授権については，ゲルハルトが列挙していたものとは順序は異なるが，つぎのような区別が行われている[57]。すなわち，狭義の判断授権（Beurteilugsermächitigung i. e.S.）であって，それには①試験成績の評価，②公務員法上の成績判定，③試験と類似した専門的意見表明が挙げられている。そして，評価の特権（Einschätzungsprärogative），予測（Prognose）の授権，受容概念（Rezeptionsbegriff），技術条項，計画裁量および規範制定裁量が挙げられている。

　以下には基本的にはこの分類にしたがって説明をしていくが，ここではこれら総てのものを説明するのではなく，いくつかのものを選択することにする。そして，例えば計画裁量のようなものは別の箇所での説明に譲ることにする。取り敢えずここでは，狭義の判断授権とされているものから「試験成績の評価」を取り扱い，その後で評価の特権，予測の授権，受容概念，技術条項を取り上げる。そして最後に，いわゆる「リスク決定」とされている領域における行政裁量の問題を取り上げることにする。

III　判断余地（判断授権）論が適用される領域

1　試験での決定

a）連邦憲法裁判所の決定前の状況

　この試験決定として分類されている領域は，つぎのものも包括する広い意味で理解されている。例えば，本来の試験に対応して，特に学校における試験に類似する生徒の高年次へのクラス替え，特別学級への変更，基本法第7条第5項の私

---

[57]　Schmidt-Assmann, Art. 19 IV Rn.188ff.

立学校の認可，というものである(58)。

　行政裁判所の概括条項が導入された後の試験に対する裁判所の統制のプロセスは，法曹国家試験を通して展開した(59)。不慣れであり，そしていくつかの点では不都合な行政訴訟における「概括条項」（Generalklausel）の帰結を回避するために，被告は「試験委員会はそれ自身裁判所である」という主張をした。彼らはこれを試験官の独立性から帰結した。すなわち，試験局の長官は試験官に指示を決してすることはできず，各試験官は裁判官の職を行使することができる，というものである。この「裁判官論」は行政裁判権の観念からすれば分かり易かったのであり，帝制時代やワイマールの時代に成長したのである。しかし連邦行政裁判所はその後，試験官の官職は行政庁であり，試験は行政であり，試験の決定は取り消し得る行政行為である，とする立場を明らかにした（BVerwG, U.v. 21.1.1955）。すなわち，基本法は単に三権を知るだけであり，「試験権力」なるものを知らない。取り消し得る行政行為の概念は，親権利保護的に（rechtsschutzfreundlich）そして形式的に理解されなければならない。試験に合格した者から資格や称号が失われれば，試験は直接的な効果を及ぼす，とするのである。そして同裁判所は，本書においても既に見てきているバホフの判断余地論やウレの「是認可能性論」（Vertretbarkeitslehre）の理論を受け入れたのである。

　1959年に連邦行政裁判所は，生徒が進級の措置を執られなかった事案を取り扱わなければならなかった（BVerwGE, 24.4.1959）。前審であるミュンスター高等行政裁判所は進級させないことを裁量行為とみなすことを拒否した。しかし，同裁判所は学校の決定を，完全に事後審査とするとはせず，バホフの学説にしたがったのである。すなわち，学校は進級の決定について，裁判所による事後審査を制限する判断余地をあたえられている，とするのである。裁判官がこの場合に学校または試験委員会の評価に代えて自分のそれをもってくるならば，否定的評価が少しでも疑わしいときには，すべての否定的評価については，裁判所において超試験制度（Superprüfungssystem）が確立されてしまうことになる。そうすると，すべての学校の試験制度や学問上のそれは，法治国家を害する無秩序の状態に陥る，という。連邦行政裁判所は，つぎのように判示して，高等行政裁判所の見解にしたがった。すなわち，法は教師や試験官に対して生徒や受験者の成績を

---

(58)　Pache, S.129.
(59)　この問題だけを包括的に取り扱うモノグラフも発表されていて，研究の層の厚さが感じられるところである。この議論の概観をするために，本書における以下の記述に際してはイプラーの研究（Martin Ibler, Rechtspflegender Rechtsschutz im Verwaltungsrecht, 1999, S.359 ff.）を全面的に使わせていただいた。

第 1 編　行 政 裁 量

誠心誠意判断することを義務づける。教師や試験官は，算術的に作成されるのではなく，全体的な印象を斟酌することができる全体的な成績判定を自分の評価から行うことができる。この全体的な印象を鑑定人が後になって審査することもできない。その上，他の受験資格者との比較で評価され，このようにしてのみ「平均」が生まれるのであり，これを手がかりとして平均より上と下の成績をあたえることができる。この基準を試験官は自分の経験により，そしてまた他の試験から得るのである，と。以上の理由から，連邦行政裁判所はつぎの結論を得る。すなわち，受験者は彼について権限をもつ試験官にのみ自分の能力を証明するのであり，後に行われる争訟における鑑定人に対してではない，ということが試験の意味であるという結論である。この場合裁判所は，果たして試験官は間違った事実を前提としたのか，一般的な評価の原則を無視したのか，事実と関係がない考慮（他事考慮）によって左右されたのか，という点を審査できるだけである。これだけが法的な基準である。それが審査されれば基本法第19条第4項の要求は充たされる。この法的な枠の中で教師や試験官は法的基準によってではなく，誠心誠意決定をすることができる。裁量と呼ぶのであれ，判断余地と呼ぶのであれ，この様に承認された行動の自由について，法律において定められた裁量権の限界が通用する。

　連邦行政裁判所は試験官の統制からの自由を，更につぎのように裏づけた（BVerwGE 45, 39; B.v. 2.4.1979）。すなわち，試験官は誰が適格性をもっているかについて評価することができるのであって，彼の判定は受験者の解答について最終的な責任をもって判断することを正当化する。この正当化は，専門知識をもった第三者が試験官と異なる学問的意見をもち，それ故試験の成績が異なっていたということによって動揺しない。

　カッセルの高等行政裁判所は，映画評価機関による芸術の判定も裁判官により制限されて統制されることを認めた。すなわち，試験官の内面的な評価の過程は客観的な正しさが確認できないために，部分的にしか合理的に根拠づけられないが故に統制が制限される。このことは，ある映画が課税上の優遇措置のために「価値がある」とか，「特に価値がある」という評価を内容とするについて鑑定委員会が決定する場合について特に当てはまる，と。評価機関の決定は鑑定人の精神的な基本姿勢と感情的要因に遙かに強く依拠しているのであって，それは鑑定人が価値判断をするときに殆ど意識されず，論理という手段ではまったく説明できず，正当化できないものである，と。しかし，連邦行政裁判所はこの高等行政裁判所の決定を取り消した（BVerwG, U.v. 28.1.1966）。すなわち，一回限りであり

第5章　規範的授権論

総体的である試験の状況を裁判官は繰り返すことができないが故に，試験の統制は制限される。そして，このことは映画の評価では基本的に別である，とする。

　ザールルイ高等行政裁判所は「医師の口頭予備試験の形式や全体の結果について調書が作成されなければならない」とする規定を，問題と解答の主要点が文面において示され，明確で誤解のないように再現されなければならない，と解釈した。しかし，連邦行政裁判所はこの判決を取り消した（BVerwG, U.v. 1.10.1971）。すなわち，基本法第19条第4項も，法治主義もこの様な調書を要求していない。いかにして成績が評価されるかは，受験者が問題を素早く理解し，問題の解答を正しく展開し，自分の考えを明確に表現できるか，ということに左右される。また，候補者が試験においてあたえる印象も共に評価されなければならない。録音テープの記録でさえも，重要な詳細事項を完全に記録することができない。その上，可能な限り厳密に記録を取ることは試験での対話を妨げる，という理由からである。そして，連邦行政裁判所は，教育学的評価は制限されてのみ審査され得るという命題から，問題や解答の調書は権利保護をより効果的にするためには不適切である，という結論に達する。何故なら，果たして解答が正しいか，それとも間違っているかは，審査ができない教育学的評価の一部を成しているからである。それ故，受験者は，裁判所の決定にとって決定的な事実は証人や当事者尋問によってのみ調査されるということで満足しなければならない，と。

　試験の統制に対して連邦行政裁判所を中心とする判例の展開の概要をイプラーの研究にしたがって述べると，つぎのようになる(60)。

　連邦行政裁判所は，試験の権力は「第四の権力」であり，試験員会は裁判所のひとつである，という命題を最初から否定してきた。しかし，他方で試験官の独立性については，これを肯定してきた。

　判断余地については，つぎのような議論を展開した。

　すなわち，

―試験官は独立している。

―人の認識能力の自然的制約は裁判官による統制を制限する。

―成績ないし資格の教育学的評価はその本質から見れば，一般に通用する狭い基準によって個々の場合に定めることはできない。基準となるのは「全体的な判断」である。

―試験官は基準を自分で決定し，そうすることが許される。それの専門的資格や

------
(60)　Ibler, S.369.

143

第1編　行政裁量

経験から法的な枠内において誠心誠意決定することが許される。
—訴えの許容性は制限された統制と混同されてはならない。
—判断余地がなければ超試験制度の危険が裁判所において生じ，法治主義を危殆にさらすような試験制度の混乱のおそれが生じる。

　　連邦行政裁判所は以上の理由から，詳細に記録を取る義務がないという権利保護を困難にする特別の根拠を導き出した。
　それ故に通常は裁判所は，つぎのことだけを統制せざるを得なかった。
—果たして手続が法にしたがって整序されて実施されたか。
—試験官が間違った事実を前提としたのか。
—試験官が一般に承認された評価基準を導き出したのか。
—試験官が他事考慮に支配されたのか。
—果たして評価が科学的または教育学的観点のもとでは正当化され得ず，それ故恣意的であるか，ということ。

　裁判所は基本的には裁判所の統制からの試験官の大きな自由に固執している。極端な場合については裁判所は試験官の裁量余地の限界を示し，これを僅かしか狭めなかった。例えば，マリ判決（Mali-Urteil, BVerwG U.v.17.7.1987）ではつぎのことが責問された。すなわち，公法学の分野での法律学国家試験において，10分間にわたり西アフリカのマリ共和国について口述試験が行われた。何処にこの国があり，首都はどのように呼ばれ，いかなる伝説的な町がこの国の主要な河川の沿岸に点在しているか，誰がこの国を統治しているか，という設問である。このような試験問題の選択は比例原則や基本法第12条（職業選択の自由）に違反する，というのである。法律学国家試験のような場合には，職業選択の自由が関連づけられていることが注目される。

b）連邦憲法裁判所の決定

　連邦憲法裁判所が1991年4月17日の2つの決定において，試験官の判断余地について確立された連邦行政裁判所の判例を基本法第19条第4項に違反するとして宣言したことは，驚きをもって迎え入れられた。BVerfG, B.v. 17.4.1991-BVerfGE, 84, 34; B.v. 17.4.1991 BVerfGE 84, 59 の2つの決定であるが，前者は法律学国家試験についてであり，後者は医師国家試験に関するものである[61]。

　連邦行政裁判所は比較的広い判断余地を試験官に認めていたが，連邦憲法裁判

---

(61) 法律学国家試験の判例については日本でも既に紹介がある。野中俊彦「法曹資格の成績評価と司法審査の在り方」ドイツ憲法判例研究会編『ドイツの最新憲法判例』（信山社，1999）300頁以下。

所はこの決定において試験官の判断余地を全面的に否定したのではなく，憲法上正当化しようとしたのである。しかも全く新たな理由づけをもってそうしたのである。いずれにしても，この連邦憲法裁判所の決定によって，試験の決定における判断余地の理論は大きく変化することになる。この点は後述する。

以下にはこの連邦憲法裁判所の決定をイプラーの研究にしたがって要約する(62)。

連邦憲法裁判所の決定によると，いわゆる「試験に特有の評価」(prüfungsspezifische Wertungen)だけが評価の裁量領域の中に算入される。何がこの「試験に特有の評価」か，ということを同裁判所は確定的に説明していない。むしろ取り敢えず消極的に，試験の対象であるが，専門的な問題でないものを除外する。同様に，果たして受験者が正しい解答をしたか，ということは試験特有の問題ではなく，それ故に統制できる。同裁判所は積極的に試験特有の評価であり，それ故に裁判所により統制され得ない例として，いくつかのものを挙げる。すなわち，第1に「純粋な試験の問題」である。受験者の成績についての「平均より上」(vollbefriedigend)または「優」(gut)という判定。第2に，受験者に課せられた試験の難解さの程度。第3に，受験者の記述方法についての試験官による判断。そして，補充的に試験特有の評価は専門的な判断と分かちがたく結びついていることを指摘する。

連邦行政裁判所などの行政判例と比較すると，この連邦憲法裁判所の決定により認められた裁量の範囲は狭いように見える。しかしこの残された範囲について，連邦憲法裁判所は裁判所の統制を強化しているように見える。しかも3つの点においてである。すなわち第1に，一般的な評価基準を定立する（正当で，重要な理由で首尾一貫して根拠づけられた解決方法は間違ったものとして評価されてはならない，というもの）。第2に同裁判所は，試験官の評価裁量に対して候補者の「解答の裁量余地」をもって対峙させる。第3に，権利保護を求める受験者には，自分の試験官が評価をもう一度考え直し，このために裁判前の統制手続を要求するについての請求権が存在する。「解答の裁量余地」については，試験官も試験局も，評価の裁量余地を持つのではなく，これについて争いがあるときは裁判官が決定しなければならない。これは，行政裁判所の審査を強化し，試験官の裁量領域を相対化するのである。

さて，以上のようにイプラーの研究にしたがって連邦憲法裁判所の決定を紹介

---

(62)　Ibler, S.371.

第1編　行政裁量

しているのであるが，この決定で最も注目されており，しかも批判が多いのは，同裁判所が「機会平等原則」（Chancengleichkeitsgrundsatz）を援用して，行政裁判所による試験官の統制を厳密化しただけでなく，試験官の裁量領域を憲法上の効力をもって正当化したことである。しかし，この議論は分かりにくいので，判旨を引用することにする。

>「個々の候補者の行政訴訟において裁判所は──鑑定人を使ってでも──同等の受験者全体のために決定的な評価の基準を，単に概略的にしか再現することができない状況において適用するために発見することはできないであろう。固有の評価基準が開発され，試験官の評価基準に代替されなければならないであろう。これは法適用の実際上の困難さだけでなく，特に憲法の問題でもある。試験法に適用される機会平等原則によると，同等の受験者には可能な限り同等の試験の条件と評価基準が適用されなければならない。個々の候補者が行政訴訟を提起して，比較の枠から独立した評価の機会を獲得するならば，この機会平等原則に違反する。総ての同等な候補者についての平等な判定は，深刻に損なわれるであろう。こうした平等な判定が達成できるのは，試験特有の評価に際して試験局決定の裁量余地が残され，それに伴って裁判所の統制が制限される場合である」。(BVerfGE 84, 31, 52)

連邦憲法裁判所はこの決定において，基本法第3条第1項が定める平等原則により総ての受験者について機会平等が可能な限り保障されなければならないことを宣言した。そして，個々の受験者（候補者）が行政裁判所に訴えることにより，比較の枠から独立した評価の機会を得るならば，それは機会平等原則と一致しない。試験に特有の評価に際して審査行政庁に決定の裁量領域が残されており，その限りにおいて裁判所の統制が制限される場合にのみ機会平等原則が達成される，と判示した。この様にして機会平等原則から，憲法上正当化された試験法における評価裁量の余地が導き出されたのである。

機会平等原則は試験官の判断余地を導き出すために援用されているが，従来は行政裁判所の判例も含めてこの原則は判断余地の制限のための議論において用いられてきた[63]。例えば，連邦行政裁判所は恣意禁止原則を超えた厳格な意味をこの機会平等原則にあたえ，その際に恣意禁止原則は既に判断余地の限界である，とする。また，機会平等原則はむしろ試験官の裁量余地に対抗する議論に際して用いられ，試験官の独立性と対立する議論として用いられた。試験官の決定が裁

---

(63) 以下の記述は Ibler, S.373 にしたがう。

判所の統制から自由である場合には，機会平等原則は適用されない，ということまで論じられた。これが連邦憲法裁判所のこれらの決定前までの考えであった。

以上の連邦憲法裁判所の決定の後には，行政判例は連邦憲法裁判所の判例に倣って試験に対する行政裁判所の統制を調整してきている[64]。また，イプラーの研究は，この連邦憲法裁判所が機会平等原則を援用して試験法における試験官の判断余地を導き出したことに対して詳細な反対論を展開する[65]。その内容は本書の枠を超えるので，ここでは取り扱わない。憲法裁判所の判例にも対峙した独自の理論を構築しようと努力する学説の逞しい態度は，日本の学説も見習うべきであろう。

2　訓令から独立した合議体の決定

a）試験に類似した行政決定

試験に類似した行政決定は統一した集団を形成しているのではない。行政が行う決定についての最終性を確認するためには，法律における手掛かりが必要となる。これについての徴表としては，法律が訓令から独立した専門家から構成される委員会（Gremium）または多元的な利益代表者に委ねられる場合である[66]。

製品の特殊な品質を確認する決定はその要件においても，決定手続・組織においても余りにも多様であるので，行政の最終的な決定権の授権を肯定することができない。つぎのようなディ・ファビオの指摘がある[67]。すなわち連邦行政裁判所は評価的な内容をもった不確定法概念であって人間の認識能力という限界事例において自然の制限が加えられているものが登場する場合に，判断余地を認めようとした。同裁判所はここでは，一般に通用する価値基準にしたがってなされ得るのではなく，それ故科学的ないしは社会的合意形成の欠如を特色とする価値評価を念頭に置いている。認識的な不確実性の領域における価値評価は，決定者の人的能力，先入主と主観的な好みに左右される。したがって連邦行政裁判所は，専門的な合議体の人格によって条件づけられた価値判断は完全に裁判所の統制を受け入れないという思考をもって，判断授権肯定のための基準の目録を強化した。この意思は，概念選択，予定された決定，および決定手続の手続的ないし人的・組織的な法律による形成の価値評価依存性を通して明らかになる，という指摘で

---

(64)　これについては Pache, S.132 ff.
(65)　Ibler, S.372 ff.
(66)　Schmidt-Assmann, Art. 19 IV Rdn.195.
(67)　Di Fabio, S.272.

ある。この指摘は，以上の考えを示す例として連邦行政裁判所の1981年6月25日の判決（BVerwGE62, 330）を挙げている。この連邦行政裁判所の判決は，届けられた植物の品種（Sorte）についての「土地開墾上の価値」に関する連邦品種庁（Bundessortenamt）の品種委員会（Sortenausschüsse）の決定について判断授権を肯定したのである。

「予期される植物栽培上の進歩についての必要とされる判断は――これは判断余地付与に決定的に味方するのであるが――連邦植物品種委員会に専門的な合議機関として委ねられたのであり，これは品種保護リストへの登録に関する決定を少なくとも異議審査手続において，司法に類似した手続において行うのである」。

以上が連邦行政裁判所が判断余地を認めた例であり，ディ・ファビオがその根拠を説明したのである。しかしこれとは反対に，同裁判所はワインの品質の審査についてはこれを否定した[68]。

b）多元的な利益代表者の場合

問題なのは多元的な利益代表者（pluralistische Interessenrepräsentanten）によって構成される委員会での決定である。これに関する代表的な事例として連邦行政裁判所の判例がある（BVerwGE 39, 197）。この判決については既に著者の別の研究で触れたことがあるが[69]，ここでは本書のテーマと直接に関係するので，ここで要約的に繰り返すことにする。

連邦審査所（Bundesprüfstelle）は「青少年に有害な図書の流布に関する法律（Gesetz über die Verbreitung jugendgefährdender Schriften）にしたがって，ある雑誌に掲載された連載小説を，社会倫理上の観念を混乱させ，平均的な子供や青少年に有害であると判定し，それを青少年に有害な出版物の目録に掲示する処分を行ったところ，処分の取消が争われた。同裁判所はつぎのように判示する。

「目録への掲示は，青少年に対して有害であることを前提とする。この要件に該当するかどうかは唯一の正しい決定を可能にする不確定法概念としてこれまで考えられてきた。しかし，この掲示に際しては，単に事実の認定やそれの包摂だけが問題となるのではない。すなわち，青少年に有害であるかどうかの決定は，むしろ先見の明があり，同時に道標となるような価値的要素をも含む判断をその内容とする。青少年に有害であるという概念を適用するに際しては唯一の正しい解決方法が可能であるという観念は擬制であるこ

---

(68) 以上 Schmidt-Assmann, Art. 19 IV Rn.195.
(69) 海老沢・前掲87頁以下。

第 5 章　規範的授権論

とがわかる。実際に複数の解決方法が存在するのであるから，同様に採り得るものとして法が承認する決定可能性の幅があり得る。……また同法は，決定について権限を持つ連邦審査所の組織および掲示のための手続から，決定がいかにして導き出されるのか，という観点に立つ。連邦審査所は合議体として，特別の原則にもとづいて組織されている。……すなわちそれは，同法第9条第1項によれば，連邦家族少年大臣によって任命された1名の議長，それぞれのラント政府から1名ずつ任命された委員および連邦家族少年大臣によって任命されたその他の委員より成る。そして，同法第9条第2項によれば，これらの者は芸術・文学，書籍販売，出版，青少年団体，青少年厚生事業，教師団，教会並びにその他の宗教団体から出されなければならない。……連邦審査所の構成は出版物の目録への掲示に関する決定に際して，われわれの多元的な社会のさまざまな団体が活動することを保障する。それの意見を別のものに代えることができないということは，この種の判定主体の本質である。したがって行政裁判所は，審査所の決定に代えて，鑑定人の補助によってなす自らの認定にもとづいて判決をすることができるとするならば，それは背理である」。

このように連邦行政裁判所は多元的な利益代表者によって構成される委員会の決定について判断余地を認めたのであるが，これは必ずしも肯定的に評価されていないのである。すなわちここでは，法律で規定されている連邦審査所が専門知識よりもむしろグループの権利（Gruppenparität）を代表する委員会がこの授権された主体であるからである。いずれにしても，判断の授権を多元的に構成された決定の権能と結びつけることは一般化が可能な考えではない。このような委員会においては，一般の行政よりも不公平な利益の混合の危険の故に，立法者はまさにこのような場合には裁判所による完全な統制が行われるようにする義務がある。判断の授権を肯定するためには，何らかの付加的な徴表が必要である，とする意見である[70]。

---

(70)　Schmidt-Assmann, Art. 19 IV Rn.196; なお，この連邦行政裁判所の判決はその後に行われた連邦憲法裁判所の決定（BVerfGE 83, 130, Beschluß v.27.11.1990）の下ではもはや維持できない，とされている（Ibler, S.383）。
　　この連邦憲法裁判所の決定については，芹沢斉「『有害図書』規制と芸術表現の自由──ヨゼフィーネ・ムッツェンバッハ事件」ドイツ憲法判例研究会編『ドイツの最新憲法判例』（信山社，1999）167頁以下。

第1編　行政裁量

3　予測概念

a）予測決定

予測については，後に衡量論の箇所で，特に計画行政の説明において学説での議論を説明するに際して紹介する。したがって重複するところもあるが，ここでは判断余地ないし判断授権が承認される場合の議論として取り扱う。

行政庁が「予測決定」（Prognoseentscheidung）を行うときに，判断余地の授権（判断授権）が承認されることが肯定されている。予測とは，特定できる将来（angebbare Zukunft）における事象（Ereignis）の発生または事実関係の展開に関する蓋然性の判断である[71]。行政が予測を行った上で行政決定を行わなければならない場合は多くみられるのであり，警察法上の領域においてもそうである（危険の予測）。予測という概念はある場合には蓋然性の判断自体のために使われ，ある場合には特定の国家の措置の導因となるために，いかなる蓋然性の程度が必要となるかに関する判断のために使われた。しかし，行政決定に対する行政裁判所の統制密度との関連で予測に言及がされたのは比較的新しく，1970年代からである，とされている[72]。

オッセンビュールによると，予測（Prognose）は将来の精神的な先取りである。将来の先取りとしての予測は，行政計画や，将来に影響をあたえる決定および形成が内包する本質的で，不可欠な要素である。「将来の事象についての言明」としての予測は包摂（当て嵌め）ではなく蓋然性の判断である。予測と包摂は別のものである。包摂は調査された上で確定した過去もしくは現在の事実関係を，法律の抽象的な構成要件と結合することである。予測は将来の事実関係を見通すことである。既存のそして既知の事実（予測の基礎）から，承認されている経験則を媒介として，将来の事実関係の（蓋然的）発生を推論することである。不確実性は2つの点において生じる。すなわち，包摂についても，予測についても，である。しかし，発生する不確実性は異なった原因をもつ。包摂に際しては，法律正文によるとき多かれ少なかれ必然的な規範の意味および/または事実関係の規範該当性に関する意味の違いについてこの不確実性が生じる。予測においては予言の能力は人間には欠けており，予測推論の基礎としての経験範囲はいつも制限されているということに不確実性の原因がある。包摂は真実の発見であり，予測

---

[71]　Schmidt-Assmann, Art. 19 IV Rrn.198.
[72]　Fritz Ossenbühl, Die richterliche Kontorolle von Prognoseentscheidung der Verwaltung, Festschrift für Menger, 1985, S.731 ff.（731）．

第5章　規範的授権論

は蓋然性の判断である⁽⁷³⁾。

　これが包摂と比較した「予測」の性質であるとして，予測の裁判所による統制について触れると，行政の予測はそれ自体裁判所により限定的に審査され得るにすぎないという原則は存在しない。予測的要素は法律概念の一部である。概念の不確定性だけを理由として裁判所の審査から免れることができないのと同様に，予測の要素を含んでいる法律概念から直ちに裁判所の統制の放棄を帰結することはできない。しかし，予測的な内容をもった概念の場合にも，立法者が行政に対して最終的な決定権限をあたえ，これによって裁判所による統制を制限することは，憲法上（基本法第19条第4項）可能である。将来の展開が判断されなければならない限り，予測の授権は判断の授権と見なされた構成要件において見出される。このような場合には，予測の授権と判断の授権は実務上重なり合う(74)。

　このような判断の授権の一つとして考えられるのが「評価の特権」（Einschätzungsprärogative）である(75)。

　この「評価の特権」は判断の授権の一つに数え入れられるが，特に政策的な内容をもった概念において現れるとされている。特に計画法，インフラストラクチャー法および経済法において数多なものがみられる。ここにおいてもまた，規範的授権の内容が決定的であって，政策的・予測的要素だけでは評価の特権は肯定されない。しかし，概念の転換が執行行政から政府の段階にまで移行するほどに，評価の特権が認められる。この移行は，評価の特権と，構成要件の中にしばしば混合して現れている予測の授権の間において行われる。大ていの承認された評価の特権は，決定の政策的かつ予測的内容からの立法上の帰結であるが，そうだとすると，予測の授権から計画という国家活動への更なる領域の移行が肯定されるか，という問題がある。つまり，予測的な要素をもった構成要件が計画の授権を意味するのか，ということである。計画の領域における規範は，それが蓋然性の判断を要求している場合には，必ずしも予測の授権を含んでいるのではない。計画街路から発生するであろう交通騒音の予測的調査は完全に裁判所により調査される(76)。

---

(73)　Ossenbühl, S.732.
(74)　Schmidt-Assmann, Art. 19 IV Rn.199.
(75)　Ossenbühl, S.733.
(76)　Schmidt-Assmann, Art. 19 IV Rn.199. 予測の授権が判断の授権と見なされる場合の「評価の特権」が肯定されるに際して，オッセンビュールは機能論的な議論が行われるべきであるとする。そして，予測と評価の特権を結びつける基準として，①行った決定についての行政の結果責任，②法律により行政に対して開かれた自己責任を負った形成の任務，

151

第1編　行政裁量

　以上のような予測的な内容をもった決定について行政の判断授権が認められる領域としてあげられるのは，例えば低空飛行区域の設置または維持に関する国防政策的評価，競争制限禁止法上の「全体の経済的な状況および発展」に関するカルテル庁の評価，対外経済関係法による輸入割当決定，外国で活動する公務員の購買力調整に関する実体的規制，等々である[77]。

b）予測決定の審査基準

　さて以上のように予測的決定について判断の授権が行われて，行政に対して判断余地が承認される場合には，この行政決定に対する統制の密度は縮減されることになる。予測についての統制基準であるが，これについて，付言しておくことにする。

　まず審査基準として挙げられるのは，行政が果たして法律にしたがい事案において提起されている予測の問題を正しく理解しているかということであって，これは裁判所の完全な審査の対象になる（予測基礎の統制）[78]。予測の問題を正しく理解し，予測の枠組みを想定したのか，そして予測の基礎となる資料が整えられたのかということが統制される[79]。予測の基礎には事実やデータであって，予測の結論が準拠するもの，成長率，推定される傾向，予測が基礎とする偶然的な変数，そして予測の展開に関する経験則である[80]。更に審査基準として挙げられるのは，行政が利用できる予測の手続の下で，適切な，科学的に是認できる（vertretbar）方法を選択したのか，この方法が首尾一貫して用いられたのか，そして予測が内在的に跡づけをすることができるか（予測の推定手続の統制）である。

---

　③行政におけるより多くの専門知識，を挙げる。そして，特に③の点について，つぎのように指摘する。すなわち，判決の発見のために専門的な助言を求める状況にある刑事や民事の裁判官と同じ状況を行政裁判官について指摘することは間違いである。権限を持ち，専門的な権限に対応して専門知識をもった行政庁によって発せられた決定を，行政裁判官は統制するからである。仮の権利保護において電力需要の予測を行わなければならない行政裁判所は私立の経済研究所の鑑定を得ることもできる。裁判所がこのように行動し，政府官僚の予見よりも私的な予測に信頼を置くならば，統制や責任に服することもないし，決定の正当化を示すこともできない国家外の機関に本質的なエネルギー政策の重要な部分が移行してしまうのである。同様のことが原子力法上の許可の付与に際しての危険判断についていえる，とする（Ossenbühl, S.737.）。

(77)　Schmidt-Assmann, Art. 19 IV Rn.196 更に，Michael Sachs, in: Stelkens/Bonk/Sachs, Verwaltungsverfahrensgesetz, 8. Aufl. 2014, §40 Rn.200ff. に詳細な例示が行われている。これについての紹介は省略する。
(78)　Ossenbühl, S.744.
(79)　Schmidt-Assmann, Art. 19 IV Rn.200.
(80)　Werner Hoppe, in: Hoppe/Bönker/Grotefels, Öffentliches Baurecht, 4. Aufl. 2010, § 7 Rn.52.

152

これに対して，予測の結論自体は内容的に審査されない（予測の結論）[81]。これについては項を改めて触れることにする。その上，つぎの事項が審査基準として挙げられる。すなわち，予測と結びついた将来の展開の不確実性が，これによって正当化される侵害と適切な比例関係を保っているか，という点である。この問題は，本来の予測の統制の外側に在り，裁判所によって完全に統制される，とされる[82]。

いずれにしてもこの予測的決定にとって重要な特色は，予測の根拠とされている事実や経験則を基礎にして蓋然的な将来の展開を帰結せざるを得ない蓋然性の判断ということである。経験則についての知識の欠如と同様に，蓋然性ということを基準としている以上，予測的決定は必然的に不確実性と結びついており，この不確実性との関連で行政に判断余地が認められている[83]。そして，この予測的要素による判断余地の領域は環境法や技術法に移行する。この領域においては，安全性の確保という基本的な国家目標は決して確定的に判断できない。被害や危険の可能性をもった複雑な科学・技術的な展開に直面して，これに対する単なる反応的な危険の防止としてではなく，攻勢的に形成されるリスクに対する事前の配慮として国家活動を行うことを必要とするにいたる[84]。リスク行政と判断余地の関係については後述する。

c）間違った予測

間違った予測（Fehlprognosen）は，後の展開により否定される予測であって，瑕疵ある予測である。こうした瑕疵ある予測に関する訴訟における法的な取扱いは，裁判所の決定にとって基準となる時点にしたがって決まる。この時点が最後の行政決定である場合には，その後の明らかに異なった展開にもかかわらず，事前の観点からの判断（Beurteilung ex ante）だけが行われる[85]。この問題の説明に際しては1978年7月7日の連邦行政裁判所の判決（BVerwGE 56, 110）が引用されている[86]。この判例によると，「裁判所の審査の対象は計画確定決定の基礎となっている予測がそれに対して行われた要求を充たしているかということであって，予測が後の事実上の展開により，多かれ少なかれ確証されたか，それとも否定されたか，ということではない。予測とは異なった展開は既に最初から間違っ

---

(81) Schmidt-Assmann, Art. 19 IV Rn. 200.
(82) Schmidt-Assmann, Art. 19 IV Rn. 200.
(83) Pache, S.142.
(84) Pache, 142 ff.
(85) Schmidt-Assmann, Art. 19 IV Rn. 201.
(86) Schmidt-Assmann, Art. 19 IV Rn. 201.

第1編　行政裁量

て前提とされた予測であり，それ故に瑕疵ある予測の徴証であるにすぎない」ということになる。その上，極端に予測とは異なった展開は，予測に支えられた計画や措置を，これ以上維持することが違法であるとするほどに機能不全にする，とされる。

4　受容概念

受容概念（Rezeptiosbegriff）と呼ばれる概念を法律が規定して場合にも，裁判所による統制が制限されるのであり，これを論じるのが「要因論」（Faktorenlehre）である。受容概念は，特定の指示を自分の中に取り込む法律概念である。このような指示はそれ自体規範としての性質を持ち得る。しかし，事実の中で具体化しており，これによって自然的な不随意性（Unverfügbarkeit）を示すこともある。例えば，公務員転任のための「職務上の必要」は行政庁の職の計画と関連しないで判断することはできず，公務員の適格性は関連する職の調整を斟酌しないで判断することはできない。両者は所属長の組織的な決定によって定まるのであり，この決定は裁判所によって全面的に審査され得ない[87]。法的に判断される具体的な事実にどの程度まで限界を設けるのか，どのような要素が──行政によって設定されて──法律の適用に際して尊重され，あたかも規範的な効果をもつのか，という議論がここでは提起される。例えば勤務上の利益侵害の「おそれ」の予測（これは公務員法によると，副業許可に際してなされなければならないものである）は法律の構成要件において具体化されておらず（具体化できず），その内容は予め指示されている要因によって左右される。警察公務員の場合には，例えば「執行警察の介入待機」（Einsatzbereitschaft）またはそれぞれの公務員に委ねられた「職務の範囲」である。こうした「要因」を見て「おそれ」は判断されることになる。

別の例を挙げると，行政裁判所法第80条第1項は異議審査請求が提起された場合の停止的効力の規定であるが，第2項はこの停止的効力が生じない場合の事由を定める規定である。その第4号は「公益」のため，行政行為をした行政庁などにより緊急執行が特に命じられた場合を挙げている。原子力法上の原子力施設許可の緊急執行の指示が必要かまたは実行できるかの判断には，この「公益」が判定されなければならない。この緊急執行手続における電力需要の予測は出力データで知ることができる（予測基礎）。一連の政策的決定はこのような出力デー

---
[87]　Schmidt-Assmann, Art. 19 IV Rn. 202.

第 5 章　規範的授権論

タに属する。例えば国家または地域の電力供給が長期にわたって石炭と石油または原子力のいずれによって確保されるか，というデータである。しかし，裁判所はこの緊急執行手続の枠内で行われる電力需要予測に際しては，「政策的目標観念」，「政策転換」を受け入れなければならない。これらのものは，予め指示された包摂されるべき現実というべき要因である。

　このように予測はこの要因を前提としなければならず，要因は所与とされる確固としたデータであり，それ自体法律適用の対象ではなく，それ故裁判の対象ではない。このように，この受容概念は要因論と関連して論じられる。そして，先に見た予測概念論の中でも論じられる(88)。

5　技術条項

　規範によって付与された行政の最終的な決定が認められる場合として，技術条項が挙げられる。この技術条項に関する議論は広がりをもっているのであり，特に「リスク行政」に係わる議論はここで論じられるべきである。この「リスク行政」がいかなるものであり，そもそも「リスク」がどのようなものとして理解されなければならないかは後に別個に論ずることにしており，ここではまず，技術条項に関する議論の概観を行うことにする。その後で新たな項目を設けて，本書の課題である規範的授権論との関連でリスク行政を論じていくことにする。

　ここでもシュミット＝アスマンにしたがって技術条項の議論を概観すると(89)，行政に対する規範具体化の授権の例として先に挙げた法律規定における受容概念は，技術的事実関係と知識に関係する法律概念と関連性をもって示される。このような安全性の技術の概括条項の第 1 の類型は，「一般に承認された技術のルール」（die allgemein anerkannten Regeln der Technik）である。これは実務によって試され，証明され，実務家の多数によって行われている原則と解決方法である。このルールは法を適用する裁判官に対して自分で科学的な調査をすることを強要せず，裁判官をして専門家の指導的な意見に着目することによって技術的な知識の承認の程度を調査することを通して，自分にとって未知の知識を引き受けるようにさせる。このような承認されたルールにおいては，例外的な状況である「度外れた状態」（eingerissener Mißstand）が生じる場合のみ，裁判官による明白性の統制に類するものが行われることになる。

　第 2 の類型は，法律がつぎのような規定を置いている場合である。例えば，環

---
(88)　以上の説明は Ossenbühl, S.741 による。
(89)　Schmidt-Assmann, Art. 19 IV Rn.203.

155

境汚染防止法（Budesimmssionsschutzgesetz-BImSchG）は「技術の水準」（Stand der Technik）という文言を置いている（第3条第6項）。あるいは，原子力法（Gesetz über die friedliche Verwendung der Kernenergie und den Schutz gegen ihre Gefahren〔Atomgesetz AtomG〕）第7条第2項第3号および遺伝子工学（Gesetz zur Regelung der Gentechnik〔Gentechnikgesetz-GenTG〕）第6条第2項の「科学技術の水準」（der Stand von Wissenschaft und Technik）がその例である。このような「法定の概念」についても，これが執行府に規範具体化を授権し，手続的・実体的な本質的な部分を譲り渡すまでに裁判所による統制を後退させることが可能か，という問題がある。

IV 環境法と技術法における規範具体化権能

1 問題の所在

　以上述べた行政に対する法律規定による授権と，これに対応した裁判官による統制の可能性の範囲および限定はその重点を特に環境法と技術法に見いだす。この領域において注目すべきことは，先に述べたように「リスク行政」の領域における複雑なリスクの査定や評価に際して機能法的な考察から最終的な決定責任が行政に帰せられる，という議論が行われることである。具体的な議論は後述するとして，これを要約的に述べると，つぎのようになる。

　すなわち，環境法や技術法においては，不確定法概念の生活事実関係への包摂を超えた行政の判断余地が認められるのである。すなわち，環境法や技術法において(89a)はそれの顕著な特色として法律規定の開放性と広大さがみられるのであるが，それと同時に，特に事業計画についての許可要件としての「科学・技術の水準への指示」が法律規定の特色としてみられる。この指示は相応した科学・技術水準の調査を特に要求するのであり，ここでは典型的には科学的・技術の発展や議論の事実上の水準の説明だけが行われるのではない。この指示は，異なった意見の評価および，これと関連する個人の利益・公共の福祉間の衡量を前提とする，受忍ができる技術のリスクの程度に関する決定と必然的に結びついている。法律の指示はそれだけでは殆ど言明力も制御力もないので，個別事案の適用をすることができない。このため解釈だけでなく，付加的な決定基準の展開を特色とする具体化を必要とする。

　（89a）　以下には Pache, S.80ff.

判断余地の特別の場合として理解されている行政のこのような権能をもう少し詳しくみることにすると[90]，このような権能の基本的な前提はつぎのようなものである。すなわち，立法者は適用のためには具体化を必要とする規範プログラムを定立するという理由であり，行政は具体化を要する規範プログラムの適用について適格であるという理由であり，機能法的意味での必要とされる適切な具体化をするについて立法者よりも能力があるという理由であるということであり，これが中心的な考えである。環境法や技術法においては行政の規範具体化権能は主として，行政に認められた判断余地に依拠しており，この判断余地は内容的に，個別事案での最終的な拘束力をもった包摂の権能を超えるものである。環境法や技術法における許可要件の開かれた規定は，裁判所の完全な審査を受ける開かれた許可要件の解釈に事実関係を包摂することに制限されるのではなく，科学や技術の水準のような指示概念の適用に際して多様なリスク調査（Risikoermittlung）と評価（Bewertung）の過程について行政に割り当てられた最終責任を包含する規定の具体化の権能を行政にあたえる，というように議論される。法律における不確定である具体化を要する概念を媒介として，機能法的意味で行政が個別的事案に関連してこの規定を充填する場合だけでなく，一般的に規範の具体化をする「行政規則」（Verwaltungsvorschrift）を発することにより充填する行政による規範の具体化が肯定されるのである。判断余地は既存の法律規定の解釈に際して導き出される行政に対する法律具体化の委託であるが，同時に，行政裁判所の統制権能の限界を定めることになる。

さて，このような「行政規則」は行政法総論における法源論において，従来の行政規則論と比較して合憲論も含めてどのような意味をもつのであろうか。この点については後で少し触れることにして，まず以上の議論を具体的に確認しておくことにする。

2　判例法による展開

環境法や技術法において広範に展開した行政による規範具体化の権能の承認は，主として原子力法に限定された連邦憲法裁判所および連邦行政裁判所の判例に拠る。これを出発点として，環境法のその他の領域にまで拡大していくのである。こうした判例の展開については，以下には引用を含めた説明をしておくことにする。

---

[90]　Pache, S.82 ff.

第1編　行政裁量

a）連邦憲法裁判所の2つの判例

　具体化を要する開かれた規範の憲法上の許容性および行政による具体化の権能に関する立場の出発点は連邦憲法裁判所の1978年8月8日のカルカール決定（BVerfGE49, 89）であるとされる[91]。ここでは同裁判所は，後述する原子力法第7条第1項および第2項上の許可要件の合憲性を確認した。それと同時に，規定の文言の開放性から生じた執行府と裁判所の原則的な責任を指摘した。すなわち，必然的に学問上の論争がある問題の不確実性と評価に結びついた科学と技術の水準への規範的な指示に際しての具体化の特別の困難さに鑑みて，基本法第19条第4項から帰結される裁判所の審査は制限されることを明らかにしたのである。

　すなわち，

　　「この公式は技術の水準という公式よりも行政庁に対して多くの認識問題を投げかける。行政庁は専門家の鑑定が矛盾する場合には，科学上の論争問題について自分の立場を表明することを，原則として回避することができない。基本法第19条第4項に鑑みて，将来の被害可能性の評価のための技術的基準の評価に際して裁判官の事後審査の義務が何処に存在するかということ，そして，自然科学的・技術的な認定および判断の領域において知識の欠如や不確実性が存在する場合に，そこから生じる『変動幅』の限界が守られたのか，ということに裁判所の審査は制限されるのか，という問題には触れないでおく」（S.136）。

引用した判旨の後半部分は裁判所の審査が制限されることを前提とした上で，その制限の限界を述べているのである。このように裁判所の審査が制限されることを述べた後で，同裁判所はリスク判定が執行府に委譲されることをつぎのように判示する。

　　「具体的なリスクの判定は，すべてのリスク要因の効果関連性を斟酌し，可能な予防措置によるそれぞれの阻止を斟酌してのみ行うことができる。比較的恒常的な要因に対する技術的な発展（例えば多重的な，相互に独立している安全性の装置と進行中の監督）により，個々の要因の重要性は回を重ねる毎に変化する。リスク判定にとって基準となる状況のそれぞれの最新の知識水準の適合だけが，可能な限りの最良の危険防止とリスク配慮の原則を満足させる。この判定を執行府の手に委ねることは（それの法的行為形式は必要な適合のために執行府に対して立法者よりもずっと優れた措置を執る手段を施す），そ

---

(91)　Pache, S.84.

の限りにおいても法益保護の推進に奉仕する」(S.139)。
そして1982年7月8日の同裁判所によるザスバッハ決定(BVerfGE 61, 82)は，このような裁判所の審査の制限の可能性についての思考を行政の原則的な権限の観点を援用して継承した。すなわち，

> 「許可行政庁は，規範の指示と恣意のない調査の枠内で，例えば科学と技術の水準，被害に対する配慮の必要（原子力法第7条第2項第3号）もしくは防止措置またはその他の影響に対抗する保護を基準として評価を行わなければならない。裁判所はこのような認定と評価を，その適法性についてのみ審査をしなければならず，自分の評価にそれを代えることはできない。行政手続において提出され，解明され得たにもかかわらず，行政手続において提出または遅れて提出された異議がようやく裁判手続において解明された場合には，権力分立原則に対応した審査の順序は崩壊するであろう」(S.114ff.)。

原子力法の適用に際しては評価も必然的に行われなければならないが，他方ではこの評価は法適用について管轄権をもっている行政に原則として委ねられている，という考えがこの判決の中心にある。この決定がこのように行政庁に最終的判断を認めた理由は，法律による指示というよりも，考察されているリスク決定の法律によって創造され，または受け入れられた基準の開放性の中に見いだされる。すなわち，リスク決定の領域は認識的に不安定であり，リスク決定は警察上の措置よりも前方に移行して行われざるを得ないのであるから，ここでは正しさが保証された決定は存在しないのである。より正確にいうと，一義的な法適合性と違法性の判断を合理的に確立する判断を，リスク決定は許さないということである。これは技術法，環境法や製造物安全法において黙示的に通用する状況であり，憲法裁判所の判断はこれを示している，とされる[92]。

b) ヴュール判決

aa) ヴュール判決の判示事項　以上の裁判所による審査制限および行政統制の範囲についての連邦憲法裁判所の立場は，連邦行政裁判所のヴュール判決によって取り入れられ，そしてその上で，拘束力をもった規範を具体化をする行政規則制定についての行政の権能が明示的に肯定されることになる[93]。

1985年12月19日の連邦行政裁判所のヴュール判決（BVerwGE 72, 300）の対象はヴュール全域の南ブロックⅠ原子力発電所の設置第一次部分許可に対する訴訟である。原子力法（Gesetz über die Friedliche Verwendung der Kernenergie und

---

(92) Di Fabio, S.283.
(93) この議論については，高橋滋・現代型訴訟と行政裁量（弘文堂，1990年）135頁以下。

第 1 編　行 政 裁 量

den Schutz gegen ihre Gefahren［Atomgesetz］）第 7 条第 1 項は原子力施設の設置，操業等について，これが許可にかかることを定めており，第 2 項は許可要件を定めるのであるが，この訴訟では同項第 3 号の違反が問題となっていたが，これはつぎのような規定である。

　　「科学および技術水準にしたがって必要とされる施設の設置および操業による被害に対する事前配慮がなされたとき」

なお，この訴訟では同法第 1 条第 2 号および第 12 条第 1 項にも触れられているのでこれを紹介すると，第 1 条はこの法律の目的を列記する。その列記されたところの第 2 号は原子力エネルギーからの危険およびイオン化された放射線からの被害からの生命，健康等の保護および補償を定める。また，第 12 条第 1 項は第 1 条に列記された目的実施のための具体的な措置（Schutzmaßnahme）を，法規命令をもって定めることができる旨を定める。この訴訟では，不確定法概念，この概念の裁判所による審査およびこれと結びついた行政の自由な判断の領域についての判断が行われた。事前配慮という原子力施設の設置や操業から生じる「リスク」（Risiko）に対応する，裁判所の審査を免れる行政の自由な判断の領域に関するこの判決の判示事項は原子力法だけでなく，広がりをもって適用されるのである。

この判決においては，不確定法概念，それの裁判所による審査および，この概念と結びついた行政の自由な領域の問題は，科学と技術の水準によって必要とされる被害に対する「事前配慮」（Vorsorge）に集中しているのである。この判決によって引用されている原審としての控訴審裁判所であるマンハイム行政裁判所の判決内容はおよそつぎのようなものである。

　　「被害に対する事前配慮は古典的な警察法の意味で理解しなければならない。すなわち，この概念は裁判所による完全な審査を可能とする不確定法概念であり，許可行政庁には判断余地を認めないのである。原子力法においては，放射線防護の領域における事前配慮の措置は危険の閾値を下回ることも可能であり，しかも同法第 12 条第 1 項による法規命令がこれを要求している場合に，まずこのように言える。この法規命令の授権規定にしたがい実現されるべき原子力法第 1 条第 2 号の保護目的は，放射線防護の領域では『単なる危険防止』を超えている。このことは放射線防護の実務でも示されている。ここでは正確に『危険の限界』に達することは望ましくない。更に許可行政庁は危険から独立したリスクの事前配慮の措置を原子力法第 7 条第 1 項においてあたえられた裁量権行使においてもとめることができる。このこと

は，原子力法第1条第2号の基準による保護目的の最適の実現である限り，第三者を保護する」。

連邦行政裁判所は，控訴審判決の以上のような見解を否定して，受忍し得るそして回避すべきリスクの査定および評価の過程の特殊性と，この過程についての行政の特殊な適正という観点を挙げて，つぎのように判示する。

「原子力法第7条第2項第3号において用いられた事前配慮概念の構造は，伝統的なやり方で判断余地を伴わない不確定法概念としてこの概念を呼ぶことを許さない。同様に，第7条第1項において行政庁にあたえられた裁量権は，第三者を保護するものとみなされない。

第7条第2項第3号においては危険の防止ではなく，被害に対する事前配慮が言及されている。意味されているのは——第12条第1項第1号と同様に——イオン化した放射線の有害な効果である（第1条第2号）。この規定はすでに形成された警察法上の危険概念を手掛かりとしてではなく，第1条第2号において挙げられた法律の保護目的を顧慮して解釈されなければならない。それ故，言及されている規定にいう事前配慮は，『因果関係の法則にしたがい，現状から別の被害をもたらす状態および事象（Ereignesse）が生じるときに初めて保護措置が始まることが必要である』ということの意味ではない。……むしろ，現在の知識水準からみて，一定の原因関係が肯定もされないし否定もされないで，その限りでは危険ではなく，危険の疑いもしくは『危険の可能性』だけが存在しているという理由だけで否定することができない被害の可能性が考慮されなければならない。更に，被害の蓋然性とその判断に際しては既存の技術上の経験値に依存することが許されるだけでなく，いまだに存在している不確実性または知識の欠如を十分に信頼できるように排除するために，『単なる理論的な』考察および計算をも手掛かりとした保護措置を考慮しなければならないことも事前配慮の意味である。したがって，原子力法および放射線防護法においては危険の限界にまで達することは——控訴審裁判所が考えているように——望ましくないだけでなく，第7条第2項第3号の規定をみれば許されない。このことは集団の保護についても，個人の保護についても言える。したがって，連邦憲法裁判所は，言及されている規定の視点で可能な限りの危険防止およびリスクの事前配慮に触れた。第7条第2項第3号にいう必要とされる事前配慮がなされれば，危険およびリスクは排除されることになる。その限りで，必要とされる判断は『科学と技術の水準』を対象としなければならない。リスクの査定および調査に際して

第1編　行政裁量

の不確実性は，そこから生じる疑いの可能性を基準として，従来の想定を十分に斟酌しなければならない。この場合許可官庁は，『通説』を当てにすることは許されず，すべての想定できる知識を考慮に入れなければならない。したがって，当部ではリスク調査に際して斟酌されなければならない現象の評価的な選択は自然科学の任務であるとする控訴審裁判所の指摘は，少なくとも誤解を招くものと考えている。第7条第2項第3号の規範構造によると，リスク調査および評価の責任は執行府が負う。執行府はこの場合，科学を調査しなければならない。この意味で許可行政庁は自分の任務を理解した。本件で争われている許可行政庁は，つぎのようにいう。不確実性が存在するときは，より一層確実な推定が常にその根底にある。このことは，『散発的に表明される』科学上の意見にしたがわなければならない，ということでない。むしろ意見の表明の重要性が相互に比較衡量されなければならない，と。これを当部は正しいと考えている。

　以上のことから分かるのは，執行府に割り当てられた科学上の争いある問題の評価を，そこから生じるリスク評価を含めて自分の評価に代えることは事後に行う行政裁判所の統制の責務ではない。シュレースヴィヒ・ホルシュタインの行政裁判所により初めて詳細に述べられた立場は第7条第2項での法律規定だけでなく，憲法状況にも適合する。第7条第1項に挙げられたような施設の許可および不許可は市民の基本権領域に徹底的な打撃をあたえるのであるが，連邦憲法裁判所は『規律対象の特殊性』からここにおいて立法者と執行府の行為領域の区別を顧慮して，第7条第2項の規定が合憲である，とした。この区別は控訴審裁判所によって主張された見解とは反対に，許可行政庁決定に関する法的な統制の範囲に少なからず影響を依然としてあたえる。執行府は立法者に対してだけでなく，行政裁判所との関係においても，可能な限りの危険の防止およびリスクの事前配慮の原則の実現のために，ずっとすぐれた装置を施している行為形式を自分のものとする。このことは，第7条第2項第3号が示している比較的僅かな規律密度の本来の根拠である。つまりこの規定は同時に，こうした規律を基本権上の法律の留保の前で弁明している。したがって，連邦憲法裁判所は権力分立原則を明示することによって，行政裁判所が許可行政庁により恣意のない調査により行われた評価を法律適合性だけについて審査しなければならず，それを自分の評価に代えてはならない，と述べたのである。基本法第19条第4項の規定はこれと矛盾しない。この規定は憲法的意味構造をもっているのであるから，他の憲法

規範が毀損されないやり方で解釈されなければならず，行為の統制以上のものを要求していない。したがって，執行府に割り当てられた憲法上の権限秩序の前での留保が存在する場合には，この留保は，これと一致しない裁判所の統制の権能の拡大によって再び問題とされることはあり得ない」。

bb) ヴュール判決のまとめ　連邦行政裁判所の以上の判決で見てきているように，原子力法第7条第2項第3号は，「因果関係の法則にしたがい，別の被害をもたらす状態および事実が生じるときにはじめて保護措置が始まる」という，既に形成されてきている警察法の危険概念を手掛かりにして解釈されてはならない[94]。現在の知識水準からみて，一定の因果関係が肯定も否定もされないで，その限りでは危険ではなく，危険の可能性だけが存在しているという理由だけで否定することができない被害の可能性がこの規定のもとで考慮されなければならない（リスクの査定と評価）。安全の確保という基本的な国家目標は，いまだに確定的に判断ができない損害や危険の可能性をもった複雑な科学的・技術的な発展に直面して，危険に対する単なる反応としての防禦ではなく，ますますもって攻勢を強めるリスクに対する事前の配慮として，国家の活動を行うことを必要とするにいたる。危険の防止から事前の配慮という変更は，高度な認識の不安定や不確実を特色とする決定や決定過程を必要とする。そして，このリスクの査定と評価の責任は執行府が負う。執行府に割り当てられた科学上争いのある問題の評価を，そこから生じるリスクの評価を含めて自分の評価に代替することは行政裁判所の任務ではない。

　以上の判示事項から分かることは，拘束力をもった最終的決定についての行政に対する権限割り当ての承認であり，行政の判断余地の承認の基本的な観点が示されていることである。

　このように連邦行政裁判所のこの判決は原子力法の分野での行政について判断余地を承認したのであるが，このことは先に示した同裁判所の判断余地を認める基本的な指標とどのような関係にあるのか，ということにも注目しなければならない。換言すると，連邦行政裁判所の判例においてこのリスク行政では恰も「突然変異」のごとく，まったく異なった判断枠組のもとで行政に判断余地が承認されたのか，ということも問われることになる。しかし，そうでないことは直ちに分かるのである。リスク決定が科学的に排除することができない不確実性の領域で行われる限り，随意の手続で済ますことはできず，決定者の人的能力に左右さ

---

[94]　Pache, S.88 ff.

第1編　行政裁量

れる。立法者はこの状況をみたのであり，これに着目したリスク決定のための行政手続を設けたのである[95]。このようにヴュール判決は判断したのである。

　ディ・ファビオはこの判決を敷衍して，つぎのような議論を展開する[96]。重要なのでこれを要約すると，連邦行政裁判所はリスクの評価とリスクの標準化について専門的に助言を受ける執行府の権限と義務を，原子力法において承認している。このような委託は原子力法第7条第2項第3号から明らかである。この規定は執行府に対して危険の限界を超えて，単に理論的に考えられる被害の可能性にまでリスクを最小限に抑えることを義務づけている。この規定は，必要であると考えられている安全の措置を申請者にもとめている。法律によって定められ広く理解すべき原子力法上の被害の事前配慮は，法の外側にある科学の領域に存在するだけでなく，認識的に更に前方に移行するために，科学も同一の認識を示さない決定を行政庁に対してもとめる。科学や技術の水準を指示することは環境法および技術的安全法においては特殊なものでない。施設建設にみられる，法が立ち返ることができる知識やルールの基準の中に指示の対象があるのではなく，争われているもの，流動的なものにおいて指示されている事案に特殊性が存在する。法的に受容される指示対象においてこうした一義性が存在しないこと（曖昧性）は，法律が科学的認識のそれぞれの水準を関連づけ，科学的にいまだ不確実なものの領域に，そして，科学的な論争問題に行き着くときに存在する。

　更にディ・ファビオの議論の紹介をつづけると，原子力法上の施設の判断に際しては，このような性質をもった認識的な限界領域においては制度的な衡量の優位が執行府に対して承認されている，ということが連邦行政裁判所の判決では前提とされている。立法者はこれを前提としており，執行府はリスクの査定や評価について，立法者や裁判所よりも一層すぐれた行為形式を使う。許可決定の枠内において承認された，機能的に導き出された原子力法上の執行府の評価の作用域（Bewertungsspielraum）はその本質を変更することなく，行政規則にまで拡張される。この行政規則は個々の事案で変動する拘束力を展開する限りでは，制限された最終的決定の理念に参加しているのである。「規範具体化」の概念は，行政が法律の執行に際して具体的な経験に立ち返ることなく方向づけをする内容をもって不確定法概念を充填することとして理解しようとする。現代の法律は科学的に十分に解明されていない知識の領域に突き進むことを絶えず強制されている。既知の危険に代えて，評価し難い不確実なリスクが判定されなければならない。

---

[95]　Di Fabio, S.286.
[96]　Di Fabio, S.357 ff.

事案に適しておりそして安定した法適用は，リスク決定に際しては行政の側からの観念的に暫定的な標準化を通してのみ行い得る。すなわち厳密に言うと，このことは立法者により主観的に期待され，法律により主観的に強要されている，ということである。それ故，法律方法論的意味での・法・律・の・解・釈・ではない。むしろ執行の過程の中心点に法律より下位の規範の形成が存在するのであって，これはリスク決定に際して行政の主要な任務を果たすために，法律規範を法律という意味で執行するのである。行政がリスクの観念の確定なくして法律を執行したら，執行の実効性は損なわれ，法的な合理性の喪失は不可避となる。

3　判断授権と行政規則

a) 判例法での行政規則

　ヴュール判決は，判断余地または個別事案での規範具体化の権限承認を個別的な事案に限定せずして，同様の考慮を規則についても明示的に肯定することになる[97]。すなわち，この訴訟での連邦行政裁判所は，許可要件を定める原子力法第7条第2項第3号における判断余地または個別事案での行政による規範具体化の権能の存在を肯定するについての考慮を行政規則に移し，ここからつぎのような帰結を導き出した。ここで示された判示事項の重要性は後述の通りであるので，これについてもここで引用の形で紹介しておくことにする。

　　「更に控訴裁判所は，争いにかかる行政決定の発出に際していまだに発せられていない一般的な算定根拠を斟酌して，果たして施設がその構想によると，予定されている所在地において30ミリレムの構想が事実上斟酌され得るのかを審査した。そして，一般的な算定根拠を『先取りされた鑑定』として評価した。これには当審はしたがわない。連邦内務大臣の原子力エネルギーについてのラント委員会における最終審議によると，一般的算定基礎は，将来許可手続において適用すべき指針として発せられたのである。放射線防護命令（Strahlenschutzverordnung）第45条第2文により発せられるべき法規命令が発せられていない限り，この算定基礎は，線量限界値の遵守がこの命令第45条第1文の基礎により十分に在来の算定モデルと資料の査定を基礎にして審査されることを保障することになる。これによって施設の後に行われる操作において――周辺地域の監視措置によっては立証できない――個人に対して限界値を超えることにはならない。したがって，指針は規範具体化

---

(97)　これについては宮田三郎・行政裁量とその統制密度（信山社，増補版，2012年）225頁以下。

第1編　行政裁量

の機能をもち単なる規範を解釈する行政規則とは異なり，規範により設定された限界値の内部において行政裁判所に対して拘束力をもつ。例えば，それぞれ判断すべき事実関係の特殊性からみて，どの程度この拘束力が個々の場合におよぶのか，ということは本件で決定する必要がない。その限りでは，一般的算定根拠が許可行政庁に対して『特殊な地域の事情』を斟酌して十分な裁量余地を残していることは重要である。その算定根拠が恣意のない調査にもとづいたのか，そして許可行政庁がこの算定根拠を適用するに際して，このようなやり方で算定された放射線量が個々のパラメーターの不確実さにもかかわらず十分な評価にいたったということを前提にすることが許されるか，ということについてのみ審査されるという指摘だけで，本件において十分である。控訴裁判所はこれを肯定した。これ以上の審理は必要ない」。

ここでは，核技術施設の通常の操業のための線量限界値を定め，許可行政庁が決定の基礎とする放射線防護命令第45条第2文のための指針がいかなる法的拘束力を持つのか，ということが問題とされた。控訴審裁判所は一般的算定基礎を「先取りされた鑑定」として評価をした。このため，必要とされるリスク事前配慮のための線量限界値に関して広範な証拠調べをする必要がなかったのである。連邦行政裁判所はこれを「行政規則」の類型に属し，しかも規範具体化の機能をもち，単なる規範を解釈する行政規則とは異なり，行政裁判所に対して「拘束力」を持つ，とする。そうすると，この指針は「法源」としての地位を獲得しているようにもみえる。しかし，そうでないことは直ちに分かるのであって，「この算定根拠が恣意のない調査にもとづいたのか，そして許可行政庁がこの算定根拠を適用するに際して，このようなやり方で算定された放射線量が個々のパラメーターの不確実さにもかかわらず十分な評価にいたったということを前提にすることが許されるか」ということについて，裁判所の審査を受けることを指摘しているからである[98]。いずれにしても，連邦行政裁判所は個別的事情にもとづいて展開した行政の規範具体化権能を，行政規則による規範の具体化権能にまで拡大したのである。

b) 行政規則による規範具体化

さて，連邦行政裁判所のヴュール判決において示された規範具体化をする行政規則は，いかなるものとして理解することができるのか。

行政規則論に関する包括的な研究で知られる1968年に発表されたオッセン

---

(98)　Di Fabio, S.356.

ビュールの『行政規則と基本法』という浩瀚なモノグラフは，行政規則をまず「組織規定」（Organisationsvorschriften）と「行為制御行政規則」（verhaltenslenkende Verwaltungsvorschriften）に大別する[99]。その上で更に後者を「法律附従的行政規則」（gesetzesakzessorische Verwaltungsvorschriften）と「法律から独立した行政規則」（gesetzesunabhängige Verwaltungsvorschriften）に区別する。前者は法律執行の領域における行政規則であり，これに属するのは「規範解釈行政規則」，「裁量指針」，「判断指針」，「事実関係を調査するための行政規則」および「法律を具体化する（法律を充塡する，法律を補充する）行政規則」である。この中で本稿との関連で注目すべきは，最後の規範具体化をする行政規則である。ヴユール判決の前にも既にこの判決で言及された類いの行政規則の存在が肯定されているように見える。しかし，この行政規則のもとでは，行政に対する効力のみをもって法律を具体化し，補充するものが想定されているのであって，こうした行政規則に「法律補充的」ないし「法律具体化」という属性を付与することは，これが一般的な拘束力をもつような誤解をあたえてしまうのであるから，紛らわしくもある，とする[100]。そしてまた，この規範具体化をする行政規則は，規範解釈規則と裁量指針を混合状態において結合するものである，という。その上で，そうした状態における規範解釈規則における自己拘束と裁量指針における自己拘束をそれぞれ論じるのである[101]。したがって，こうした行政規則は，これまで述べてきたものと性質は異なるので，この議論からの類推は許されない。

　連邦行政裁判所は，原子力法においてリスクの評価とリスクの標準化についての専門的に助言をする執行府の権能と義務を承認している。ディ・ファビオによると，原子力法第7条第2項第3号の規定は執行府に対して，法的な危険の限界を超えて，単に理論的に考えられる被害の可能性にまでリスクを最小限に抑えることを義務づけている[102]。連邦行政裁判所によるこうした規範具体化の権能の承認は，例えば，環境汚染防止法，水法，および遺伝子工学法のような他の領域にも及ぶのである[103]。連邦行政裁判所は，環境汚染防止法の領域における以上のような行政の規範具体化を前提としてきたのである。こうした判例が標準化の授権という意味での最終的な拘束力をもった規範具体化についての行政の権能を一般的・抽象的レベルにとどめ，拘束力をもった規範具体化を，行政規則だけに

---

(99)　Fritz Ossenbühl, Verwaltungsvorschriften und Grundgesetz, 1968, S.250 ff.
(100)　Ossenbühl, S.357.
(101)　Ossenbühl, S.545 ff.
(102)　Di Fabio, S.357.
(103)　これについては Pache, S.90 ff. の説明にゆずる。

よって許容しようとしていたかは，当初は分からなかった。しかし後の判例によると，拘束力をもった規範具体化は行政規則による抽象的な標準の設定にとどまるのではなく，最終的な拘束力をもった規範具体化の権限は，個別的な事案に係わる行政決定にも矢張り承認されなければならないということになる。連邦行政裁判所の見解によると，最終的な拘束力をもった行政の規範具体化権能の基礎は，規範的に根拠づけられた行政の判断であり，これを行政は行政規則の発出により一般抽象的なやり方で充填することができる。この判断余地はこのような規範具体化をする行政規則が欠けている場合に，個々の事案において果たして行政がその決定に対して恣意のない認定の基礎づけを行ったのか，そして，十分な調査を行ったのか，ということだけが審査される最終的な拘束力をもった判断について行政に対して授権をする，ということを明確にしたのである[104]。そして，原子力法や環境汚染防止法を超えて，行政規則による拘束力をもった規範具体化についての行政の権能は，個別事案に関連した判断余地を基礎にして，水法においても，遺伝子工学法においても承認されたのである。

c）規範具体化の限界

　行政の規範具体化権能も，科学や技術での同時代の知識への一致の原則と同様に，具体化される規範の内容的な指示によって拘束され，裁判所により法的な限界の遵守について審査される。例えば「大気を清爽に保つための技術指針」（Die Technische Anleitung zur Reinhaltung der Luft〔TA Luft〕）は，環境汚染防止法第48条にもとづいて発せられた行政規則であり，同法第1条および第5条の要求を実現するためのものである。この技術指針について連邦行政裁判所はつぎのように判示する。

> 「裁判手続においても排出値が遵守されることは，これにもとづいた行政庁の決定の裁判所による審査を否定しない。適法に争われている行政行為にTA Luftの排出値が基礎となっているときは，果たして排出値が法律上の要求および手続に適合し，科学および技術における知識の進歩によって古くなっていないか，ということは裁判所の統制に服する。具体的な場合に，いかなる範囲でこのような審査がなされなければならないかは，環境に対する有害な影響に対抗する排出値という方法で行われる事前配慮の程度（同法第5条第1項第2号）を一般的な標準によって拘束力をもって具体化する排出値の確定の授権が，同時に内容についての行政の判断授権として理解される

---

(104)　以上の説明はPache, S.91 ff. による。

か，に左右される。必要とされる認定，評価および予測が専門的な知識および政策的正当性を形成する手続においてこうした具体化に行き着いたことを，法律の授権が目指しているという理由で肯定されるか否かの問題は，上告手続においては決定されない。その理由は，上告裁判所は，このような排出値を前提としたのではなく，硫化水素の危険の可能性について排出値とは異なる判断をする根拠がないために，その排出値を根拠にしたからである」[105]。規範具体化のための行政の権能が肯定される場合には，裁判所の権能はつぎの点におよぶ。すなわち，果たして行政庁が適用すべき法規定の基本的な理解を前提にしたのか，果たして外部の専門知識を導入するに際して専門家を呼び出し，それの陳述を判定したのか，果たして基準となる法益や危険の原因が斟酌されたのか，そして果たしてそれぞれの規律の十分な現実性が保障され，より厳しい技術的または科学的な知識の進歩によって時代遅れにならないか，という点である。

4 判例による規範具体化権能（授権領域の拡大）

ヴュール判決は行政に対する規範具体化権能をこのように承認したのであり，この結果ここで争われていた原子力行政という後述するリスク行政の領域において，行政の「判断余地を」を明示的に承認することになる。そして，判例はこの規範具体化権能の授権が承認される領域を拡大する。連邦行政裁判所の判例をみると，例えば環境汚染防止法第48条にもとづく行政規則に関する規範具体化について行政の権能が肯定された。更に以上の原子力法や環境汚染防止法を超えて，個別事案に関連した判断余地を基礎にした行政規則による規範具体化権能は水法の領域（排水の単位量についての規則について）においても承認されることになる[106]。

例えば1990年の「遺伝子工学法」（Gesetz zur Regelung der Gentechnik〔Gentechnik Gesetz-GenTG〕）は初めて体系的にリスク概念を法律の中に取り入れ，これを中心的な地位に位置づけた法律であるとされるが[107]，連邦行政裁判所はここにおいても原子力法の場合と同様に規範具体化権能を承認するのである。この判断が行われるに際しての裁判所が述べることは，「リスク行政」に際して行政に判断余地が認められる根拠をかなりの程度詳細に展開しているようにも見えるので，

---

(105) Zitiert nach: Pache, S.94.
(106) 以上の説明はPache, S.91 ff. にしたがう。
(107) Di Fabio, S.117.
(107a) Zitiert nach : Pache, S.92 ff.

第1編　行政裁量

少し長くなるが引用する(107a)。

　「こうした主張も，法的争訟法の基本的な意義を理由とした上告の許容性を正当化しない。何故なら遺伝子工学法は原子力法と同様に，施設許可を管轄する行政庁に対して行政裁判所によって尊重される判断余地をあたえているとする上級行政裁判所の法的見解は正しいからである。当部は原子力発電所ヴュールに係わる1985年12月19日の判決において，このような判断余地を原子力法第7条第2項第3号の規範構造から導き出したのであり，この判断余地は，果たして科学・技術の水準にしたがって必要とされる被告に対する事前配慮が施設の設置と操業によってなされるのか，ということを許可行政庁が審査することを求めるのである。必要とされるリスクの調査と評価は執行府に帰属するのであり，執行府は科学的に争われている問題の評価に際しては，そこから生じるリスクの査定も含めて決定の特権を享受するのであり，その根拠として執行府は可能な限り危険防止とリスクの事前配慮の原則を実現するについては，立法者や裁判所よりも優れた装備をもっているという推定を，当部は原子力法第7条第2項第3号によって示された任務の配列から行ったのである。遺伝子工学法第6条第2項および第13条第1項第3,4号における遺伝子工学上の施設と予定される作業の実施に対する安全の要求に関する諸規定は，原子力法第7条第2項第3号と同じ規範構造を示している。何故ならこうした規定も許可行政庁に対して危険の防止だけでなく，それを超えて『科学と技術の水準』という基準にしたがってリスクに対する事前配慮をも義務づけているからである。したがって，これらの規定は高等行政裁判所が正当にも確認するように，行政庁の役割を顧慮したときに，原子力法第7条第2項第3号とは異なって解釈することはできない。これにしたがって，遺伝子工学法においても許可行政庁に付与された原則的に最終責任を負ったリスク調査と評価の任務には，本法にしたがい遵守される規定が対応する。すなわち，遺伝子工学法第11条第8項によると，許可行政庁は原則として，許可申請に関する決定の前に，予定される遺伝子工学上の作業の安全技術上の段階づけと，必要される安全技術上の措置のための，大半が専門家から構成されている『生物学安全性のための中央委員会』（遺伝子工学法第4条）の意見を徴しなければならない。この委員会の活動は許可行政庁に対して，（最終的に）責任をもって許可申請にかかるリスクについて決定をするために必要な専門知識をあたえる。したがって，許可行政庁は委員会の意見には拘束されないが，それから逸脱する場合には書面で理由を述べ

なければならない（遺伝子工学法第11条第8項第3文）。更に法律は，想定されるリスクについて『余すところなく評価を行い』，この評価を許可申請に添付することを，申請者に対して求める（遺伝子工学法第6条第1項，第11条第2項第5文）。正にこのような評価を―委員会による審議の後に―許可行政庁も行わなければならない。この評価は裁判所の評価に代えられるのではなく，その評価の法的限界の遵守についてのみ裁判所により統制される」。

V　リスク決定と判断余地理論

　既にみてきているように，ドイツにおいて「リスク決定」と呼ばれるものは判断余地論が展開する代表的な領域である。以下には判断余地との関連でこの領域を取り上げておくことにする。いわゆる「リスク決定」ないし「リスク行政」について，なぜ判断余地論と関連してこれが論じられているか，ということを主として見ていくことにする。判断余地論ないし裁量論における科学・技術の関係に関する論点がリスク行政の議論の中で凝縮しているように見える。もとより本書はこれを直接テーマとするのではないので，記述内容は概要的で，しかもドイツの議論の紹介にとどまる。記述に際しては便宜のために，このリスク行政ないしリスク決定の概念自体も含めて若干基本的な説明を付加的にしておくことにする。

1　リスク概念について

　ここで取り扱う「リスク行政」とか「リスク決定」でいう「リスク」とはドイツ語では Risiko であり，英語の risk に相当する。ドイツ語で著された Ulrich Beck, Risikogesellschaft in eine andere Moderne,1986 Suhrkamp（邦訳ではウルリッヒ・ベック（東廉／伊藤美土里訳『危険社会』法政大学出版局 1998 年）の邦訳版の訳者が指摘されているように，日本語ではリスクとは経済やビジネス（それも金融，投資，保険等）で使われて，企業や個人の経済面の損害の可能性を意味する場合が圧倒的である（同翻訳書 463 頁）。したがって，この社会学の著書の邦訳と同様に，Risiko を「危険」と訳すことも可能であったはずである 。しかし，少なくとも公法学においては Gefahr というドイツ語には「危険」という訳語がすでに定着しており，しかも厄介なことにドイツ法では Gefahr と Risiko の間には区別がされており，後述のようにこの区別が重要な意味をもつとされているのである。因みに，EU 法や国際法では，危険概念とリスク概念の間にはドイツ法に見られるような区別は存在しないようである。すなわち，国内の危険防止のために国家を超えた規律において権限が欠けているために，EU 法および国際法上

第1編　行政裁量

のリスク概念は，全体的に予期された損害の結果についての集合概念としての役割を果たす，とされている(108)。したがって，Risikoについては別の日本語が必要となり，それが「リスク」という訳語である。また。このリスクという概念についてであるが，これはベックの著書が前提としている近代化と文明の発展に伴うリスクであり，人間の営み自身が不可欠のものとして造りだしたものである（同翻訳書463頁）。

2　リスク概念研究の紹介

このようなリスク（Risiko）がドイツの公法学で取り上げられるのであるが，公法学における「リスク行政」の包括的な研究書である Di Fabio, Risikoentscheidungen im Rechtsstaat, (Zum Wandel der Dogmatik im öffentlichen Recht, insbesondere am Beispiel der Arzneimittelüberwachung) 1994 J.C.Mohr (Paulsiebeck) Tübingen にしたがって以下には説明をしていくことにする。この研究はリスク行政の包括的な研究であることはいうまでもないが，ここではリスク行政論を展開するに際しての素材を提供する「参照領域」として，「薬品安全」（Arzneimittelsicherheit）が主として取り扱われている。この領域でのリスクの意味・態様はより複雑である。ヴュール判決により原子力行政という素材でのリスク行政について概観を得たとして，更に別の素材でのリスク行政が論じられる場面での裁量論をみる必要があろう。この参照領域を拡げることによって，行政に対する裁判の統制の特色や範囲に関する問題の所在もより一層明確になろう。ドイツにおけるリスク行政研究も多く，これを紹介する日本語の文献も既にあるが(109)，以上の理由により本書はディ・ファビオの研究を紹介することによって，このリスク行政の特色をみることにする。

なお，この研究書での記述は多岐にわたる。しかし，ここでは本書の主題である裁量論を展開するために必要な限度での紹介にとどめる。また，記述に際しては同書で引用されている判例を含めた資料は同書の記述にしたがうことにして，私の方では引用されている資料を検討することはしない。

a）リスク概念
aa）原子力法上のリスク概念　　この研究ではまず包括的にドイツ法でのい

---

(108)　Anika Klafki, Risiko und Recht, 2017, S.17.
(109)　日本でこれをテーマとする研究は多いが，ここでは山本隆司「リスク行政の手続法構造」城山，山本編『環境と生命』（東大出版会，2005年），下山憲治・リスク行政の法的構造（敬文堂，2007年），山田洋・リスクと協働の行政法（信山社，2013年）をあげておく。

わゆる「リスク概念」を取り上げる。同書は，リスク概念を原子力法第7条第2項第3号で規定されたもの，環境汚染防止法で規定されたものおよび1990年に公表された「環境法典」の専門家委員会の草案（教授草案）[110]において規定されたものを検討する。この中でここでは最初に挙げた原子力法上のリスク概念の説明を紹介することにする[111]。

　核施設についての許可判断についての複雑な技術が認識的な観点で殆ど判断できず，この技術が――どのような発生の蓋然性を伴っていようとも――いまだに到来していない被害の潜在力を示しているときに，国家はいかにして危険防止（Gefahrenabwehr）という目的を果たすことができるか，という問題を提起する。核エネルギーの場合においては，理論的に可能な被害のシナリオ，そして，放射線の被害や核の事故を実際に排除する国家の要求は，特に被害の発生の蓋然性という規制のメルクマールにおいて明らかになった法的な危険概念の過大な期待を結果としてもたらした。この期待は2つの意味形態を許容する。1つには，被害の配慮の原則は，原子力法上の被害の予測という特別の要求に対する本質的には量的な反応とみなされる。したがって，完全に危険防止の体系の中にある。もう一つは，これを背後にして，危険の教義学を超える目的の拡張が認められるのであって，これはリスクの配慮の原則として危険防止の目的と並んで登場し，福祉，形成的計画および保護という国家目的をも想起させる。

　プロイセンの上級行政裁判所は，ミネラルウォーターのボーリング工事の同意に関する決定において，ヴュール判決で連邦行政裁判所が「古典的な危険概念」として引用した表現を採った[112]。すなわち，同上級行政裁判所は言うのであるが，「危険とは有害な事実が生じるおそれ（Besorgnis）を根拠づける事案の状態（Zustand der Dinge）である。このおそれは事案の因果関係に基づいている。すなわち，因果関係の法則により，一定の現状から一定の被害をもたらす別の状態や事実が生じるという経験則に基づいている」。危険の予測を支える因果関係的関係は，合理的に根拠づけられなければならない。事実から一般的で合理的な意味または科学的な専門知識が生活の経験または経験則に依拠して，被害の推定を論証し，基礎づけることができる。しかしながらすべての予測と同様に，このよう

---

(110) Umweltgesetzbuch: Allgemeiner Teil, Forschungsbericht von Kloepfer, Rebinder, Schmidt-Aßmann, 1991.
(111) Di Fabio, S.65 ff.
(112) Di Fabio, S.67.

な判断に際しては，認識的な言明の一部である判断の確実性の様々な段階が考えられる。被害の発生は確実である（gewiß）か，蓋然性をもっている（wahrscheinlich）のか，あり得る（möglich）のか，あるいは単に排除されない（nicht ausgeschlossen）のか，という段階である。規範的な評価はまずこのような認識的言明を基礎として始まる。発生の蓋然性についてどのようなものが要求されるかは，被害の潜在力がどの程度まで大きいか，ということに左右され，この場合，被害の程度と保護された利益の等級は決定的である。蓋然性の段階と損害の程度の逆比例の関係（gegenläufige Proportionalität）が成立する（Je-Desto-Formel）[113]。

プロイセンの判例における危険概念の解釈は，静態的な蓋然性の要求を前提としていた。これによると，おそれられている危険の発生は「十分に蓋然性をもっていなければならない。危険は差し迫ったものでなければならない。すなわち，常に何らかの形で危険が生じるという理論的な可能性が存在するが，客観的な事実にもとづき，実際の生活の体験により，確実性とは言わないものの警察上の介入がなければ損害が実現するという大きな蓋然性が存在しなければならない」。

プロイセンの上級行政裁判所は1929年以来，ある判例において蓋然性の程度を定めるに際して，損害の程度を斟酌することを許容することによって，おそれられている被害が大きいほど，蓋然性に対する要求が少なくなるという原則により，蓋然性判断の柔軟性のために途を開いた。すでに伝統的な警察法においては，発生の蓋然性と損害範囲の間に見られる逆比例の考えは蓋然性のスライド制となるのであり，そこでは蓋然性は「僅かな可能性」（entfernte Möglichkeit）に解消する。換言すると，伝統的な危険の教義学においても，この逆比例が通用するならば，予測ができない程の，人の生命を要求し，場合によっては共同体の存続を危うくするような被害は，すべての何らかの形で想定される，場合によっては自発的に想定できないが，理論的に構成し得る被害の可能性を排除するか，または，これができないときは，施設を放棄することを要求することである。

リスク概念は発生蓋然性と被害の範囲から導き出される。発生の蓋然性と被害の程度の逆比例を想起させるこの公式は，被害の発生はきわめて非蓋然的であるが，破局的な——場合によっては国家共同体を脅かす——被害の程度のおそれがある場合には批判される[114]。このような場合には中間的なリスク値が期待されるのである。リスク概念の法的な使用についての選択肢の一つで，法的な危険の予測の枠内で，判断と決定の不確実性を概念として用いるものがある。これによ

---

[113] Di Fabio, S.68.
[114] Di Fabio, S.74 ff.

第 5 章　規範的授権論

ると，国家の危険判断の枠内で，被害に関連した事情または因果関係をつくり出す規律の知識について特別の不確実性が存在する場合に，「リスク」の概念はいつも用いられる。バーデンヴュルテンベルクの行政裁判所は，このような意味において，リスク概念を統一的な危険の教義の中に入れようとした。同裁判所は原子力エネルギーのような複雑な科学技術については，潜在的な被害可能性についての認識的な不確実性と，危険法上の蓋然性の判断に対する要求との間に，教義学上の関連性をつくり出す。蓋然性の予測を行う際の不確実性において，同裁判所はリスクの概念を定量的な値として定位させ，この概念を危険の概念から解き放とうとしなかった。

　連邦行政裁判所はヴュールの原子力発電施設の事件において，複雑な科学技術の領域における任務の特殊性を抽出し，これを教義学的な考察の結合点にした(115)。同裁判所は，バーデンヴュルテンベルクの行政裁判所とは異なり，被害に対する事前配慮を要求する原子力法第 7 条第 2 項第 3 号の規範構造を「古典的な警察法上の危険の防止」の任務としては見なかった。同裁判所は，伝統的な蓋然性の予測は核技術施設の場合にはもはや不可能であるという理由を，特に認識的不確実性にもとめた。同裁判所は言うのであるが「現在の知識の水準から見て特定の原因関連が肯定も否定もされず，その限りでは危険は存在せず，危険の疑いまたはおそれの潜在力が存在しているために否定することができない被害の可能性がむしろ考慮されなければならない」。

　十分な経験的実務的な体験も存在せず，施設の複雑性の故に概観することができる原因・結果の関連性の基準による正確な予言もできないときには，経験的に基礎づけられた蓋然性の予測と並んで，思考モデルと故障のシナリオを手掛かりとしたリスクの評価が登場する。原子力法のように安全性の限界値が高く設定されている場合には，伝統的な危険の教義学がいう単なる可能性と圧倒的な可能性の区別では最早なく，果たして単に理論的に考えられる可能性が既に危険防止の国家的措置——例えば操業者の保護措置をもとめること——を正当化することができるか，ということが問題である。このようなリスク決定は，蓋然性のメルクマールと，このメルクマールと結びついた経験的もしくは実務的に保証されたルールについての知識の予測のための道具が失われた場合には，伝統的な危険の判断から区別される。因果関係的に理解されまたは経験的に審査され得る原因・結果の連関に代えて，比較的開かれた決定状況が登場するのである。これは法律

---

(115)　Di Fabio, S.77 ff.

学的決定方法をもってしては殆ど処理することができないのである[116]。

　原子力法上の施設にみられるように，単に理論的に説明ができるだけであるという被害の可能性の判断が問題になる場合には，特に科学や技術の専門知識に大きな意味が付与される。技術上の経験と，被害の推移を構成するモデルを手掛かりとした将来の評価との間の境界について突然の質の変化が生じる。したがって，経験値を伴った事件として発生してはならない被害の可能性を予見するために，あらゆる認識の資源が動員されなければならない。実務においては，リスク評価のプロセスの合理化は専門家によって行われた標準化によって実施される。原子力法では，原子力施設のためのリスク評価と施設の基準を定める規定の作成である。形式的な法律や法規命令の下方には，規定の網が存在している。それは，大臣の指示，指針，安全性の基準，指導基準，専門家委員会の勧告，核技術規則および技術基準というものである[117]。

　法律規定の欠如と，原子力法上の専門家の関与の一部に見られる不透明性は，規範がリスク決定に典型的なジレンマに適用されなければならないということと関連している[118]。法的に重要な安全性の決定は一つには高度の資格を持った専門家の専門知識がなければ到底行うことができないが，他方では，リスク決定は原則として価値評価に左右されるのであり，政治的・規範的または倫理的に把握された決定の割り当て部分が，何故自然科学者や技術者に割り当てられなければならないか，ということは直ちに理解できない。法的に重要な決定を，法的な拘束力をもって専門家に委ねることは，それ故に法政策的にも，憲法上の理由からも否定される。この場合グレーゾーンが生じるのであって，ここでは専門家が事実上決定しなければならないが，法的な拘束力もって決定することは許されない。

　理論的にのみ考えられる可能性を許可要件の中に取り入れることにより，複雑で，潜在的ないし観念的に特に危険な施設の場合に，警察法上の危険の構成要件の観念がどの程度まで放棄されるかが明らかになる。いつ危険が存在し，このため行政庁の侵害が正当化されるか，という問題の解答は伝統的な警察法ではつぎの点に基礎を置いている。すなわち，第１に，状況を知ること，第２に，経験のルールを媒介として，第３に，蓋然性を伴った法益を侵害する事象の経緯が帰結されるか，ということである。法的な推論，つまり危険の予測は，最初の２つの要素が十分に示される場合にのみ，合理的に，跡付けができるように，法治国的

---

(116)　Di Fabio, S.77-78.
(117)　Di Fabio, S.82.
(118)　Di Fabio, S.85.

に根拠づけられる。これに対して，原子力法における被害の事前配慮の概念は（予測的に理解された）危険の証明を放棄することにより，認識的ルールの知識と被害の原因および可能性を危険の状態として評価的に組み入れることという，法的な危険の判断にとって典型的な二重の構造を放棄した。原子力法にいうリスクの事前配慮は日常の体験から，そして技術的・科学的なルール形成や経験の形成という意味での経験的に十分に確実な知識から引き離されている。法的決定の基礎は理論的な可能性と可能性の思考構造およびシナリオとなり，殆ど想定できないものをも，可能性の議論の領域の中に移したものである[119]。

　原子力法上のリスクの評価は，それの構成要件上の特殊性にもかかわらず，機能的には国家の危険決定に関連したままである。原子力法におけるリスク概念は，法律が被害の事前配慮（被害に対する事前配慮）と言い換えている，法律によって拡張された危険概念である。この場合国家の判断の中心に立つのは——技術的な施設の危険法上の判断では普通であるが——施設と特定の法益に関連する具体的な被害の可能性である。被害の可能性が存在する場合には，原則として国家の許可は拒否され，またはリスクを低減させる——実際には被害を排除する——施設だけにあたえられる。換言すると，原子力法上のリスクの事前配慮の範囲と観念は，核技術上の大きな被害についての蓋然性の予測に際しての知識の欠如の結果として生じたものである。この原子力法上のリスクの事前配慮は少なくとも機能的には危険の疑いの行為に算入される。

　bb）リスク概念の特色　　さて，ディ・ファビオは以上のように原子力法上リスク概念を説明した後で，更に環境汚染防止法（Bundesimmissionsschutzgesetz）におけるリスク概念および環境法典の教授草案のそれを紹介した後で，リスク概念の特色について，つぎのように述べる。以下にはこれを要約して示すことにする。

　すなわち，リスク概念は「知識の欠如」（nicht-wissen）が問題となる場合にいつも使われる[120]。同様に，この判断の不確実性は科学の判定（Votum）への特別の依存をもたらした。立法者は経験が規範的にも類型化ができる場合にのみ，法治国的に予測できる侵害や禁止の構成要件をもって規範化をすることができる。そうでない場合には，科学技術のそれぞれの（将来の）知識状況と経験状況が指示されるだけである。しかし，科学技術の発展の最前線に国家の行為を前方に移すことは，リスク決定に特有の逆説を生みだす。すなわち，伝統的な規範化を不

---

(119)　Di Fabio, S.86.
(120)　Di Fabio, S.108.

第1編　行政裁量

可能にし，それ故に科学技術的専門知識が指示される決定の不確実性の増加は，科学技術的判断の枠組みにおいても不確実のままである。このような新たな決定類型は，認識的な基礎が不確実であるほど，評価的な決定を必要とする。しかしながら，評価的問題は社会的，政治的そして法的性質をもつ。それ故，この点において専門家の判断権限を超える。しかし，専門家を排除することはできない。

　（価値）評価の必要性はリスク概念に内包されている[121]。リスク最小化，つまり予防的リスク制御の思考は必要であると同時に，共感が持たれる。しかし，予防は原則として一義的に確定できる限界を有せず，選択を強いられる。リスク概念は，厳密な内容が不明確にとどまっているのと同様に，それ自体の中に遍在的に使用される傾向をもっている。安全性に携わる学者ですら，リスクをめぐるバビロニア的概念の混乱について不服を述べている。特に連邦憲法裁判所による「残存リスク」概念の使用以来，いかなるリスクを法的に禁止し，いかなるリスクを甘受しなければならないかということが，リスク決定の核心的な問題である。この問題の解答は，被害の発生が理論的であり，蓋然性をもっていないほど，価値に左右されるのであり，そして具体的な被害の可能性をまったく度外視する。議論されるリスクの無限性とリスクについての無制限の知識の増大に直面して，克服されるべきリスクの選択とリスクの最小化の程度は，政策的な形成の第一順位の任務になった。

　以上述べたリスクの概念を要約すると，つぎのことが確認できるとする。
　すなわち，リスクの概念は多くの点において危険概念から逸脱しており，つぎのような特色をもっている。
　―もはや経験または確実なルールの知識にもとづいて蓋然性の判断を行うことが不可能である（蓋然性の限界の低下）ほどに，それに連れて危険防止の任務は前方に移行する。
　―国家による決定は，内部的または外部的な科学的専門知識の補助によってのみ可能である。
　―決定の一義性と決定の根拠づけの喪失が生じる。
　―国家の措置は（価値）評価と比較に立ち返らなければならず，または，法律は評価的・比較的な費用便益の決算を要求する。
　―個別行為（または不作為）と，生じ得る被害の因果関係的帰責可能性は強行

---

[121]　Di Fabio, S.111.

的に侵害の構成要件に算入されない。

b）薬品法上のリスク

　以上のリスク概念ないしリスク決定を行政法の体系化として評価する基本的な観点は，個別的な領域にそれぞれ適用されていくのであるが，ディ・ファビオは，遺伝子工学法（Gesetz zur Regelung der Gentechnik〔Gentechnikgesetz-GenTG〕vom 20.6.1990），化学製品法（Gesetz zum Schutz vor gefährlichen Stoffen〔Chemikaliengesetz-ChemG〕vom 16.9.1980），栽培植物保護法（Gesetz zum Schutz der Kulturpflanzen〔Pflanzenschutzgesetz-PflSchG〕vom 9.1986）におけるリスク行政の説明をする。最後に挙げたものについては農薬（Pflanzenschutzmittel）規制に係わるリスク行政の詳細な説明である[122]。しかし，この研究で中心となるのは1961年5月16日に成立した薬品法（Gesetz über den Verkehr mit Arzneimitteln〔Arzneimittelgesetz BGBl S.533〕）[123]の下での医薬品のリスクに係わる行政上の措置についての説明である。これが彼のリスク研究のいわゆる「参照領域」でもあるので，詳細な展開が見られる。それ故ドイツでのリスク行政の議論の詳細を知るためにも，この領域における説明を見ておく必要がある[124]。

　1976年法は薬品市場を予防的な許可と継続的な市場統制のもとに置いた。科学的・医学的知識および情報に対する特別の要求と困難な比較衡量状況および比較状況のために，薬品の国家による判断はリスク決定となる。薬品法第1条はこの法律の目的として，つぎのような規定を置く。

　「人および動物の秩序ある薬品の提供のために，薬品流通の安全性，特に薬品の質，有効性および信頼性（Unbedenklichkeit）を以下の規定にしたがって保証することが，本法の目的である」。

　このように，薬品法第1条の目的規定は危険防止のための法律であることを明示していない。しかし，広義の危険防止が問題であることは明かである。もとより薬品法はこの法領域をリスク行政の教義学の中に分類するに際して，かなりの程度の特殊性を示しているのではあるが。

---

[122]　Di Fabio, S.115 ff.
[123]　1961年5月16日の薬品法の成立により，薬品の流通と監視についての包括的な規律がドイツにおいて初めて実現した。同法は特に薬品の登録義務を薬品監視の主要な制度としていたが，1976年法により大幅に改正された（Wolfgang A.Rehmann, Arzneimittelgesetz〔Kommentar〕, 4. Aufl. 2014, Vorbemerkung Rn.2の注釈に拠る）。ディ・ファビオの説明はこの1976年法を対象として行われる。
[124]　Di Fabio, S.166 ff.

第1編　行政裁量

　ある行動を作動させるためには，法律はリスクのメルクマールを用いる[125]。安全性を明らかにするために法律が規定している3つの基準（薬品の質，有効性と信頼性）は機能的にリスクのメルクマールに代替する。このメルクマールによって，許可行政庁と監視行政庁には判断をしたり，審査をしたりする概念枠組みが付与され，これに依拠してリスク決定をすることができる。

　現代の薬品法は，予防という観点から信頼ができない薬品を市場から排除し，そしてその後で，許可されている薬品を継続的な市場の統制の下において観察することを要求する[126]。予防的に構成された許可手続は——少なくとも新しい作用物質の場合には——薬品が主張されている質を示していること，主張されている有効性をもっていることと，不適切な（unvertretbar）副作用をもっていないことを確認しなければならない。特に臨床上の薬品検査の形式での最小の検査は，リスクを知るためにリスクをつくりだすという問題をもつ。

　aa）予防的許可　　有効性の確認は，薬品が病気の治癒，緩和，予防または識別という意味で主張されている治療上の効果ないしは健康の強化を事実上示しているか，ということの証明に係わる[127]。薬品法第25条第2項第1文第4号によると，薬品が申請者によって申告された治療上の有効性をもっていない場合，または科学上の知識の水準からそれぞれ保証された有効性が申請者によって十分に根拠づけられていない場合に，許可行政庁は許可を拒否することができる。有効性の審査は，つぎの2つの問題を提示する。すなわち第1に，いかなる方法にしたがい有効性の証明ができるか，ということが説明されなければならないことと，第2に，果たして有効性の審査が型にはまって行われるか，それとも柔軟に行われるか，という問題である。

　第25条第2項第1文第4号の「治療上の有効性」については，「臨床上の二重盲検法」（klinische Doppel-Blind-Versuch）という意味での厳格な有効性の要求が，すべての事案の状況において強制的に行われることがあってはならない。有効性については薬品特有の考慮がされる。1つには，薬品について，危険な疾病の克服のための治療法の適用がもとめられ，そして既に証明された有効な治療法が存在する場合には，有効性の証明は大きな意味をもつ。有効性について疑義ある薬品の許可は，有効に克服し得る疾病について効果をもたない薬品の使用のために克服を遅滞させたり，悪化させたりするリスクを増大させる。もう1つは，薬品

---

[125]　Di Fabio, S.169.
[126]　Di Fabio, S.170.
[127]　Di Fabio, S.170.

に有害な副作用の疑義があるとき，有効性の証明に対しては更なる高度の要求がなされなければならない。

　有効性の証明に対してなされる行政庁の決定は，薬品安全性という一段と聳える屋根の下で集約される薬品法上の多くの個別事項の間で見られる緊張関係において行われる[128]。連邦健康局（Bundesgesundheitsamt BGA）は第1に，薬品の治療法適用の要求がどの程度まで高度の有効性の要求をするのか，ということを証明しなければならない。第2に，連邦健康局は有効性の証明に対する要求を，許可を要する薬品の副作用に合わせなければならない。第3に，これらの2つの認識を前提として，同じ治癒の要求をもった有効で，副作用が少ない承認された薬品が既に存在しているかが問われなければならない。重い疾病の克服のために治癒の要求において同じ薬品が存在しなければ，少なくとも有効な調剤を患者に控えるようなことをしないために，有効性の証明は簡素化されるか，軽減される。第4に，連邦健康局は有効性の要求の確認に際して，果たして当該薬品が承認された特殊な治療方向であり，それ故に状況に応じて支配的な科学的観念の適用が排除されるか，ということも斟酌しなければならない。以上のような観点は互いに衝突し得るので，いかなる要求が有効性の証明に対してなされ得るか，という問題に際して衡量が必要である。したがって，有効性の要求は，統一的に理解すべき薬品法上のリスク決定の枠内において重要な役割を果たすのであり，信頼性の問題に際して議論される衡量的な便益・リスクの収支決算の中に取り入れられる必要がある。すなわち，これは有効性の欠如という拒否理由の解釈が衡量に左右され，あるいは衡量によって制御されている，ということである。

　何が有効性の証明とみなされるかは，最終的には科学的に決定され，そして比較に依拠した衡量の結論である。この衡量は通常は，薬理学的で，適用に関連した専門知識と並んで，比較し得る薬品の広い知識を前提としている。

　薬品法上の有効性の判断を取り分け一時的な観点で考察するならば，新しい作用物質の場合には，長期の適用を要する何らかのものが決定されることが分かる。その限りでは有効性の確認は――少なくとも未だに知られていないかまたは僅かしか知られていない作用物質の場合には――蓋然性に依拠する科学的に根拠づけられた予測的決定である。危険の教義学上の蓋然性の判断の場合と同様に，要求された蓋然性の程度は変化する。この蓋然性の程度は，期待された薬品の治療上の便益に左右される。

---

(128)　Di Fabio, S.174 ff.

第 1 編　行　政　裁　量

　薬品の副作用のリスク判定は薬品統制のアキレス腱である[129]。望ましくない副作用または有害な効果とは，人と動物の健康に不利益な影響をおよぼす，規定にしたがった薬品使用の効果である。薬品の予防的な判断に際しては，望ましくない副作用の発生と頻度に関する一義的な言明は殆ど不可能である。何故なら動物実験の結果は制限されており，確実に人間に移行できず，推計学上十分なデータ・ベースを明らかにするためには，新たな薬品の治療上の研究の数は限られているからである。こうした理由から薬品法は不適切（unvertretbar）で，有害な効果という疑いが根拠をもって存在するだけで十分である，とする（第25条第2項第5号）。更に疑いのある薬品の流通を禁止している（第5条第1項）。薬品法第5条第2項は，それぞれの科学的知識の水準から見て，規定にしたがった使用に際して薬学上の知識から見て適切な（vertretbar）程度を超えた有害な効果をもつ薬品としてこの「疑いのある薬品」を定義している。この禁止は許可手続にもかかわらず意義をもつ。何故ならば，許可は製薬企業を第5条の遵守から免除するのではない。許可された薬品は，いつも疑いがあるものとされるからである。薬品法第25条第2項第5号と同様に，第5条における「根拠がある疑い」の概念の使用は蓋然性の限界値の下での国家の危険防止の前方への移行を裏づけている。不適切な（unvertretbar）副作用の根拠がある疑いは許可申請を拒否することにも繋がり，既に許可されたもしくはその他適法に市場にある薬品の場合には市場での監視等の措置から許可の取消にいたるまでの権能を行政庁にあたえ，または，それを義務づける。

　根拠がある疑いの肯定のためには曖昧な，単なる推定に依拠した有害性の疑いだけでは十分でなく，むしろ科学上の知識または経験によって根拠づけられなければならない。市場における統制の領域において中心的な薬品法第30条の規定は危険法上の蓋然性の判断に代替する要件を今一度低下させた[130]。すなわち，重大な被害の疑いがある場合には，許可決定の撤回のためには被害発生の僅かな可能性（entfernte Möglichkeit eines Schadeneintritts）で十分である。したがって，「根拠がある疑い」の概念の取扱はここにおいても前方に移行した危険防止の領域において，危険法上の蓋然性の言明に際して適用された逆比例の原則にしたがう。しかし，一般的な危険の教義学との違いは，つぎのような事情を本質としているのである。

　すなわち，発生の蓋然性と被害の程度の間の逆比例の原則と結びついた蓋然性

（129）　Di Fabio, S.176.
（130）　Di Fabio, S.177.

第5章　規範的授権論

の予測の相対化は更なる相対化にまで濃縮する。例えば，ある判例においてつぎのように言われている。すなわち，生命にとって重要であり，代替できない薬品は，その薬品による死亡の疑いが存在している場合でも市場にそのままにしておける，というものである。それ故，生命を救うために場合によっては人の死をも甘受するという，きわめて問題のある帰結にも行き着き得る，法的に跡付けができる便益・リスクの収支決算を科学的・薬理学的な知識にもとづいて行うことに伴う困難さを，薬品法上の決定の特殊性は本質としている。理論的な可能性の領域にまで蓋然性の限界値を低下させ，そして薬品の優位な便益の故にリスク・便益の収支決算として呼んだ方が良いリスク・便益の相対化は，薬品法上の疑いについての決定の際だった特色である。

　リスク決定にとって典型的である受忍可能性にしたがって被害可能性を評価することは，量的・質的な広がりをもっている。副作用の受忍は1つには副作用の発生の頻度に左右される。きわめて僅かな副作用の現象は，大量に発生するそれよりも容易に受忍できるとされる。これとともに副作用の重大性が問題となる。単なる皮膚の刺激は重篤な臓器の被害よりも容易に受忍できる。しかし，副作用のリスクが便益・リスクの収支決算を基礎にして評価されなければならないときに初めて本来の評価問題が完全に提示される。果たして副作用が受忍できるかということ（薬品法第25条第2項第5号は適切〔vertretbares Maß〕という文言を使う）は，いかなる治療の見込みが薬品と結びつくか，に左右される。風邪に対する薬品の場合に，腎臓機能障害は不適切（unvertretbar）な副作用と考えられるが，同じ副作用は生命に危険を及ぼす疾病を克服することができる薬品の場合には適切（vertretbar）なものとして受忍される。

　薬品法の上の便益・リスクの衡量は，例外なく純粋な科学的な知識やパラメーターで行われるのではない，ということを1976年法の立法者は理解していた[131]。これは原則的な認識の不確実性という理由からでもあり，方法論上の分岐した見解という理由からでもあるが，法はきわめて限定的にしか衡量の指針を示すことができない，という理由からでもある。薬品法改正のための政府草案に関する青少年，家族および健康についての委員会の報告書は許可決定には主観的な決断（Dezisionen）が流れ込むことを主張していた。すなわち「薬品許可に関するすべての決定は裁量決定であって，そこには取り分けリスクと便益の衡量に際しては高度に人格的な評価が一緒になって決定をする要素として流れ込んでい

---

(131)　Di Fabio, S.180.

第1編　行政裁量

る」とするのである。法的には問題がある裁量概念は別にしても，便益・リスクの収支決算は時として大きな「決断の残余部分」（Dezisionsrest）を示しているのであって，それはもはや法的に把握することができず，この合理性の欠如は決定を委託された者（専門家）と手続に対する信頼によって補填されるということを，委員会の言明は正当にも明らかにしている。

　薬品法上の行政庁の決定の特殊性を見るだけでも，特別の不確実性の条件の下での危険防止の措置であるというリスク決定の典型的な特性が薬品法において現れている。被害の発生が蓋然的である具体的な状況の成立を待つことが許されるのではなく，既に疑いに際して行動ができる限りにおいて，（製薬会社等の自由に対する許可などによる）国家の侵害の時点が前方に変位するのである。他の場合，例えば遺伝子工学法において見出され，環境法典草案においても一般的な制限の基準として提案されたものであるが，リスク決定を便益・リスクの衡量に結び付ける構成は薬品法において中心的な場所で実現され，危険の教義学が照準を合わせなかった決定問題を提示している。

　製品の監視という事案に関係した行為類型はむしろ，原子力法上の施設の統制に対応している。何故ならここにおいては，原子力法上のそれと同様に，危険概念は古典的な蓋然性の要求から殆ど全部乖離しており，そして既に理論的に調査された関連性だけが負担的な国家行為を正当化するからである。核エネルギーの利用に味方する立法上の基本決定により，ますます強化される安全設備のための論理的な限界が技術的・経済的不可能の領域にまで存在するにもかかわらず，原子力法もまた便益・リスクの衡量から自由でない。最終的にはここでは，他の領域に対する危険防止の目的の無条件の優位の原則が通用するのであるが(132)。

　危険の防止とリスクの事前配慮の境界が流動的である事案においては，殆ど争うことができない，他の国家目的に対する危険防止の目的の優位ということに鑑みて，便益が安全の領域に在る限り，例えば経済的便益または自由を拡大させる便益の場合，安全性の決定をリスク・便益の衡量に左右させてしまう，という厄介な問題が生じる(133)。この場合，危険防止とリスクの事前配慮の間の時として柔軟な移行の故に，このようなリスク・便益の計算は危険防止の領域においてのみ危険防止の優位の原則と矛盾するのであり，リスク事前配慮の領域における危険限界値のずっと下方において行われるときはそうでない，ということが容易に看過されてしまう。

（132）　Di Fabio, S.182.
（133）　Di Fabio, S.183 ff.

薬品法も一方では危険防止とリスクの事前配慮の間の流動的な移行を特色としているが，他方ではここで言われているリスク・便益の衡量からはまったく区別されている。薬品の便益とリスクは同じ法益（人と動物の健康）に関係している。望まれない副作用によって生じ得る危険は健康被害の蓋然性を本質とするが，薬品の便益は健康被害の阻止，克服または低減のための適性を本質とする。市場から有効な薬品を遠ざけることは，望まれていない副作用をもった薬品の許可と同様に危険をつくりだす。急性の心臓疾患の治療のために投与されるベータブロッカー（Betablocker）の許可に際してのアメリカのFDA（食品医薬品局）の躊躇により，他の産業国家において既に広く使われている薬品の類型では長く生存することができたであろう10万の人々が命を失った，ということが指摘されている。

このような決定の重圧を背景にしてみると，薬品法上のリスク決定は同じ法益に向けられた便益・リスクの収支決算の故に，多くの場合「疑わしきは安全のために」（in dubio pro securitate）という単純な原則で行うことはできず，認識論的欠陥と並んで衝突する法益の同一性の故に，特に困難な衡量や評価の問題を持っている。組織や手続における国家の薬品統制の法律による形成は，これらの問題を考慮しようとしている。

bb）リスク行政の組織と手続　さて，以上のようにリスク決定である予防的統制としての許可決定においてはこれを行う組織や手続が重要な役割を果たすのであるが，組織構成についてのディ・ファビオの説明を紹介することにする[134]。

予防的統制はリスク群に応じて形成される。国家の審査の強度と——例えば許可が必要かということ——薬品使用の資料整備について製造者に対してなされる要求の程度は，リスク群特有のリスクの程度に左右される。そこで，つぎのような順位が低減するリスクの潜在力とともに明らかになる。
——一般に知られてない作用物質をもった薬品（第49条による自動的な処方義務）。
——その他の処方を義務づけられた薬品（第48条により指示された処方義務）。
——ホメオパシー（Homöopathie, homeopathy, 同種療法）上の薬品。
——標準許可（Standardzulassung）に係わる薬品。

典型的な書類審査は第48条により指示された処方義務を伴った薬品において行われ（これは許可された薬品の最も大きな群を形成する），そして処方を義務づけられていない薬品において行われる。ここでのリスク調査の重点は薬品製造者に

---

[134]　Di Fabio, S.189 ff.

第1編　行政裁量

置かれているのであって，製造者は通常は自分の費用により経験的知識に係わる資料を作成し，第24条による専門家の判断を行ってもらい，これを行政庁に提出する。国家による統制は第49条により自動的な処方義務に服する一般的に知られていない作用物質をもった薬品に集中する。このような場合には，許可手続においては，特にこの目的のために設置された許可委員（Zulassungskommissionen）が招集され，それの意見が聞かれなければならない（薬品法第25条第5項第3文第2段）。

薬品法はホメオパシー治療の性質をもった薬品については特別の負担緩和を規定している。すなわち，製造者は薬品を許可手続のもとに置くか，それとも単なる登録で済ますかを選択することができる。第38条で規定する登録は連邦健康局に備えられたホメオパシーの薬品に関する登録簿への登録をいうのであって，この場合薬品の効力に関しては実体的審査は行われない。

法規命令により許可が除外される薬品は（登録も同様であるが）許可から除外される。第36条が規定する標準許可はモデル許可（Modellzulassung）であって，ここでは法規命令がモデルの記述と条件（例えば製造規則，使用規則）を規定している。

cc）許可委員会　　行政庁の書類審査の範囲内では，外部的な専門家の招集は通常は任意である[135]。すなわち，それは行政庁の裁量に委ねられている。これの例外は，一般的に知られていない作用物質を含む薬品の判断の場合である（第49条）この場合，第25条第6項によると，行政庁は許可委員会を聴聞（hören）しなければならない。許可委員会は，提出された書類および専門家の意見を独立して審査する（しかも，第24条により招集もしくは委託された専門家または反対する専門家の意見）。

行政庁が委員会の意見と異なった決定をするときには，特別に理由付記をしなければならない（第25条第6項第3文）。この理由付記義務は申請者に対する義務でもあるが，外部の専門家の意見から逸脱する場合の不同意の理由を述べる義務づけにより，行政庁（連邦健康局）は科学的な論証を余儀なくされるが，この理由付記義務は特別の法治国的な機能が付与される。

許可委員会という専門家の合議体の人的な選択と組織が特に注目されるのであるが，ここでは，訓令から自由な国家団体に統合されていない専門家が事実上決定する，ということが特に想起されなければならない。専門家が法的に拘束力を

---

[135]　Di Fabio, S.192 ff.

もって決定するのであるならば，法律による委託者として制度化されていなければならない。つまり彼らが単なる諮問的権能をもつにすぎない外部的な専門家であるならば，立法者は彼らから事実上の規制的決定を期待することは殆どできない。人的な選択は，許可委員会のこのような中間的な地位を背景にして民主的な正当化の関連性において見ることができる。委員会の組織，特に治療薬がこれに習熟した専門家によって判断されなければならないか，ということは科学的・医学的認識形成の多元性の問題に係わる。

　薬品法第25条はこの多元性について2つの観点を示している。

　まず，第25条第6項第4文によると，連邦健康大臣は許可委員会の構成を医療職団体（Kammer der Heilberufe），医師，歯科医師，獣医，薬局および治療従事者の団体並びに製薬企業の提案にもとづき任命する。専門家の選択は事実上上記の団体や企業の手中にある。それ故，専門家の選任は国家と専門団体の共同の一例である。この場合，国家の役割は法的統制の形式にまで後退する。法律によって要求された非国家的団体の提案権は，様々な専門的な団体の参加を通してする人員の専門的能力を明らかにするだけでなく，社会的多元性をも保障しようとする努力でもある。

　更に薬品法の立法者はつぎのような意図をもっていた。すなわち，許可手続における外部的専門家の重要な役割と，科学上の便益・リスクの収支決算についての，リスク決定での明白な判断余地に鑑みて，学校医学（schulmedizinisch）を志向する専門家の支配的な意見（opinio communis）による薬品法上の判断の制約は，人的ないし組織的な独立化によってのみ防止することができる，という意図である。支配的な科学上の意見と競合する特殊な治療法を保護するために，この治療法の方向性のために，それぞれ独自の許可委員会，そして調査委員会（Aufbereitungskommissionen）が設けられた。学校医学の一般的で，全体の適用領域ために活動する許可委員会Aと並んで，C，DおよびE委員会が設置されたが，D委員会はホメオパシーの，E委員会は植物療法（phytotherapeutische Therapierichtung）について管轄権をもつ。

　A委員会（学校医学許可委員会）は，9名の委員により構成され，その中6名は一般的内科医並びに毒物学・薬理学・薬剤学の専門家である。更なる3名の委員はそれぞれの，許可を待つ薬品によって要求される適応症の領域での専門家である。特殊な治療法と物質群の許可委員会と調査委員会（CからEまで）は同様に9名の委員により占められており，この中の4名は毒物学・薬理学・薬剤学および医療統計学の専門家である。これらの委員会の構成員の5名は，それぞれの治

第1編　行政裁量

療法と物質群の専門家でなければならない。このような構成員の多数決により，学校医学知識の代表者による多数による決定は阻止され，他方では特殊な治療法の代表者は，学校医学の薬物学的専門家と争うことになる。

　dd）調査委員会　　許可委員会が一般に知られていない効果（作用）をもつ薬品について管轄権をもつのに対して，この調査委員会はその他の薬品の許可と共働する[136]。学校医学の領域における11の数の調査委員会（B委員会）はA許可委員会に匹敵するように構成されている。特殊な治療方法の領域において，委員会CからEまでは許可委員会であると同時に調査委員会でもある。

　調査委員会は基礎づけを志向した作業によって許可委員会から区別される。調査委員会は個々の作用物質に関する既存の科学的認識資料に係わる。認識資料は調査委員会により調査され，評価される。委員会はモノグラフを作成し，その作用物質の特徴を記述する。これにより果たして，そして，いかなる使用制限や配量が表示され，便益・リスクの衡量がいかなる結論に達するかが明らかになる。

　この委員会は連邦健康局の指示により，具体的な許可申請にかかわりなく作業を行う。モノグラフの形式で連邦保険局の指示にもとづいて調査された科学的資料は，通常は許可の申立（申請）のための基準となる法的基礎である。薬品法第25条第7項第4，5文によると，管轄行政庁はモノグラフを連邦公報で告知した後にこれの結果を基礎にして決定しなければならず，特別の理由付記をもってしてのみそこから逸脱することができる。ここにおいても外部的な科学者の合議体の結論への拘束が見られるのであって，この合議体の結論は個別的な事案では特別の理由付記をもって国家行政庁によって無視される。

　薬品法上の行政手続にとっては専門家のモノグラフの法的性質と行政法上の取扱が問題である。モノグラフは一つには先取りされた鑑定意見であって，申請者と行政庁はこれを具体的な許可手続において援用するのである。他方で，作用物質のモノグラフは行政上の標準化として理解され，連邦公報において公開されたモノグラフの成果は技術的な規則と同じものとみなされる。このように見ることはモノグラフを行政規則に近いものにする。専門分野で注目される公開されたモノグラフは，市場に在る薬品に対して直接の効力を持つ限りでは，モノグラフが公権力の行使としての事実行為と同様に取り扱われなければならないか，という問題にも関連する。

（136）　Di Fabio, S.196 ff.

第5章　規範的授権論

　以上の予防的薬品監視としての許可決定において見られるリスク決定の性質およびそれを行う組織についての説明の他に、ディ・ファビオは同書においてリスク決定手続の説明として、許可手続における「立証責任」（Beweislast）の問題を取り上げるが[137]、ここではこれを省略する。更に、以上の許可決定の他に、「人を対象とした臨床試験」におけるリスク決定およびそのために設置される「倫理委員会」（Ethik-Kommissioin）そして、市場において流通している薬品の監視において見られるリスク決定の説明もしているが[138]、これについての紹介も省略することにする。

c）リスク決定と判断余地

　以上のリスク決定の特質からみて、こうした決定と行政庁の裁量判断（判断余地）はどの様なものとして考えるべきか。以下にはディ・ファビオの説明を紹介する[139]。

　薬品法第25条第2項第4、第5号という中心的な規定との関連で、行政裁判所の統制範囲に関して、つぎの問題が明らかになった。すなわち査定（Abschätzung）と衡量（Abwägung）は全部または特定の部分医学と決定に参加している専門家に委ねるべきか、それとも単に医学的に確認された事実の判断を基礎にして（リスクと便益の調査）法律上跡づけができる、法規範に即した統制が可能な価値決定がなされ得るか、という問題である。この問題は様々な、そしてそれぞれの事情に応じたニュアンスをもっており、すべてのリスク行政において示される。リスク決定の指標は、認識の過程における認知と評価の間の不即不離の関係ということである。リスクの領域においてはしばしば科学も、不確定法概念の解釈と包摂のために十分な一義的言明をすることができず、決断の中に逃避し、あるいは、それを執行府の政策的決定に委ねざるを得ない。それ故、リスク行政におけるQuis judicabit（誰が決定をするのか）の問題は出発点からして、認識不確定性並びにこれと結びついたリスク決定の評価依存性、衡量依存性および比較依存性という特色を持つことになる。

　リスク行政が以上の基本的な特色を持つものであるとして、以下にはこうした特色と結びついて、立法者は行政に対していかなる判断の授権を行い、その結果行政に対してはいかなる意味で判断余地が承認されるのであろうか。

　特に技術的な安全法においては、科学または技術の基準を概括的に指示して、

---

[137]　Di Fabio, S.203.
[138]　Di Fabio, S.237 ff.
[139]　Di Fabio, S.265 ff.

自分の判断基準を法外的な基準に転移させるという立法者の方法がみられる。それ自体は一義的でもある法律による指示の場合においても，どの程度まで科学的・技術的な最終決定の権限が指示または企図されたのか，という点については決して争いがないわけでない。以上の外部的な規範や規定による指示と並んで，裁判所の統制密度について更なる考察を要求する状況が存在している。それは，外部的な規定または外部的標準化のプロセスに決定を移行させる法律の意思が明確でないか，それとも，広範囲にわたって拘束力をもった形式において一義的に意欲されていないか，といういずれかの状況である。この開かれた（offen）問題領域の中に数え入れられるのは，「科学または技術の水準に対する法律の言及」である。これと主題的に結びつくのが，開かれており科学に左右される規範において具体化の権能がどの程度まで執行府にあたえられるか，という問題である。

連邦行政裁判所は先にみたように，ヴュール判決以来，原子力法においてはリスクの査定とリスクの標準化についての専門諮問的な執行府の権限から出発している。原子力法第7条第2項第3号は，リスクを法的な危険の限界を超えて，理論的に考えられ得る被害の可能性にいたるまで最小化する執行府への委託を要求するとともに，法外的な科学の領域に存在するだけでなく科学も同質的な認識を示さないほどに広範に前方に位置づけられる様な決定をすることを行政庁に対して要求する。いかなる科学上の意見に優位性を与えるかという問題に関して，執行府には制度的な衡量の優位性が与えられている。何故なら立法者はこのことを前提としており，執行府はリスクの査定や評価について立法や裁判所よりも優れた行為形式を自分のものにすることができるからである。

以上がディ・ファビオのリスク行政における判断余地論の概要であるが，連邦行政裁判所のつぎの判決に即して，彼はこの議論を更に具体的に展開する。

aa）**パラコート判決**　原子力法上のリスク決定との間に見られる構造上の親和性の故に，判断余地論を他のリスク行政の領域に拡張することが連邦行政裁判所のヴュール判決後に期待された。しかし，同裁判所は判断余地に関する自分の確立した判例と教義学的に結びついたのではなく，場合によっては原子力法の判断状況の特異性を強調したにすぎないのではないか，とも思われた。1988年11月10日に連邦行政裁判所によって行われたパラコート判決（Die Paraquat-Entscheidung, BVerwGE, 81, 12）は明示的に行政庁の判断余地を否定した。ディ・ファビオはこの判決を批判的に論評することを通して，自分の判断余地論の説明

をする(140)。

　このパラコート判決は「栽培植物保護法」（Gesetz zum Schutz der Kulturpflanzen〔Pflanzenschutzgesetz-PflSchG〕以下「植物保護法」と略す）に係わる(141)。同法第15条第1項は農薬（Pflanzenschutzmittel）の許可要件についての規定であり，同項3号は「農薬を規定にしたがい適切に使用した場合，または，このような使用の結果として，同号第a）の規定によると「人間および動物の健康と地下水に対して有害な影響」をもたない場合，および，同号第b）の規定によると「その他の影響，特に自然環境に対するそれであって，科学上の知識の状況から見て適切（vertretbar）でないものをもたない場合」に当該農薬が許可されることを定める。この事件では除草剤の一種であるパラコート（Paraquat）という成分を含有する農薬の許可が争われた。連邦行政裁判所は前述のように，この「適切」（Vertretbarkeit）の判断が裁判所により完全に審査されるとすることにより，行政の判断余地を否定した。

　　「被告の見解に反して行政裁判所による，不適切（Unvertretbakeit）または適切（Vertretbarkeit）の法的判断は制限されない。何故なら被告には，法律による判断の授権にもとづき判断余地（評価の特権）は認められていないからである。こうした授権はこの規定の文言からも，意味内容からも導き出されない。この授権は，適切でないことの判断が多くの価値評価の観点からの衡量を必要としているという観点の下でも導き出されない。この様な衡量や価値評価には裁判所は多くの不確定法概念の適用に際して義務づけられている。この場合にこれとの関連で危険と蓋然性の判断が想起されなければならない。裁判所がそれについて必要な専門知識を持っていない限りにおいて，専門家の助けを利用することが義務づけられている」(142)。

判示事項としては以上の判断余地の否定とともにつぎの2点がある。すなわち，①この植物保護法の規定にいう「その他の影響」とは，確実性に近い蓋然性（an Sicherheit grenzende Wahrscheinlichkeit）によって排除されないすべての影響であること，②農薬のその他の影響が科学的に適切でないかということの決定については，影響発生の蓋然性，影響がもつ不利益の程度，農薬の代替可能性および農薬不使用の場合の不利益が相互に衡量されなければならない，というものである。

---

(140)　Di Fabio, S.276 ff.
(141)　ディ・ファビオの研究書では，旧法（1986年法）が対象となっている。この法律はEUの指令を受けて大幅に改正された（2012年2月6日公布，同年2月14日施行）。ここではディ・ファビオの研究にしたがい旧法の規定に即した説明をする。
(142)　BVerwGE, 81, 12 17.

説明の便宜のために，①についても判旨を引用する。

　「『その他の影響』とは不利益な影響だけでなく，適切でもある影響および原則としてすべての影響でなければならないことは別にしても，第15条第1項第3号第bの規定は，許可があたえられた場合には科学の知識の状況からみて，自然環境に対して不適切な影響が存在してはならないことを要求している。しかし，このことは農薬の不適切な影響が確実性に近い蓋然性によって否定されないこと以外の何ものでない」(143)。

　bb）判決を敷衍した議論　　以上のような連邦行政裁判所の判決に対して，ディ・ファビオはつぎのような議論を展開する(144)。

　すなわち，この判例において判断余地を否定したことについては，連邦行政裁判所は自分の教義学的（理論的）な立場に触れていないことがまず分かる。裁判所が行政庁の判断余地について確立した判例を，判断授権を基礎づけるメルクマールの議論が重要でないとするほどに確定していないと考えているのか，この点は未定のままである。いずれにしても判旨が危険法上の蓋然性の予測に言及していることは，危険の教義学の全体の領域において判断授権を認めていない，ということを明らかにしている。しかし，行政に対する判断授権を承認した原子力行政は疑いもなく，機能論的意味で危険防止の主題であるので，植物保護法上のリスク決定と原子力法上のそれとの間の違いは何処にあるのか，という議論が必要であった。ディ・ファビオは判例に対する以上のような批判の後で，警察法上の危険防止との比較で，リスク行政の特色をつぎのように述べる。

　すなわち，危険に関係し，蓋然性の予測に左右される不確定法概念の適用に際しての判例の周知の解釈と評価への言及は，伝統的な危険の予測と，科学知識の獲得の前線に立っている新しいリスク調査との間の体系的違いを覆い隠す。法的な調査と評価という手段をもって危険の予測を合理的な統制の下に置くという裁判官の能力は，最終的には裁判官に開かれた比較の基準と，彼が親しんでいる経験についての言明に依存している。これを背景にして鑑定人の証言もまた，裁判官による自由心証主義の枠内において，法的な，客観的な証拠にもとづいた事実に関する統制を受け入れる。被害の可能性がこれを背景にして鑑定人の助けにより調査され，評価される限り，行政上の判断余地を認める理由は事実上存在しない，ということである。

　これが連邦行政裁判所のこの判決がよって立つ立場であろうが，しかしながら，

（143）　BVerwGE, 81, 12 15.
（144）　Di Fabio, S.277 ff.

唯一の正しい決定という危険の予測の基礎となる法的な合理性の原則は，つぎのような特殊性を特色とする複雑な原因・結果の構造が想定される場合にはもはや維持することができない。すなわち，①予測の蓋然性の程度が「蓋然性」から「可能性」に低下したこと。②被害の可能性に関しては厳密な因果関係の知識が欠けていること，つまり，科学または技術は，科学の論争の内部においては大いに争われている理論的なリスクの査定に依存している（知識の欠如）。③法律は明らかに危険防止の目的の絶対的な優位を前提としているのではなく，適切性（Vertretbarkeit）の衡量，すなわち，多くの衝突する法益が互いに衡量される便益・リスクの収支決算を要求している。

　　cc）**リスク決定と衡量**　　以上のことからディ・ファビオはつぎのようにいう(145)。すなわち，このパラコート判決での事案ではリスク決定が問題なのである。リスク決定は危険の教義学の狭い領域を去り，独立の法構造を示しているのであるから，危険概念の完全な裁判所による審査可能性と，危険法上の蓋然性の予測との間について連邦行政裁判所がする比較には納得できない。危険領域の前段階での伝統的な知識の欠如の場合には，すべての決定段階では決定のための価値評価が行われなければならないということを立法者が認めたのであるから（ここでは発見された結論はしばしばその他のものよりも優れた根拠づけは行われない），法律上のリスクの構成要件は伝統的な危険防止の体系とは異質である法益の衡量の委託（任務）を予定している。

　　不確定法概念の適用に際して，裁判所がこのような衡量に任じられていることについて連邦行政裁判所が述べることは正しい。しかし，衡量の任務ついての本来の根拠を看過している。実はこれの根拠はリスク査定の決定不可能性（Unentscheidbarkeit）を本質としているのである。科学の認識的欠如は政策的・法的な衡量によって補填される。この様な意味において薬品法，遺伝子工学法，または植物保護法上の決定に際しての科学的な認識形成の指示は理解されなければならない。すなわち，リスクの査定は主として法外的な科学の領域において行われる。リスクの査定とリスクの評価は科学的な専門知識と国家間の間で行われるが，他方では法益の衡量はこの２つの先行する段階に依拠した行政庁の決定である。法益の衡量についての裁判所の完全な統制に反対するのは，リスクの査定と衡量的評価の分離可能性の原則を受容するということであって，裁判所は機能からみてそれに適していないという機能的な議論ではない。リスクの査定と衡量的評価は

　（145）　Di Fabio, S.278 ff.

事実上分離され得る限り，衡量の統制は純粋な法的決定である。しかし，このような衡量が行われる科学的領域は，科学的に疑義あるリスクの査定の問題は鑑定人の呼び出しによって解決され得るという連邦行政裁判所の単純な観念はしばしば現実に即していない，という程に動揺している。

　かなりの程度前方に位置づけられている危険防止での特別な認識的な欠損は，法適用に際しての新たな実務的な問題だけでなく，法律の体系がこの様な状況に着目しているという事実をも明らかにしている。ここで意味をもつのは，特に法律によって指示された私的な申請者，外部的専門家と国家行政庁の間の協力関係である。薬品法，遺伝子工学法，原子力法または植物保護法のような特別法によって結びつけられた共同作業の網は，事実関係の調査義務を申請者に転化するという点において，そして，拘束力をもたない行政庁の勧告よりもずっと効果がある外部的な専門家の役割にするという点において，国家の決定手続の伝統的な組織からかなりの程度隔たる。

　dd）リスク行政の決定手続　このようなリスクの査定，および，査定と評価の間に定住する協力プロセスは，単離して（punktuell）行われる裁判所の手続において適切・合理的に統制される，ということはできない(146)。その理由は，内部的・外部的専門家と協力関係にある行政庁のリスク基準は通常行政庁の決定の前に比較事案を尊重して調査されるのであり，裁判所での手続における個別的な他の鑑定人による単離した調査はむしろ僅かな有効性しか示せないからである。その上，行政庁の科学的に基礎づけられたリスク制御観念に拘束されないリスク決定の単離した審査は，評価基準の歪曲という危険を冒す。模索的で，暫定的で，そしていつも比較に左右され，例示的に形成されるという性質のために，リスク決定は執行府の法制定および継続的・柔軟な法律の具体化と類似している。この個別的決定による規範具体化の過程は，行政庁と，科学的専門家であって，それの役割を立法者がますますもって機能的に独立させようとしている者との間において共同的に行われる。

　植物保護法第33条第5項によると，植物保護法上の許可と市場での手続においては，すべての個別的な決定の前には専門家委員会が聴聞されなければならない(147)。この専門家委員会は農薬，健康保護，環境，自然保護の専門領域から，25名の高位の，独立した専門家から構成されている。この合議体の独立性は，生物学連邦施設，連邦健康局，連邦環境庁の代表者は委員会に属することはない，

---

(146) Di Fabio, S.280.
(147) Di Fabio, S.281.

ということによって強化されている。植物保護法の体系によると，この合議体が自然に対する不適切な（unvertretbar）影響その他の農薬の影響を認定または拒否した場合には，なるほど行政や裁判所に対して法的拘束力をもたないが，この法律によって要求された作業の費用は，裁判所の統制の程度に対して完全に効果がないものにはなり得ない。多元的に構成された合議体において議決された論証的な判断は必要があれば裁判所において個々の鑑定人の尋問により苦もなく打ち負かされるという観念は，科学的に依存したリスクの査定や評価を行うについて一体誰が人的・組織的に対応しているかという問題をヴュール判決において提起した。すなわち，外部的な専門家により構成される合議体により恒常的に諮問され，国際的な経験と提携しており，一部は自分で科学上の認識プロセスにおいて促進的に活動をする特別の行政（例えば連邦健康局）か，それとも散発的にこれらの問題に関与する行政裁判所か，という問題である。

　特別の義務配分および組織と，それに対応する決定手続により，上述の法律はそれぞれの修正的な力点をもって，法律の解釈から調査され得る適法な決定という伝統的なパラダイムから外れる国家の決定が問題であることを明らかにしたのである。法律が自分で明確に具体化と基準形成のために何を行政に委ねたのか，ということについて何らかのものを法律から導き出すことを，行政裁判権の法律附従的正当性をもって擁護するは殆どできない。その限りでは，リスク行政の発展は（個別的な）規範解釈と個々の事案の包摂に着目している伝統的な概念思考からの離反と，主として法律によって意欲された決定および手続の類型に着目する体系的な法律解釈への転向の切っ掛けとなる。

　　ee）**リスク行政と法規範**　　以上のような検討を経た後で，ディ・ファビオは，リスク行政と法との関係，そして，そこから得られる判断余地ないし判断授権についておよそつぎのような主張をする[148]。これを要約するとつぎのようになる。

　すなわち，議会の法律が具体化の責任と負担を執行府に委ねようとしていることを，リスク行政のテーマが具体的に明確にしているにもかかわらず，賛成か，それとも反対か，が信仰の戦争のように争われているという点において，判断余地に関する長い間続いてきた議論は板挟みの状態にある。最終的に裁判所が不確定法概念の解釈に義務づけられているということを概念法学の方向において固執している者は，法律による行政の原理に却って迷惑をかけていることが分かる。行政法は新たに委託された行政権限を，いかなる手段をもって法治国的に制限し，

（148）　Di Fabio, S.288 ff.

第1編　行 政 裁 量

　法的に合理化できるか，という任務をもっている。判断授権を体系的に知るという目標をもって，単純法上の形成を手掛かりとした，将来において入念に特別行政法の法律関係において行われる決定と手続の分析は，方法論的にも賛成である。法律意思の調査という古典的な方法は，ますます機能的に方向づけられる。確かに法律は法律学の議論の定点に留まっている。しかし，文言から導き出されるのではなく，趣旨に即してその中に含まれる。リスク決定との関連での法律の行為委託は概念上の制御能力からみればみすぼらしい。法の特別の合理性は論証の明確性と確信力において展開する。それ故，法律が命令するところが重要で，法律の深い意味が争いのないものであるほど重要となる。認識的な不確実性を甘受するだけでなく，便益・リスクの衡量を行政に課する開かれたリスクの構成要件は，場合によっては，この根拠づけが明確で納得がいくという程度にまで，偶然性に法律学の議論を委ねてしまう。しかし当然のことに，法は唯一の正しい決定を前提としているという原則に固執しなければならない。このことは，法システム論的にいえば，不可欠のオペレーション・コードである。しかし，決定にとって必要な法的根拠づけと論証の文化は，極限にまで緊張状態に在り，あるいは極端なものとなる。裁判が概念の釈義と，適法な手続による実体的な正しさ（Sachrichtigkeit）の実現に対する信頼との間の中道を歩む場合にのみ，法合理的な議論の文脈が創り出され得る。この場合，判断余地の姿は依然として複雑な行政決定の要求にしたがって増大する要求を満たすための，適切で，必要な教義学上のカプセルであるように見える。

　判断余地を，もとより部分的な権利保護の拒否の目印として誤解することはもはや許されない。判断余地は，科学や技術の発展に対する国家による統制を法に対して要求する権力分立モデルにおける重点の移行を，概観ができるそして明確なやり方で取り扱うための教義学的な方法である。すなわち，判断余地が存在していると考えられる場合にはいつも，跡付けができる事実関係の調査，資格をもった専門家の参加，科学的に援用される正しい記録作成，および，なされた決定の理由付記についての行政庁の義務が高められるのである。裁判所が十分な法律上の統制基準がないためにもはや完全に決定をすることが許されない場合には，裁判所は裁量決定の場合と同様に，ますますもって行政庁の決定発見の法にしたがった手続（これには決定に適合した関係人の参加も含まれる）と，適切で跡付けができる決定の理由付記および説明をあくまでも要求しなければならない。

3　法律の制御力の喪失

　以上のように，特にリスク決定と判断余地の関連をディ・ファビオの議論の紹介という形で示した。その際に，この議論では特に「衡量」という観点が前景に現れたことが指摘されていた。こうした現象は，行政に対する法律の制御力（Steuerungskraft）の喪失ということと関連する[149]。こうした制御力の限界は，法適用行為を三段論法という意味での包摂的過程として理解することを困難にする。以上見てきたリスク行政以外の分野に付け加えてその例を求めると，例えば環境法においては，つぎのことがいえよう。

a）**環境法の場合**

　aa）環境と法　　環境は「生態系」（Ökosystem）という一種のシステムとして説明される[150]。生態学（Ökologie）は，生物的，および非生物的な要素の作用構造（Wirkungsgefüge）を解明することを目的とする。自然は，多様な結合，フィードバックの輪（Rückkoppelungsschleifen）および自己を規律する制御系を伴った動態的作用構造であって，その作用は全体的な観察にもとづいてのみ把握されることができる。このような全体論的な観点によるならば，有機体は隔離された物体としてではなく，構造と機能において，固有の部分システムと環境との間の不可分の相互作用に立つものとして把握されなければならない。生態系においては単純な法則が支配するのではなく，無秩序と秩序が交代し合う。原因と結果との間には比例の関係は存在しない。そのため，全般的な予測可能性や予言を要求してみても，それには限界がある[151]。

　以上が生態系の特色であるとすると，法はこれに対応して行かなければならない。そして，つぎの点を考慮しなければならない。すなわち，第1に多原因性（Multikausalität）であって，これは有害物質や環境侵害の蓄積的，相反的および相乗的効果を伴う。第2に，原因と環境の被害との間の長期の反応時間である。第3に，作用要因の高度の複雑性であって，これは数多くの可変的なものを伴い，また，こうした可変的なものと，関連性に関する構造上の不明確性との間に存する密接に絡み合った相互関係（原因物質の循環，エネルギーの流失，食物連鎖）を伴う。第4に，効果と付随効果についての予測可能性の限定であり，そして最後

---

(149) 以下の説明は Pache, S.475 ff. に拠る。
(150) 以下の説明は海老沢俊郎「環境影響評価における統合的審査と行政法」名城法学50巻別冊（2000年）111頁以下の説明の一部分を使う。
(151) 以上の説明は Mario Martini, Integrierte Regelungsansätze im Immissionsschutzrecht, 2000, S.39 ff. に拠る。

に，人の環境に対する働きかけによって，生態系は絶えずその均衡を狂わせられる，という点である[152]。

　環境法はこれに対応するために有効に形成されているのか。すなわち，環境法上の許可要件において実体的な決定プログラムを用意しているのか，複数の行政庁が関与するとき，手続の調整が許可に際して行われているか，そして，行政庁の組織もこれに対応して構成されているか，ということが問題になるはずである[153]。しかし，これまでの環境保護法は，領域ごとに形成されてきている。すなわち，例えば排出される有害物質の広範囲にわたる拡散や結合効果，そして，ある環境媒質から他の媒質への移し替えないし問題の先送りというような総合的な問題には十分に対応することができていない。土壌，大気，水質のような個々の環境媒質に関する領域ごとの限界値や基準値は，環境全体を保護するのではなく，せいぜいのところ部分システムを保護するにすぎない。このような領域ごとの環境保護においては，1つの環境媒質保護の強化が他の媒質に対して負荷をもたらすおそれがある。更にいえば，環境保護の制度は有害物質循環の中で，分配所（Verteilungsstationen）となる[154]。生態系の保護を多くの規範や手続に配分して，これに対応して分業的に行政を組織構成することは，数多くの部門行政庁が行政事務という分割された狭隘な土地を単式農業で耕すに等しい。そして，現行の行政手続法を見るならば，それは特に環境法の領域では，あまりに単純に構成されてきており，手続の対象である複合的な性質をもつ「生態系」に対応することができない，ということになる[155]。

　bb）　環境法典（案）の試み　　EU法はかなり前からこうした課題に対応しようとしてきた。後述する衡量論において触れる2001年の「環境影響評価指令」もその一つであるが，法律の制御力との関連で注目すべきは1996年の「環境汚染の統合的回避および低減に関する指令」（Richtlinie 96/61/EG des Rates über die integrierte Vermeidung und Verminderung der Umweltverschmutzungen, Abl EG Nr.L 257 vom 10.10.1996 S.26; IVU-RL）である[156]。ドイツはこうした指令を国家法に転換する（Umsetzung）ために，「環境法典」（Umweltgesetzbuch）[157]を制定して応えよ

---

(152)　以上について Martini, S.40 ff.
(153)　以上について Martini, S.45.
(154)　以上について Martini, S.27.
(155)　Jörg Schoeneberg, Umweltverträglichkeitsprüfung, 1993, S.51.
(156)　以上について海老沢・114頁。
(157)　Bundesumweltministerium für Umwelt, Naturschutz und Reaktorsicherheit (Hrsg), Umweltgesetzbuch (UGB-KomE), 1998.

うとした。しかし，このような意欲的な試みは結局挫折してしまうことになるが，現時点においても注目すべき試みとして，つぎのような規定を第83条第2項（基本義務）として提案していたのである。

　　「総ての環境に対する負荷のルート（Belastungspfade）および環境の利益間の相互作用を斟酌して，環境に対してその全体において可能な限り僅かに負荷をかけるような措置がなされるように，事業に適用される基本的義務と自然および景観に対する侵害の許可に対する要求は実現されなければならない」[158]

「環境汚染防止法」（Bundesimmissionsschutzgesetz）第5条（許可を要する施設の操業者の義務）および第6条（許可要件）もそうであるが，環境法典（案）のこうした規定は補充的な具体化を目標にして，しかもそれに依存するのである。法規範の構成要件によって，その適用領域は原則として常に余すところなく画定されるという観念によってはもはや理解できない。その姿は広範に空白な（offen）規範であって，内容的な指示に代わって，規範適用領域の対象論的限定ではなく，構成要件的に規定された最適化の原則（Optimierungsgebot）または衡量任務を内容としているにすぎない[159]。

　環境法典案から出発して，許可に係る法律の制御力の喪失およびこれに伴う衡量を見てきているが，環境影響評価においても同様なことがいえよう。すなわち，ここでは「統合的審査方法」が必要となり，その際に「全体的考察」のあり方が問われる。「統合的審査」は調査，記述および評価という環境影響評価の3つの段階において要求されている。しかし，「全体的な考察」はこれらの3つの段階の総てに要求されるのではなく，主として最後の「評価」段階においてこの考察が問題となる。換言すると，主としてこの「評価」という過程が統合的審査ないし全体的考察を要求する，ということができる[160]。そしてこの評価については，これに対応した「理論モデルないし決算単位」（Theoriemodell bzw. Verrechnungs-einheit）は存在しないのであるから，環境に対する影響の「定量的評価ないし決算」（quantitative Bewertung bzw. Saldierung）は原則として行われないことになる。こうした評価は原則として「定性的な」観点から行われることになる[161]。

---

(158)　Umweltgesetzbuch, S.138.
(159)　Pache, S.478.
(160)　Schoeneberg, S.54.
(161)　Schoeneberg, S.54.

第1編　行政裁量

b）法律の制御力の喪失と衡量

　原子力法，ディ・ファビオのリスク行政の研究で登場する「栽培植物保護法」や「薬品法」の許可条項そして環境法において見られるように，それを適用していくためには「解釈」を超えた補充や充填を必要とする。反対に，技術や環境の分野での法律は，複合的な行政については，法律自体による規律を必要としないで済ますこともできる。立法者は立法上の規定さえもできない。構成要件をもって規定された規範でさえも，それを適用可能なものにするためには補充的・内容的具合化を必要とする。法教義学的・法理論的に対応すべき現代立法は，条件的にプログラム化した規定を設けている。しかし，そうした規範は，個々の法概念，個々の構成要件要素または構成要件全体の構造において複合的な調査，評価を必要としている。立法者が規範の適用領域で克服しなければならない原理の衝突や利益の衝突を自分で解決するのでなく，そして，抽象的，一般的平面で衝突克服のための規律を設けるのではなく，これらを挙げて法適用者に委ねてしまう場合には，規範の補充的な具体化は常に必要となる。法適用者がこのように立法者から割り当てられた任務を果たすに際しての憲法適合的な法治国上の道具は「衡量」である[162]。

　ではこの衡量とはどのようなものか。それのモデルは計画法の分野において発展してきた「衡量原則」が他の行政領域においてもモデルになるのである。したがって，以下には，これを検討していくのであるが，その前に以上の裁量論を補充するという意味で，「裁量論における合目的性」の議論と「行政留保」の議論について概観をしておくことにする。

---

［162］　Pache, S. 480.

補章（裁量論における合目的性の地位と行政留保）

I　裁量論における合目的性の地位

　合目的性の議論（Zweckmässigkeit）とはこれまで述べてきた裁量論とどのような関係にあるのだろうか[1]。

　ドイツの行政裁判所法は第68条第1項第1文において「取消訴訟提起の前には，行政行為の適法性および合目的性が前置手続において審査されなければならない」と規定している。また，日本の行政不服審査法は第1条第1項において，この法律の目的として「行政庁の違法又は不当な処分その他公権力の行使に当たる行為」に関する不服申立の手続を定めることにより，国民の権利利益の救済と行政の適正な運営の確保を目指すことを規定している。公益実現という目的からみてそれに適合する(当)，しない（不当）の判定と，適法・不適法の判定がこのように並存することには，どのような意味があるのか。

1　合目的性の議論の歴史的背景

　既に裁量論の歴史において述べたことがここでも繰り返されることになるが，裁量は公権力行使に関する実定的・客観的・実体法的な拘束の対立物として理解された[2]。法と法律は行政にとっては単に限界と許可を意味するものであり，行政の方向や目標を定めるものではないという前提から出発することによって，国家活動にとっての実体的・内容的効果ではなく，形式的・制限的効果をあたえた。行政の本質が「法律の執行」ではなく，国家の法秩序によって嵌め込まれた枠の内側における国家任務の遂行のためのものであるならば，その活動の本来の目標つまり合目的性は，追求される国家目標の選択という意味で，自由な，法や法律によって実体的に拘束されず，それ故法的に無関係な領域の中に組み込まれなければならない。ここに適法性と合目的性の並存が行われた理由がある。しかし，

---

[1]　日本法におけるこの問題に関する最近の代表的研究として，稲葉馨「辺野古訴訟最判における『不当』論・考」西埜・中川・海老澤喜寿記念『行政手続・行政救済法の展開』5頁（信山社，2019年）がある。

[2]　Hermann Soell, Das Ermessen der Eingriffsverwaltung, 1973, S.66 ff.

自由や財産という公式に書き換えられた個人の領域への侵害を授権する限り，法律は単なる枠ではなく，唯一の行為の基礎であるという「法律の留保」が承認されればこの並存は許されなくなるはずである。「侵害留保の理論も，侵害行政の領域において実体的法律の不拘束の残余の領域を承認していたのである。しかも自由な行政裁量が認められていたところではどこでも。何故ならこの行政裁量は，法的拘束からの自由，つまりいずれにしても法律上の観念内容からの自由としてとらえられていたからであり，これはその限りではいまだもって行政の行為についての法律の純粋に形式的な効力，単なる制限された効力で打ち切っていること以外の何ものでないことを言っているのである」(3)。

執行府における法的拘束性の領域（法適合性）と，法から自由な領域（合目的性）の峻別はこのように立憲君主制の二元的憲法状況の中に故郷を持っている。ここにおいては行政の行為は，法律によって積極的・内容的ではなく，消極的・限定的に規定されるという枠の理論の中に見出されるのである(4)。

2　現時点での合目的性の位置づけの試み

以上のように，適法性と合目的性の区別は単に歴史的な意味しか持たず，ドイツの行政裁判所法や日本の行政不服審査法におけるこの区別の規定についても，特別の解釈論上の意義を肯定することは不可能であるように見える。この点についてどのような議論が成り立ち得るのか。

合目的性の問題は果たして，そしてどの程度まで，裁量権行使に際して場合によっては残されている決定に際しての自由な判断の領域が行政内部での措置によって縮減されるか，という問題である(5)。行政は裁量権行使に際して，一つには法律に，そしてこの場合に特に裁量権授権の目的に拘束される。しかし他方では，法律で規定されたものの枠内において，行政は合目的性の観点の下で決定を行う。これはこれまで見てきた裁量権というものの憲法上の位置づけからすれば当然であろう。裁量権の限界ということで裁量権の踰越・濫用という裁量権の限界が言われている。これはそうした限界の枠内においては裁判所によって審査されない，法的に決定されない合目的性の領域が残っている，ということを示している。

---

(3) Soell, S.72.
(4) Soell, S.73.
(5) Hans-Joahim Koch／Helmut Rüßmann,Juristische Begründungslehre, 1982, S.242 ff.

3 区別の困難さ

しかし，適法性と合目的性の区別は困難を極める。例えばかつてのように，規範構造を構成要件と法律効果に区別して，法律効果の側面に裁量権を認めるという前提を採れば，ここに適法性と区別された合目的性の問題が存在すると考えることもできよう。しかし，既に見たように，ここにおいても行政は合目的な構成要件の補充を行わなければならない，とする説が有力に唱えられている。また，構成要件の側面においては，これまで詳述したようにいわゆる「判断余地」を認めるならば，ここにおいて行政による合目的性の判断を許容することになる。更に，ある行政行為について裁量権の踰越と濫用があった場合に，その行政行為は違法と判断される。違法と判断される根拠について，それが行政行為を授権する法律規定の違反によってそうなるか，それとも，裁量権の踰越・濫用によってそうなるのかの判断は困難である。この点は，裁量権の限界論の説明に際して引用した議論（あるいは，判定に際しての懸念）を想起すべきである。

4 合目的性の規範化

「合目的性の決定の法化」（Verrechtlichung von Zweckmässigkeitsentscheidung）という言葉で呼ばれる現象がある[6]。合目的性の判断が規範化して，それにしたがって行政決定が行われる現象である。裁量権の行使である合目的性の判断として行政庁が行ってきた決定が構成要件の解釈・適用として行われるものとして理解しなければならないと主張する，かつて見た学説はその例である。その他の例を紹介すると[7]，「裁量権収縮論」も，合目的性の問題を法化した現象と言える。また，これは後に詳しく見るのであるが，判例法（連邦行政裁判所の判例）は計画法の領域で「衡量原則」（Abwägungsgebot）を確立したが，以前には衡量は合目的性の判断，つまり「自由な」裁量に組み入れられ，このため裁判官によって統制され得ないものとされることが多かったのであり，これはプロイセンの警察法において見られたものである。また，行政の「自己拘束」も合目的性の判断の法化と言える。

以上のような「合目的性の規範化」という現象も適法性と合目的性の区別を困難にする。

---

(6) Martin Ibler, Rechtpflegender Rechtsschutz im Verwaltungsrecht, 1999, S.36 ff.
(7) Ibler, S.36 ff. で挙げられているいくつかの例をここで選択して紹介するにとどめ，論評はここでは行わない。

第1編　行政裁量

5　合目的性と権利保護の関係

　問題はこの適法性および合目的性の区別と権利保護がどのような関係に立つのか，ということである。すなわち，合目的性の領域とされたところでは，裁判所による権利保護は拒否されるのか，ということである。以下には，この問題に関する説明として学説を要約して紹介することにする[8]。

　すなわち，裁判所が行う行政に対する統制には主観的法（権利）保護と客観的法保護のモデルの区別があり，基本法は前者のモデルを採った，とされる。これと対比される客観的法保護の下では，行政裁判権の客観的統制機能が強調される。行政裁判権の本質は国家が常に適法に行動することについての一般的利益を実現することにある，とされるのである。このモデルでの客観的な適法性への限定は，法適合性と合目的性を分離するのであり，かくして裁判官による統制を制限することを容易にする。このような意味で客観的法保護モデルにおいて決定の合目的性の統制が裁判官に禁じられている場合には，合目的性にしたがって（も）行われた決定が，これによって負担を受けた市民の地位を低下させることが許されるかという点について，これを正当化する必要がない。客観的な法保護モデルにおいては，裁判所は主観的法（権利）保護のために，合目的性の決定に対抗する必要も消失してしまう。

　このような視点から見ると，「法規範が存在しないところでは違法性は存在せず，それ故『権利毀損』も存在しないという原則」が特徴的である。そして「法規範を拘束する基準が欠けているところでは裁判官の事後審査も行われない」ということが特徴的である。法適合性と合目的性の分離は既にドイツの基本法でも否定されている「限定列記主義」を採ることに似ている。すなわち，裁判所によって審査され得るのは，まったくもって確定された，「法的な」（単なる合目的なものと対比される）公権力の行使たる行為だけである，ということである。

　法適合性と合目的性の分離は客観的法保護の目的と矛盾している。何故なら客観的法保護は，その統制をもってまさに正しい国家行為を保証しようとしているからである。すなわち，客観的法保護のモデルの理念においては，すべての国家行為の法適合性と正しさは一致しているからである。しかし，このような目標は，審査されるべき公権力の行使の一部分，つまり合目的性を審査から除外するならば，最初から不完全にしか達成できない。このような状況を耐え得るようにする

---

(8)　Ibler, S.177-179.

ためには，立法者があまり重要でないと考えている合目的性の判断の決定を行政庁に委ねることである。更なる方法は，裁量権の付与を厳格な形式や手続の要求によって制限することである。

　フランスを典型とする以上のような客観的法保護のモデルに対して，基本法が採る主観的な法（権利）保護の下では，この合目的性についての理解も自ずと異なってくる。

　行政裁量は基本法第19条第4項によって禁止されていない。裁量決定が相手方の主観的権利を毀損しない場合には，これは当然であろう。しかし侵害行政についても，基本法第19条第4項は合目的性の決定を禁止しない。立法者は行政に裁量権をあたえる。何故ならば，すべての決定を自分で行うことができないからである。それ故，行政裁量は立法者と行政の関係から定められなければならず，この場合同時に裁判所の統制から行政を自由にする必要はない。基本法第19条第4項は，立法者と行政の関係の観点に市民の観点を補充し，すべての毀損から裁判所の保護の権利を保障する。したがってまたこの規定は，これらの権利の保護のために，行政裁量の裁判所による統制を要求する。同時にまた，個人の権利の保護を犠牲にして法適合性と合目的性の区別を困難なものにしていくことを妨げる。立法者が決定を自分で行うことができず，行政に委ねざるを得ないときに，市民の権利保護が不利益になることは許されない，ということである。

　更に付け加えると，法律は自分で定める個別的な権利や利益の保障を行政に委ねることはできる。しかし，裁量にしたがって個人の権利を侵害したり，その他負担的義務を課したりすることはできない。警察上の概括条項にもとづく侵害は否定される。しかし，基本法第19条第4項が定めるような主観的法（権利）保護のモデルからは，このことは強行的に要求されているわけでない。むしろ行政に裁量権をあたえるだけで十分である。この場合，裁量権は裁判所からの統制自由（統制がないこと）の意味ではない。したがって，主観的法（権利）を制限する裁量決定に際しては，包括的な裁判所の統制が求められなければならない。それ故今日では権利保護においては，裁量権の統制について一般的に法適合性と合目的性の分離が許されているとすることは失当であり，主観的法（権利）保護のために放棄されなければならない。すなわち，基本法第19条第4項は先に見た「合目的性の決定の法化」を要求している[9]。

---

(9)　Ibler, S.179.

第 1 編　行政裁量

II　行政の留保

1　行政留保論とその例示

　行政に対する（裁判所による）統制を制限する場合を「行政の留保」と呼ぶならば，これは多くの行政領域において問題となり得る。既にこれまで検討してきた裁量（判断余地も含む）もその例である。

　「行政の留保」を記述する場合に，それが法律において用いられ，少なくも要件や効果が定められていれば，それは法概念にまで強化される[10]。しかし，この「行政の留保」は何ら法概念を形成しているのではなく，それは単なる発見的な（heuristisch）集合概念である。この概念は制限されて統制される行政庁の決定を要約するだけである。このような「行政の留保」はどのような場面で問題とされるのか，以下にはイプラーの研究にしたがってこれを挙げてみることにする[11]。

a）法律の正文における規定

　「競争制限禁止法」（Gesetz gegen Wettbewerbbeschränkungen）第71条第5項第2文は「全体的経済状況と展開の評価」についてのカルテル庁の評価は裁判所の審査を免れる，とする趣旨を規定している。法律の正文が行政の留保を規定している例であるが，これを憲法に適合した解釈をする際には基本法第19条第4項に適合することが当然のように要求される[12]。

b）規範構造

　法律の構造を示すことによって行政の留保を根拠づける試みがある[13]。それが達成されるように目標を確定的に自分で定める明確な法律の命令を，弱い制御力をもった規範から分離する。「法律の委託」は行政に（単に）目標だけを指示するが，その「実現方法」は行政に対して単に権限または行為の権能を設定し，自分で目標を設定し，具体化し，実現することを許す。覊束的な，つまり構成要件と一義的な法律効果に分岐した規範との比較において，裁量規範，計画規範および衡量規範は行政をして，より一層統制から自由にする。しかし，果たして行

---

(10)　Ibler, S.429 ff.
(11)　Ibler, S.441 ff.
(12)　イプラーはこのほかに，基本法第7条第5項の規定およびニーダーザクセン州の市町村法（Gemeindeordnung）第48条第2号の規定およびドイツ裁判官法（Deutsches Richtergesetz）第9条第3号の規定を挙げるが，その紹介は省略する。
(13)　Ibler, S.449. ff.

政裁判所はここから本当に行政の最終的な決定の権能を読み取ることができるか,という不安定さが指摘される。主観的な権利が侵害され得るときに,決定の自由から統制の自由を逆推論することは許されないはずである。立法者は規範構造を通して,決定またはそれの一部分を,最終責任を負うとして行政に確定させようとするならば,基本法第 19 条第 4 項に適合しない。

c) 決 定 構 造

決定構造に着目して,そこから行政の留保を肯定しようとする者は,決定についての「事物の本性」(Natur der Sache) による行政庁の自由な領域を認める。事案について最終的な決定をするについて裁判所の活動が不適切である場合には,決定の本質から裁量領域が行政庁に帰属するというのである[14]。

既に見た「概念思考から決定思考への転換」という標語で示されたオッセンビュールの主張もこの類型に組み入れられる。統制密度を調査するために法律概念や法律構造が正しい答えを提供するのではなく,行政の所産(Produkt)としての行政決定がそうするのである。行政は法律によって指示された概念と事実関係を比較するのではなく,評価を行い,衡量を行い,決定の選択肢を審査し,優先順位を定める。他方で,既に権限をもって行われた公権力の行使であるこの決定についての結果責任は行政機関が担うのであって,裁判所は引き受けることができない。

d) 事案の構造

「事案の構造」(Sachstruktur) とは,個々の法律概念も,全体規範の構造も,行政の所産としての行政庁の行為の内容も前景に置かない考察を言う。むしろこの考察は,規律された題材の高度の複雑性または特別の動態に際しての裁判所により制限されて審査され得る自由な領域を認めるのである。つまり個々の領域の特殊性に着目する。このために,行政の行為がそれぞれの詳細において法的に予め定められておらず,裁判官によって統制もされない領域が存在する,という仮説を立てる。今日,特に技術法や環境法の領域が挙げられるのであって,これは原則的に日常の体験の外側にあり,このため専門家による特別の判断を体系的・継続的に必要とする,とされる。

---

(14) イプラーはこれについて,批判論も含めて詳細な検討を行っている(Ibler, S.350 ff. 特に S.386 ff. また,そこには判断余地の根拠としての「立証責任論」が検討されている。更には,試験官の判断余地が否定される場合に見られる受験者の「実証責任」(Substantiierungslast) が論じられている(S.413. ff)。これは本書の課題を超えることになるので,ここでは触れない。

第1編　行政裁量

e) 行政責任

　裁判所の統制に対する行政の留保の正当化の論拠はますます抽象化されるという特色をもつ。すなわち，法律の文言自体が明示的に統制の制限を指示しなければならないという厳格な命題から出発して，「規範構造」と「決定構造」を経て「事案の構造」にまでおよぶのであるが，統制の制限を「行政責任」をもって正当化する論拠はますます抽象的な性質をもつ。

　行政の責任論を援用して裁判所の統制を制限する議論は，既に帝政時代とワイマール共和国の時代に見られる。プロイセンにおいてはこの責任論は，通常裁判所による行政統制の拒否としてまず現れた。これはワイマール共和国においても同様であった。すなわち，「民事裁判官は主観的な権利保護を求めるのであり，公益を正確に評価しない危険を冒す」というのである。自由裁量の事案における裁判所の決定は，行政の統一を崩壊させる。その理由は，独立しており責任を負わない裁判官の決定に対して政府は責任を負えない，というものである。こうした責任論は行政庁と行政裁判所との関係でも使われた。このために，ある者は法適合性と合目的性の境界によって，行政裁判所と行政庁の間の責任を分ける。これに対して他の者はつぎのように反論する。すなわち，裁判所の統制を制限するために行政の政治的責任に依拠する議論は単に特定の上級行政庁に関するものであり，下級行政庁についてではない。それ故，行政裁判所は下級行政庁の合目的性にかかわる決定を審査しなければならない。ここでは行政の政治的責任は危殆に晒されないからである。このように見ると，ワイマール時代の責任論は政治的決定に際しての統制制限のための議論であることが分かるのであり，これは1930年代（ナチスの時代）には予想外の程にまで拡大するのである。

f) 権力分立論

　行政の留保を「行政責任」から導き出す者は，行政責任の概念を基本法上の「権力分立」をもって根拠づけようとする。彼は基本法から，原則的な作用の留保であって，個々の行政権限や責任をもった実施によって遂行されるものを導き出す。「責任とは管轄権である」とする。この根拠づけの重点はきわめて抽象的な行政責任から，裁判所の統制から自由な行政独自の領域を説明する，それほど抽象的でない権力分立の議論にまでおよぶ。この場合，この議論は行政の裁判所の統制の問題について，行政決定の合目的性は統制されない，という結論を目指しており，基本法第19条第4項との整合性が問われることになる。

2 「行政留保」の検討

　a）から f）で示された「行政の留保」について検討すると，それぞれの論拠は番号の進行に応じて順次抽象化することが見受けられる。b）における裁判所の統制からの自由を「規範構造」から導き出すことは伝統的な議論である。行政の行為を授権する法律の構成要件と法律効果に分解して，それぞれについて統制からの自由を検討することは第１章での裁量論の歴史で概説したように，ドイツ特有の議論でもあり，神聖ローマ帝国からの伝統を承継するものである。しかし，こうした裁量論は，法律の制御力（Steuerungskraft）の喪失という現代行政法の特質によって変化せざるを得ない。既に見たように，法律規定の開放性（Offenheit）と広大さが見られる。法律の指示は殆ど言明力も制御力も持たない。法適用行為は三段論法という意味での包摂過程としては理解されない。付加的な決定基準が必要とされる。「規範的授権論」は主としてこうした現象に着目して主張された議論である。空白性や制御力の喪失という特色をもった法律規範であっても，裁判所による統制からの行政の自由を承認する諾否の判定に際して援用されるのである。原子力施設の設置・操業の許可に関する原子力法第７条の規定等の解釈として，この判定が行われる。規範的授権論から見れば個々の法律の「授権」の有無を判定せざるを得ない以上，こうした特色をもった法律であれ，その「解釈」という過程を経なければならない。

　規範的授権論に典型的に見られるように，規範構造から裁判所の統制からの行政の自由を根拠づける試みに踏みとどまっているのが現在の議論の基本的な特徴である。それが何故なのか。f）における「権力分立論」をそのまま援用することは極論であって，それを採り得ないことは当然であろう。また e）で示された「行政責任論」はそのままで採用できないであろう。しかし，広く責任論という観点は既にリスク行政との関連で見たように是非とも考慮に入れるべき重要な要素である。リスク行政と言われる行政の領域において，その最終的な決断が本当に裁判所に責任を引き受けさせることが相応しいのか，という課題は現代行政法が避けることができない。

　法律の文言，規範構造に着目するよりも，c）において示されている「決定構造」に着目して統制からの自由領域である行政の留保を肯定することについては，主観的な権利保護を抑制することを容易にすることは否めないであろう。つまり，基本法第19条第４項との整合性が常に問われる。d）において示された「事案の構造」に着目する場合も同様である。

この点について，イプラーのつぎの指摘がある[15]。すなわち，試験の決定に際して，決定の「高度の人格」を理由として裁判所の統制からの自由を導き出すとか，同様に「決定を繰り返すことの不可能性」を理由として裁判所の統制からの自由を導き出す試みについても基本法の規定との関連性が指摘されてきているのである。1950年代においていかにして専門領域の構造が裁判官の統制の制限を強いたか，ということの例証として「試験決定」が挙げられていた。これは正当にもその後の展開おいて無視されることになる。以前には考えられないものとして想定されていた統制―例えば口述試験の経過に関して行政裁判所における証人として試験官とともに立証すること―は今日では法治主義的裁判所による権利保護の最小限のものに属する。

---

(15)　Ibler, S.453.

第2編　衡量原則

第1章　議論の前提

Ⅰ　検討対象について

1　序

　以下は「衡量原則」(Abwägungsgebot) に関する議論であるが，行政行為であろうと，行政計画であろうと，あらゆる行政の行為は，広範囲におよぶ調査と衡量を前提として行われるのであり，衡量については「合理的な行動の法的符丁そのものとしての衡量，法律によって制御された行政の本質としてのそれ」が言われる[1]。こうした衡量は覊束的決定と裁量的決定においても行われる。しかし，衡量原則は計画法において高度に発展したものであり，したがって，これからの叙述の便宜の観点から見て，計画法において展開してきたこの原則を検討することが必要である。

2　行政計画

　ドイツにおいては国土整備のための計画は，総合計画 (Gesamtplan) と特定部門計画 (Fachplan) に大別されるが，従来ドイツの計画裁量あるいは裁量の統制について検討するに際しては，前者の建設管理計画 (Bauleitplan) を中心にしてきている，と言えよう。すなわち，連邦行政裁判所は1974年7月5日の判決 (BVerwGE 45, 309) 以来，特定部門計画上の計画決定についての判例を展開するに際しては建設管理計画に関する説明に依拠してきており，この説明を特定部門計画上の計画確定に転用している，とされている[2]。裁量統制のための重要な原則のひとつである衡量原則 (Abwägungsgebot) というものも，この建設管理計画を中心にして展開してきたのである。後述するように，1960年の旧連邦建設法 (Bundesbaugesetz BBauG) もそうであるが（同法第1条第7項），これに代わって

---

(1) Eberhard Schmidt-Assmann, Verwaltungsverantwortung und Verwaltungsgerichtsbarkeit, VVDStRL34 (1976), S.221 (251).
(2) Martin Ibler, Die Schranken planerischer Gestaltungsfreiheit im Planfeststellungsrecht, 1988, S.27.

第2編　衡量原則

その後に成立した建設法典（Baugesetzbuch BauGB）はこの衡量原則を明文をもって定めている（同法第1条第7項）。こうした衡量原則が，連邦行政裁判所により特定部門計画にまで拡大して適用されてきているのである。したがって，計画裁量であるとか，裁量の統制をみようとするときは，これまで日本においてこれが紹介されるときと同様に建設管理計画をみることは当然として，その対象を拡大していかなければならないのである。このため特定部門計画について少し触れておくことにする。

3　特定部門計画のいくつかの特色

ドイツの建設管理計画については，日本では良く研究もされてきており，ここで繰り返す必要もないように思われる。これと比較すると，特定部門計画は必ずしも関心が持たれているとは思えない。ここでは特定部門計画について少し説明すると[3]，これは広義には，連邦および州の特定部門を管轄する官署によって準備され実施される国土に影響をあたえる計画や処分であって，国土の全体的な構成を対象とする国土計画，州計画，建設管理計画という総合計画から区別されるものである。そして，狭義には，例えば道路，鉄道の路線，空路，空港，廃棄物の処理施設などの例にみられる施設の建設などの公共事業（Vorhaben）のために策定される計画である。計画の策定はこれに係わる個人や公共の利益に授益的あるいは負担的な影響をあたえるのであり，計画が係わる諸利益は相互に関連し合い，いわば網の目の状態（Interessengeflecht）を呈している。このため，この計画策定が行われるためには，こうした施設については簡素な手続である「計画許可」（Plangenehmigung）と呼ばれるものも行われることがあるが，「計画確定手続」（Planfeststellungsverfahren）と呼ばれる要式の特殊な手続が執られることになる。こうした計画は，連邦や州の法律においてこの手続が実施される旨が指示されている[4]。例えば，連邦遠距離道路建設の手続については連邦遠距離道路法（Bundesstraßengesetz, BFStrG），鉄道網の敷設については一般鉄道法（Allgemeines Eisenbahngesetz, AEG），旅客運送については旅客運送法（(Personenbeförderungsgesetz, PBefG），水路の建設については連邦水路法（Bundeswasserstraßengesetz, WaStrG），リニアモーターカーについては磁力浮上式軌道計画法（Magnetschwebe-

---

[3]　ドイツの特定部門計画についての日本語文献で重要なものとして，成田頼明編著・行政手続の比較研究——運輸法制を中心として——（第一法規，1981年）1頁以下。
[4]　以下の説明は Heinz J.Bonk, in: Stelkens/Bonk/Sachs, Verwaltungsverfahrensgesetz (Kommentar), 5. Aufl. 1998, §72 Rn. 1 による。

bahnplanungsgesetz, MBPlG），空港の建設については航空運送法（Luftverkehrgesetz, LuftVG），廃棄物処理施設については廃棄物循環経済法（Kreislaufwirtschafts- und Abfallgesetz, KrW/AbfG）などの法律である。そして連邦行政手続法は第72条以下において，こうした手続の実施等について詳細な定めを置く。行政手続法の規定は他に特別の定めがない限り適用されるという留保が付いているのであるが（同法第1条第1項，第2項），この行政手続法において定められている規定が手続の実施について中心として適用されるになることはいうまでもない。計画確定手続について詳細を述べることはできないが，本書と関連する部分だけを見ると，つぎのことが指摘できる[5]。すなわち，計画にとって重要な意味を持つ事実が計画決定にいたる衡量過程の中に入れられなければならず，ここでは，例えば廃棄物処理施設のような事業によって影響を受ける権利や利益，関係する同位のまたは優先する他の計画であるとか，あるいはその他の公益上の観点が斟酌されなければならないのであるから，そうした目的のために手続は構成されているのである。計画決定によって影響を受ける者の範囲の調査，法的聴聞の保障およびその任務範囲に関わりをもつ行政庁および行政主体の参加を主たる目的とする聴聞手続（Anhörungsverfahren）がこの計画手続の中で最も重要である。

以上のように，建設管理計画法についての説明を，特定部門計画上の計画確定に転用することが行われてきているのであるが，これについては問題がなくはない。この点についてつぎのような指摘がある[6]。要約して紹介することにする。

4　建設管理計画と特定部門計画の比較

計画裁量の統制の在り方を考えるときに，建設管理計画上の議論を特定部門計画に転用するに際しては，この2つの計画を比較することが必要である。

建設管理計画は，2種類の計画に区分されるのであり，ひとつは住民に対して直接の法的拘束力をもたない準備的な計画としての土地利用計画（Flächennutzungsplan, Fプラン）であり，もうひとつは住民の権利義務を直接に拘束し，市町村の条例によって定められる地区詳細計画（Bebauungsplan, Bプラン）である[7]。地区詳細計画は「条例」という形式をもつ。これに対して，計画確定決定（Planfeststellungsbeschluß）は「行政行為」（Verwaltungsakt）である。また建設管

---

(5)　Peter Badura in: Hans-Uwe Erichsen et al, Allgemeines Verwaltungsrecht, 12 Aufl. 2002, § 39 Rn.32.
(6)　Ibler, S.28ff.
(7)　稲本洋之助ほか編著・ヨーロッパの土地法制（東大出版会，1983年）344頁以下（担当・藤田宙靖）。

理計画は，特定部門計画とは異なった憲法上の地位をもつ。すなわち，基本法第 28 条第 2 項第 1 文はゲマインデ（市町村）に対して地域的共同体のすべての事案を自己の責任で規律する権利を保障しているが，建設管理計画はこうした自治権の中で重要な地位を占める。しかし，特定部門計画には，これに対応する憲法上の保障は存在しない。したがって，2 つの計画から共通した特色を導き出すことには限界があるので，このことはまた，個々の計画相互の間についてもいえる。特に，本書で主題とする計画裁量およびその統制原理である衡量原則をみると，特定部門計画においては，客観法的衡量原則については計画によって自分の利益が影響を受ける者に対してはそれが正当に衡量されることを求める主観的な権利が対応している。それは行政裁判所法第 42 条第 2 項および第 113 条第 1 項第 1 文に求められる。すなわち，行政行為に対する権利保護が衡量原則の遵守にまでおよぶとするならば，この原則はこれに対応する主観的な権利を必要とする，というのである。ところが，地区詳細計画についての訴訟は規範統制訴訟（同法第 47 条）である。また，衡量原則の違反を理由として違法とされた計画策定は，それが権利を毀損された者によって争われない限りは，存続効をもつことになる。これに対して，衡量の瑕疵をもった地区詳細計画は取消訴訟で争うことはできないし，またその必要もない。なぜならば，建設法典における特殊な取扱（後述する「計画の維持」）による例外はあるが，それはしばらく措くとして，衡量の瑕疵だけで条例の無効という効果が生じるからである。

5 特定部門計画の特色

更にここで特定部門計画の特色についてもう少し述べておくと，これについてはつぎのような指摘がある[8]。すなわち，関係する所有権者の地位（基本法第 14 条第 1 項第 2 文）を具体化して土地の法的状態を形成的に秩序づけるという思考は，建設管理計画の高度の反復行為に当てはまり，その限りでは特有の形成的自由を構成する。これに対して，計画確定や計画許可のような特定部門計画にはこうした特性は適合しない。むしろ計画確定における裁量を再び一般の行政裁量に近づける傾向が顕著である。つぎのような特色が指摘されている。すなわち第 1 に，特定部門別計画の裁量権の対象は事業主体によって形成される事業の許可である。この事業のために収用が許容される（基本法第 14 条第 3 項）。財産権的地位の法的具体化の権能は，管轄行政庁には帰属していない。第三者は「異議申し

---

[8] 以下の説明は Michael Gerhardt, in: Schoch/Schmidt-Aßmann/Piezner, Verwaltungsgerichtsordnung (Kommentar), Bd. II Stand 2005, Rn. 29 zu § 114.

第1章　議論の前提

立て人」(Einwender) として事業に対峙している。しかも，建設管理計画の場合のように，計画の進行過程には「参加」していない。むしろ，立法者は事業に対して強行的な制限を課している。第2に，計画確定に際しての裁量は，構造的に一般の行政裁量と本質的に区別されない。そして第3に，法の発展のためには，計画法からの分離が必要である。公的計画の社会的意義と，(判例法による) 利用手段の間のおそるべき不一致のために，裁判所の統制を制限するという政策的な努力をする必要がある。すなわち，一般的な裁量の範疇やその他の施設の許可に関する法に立ち帰ることが望まれる。

以下には建設管理計画における衡量論を中心にして検討していくのであるが，特定部門計画が以上のような特色を持つのである以上，この計画の特色に留意した説明をしていくことも必要である。その場合には，説明に際してこうした特色を明示することにする。

II　計画裁量について

1　行政裁判所の判例

計画裁量を問題とするときに主要な判例として必ず登場するものとして，連邦行政裁判所の1969年12月12日の判決 (BVerwG IV C 105, 66 BVerwGE34, 301ff.) が挙げられる。後述するように，この判例は計画に際して遵守されるべき衡量原則 (Abwägungsgebot) を確立したということであるので，あたかも「回転礼拝器のように」(gebetsmühlenartig) 頻繁に援用される[9]。本書でもこの判例は繰返して登場する。ところでこの判例は計画における衡量原則を判示する前提として，「計画裁量」についても詳細な説明を行う。そこで，まずこの点についての判旨を引用することにする[10]。この判決は旧連邦建設法 (Bundesbaugesetz BBauG 1960) の規定との関連で，つぎのように判示する。

> 「連邦建設法第2条第1項によると，建設管理計画は必要であれば直ちに，そして必要である限りゲマインデは自らの責任で策定されなければならない。この規定はゲマインデの『計画高権』の承認を定め，この場合計画高権は特に計画裁量の付与の意味である。このことが争われていないことは明らかで

---

(9)　Gierke/Schmidt-Eichstaedt, Die Abwägung in der Bauleitplanung, 2019, Rn.1.
(10)　芝池義一「計画裁量概念の一考察」杉村還暦記念（有斐閣，1987年）191頁以下に紹介がある。なお，以下の説明は既に公表した論文（海老沢俊郎「計画裁量の概念について」名城法学57巻3号 (2008年) 1頁以下）の説明の一部を若干訂正した上で再録している。

ある。果たして『裁量』という言葉が計画高権に含まれている形成の自由を適切に示しているかは，ここでは問わない。(実体法上の) 裁量概念については意見の違いがある。しかし，この用語・概念上の問題とは別に，第1に，計画の権能はすべての点で多かれ少なかれ拡大した形成の自由の余地をその中に含め，そして含めなければならないのは既定のことである。なぜなら，形成の自由のない計画は自己矛盾であろうからである。第2に，この計画的形成の自由は精神的・心的現象に由来するのではなく，様々な要素—特に認識，評価および責任並びに意思の要素—を含むのである。第3に，計画の行政裁判所による統制に関しては，果たして個々の場合において形成の自由が法定の限界を踰越したか，または授権に適合しないやり方で形成の自由が使用されたのか（行政裁判所法第114条参照）という制限が計画と形成の自由の結び付きから生じるのである」(傍点・海老沢)。

連邦行政裁判所はゲマインデ（市町村）が建設管理計画について権能を持つことを明らかにした。建設管理計画（Bauleitplan），つまり土地利用計画（Flächennutzungsplan）および地区詳細計画（Bebauungsplan）は，ゲマインデにより自己の責任において策定することができる[11]。すなわち，ゲマインデの「計画高権」(Planungshoheit) の承認が明言されている。これはゲマインデの自治行政の本質的な構成要素である。「計画裁量」(Planungsermessen) および「計画上の形成の自由」(planerische Gestaltungsfreiheit) という概念をもって言い換えている計画主体の自由な領域を，同裁判所は計画高権の中心的な構成要素であるとしているのである。そして，このような形成の自由の帰結は——特に例えば覊束的な行政決定と対比したときに見られる——監督行政庁や裁判所による統制が縮減されることである。個別的な事案において形成の自由の法律による限界を踰越したのか，それとも，形成の自由が裁量権の授権の目的に反して行使されたのかということを，行政裁判所法第114条の規定に倣って審査することができるとするのである。

2　学説における計画裁量論

以上が計画裁量ないし計画上の形成の自由についての判例法の言及するところであるが，学説においては，これはどのように理解されてきたのであろうか。この点については，既に日本でも詳細な研究もあるので[12]，後述する「衡量原則」

---

(11)　以下の説明は Robert Bach, Die Abwägung gemäß § 1 Abs. 7 BauGB nach Erlass des EAG Bau, 2011, S.34. による。
(12)　ここでは芝池義一「計画裁量概念の一考察」杉村還暦記念（有斐閣，1987年）187頁

の説明と関連する限りでの説明にとどめることにする。

　計画裁量を通常の裁量から区別する議論は，計画法規範の構造に着目して行われる。すなわち行政の行動プログラムとして公法規範を見ることによって，決定理論に倣って条件的にプログラムされた規範と，目的論的にプログラムされた規範が区別される。条件プログラムは決定プロセスを「かくあるときは，そうした効果が生じるという図式」（Wenn-Dann -Schema 以下には論理学の用語に倣って「仮言命題」と呼ぶ）にしたがって定める。規定された事象が存在するたびに，規定された効果が生じる。これに対して目的プログラムないし目的論的プログラムは，目的―手段の図式で決定が行われる。こうした対比が行われるのである。これを代表的な学説に即して紹介をすると，つぎのようになる。

a）オッセンビュール

　オッセンビュールは計画裁量に関して詳細な議論を展開した[13]。これをまず要約することによって紹介することにする[14]。

　すなわち，計画は単に伝統的な法治国的形式類型を突き破るだけでなく，法実現の新たな方法もその意味内容とする。行政法の法治国的形式類型は法律と行政行為に自己の方位を定めている。そして，法規範定立と法規範執行という二分法に根を求めている（radizieren）。この二分法にしたがった法的方法は包摂である。この体系は計画の領域には転用できない。なぜなら，計画は体系的―演繹的な決定をする一般的決定の執行（Nachvollzug）ではなく，決定の目標および手段についての指令の枠内において自己を創造し，基準を設定して，それを適用する目標の実現であるからである。規範定立と規範執行という憲法上の基本的な図式は機能を喪失する。それ故，このような性格づけは，関連する計画法律においても現れている。法律は行政に対して包摂できる概念や構成要件を仲介するのではなく，計画には，基準としての性格をもった目標設定や衡量原則による方向づけが存在し，この基準によって統率された計画は，それがいかなる形式のものであれ，まずもって特定の状況の実現を目指すのである。それ故，計画法律は目標を統率する当事者において，条件的ではなく，目的論的にプログラムされる。こうした法律は「かくあるときは，そうした効果が生じるという図式」（Wenn-Dann-Schema），つまり「仮言命題」にしたがって構成される構成要件を定めるのではなく，

を挙げておく。
(13)　Fritz Ossenbühl, Die normativen Anforderungen des Rechtsstaatsprinzips, Verhandlungen des 50. deutschen Juristentages, 1974 Bd. 1 Teil B, S.166 ff.
(14)　Ossenbühl, S. 184 ff.

目標にねらいを定め,「目的プログラム」(Zweckprogramm) を確定する。計画においては,法律の執`行`に代わって法律の実`現`が登場するのである。

　オッセンビュールは特に行政行為との比較で,規範定立と規範執行という二分法にではなく,自己を創造し,基準を設定して,それを適用する目標の実現であるとする点において計画を捉え,これにもとづく計画法律の定めを説明していく。それでは,こうした点からみて,計画裁量はどのようなものとして理解されるのであろうか。この点について,つぎのような説明が行われている[15]。

　すなわち,計画裁量をその本質において理解しようとするならば,これと関連する,または類似の発現形式から区別し,理論的に独自のものを立てていかなければならない。まず,伝統的な行政裁量は確かに計画裁量とまったく同様に,法的に根拠づけられ,授権された行為の選択の自由を意味している。すなわち,いくつかの可能な行為方法の中から選択をするということである。しかし,行政裁量は,計画裁量とは異なり,個別的な規範執行を目指している。つまり,それは個別の事件に係わるのが通常であり,個々人に係わるのが一般的である。そして,とりわけ規範構造的には法律効果の側面に押し遣られ,限定されており,そして今日では圧倒的に法律効果裁量として理解されている。これに対して,計画裁量は個別的な事件を念頭に置くのでもなく,法律効果の選択に制限されているのでもない。計画は,計画が奉仕する需要,自然的条件,用いられる手段および計画が影響をあたえる私的・公的利益の分析を必要とする。すべての計画的要素の理解や評価は形成されるべき生活領域の態様に応じて,技術的・経済的・法的・社会学的・政治的知識や経験を前提とする。それ故,包摂的規範執行と対比して,法実現の特殊な方式として計画にとって特徴的なのは,利益や需要の比`較`衡`量`および将来の展開の予`測`というものである,と。

　オッセンビュールは計画裁量を以上のように理解した上で,こうした裁量に関する裁判所の審査に関してつぎのように主張する[16]。

　すなわち,行政の計画をする権能が法律により行政に帰属する任務であるならば,必然的に最終的に拘束力をもった形成的決定が行政に帰属する。このことは裁判官の統制の可能性,行政決定の裁判可能性 (Justitiabilität) の問題ではなく,統`制`権`限`の問題である。行政が決定の目的指示や手段指示の変動幅にとどまっており,行政に最終的な宣言の権能が帰属している限りでは,裁判所の修正判決は排除される。このことは,この間に知られるようになった。自治体の建設計画決

---

(15)　Ossenbühl, S. 185.
(16)　Ossenbühl, S. 186.

定の完全な裁判所の統制という当初の過ちはこの間克服された。しかし，まだその余波は残っている。すなわち，連邦行政裁判所はあの1969年12月12日の基本判例において，明確な理論的な試みにもかかわらず，完全に包摂思考から自由ではなかった。同裁判所は計画裁量の内部に付着した意味とともに不確定法概念の姿を，不要にそして間違ってそのままにしておいたのである，と。

彼によれば，旧連邦建設法第1条第4項および第5項に定められている概念は計画決定の枠内における裁量基準であって，これは包摂的なものと裁量的なものには区分できないであろう。こうした観点にもとづき，連邦行政裁判所の判例を批判しているのである[17]。

b）ホッペ

以上のオッセンビュールの学説のほかに，もう一つの代表的な議論としてホッペの学説を要約して紹介することにする。彼は計画法に関して数多くの業績をあげてきているが，ここで彼の業績目録を掲げる必要はなかろう。ここでは，本書に係わる論題に関する比較的初期の論文である「計画法規範の構造に寄せて」[18]を取り上げてみることにする。この論文は計画裁量が議論されるときに引用ないし援用されるものであり，その後の議論の展開に対して大きな影響をあたえた代表的なものであろうと推測する。

ホッペは先に見たオッセンビュールの議論を基本的には引き継ぎ，それを発展させていくのである。他方では「行政学的アプローチ」（verwaltungswissenschaftliche Ansätze）をも援用する点に，彼の主張の特色があると言えよう。彼はそれの重要性をこの論文の中で力説しているのである。彼はオッセンビュールと同様に，条件プログラムと目的プログラムを区別する。すなわち，前者は伝統的な要件─法律効果の図式にしたがって構成される。指示された行為状況が存在するとして示されるたびに，予定された行為の結果が生じる，ということになる。しかし，行為選択肢の中での目的プログラム化された選択という決定進行は以上と異なる。つまり目的プログラムは目的─手段の図式にしたがって決定を定める。情報加工は目標とされた結果に向けられる。このプログラムは，目標は達成さ

---

(17) なお，ここで言及されている(旧)連邦建設法（Bundesbaugesetz BBauG）第1条第4項および第5項の規定はつぎのようなものである。「**第4項** 建設管理計画は国土整備および州計画の目標に適合しなければならない。**第5項** ゲマインデによって決定された発展計画が存在する場合には，それの結論が都市建設上重要である限り，建設管理計画の策定に際して斟酌されなければならない」。［以下略］

(18) Werner Hoppe, Zur Struktur von Normen des Planungsrechts–Bemerkungen zu rechtsstaatlichen Anforderungen an die Begriffsbildung im Planungsrecht–, DVBl. 1974, S.641 ff.

なければならず，手段はそのための適切性として設定される，というモデルを持っている。計画法は，条件的に構造化された行政の行為の構成要件を個々の場合について確定することをしないで，行政に個々の目標の実現を義務づける法律である[19]，と。

しかし同時に，ホッペはつぎのことも指摘する。すなわち，計画法規範が目的プログラムであるとしても，こうした法規範が条件的な要素を含んでいないとか，あるいは（部分的に）条件的に定められ得ないということではない。つまり，建設管理計画策定のための目的プログラムは旧連邦建設法第1条第4項および第5項において定められている。そしてまた，計画自体もそれが地区詳細計画であろうと，開発計画であろうと，原則として条件的に定められている。目的の衝突，手段の衝突の解決を含めた目標の設定は，計画法の基準にしたがい計画の中に入り込む。つまり計画にもとづく更なる決定は計画に条件的に結合しているか，または―階層的に秩序づけられた計画の体系においては―ランクが低い計画のために目標を定める[20]，と。

計画裁量に関しては，つぎのように言う。すなわち，計画法において何が目的プログラムとして「授権されている」か，ということは，条件プログラムにおける法規範の場合での法律効果裁量としての決定裁量または選択裁量とはまったく異なる構造法則にしたがう。すなわち，行政の決定行動はきわめて複合的，全体的な選択の自由によって規定されている。それは個別的規範執行を志向するのではない。異なった選択可能性の間の選択の自由は目的の衝突，手段の衝突を伴うのであり，この衝突は特別の目的およびこれに属する手段の調整，制限および序列を要求するのであり，絶え間ない衡量過程によってのみ制御されるのである。目的―手段の図式による行動は，例えば最適化のモデル，費用便益分析の適用または利用価値の分析と似た方法の適用のような目的―手段の図式の上に構成される手続方法を計画者に対して要求するのである。目的プログラムの基準による計画には，きわめて複合的な，予測的考慮が内在しているのであって，これは同様に不確実な将来の予測を本質とする法律効果裁量に際しての考慮とは単に量的に区別されるものではない。そのうえ計画は多層的で，相互依存的な事実関係と関係している。計画の基礎となる事実の分析は複合的な事実関係から超複合的な事実関係，いずれにしても総体的な事実関係を把握しなければならず，しかもそれは様々な由来をもち，相互に組み合わせられ，編合わせられている影響値を伴っ

---

[19]　Hoppe, S. 643.
[20]　Hoppe, S. 644.

ているのである⁽²¹⁾，と。

　ホッペは以上のような計画過程の分析を前提として，計画裁量についてつぎのように主張する。すなわち，以上のような計画裁量の構造は裁量決定の裁判所による審査を定める行政裁判所法第114条に方位を定めた行政裁量のスタイルを完全に放棄することを促す。行政裁量はこれとは別の規範構造を志向している。法律効果裁量の場合の選択自由と計画的形成の自由の場合の選択自由はそれぞれ別の，質的に異なった構造法則にしたがう。一歩進めていえば「計画裁量」という用語を避けるべきである，と。

　それでは，行政裁量とは異なった計画的形成の自由の行使に際して生じる瑕疵については，どのような観点が立てられるのであろうか。この点についてつぎのようにいう。すなわち，これまで広く裁量瑕疵論から引き出されてきた法的瑕疵の理論を計画的形成の自由の行使に際して展開しないで，裁量という概念を直ちに削除することができないことは明らかである。このような瑕疵論にはすでに萌芽がみられる。例えば，つぎのような点を示している。すなわち──

　計画に関連した意図の欠如（意図の欠如）
　計画に関連した正当性の欠如（正当性の欠如）
　調査の不履行，調査の欠如
　衡量の不履行，衡量の欠如
　主観的衡量の遮断
　衡量の誤った評価
　衡量の不釣り合い──
　というものである。

　以上がホッペの計画裁量に関する主張の概要である。最後に述べられている計画裁量（計画的形成の自由）の行使に際しての瑕疵論の要点は後に展開する計画裁量の瑕疵論の原型を示すものでもある。これが従来の裁量瑕疵論とどのような共通性をもち，またどのような点で違いがあるのか，これは別に触れることにする。

3　批　判　論

　以上のような議論に対しては，予てより批判がされてきており，最近では批判論の方が有力であるように見える。日本でもこの批判論はもっと注目されて良い

---

(21)　Hoppe, S. 644.

と思われる。

a）シュミット‐アスマン

以上の計画裁量についての主張，特に伝統的な効果裁量と比較した場合の計画裁量についての議論の有用性に関しては，批判も少なくない。例えばシュミット‐アスマンはすでに1975年のドイツ国法学者大会の報告において，「行政裁量と計画裁量を質的に区別することは許されない。それは両者が法定の構成要件において分離できない，という理由からだけではない」と言う[22]。そして，それにつづけて，行政行為であろうと，計画であろうと，あらゆる行政の行為は，広範囲におよぶ調査と衡量を前提にしてのみ行われるのであり，衡量については「合理的な行動の法的符丁そのものとしての衡量，法律に制御された行政の本質としてのそれ」を言う。計画裁量においてのみ衡量が行われるのではなく，それが広く行政裁量，そしてまた，それだけでなく広く行政の行為においても行われるという認識は，計画裁量の瑕疵論において展開してきた衡量原則違反がやはり基本的には広く行政裁量の瑕疵論にもおよぶとする主張にも連なるのであるが，いまここではこれ以上これには触れないことにする。

b）コッホ／リュースマンの批判論（平等原則論の援用）

批判論をみるときに重要なのは，オッセンビュールやホッペの主張にあるように，規範構造的にみて，行政裁量と計画裁量がその本質においてまったく異なるのか，ということである。以上の行政裁量と計画裁量の区分論に対する批判論を見るために，特に「平等原則」を援用して，先にみたホッペの論文を批判している文献を紹介することにする[23]。この文献で展開されている議論を全部にわたって再現する能力は筆者にはないが，ここでは本書の課題に直接関連する記述のみを取り上げることにしたい。

先に見たようにホッペによるならば，計画法においては何が目的プログラムとして授権されているかということは，条件プログラムにおける法規範の場合での法律効果裁量としての決定裁量または選択裁量とはまったく異なる構造法則にしたがう。行政の決定行動はきわめて複合的・全体的な選択自由によって定められる。通常の行政決定と異なり，個別的規範執行を目指しているのではないからである，とする。しかしこの点に関しては，批判論によれば，決定行為の違いから，いかにして主張されているような規範構造における違いが導き出されるのか，明

---

[22] Eberhard Schmidt-Aßmann, Verwaltungsverantwortung und Verwaltungsgerichtsbarkeit, VVDStRL 34 (1976), S.221 ff (251).

[23] Hans-Joahim Koch/Helmut Rüßmann, Juristische Begründungslehre, 1982, S.91 ff.

確ではないということになる。第2に，通常の裁量権においては，行政庁の行為の要件は単に部分的にのみ法律上の要件において掲げられており，その余は授権規範の目的に照らして構成要件の補充が考慮されるということを特色としている。また，ホッペ自身も認めているように，計画法も条件的な要素を規定し得るのである。したがって，彼が主張するような規範構造的な違いは存在しない，ということになる。そして更に，条件的要素の量によっても，通常の裁量権規定と計画裁量を区別するとされている規定との間に違いもない。なぜならば，明らかに通常の裁量権授権を表現するが，それにもかかわらずこれが完全に純粋な目的プログラムをもって表している規定が存在するからである。例えば，旧連邦建設法第31条第1項（現行の建設法典第31）条によると，建設許可行政庁は地区詳細計画において定められた計画の確定からの除外を許可することができる。この法律はこの裁量権の授権を単に条件的な要素，つまりゲマインデとの了解と結びつけている。しかし，この規定を計画法と呼ぶ者はいない。むしろ，裁量権行使の構成要件に関する裁量権を賦与する規定において大きな違いが存在している，という点において一致がみられる。あるいは「環境汚染防止法」（Bundesimmssionsschutzgesetz）第17条のような詳細な構成要件的定めというものがあるが，これは通常の裁量権の規定のモデルではない。裁量権を認める構成要件の数と拘束力に関しては，むしろ連続体が存在するのであって，それの一端には例えば連邦環境汚染防止法第17条の規定があり，もう一つの端には旧連邦建設法第31条第1項のような規定がある。したがって，裁量権と計画裁量を構成要件の総数によって区別することは不可能である[24]，と。

　以上の考察によると，目的プログラムの規範構造に関して，計画法と呼ばれている規定は達成すべき目標を単に外見的に掲げているだけであり，裁量権の授権に際して法律効果が語られた意味での法律効果を掲げていない，これに対して，通常の裁量規範が，たとえそれが旧連邦建設法第31条第1項のように構成要件的定めをしていなくとも，法律効果を定めているのとは異なる，とすることも失当である。すなわち，通常の裁量権の授権に際してあたえられた権能も，規範目的に拘束された構成要件補充の権限とみなさなければならない。そして，規範目的の拘束は憲法上の平等原則により，明示の決定基準つまり構成要件において具体化されなければならない。計画裁量を賦与する旧連邦建設法第1条第6項および第7項にこの考えを転用するならば，これらの規定においては（総てではない

---

[24]　Koch/Rüßmann, S. 93.

が）多くの裁量規範とは異なり構成要件が存在しないし，また，多くの規範とは異なり達成すべき目標を明示的に掲げているだけである。しかしながら，いわゆる計画裁量を賦与する規範を，構成要件が形成されるべきであるというように理解することには何らの妨げはない。そしてまた，憲法上の平等原則が通用すべきであるとするならば，計画裁量を賦与する規範を構成要件形成の授権として理解することが必要である[25]。

以上の議論においては規範構造に着目するのであるが，通常の裁量権を賦与する規範と計画裁量を賦与する規範を区分することについては，まず構成要件の総数の差によってそれはできないとする。そして，通常の裁量権の授権に際してあたえられた権能が規範目的に拘束された構成要件補充の権限であるが，これと同様のことが計画裁量についても言えるのである。すなわち行政庁は，裁量権行使の領域において，それが決定をするときにしたがう基準とか基本原則を，平等原則の遵守が審査され得るために示さなければならない。裁量権行使において選択された決定の基準の明示の義務から，裁量規範が法定の構成要件の補充を授権しているという規範構造的帰結が必然的に導き出される，ということになる[26]。こうしたことは，単に通常の裁量についてだけでなく，計画裁量についてもまったく同様に通用する，というのである。

c）ヴァイロイター（実務的経験からの批判）

ヴァイロイターの見解[27]はおおよそ以下のことを要点とするが，実のところ，先にみたホッペを代表者とする判例の批判者がよって立つ計画や計画規範の本質に関するあの有名な公式で示された思考に対する批判的観点が根底にあるように思える。すなわち，この公式を標語として述べることによって思い起こすならば，「計画法律は目標を統率する当事者において，条件的ではなく，目的論的にプログラムされる。こうした法律は『かくあるときは，そうした効果が生じるという図式』（Wenn-Dann-Schema）（仮言命題）にしたがって構成される構成要件を定めるのではなく，目標にねらいを定めた『目的プログラム』（Zweckprogramm）を確定する。計画においては，法律の執行に代わって法律の実現が登場する」というものである[28]。しかし，衡量論を見ようとするとき，特に連邦行政裁判所辺

---

[25] Koch/Rüßmann, S. 95.
[26] Koch/Rüßmann, S. 88.
[27] Felix Weyreuther, Rechtliche Bindung und gerichtliche Kontrolle planender Verwaltung im Bereich des Bundesrechts, Zeitschrift für das gesammte öffentliche uns zivile Baurecht (BauR) 1977, S.293（305）.
[28] 第2編第1章2参照。

第 1 章　議論の前提

りがこれをどのように評価しているかを見ることも必要であると思われる。このため、ヴァイロイターの批判を引用することにする。ここでは規範構造そのものに着目するだけではなく、計画規範の実際の取り扱いにも着目しているのである。これについて引用する。

　「統制された計画の拘束の減少という効果を伴った問題に関連する利益の認識と重要性の判定を分離することを放棄しようとする判例の批判者による呼びかけは、それが租税通則法や青少年保護法についての考察の類推適用でなく、何が計画であり、何を計画が達成しようとしているかということに着目している場合に、より一層浮揚力を持っているようにみえる。これを目指している者は、計画上の決定は特有の目的性（Finalität）を特色とすることを力説するのが常である。これには誰も反対しようとはしない。計画上の決定は少なくとも段階的に増大する仕方で単に目標に方位を定めている（zielorientiert）だけでなく、目標を指示する（zieldiktiert）。この事実は目的論的（final）決定プログラムと条件的それとのモデル的対比と結び付いており、かくして一つには目的性と、もう一つは規範的条件性である仮言命題（Wenn-Dann-Schema）の二重性に行き着く。しかし、何度も繰り返されている主張に反対して私が考えるに、ここで取り扱われている問題に対しては、これによって何ら本質的なものが得られないのである。尤も、そもそも計画上の形成の自由が存在しなければならず、これは純粋の法律効果裁量として理解され得ないという、もともと疑い得ない法的事実を裏付けようとするのであれば、この限りではないが。これ以上の成果は、2つの思考プログラムや決定プログラムというあの分離には実務上の違いがはっきりと対応してはいないということだけでも、得られないのである。合法的に（rechtens）計画を策定しようとしている計画主体は、困難を所与のものとして考え、単にそれの達成を可能とする手段を探すということを敢えてやらない。同様に、逆に計画任務に携わっていない行政法曹（Verwaltungsjurist）についてみれば、所与の目標または目的志向において、何がそのための手段として存在するか、そして何がその限界として遵守されなければならないか、ということを問わないで、仮言命題の中で思考するということはあまりない」[29]。（傍点・海老沢）。

すなわち、ここで取り扱われている計画裁量の内容の議論とこの公式は無関係で

---

(29)　Weyreuther, S. 305.

あるとするのである。しかも二重性（つまり「目的性」と「規範的条件性」である「仮言命題」）との少なくとも質的区分を否定しているのである。

　その後判例に対する学説側からの批判に対するヴァイロイターの判例の立場の説明に対して，更にホッペは再度批判をしているが(30)，基本的には先に示した基本的な立場を繰り返しているようであり，この問題については格別に目新しい主張はここでは見当たらないように見受けられる。

4　現時点での批判論

　計画法の特殊な規範構造にもとづいて質的に独自の計画裁量を認定することについては，これは現時点ではどのように理解されているのであろうか(31)。

　例えば，目的プログラムと見なされている計画法律は条件的要素を定めている，ということができる。例えば建設法典第1条第3項は「都市建設の発展と秩序にとって必要であれば直ちに，そしてその限りで，ゲマインデは建設管理計画を策定しなければならない」と定めている。また，これは特定部門計画（Fachplanung）の例であるが，廃棄物循環経済法（Kreislaufwirtschafts- und Abfallgesetz, KrW/AbfG）は廃棄物処理施設の設置および操業並びにこうした施設および操業の重大な変更は計画確定を必要とするが（同法第31条第2項），第32条第1項はその許可要件を定めている。こうした例は目的論的プログラムと条件的プログラムの区別に対しては限界を示している。その上，目的プログラムと条件的プログラムの区別は，行政の目的志向が一貫した要素であることからして，法律上の議論としては不適切である。行政手続法第40条と行政裁判所法第114条において示されているように，法律効果裁量も授権目的に拘束されて行使される。更に，条件的に，そして目的論的にプログラムされた規範の構造はまったく同じであり，単に異なった表現を示しているだけである。計画規範は，強行規定や裁量規定とまったく同様に仮言命題（Wenn-Dann-Schema）形式において表現されている。規範構造においては条件規範と計画規範の違いはなく，むしろ強行規範と，行政および計画裁量規範との間で区別が行われる。強行規範が特定の法律効果の構成要件を完全に定めているのに対して，行政裁量や計画裁量をあたえる規範は不完全な法律上の構成要件の補充についての行政に対する授権として理解されなけれ

---

(30)　Werner. Hoppe, Gerichtliche Kontrolldichte bei komplexen Verwaltungsentscheidungen, in: Verwaltungsrecht zwischen Freiheit und Bindung (Festgabe aus Anlaß des 25-jährigen Bestehens des Bundesverwaltungsgerichtshofs) 1978, S.295ff. (特にS.303 ff.).

(31)　以下の記述はRobert Bach, S.44 ff. にしたがう。

第 1 章　議論の前提

ばならない，とされる。

　以上のように計画裁量論をみてきたが，条件プログラムと目的プログラムは立法者によっていずれも選択し得るのであって，規範構造自体からは規範の内容が異なっているとは言えない，とされているのである。ただし，立法者が特別の規範構造を選択することによって，通常の裁量権とは異なる裁判所の審査の統制密度を低くする領域を行政に対して認めるような場合は別であるが，これまでの立法をみても，そうしたことを企図する例は見あたらない，とされている(32)。

　また，連邦行政裁判所の判例においては，通常の裁量と計画の区別がいわれているにもかかわらず，同裁判所の観念において両者は密接な関係に立っており，計画裁量の特色を強調する前掲 1969 年の判決などの後においても，敢えて「計画的形成の自由」という言葉に代えて「計画裁量」という言葉を使ったり，計画的形成の自由を承認したりする場合にも，「裁量権零収縮」(Ermessensreduzierung auf Null）を肯定したりすることさえもあるとされている(33)。

　以上のようにドイツにおける計画裁量についての概念およびそれに対する批判論をみてきたが，この概念については，計画裁量の特殊性を強調する論者からは，計画過程の分析に際して注目すべき視角を提示している，ということができよう。こうした分析視角およびそれによって得られた前提からは，特に通常の裁量統制方法と比較した計画裁量権の行使に際しての裁判所による統制の在り方についても示唆するところが多かろう。特に瑕疵論においては両者がどのような違いを示すのかということが，改めて問われよう。例えば，ホッペが計画裁量の瑕疵論についてそれの萌芽として提示しているものは，その後のこの議論の展開を見るときに参考になろう。しかし，以上の計画裁量の特殊性を強調する意見に対しては，特に裁量権を賦与する法規範に着目すると，どのような特色がみられるか，という観点での議論（規範構造的分析）においては，通常の裁量と計画裁量との間には本質的な違いは見いだされていない。このような前提に立つと，裁量権の行使についての統制の在り方，特に瑕疵論においても本質的な違いも見いだすことができないということになるが，この点についてはどのようになるのか。

---

　(32)　Ibler, S.39. 彼も本文でみたような規範構造的観点から，通常の裁量と計画裁量の区分に懐疑的である。彼は目的プログラムが条件プログラムに分類されていること，つまりそれが条件的な指示に変形していくことを強調する。
　(33)　Ibler, S.40.

229

第2章　連邦行政裁判所の判例による衡量原則

I　衡量原則の概要

1　決定発見のための手続としての衡量

「衡量」とは一般的に見られる思考と決定方法である[1]。これにしたがって決定をしなければならない者は，論拠，それに反対する論拠，利益，不利益を衡量する。これは手続であって，ここにおいて衡量する論拠または利益が調査され，互いに関係づけられ，これにもとづいて，決定において，その中のいくつかのものが他のものに対して優先する。衡量は広く分布する現象であって，単に私的，社会的，政治的領域で行われるだけでなく，至る所に見られる現象である（衡量の遍在性）。したがって，法適用，法発見の方法としても承認されており，衝突する論拠や利益の間の優劣関係の下で一般的な決定手続として適用されるのである。複数の利益の中で，他の利益を強行的に後退させるような絶対的または抽象的な優位を，一つの利益が要求することは衡量においては許されない。それ故に，衡量は抽象的に同価値の利益が衝突する場合に，優位の関係を確認することである。これは条件づけられている。法適用の基本モデルとして，衡量は包摂（当て嵌め）という形式を持つ別のモデルと対比される。包摂に際して適用される実体法は行政を内容的に包括的に拘束する。競合する利益，衝突する目標設定，矛盾する利益，衝突する義務および法益は予め部分的に法律によって指示されている。

建設管理計画において必然的に生じるのであるが，競合的な法律上の目標から見て同じように正当化される土地の利用の要求の間の衝突は，法律によって定められていない。例えば，住居地の静謐がスポーツレジャー施設の需要に対してどの程度まで劣位に置かれるかは，計画決定を必要とする。

2　衡量原則の憲法上の地位

建設管理計画は衡量原則を守ることを通して得られる憲法上の正当化を必要と

---

[1]　以下の説明は Robert Bach, Die Abwägung gemäß § 1 Abs. 7 BauGB nach Erlaß des EAG Bau, 2011, S. 31 ff. による。

する(2)。公益のために私的な地位への公権力行使による侵害の判断の基準となる「比例原則」（Verhältnismässigkeitsprinzip）(3)は，やはり建設管理計画の領域においても通用しなければならない。比例原則の基準は優位性が既に承認されている公益から出発しており，そして，いかにしてまたはいかなる手段で，この優位に立っている公益が実現されるか，ということを決定する。しかし，建設管理計画は通常は二面的ではなく，極めて多様な利益の衝突に係わる。ここでは私的利益は別の私的利益と，公的利益は別の公的利益と，そして，公的利益は私的利益と衝突し得る。それ故建設管理計画は，調整される包括的な衡量を必要とする。しかし，「適正な」（gerecht）衡量に対する要求は体系的には，狭義の比例原則（比例原則の第3番目の原則）ないしは衡量を本質としている「相応性」（Angemessenheit）に分類される。したがって計画に関係する総ての利益の「適正な衡量の原則」は，基本法，特に法治国原則から導き出された比例原則およびそれに関連する基本権から生じる。それ故，適正な衡量の原則は憲法上の地位を持つ。

3　計画における衡量原則の特性と普遍性

a）特　性

既に紹介したように，計画裁量を質的に独立した範疇として認定することに対する批判が提起された。その上，衡量は計画法において独自のものでないことも言われてきている。計画法における衡量原則の基本的な思考は，すべての衡量やすべての種類の裁量権行使に受け入れられてきている(4)。したがって「通常の行政決定」も含めて，衡量の遍在性を否定することはできない。しかし，計画という領域における衡量は何か特別の性質を持っているのであろうか。

計画上の衡量と，法秩序での他の領域における衡量との違いは，既に計画上の形成の自由において感じ取られているように，計画における将来のプログラム作成に向けられている広範な斟酌と，問題除去の義務において存在する。例えば，計画上の衡量の特性について，つぎのように判示する連邦行政裁判所の判例がある(5)。

「地区詳細計画条例の発出に関する決定に際して衡量が行われなければならず，また，それが行われるということは—当然のことに—地区詳細計画法の

---

(2)　以下の説明は Bach, S.39. による。
(3)　この原則については参考文献も含めて須藤陽子・比例原則の現代的意義と機能（法律文化社，2009年）の包括的な研究がある。特に22頁以下参照。
(4)　Bach, S.50.
(5)　BVerwGE, 59, 87 (98f.)

特性ではない。むしろ計画法における衡量の特殊性は，これが特別の種類の衡量，計画的衡量であるという点に在る。例えば，公課の条例の発出に先行する衡量に際しては，条例に関係する私的利益も斟酌されなければならない。このことが地区詳細計画については頻繁に行われ，それに対して，これと異なる条例については稀にしか行われないときには，計画法における衡量原則には特殊な理由が在るのであって，その他の条例に関する決定に際しては，この条例に係わる私的な利益を条例発出に際してまったく斟酌しないで済むということに，その理由があるのではない」。

地区詳細計画は「条例」(Satzung) という形式で発出されるが，これと同じ形式の公課の条例と比較することによって地区詳細計画における衡量の特性を述べているのである。この判例を援用して，「特殊の衡量」は地区詳細計画においては，計画の形成自由によって定められた範囲を本質とするという指摘がある[6]。すなわち，純粋な形式での計画は既存の複雑な相互連結 (Vernetzungen) を形成し，新たなそれを作成することである。計画は将来のための抽象的・一般的規律をするよりも，むしろ様々な種類の公的・私的利益の配分 (Zuordnung) を目指す。これと平行して計画における衡量は多次元的に推移する。というのは，相互関係が斟酌されなければならないからであるという指摘が，計画における衡量の特殊性として行われるのである。

b) 普遍性

計画において発展してきた衡量の教義学は計画の領域に留保されるべきであろうか。この点について，つぎのような指摘がある[7]。これを以下には要約して紹介することにする。

すなわち，複雑性を計画の領域における特有の現象と見なし，計画裁量と法律効果裁量との間に部分的にせよ質的な違いを確認する場合に，そこでの衡量の特殊性を確認することである。しかし，計画裁量と法律効果裁量との間の質的な違いを認めることはできない。両者の間にはむしろ共通性が認められる。両者の場合には，行政は複数の同様に適法な行為の間で法的に制限された選択の自由をもつ。両者においては，行政によって自治的に行われる合目的性の判断が決定的に重要である。目的の多元性と，それぞれ互いに衝突する公的利益を含む網細工状の利益 (Interessengeflecht) は取り分け計画策定において現れる。それ故，伝統

---

[6] Robert Käß, Inhalt und Grenzen des Grundsatzes der Planerhaltung–Dargestellt am Beispiel der §§214–216 BauGB, 2002, S.146.

[7] Johannes Dreier, Die normative Steuerung der planerischen Abwägung, 1995, S.51 ff.

第2編　衡量原則

的な行政裁量との類型化した区別は原則として許される。しかし，この２つの観点はその他の状況においても存在する。すなわち，単に公益と私益が互いに対立しているだけでなく，それの斟酌を法律が要求している多くの対立する公的・私的地位が関係する場合である。特に「基本権の保護義務」の発見にもとづいて事実上関係する私的当事者を引き入れた三極の観点が，ますますもって行政法と行政裁量を規定する。更に公的利益の多層性と衝突は対立物だけではなく，多角的な利益衝突の調整に行き着く。このような複雑な構造を法的に処理するためには行政手続法第40条や行政裁判所法第114条において抑制的に言及されている裁量権に対する伝統的な要求では十分でない。もともと計画上の衡量の教義学であったが，複雑性特有の独自の衡量教義学への展開が必要である。したがって，伝統的な裁量決定の場合でも，総ての重要な観点が斟酌され，関係する利益の重要性の判定が行われることが要求されている。したがって，決定の多元性が必要とされているときには，行政の自由な空間の法的制御や統制には原則として計画上の衡量の教義学が適用される。それ故衡量の教義学は独自のものとしてではなく，事実上の複雑性克服のための比例原則の更なる発展として見なされることになる。

4　計画裁量に対する枠としての衡量原則

　計画主体は，計画の策定に際しては多くの条件に服する。計画上の形成の自由は憲法や法律の制限の下にある。この計画に際しては，計画によって影響を受ける関係者の利益が重大に侵害されることにおいて，法的な拘束が法治主義上必要である。法的拘束はこの場合同時に，計画主体の形成的決定のために十分な自由な領域をあたえている。計画に対する法的・規範的な制御は主として，目標設定と衡量原則にもとづいて行われる[8]。目標設定は別にして，衡量原則によると，これはどのような意味であろうか。衡量原則は計画裁量に対して「枠」(Schranke) を設定するものである。これについて，つぎのような標準的な説明がある。計画裁量と衡量原則の関係を見るときに有効であるように思われるので，これを要約して紹介することにする[9]。

　すなわち，これは後に紹介する規定であるが，衡量原則を一般的に定める建設

---

(8)　Marcus Merkel, Die Gerichtskontrolle der Abwägung im Bauplanungsrecht, insbesondere nach der Neuregelung der 2 §§ III und 214 BauG Bau, 2011 S.74.
(9)　以下の説明はGierke/Schmidt-Eichstaedt, Die Abwägung in der Bauleitplanung, 2019, Rn.31 ff. の要約である。

法典第1条第7項および第2条第2項は行為規範ではない。この規定は「正しい」計画のための指示をしていない。計画者に対して専門的な忠告をすることは立法者の任務ではない。立法者の任務は計画に枠を嵌め，これによって法的な限界の目印をつけることである。建設法典のこれらの規定はその定めから見れば，統制規範であって，計画裁量の行使に対して「内部的な限界」を設定する。これらの規定の適用はいつも計画裁量権行使の適法性だけである。ゲマインデは建設管理計画策定に際して広範な形成的自由を享受するが，その際に法的な拘束から自由でない，ということをこの規定は明らかにしている。

　計画裁量と衡量はいわば対立的に関係づけられている。計画裁量は計画形成を許容しており，衡量原則はこの自由に対して法的な枠を設定する。計画決定は広範な計画上の自由な領域を特色とする。しかし他方では，様々な利益を統一的な決定過程において衡量する，という原則に拘束される。計画上の衡量は計画裁量の行使を前提とする。計画が計画裁量の外部的境界によって画定された領域の内部において作用し，衡量の資料の収集についての要求を遵守し，衡量原則によって引かれた境界の内部においては，計画決定は法的統制から自由である。すなわち，こうした枠の内部においては，ある利益を優位に置くことと，劣位に置くことは，跡づけができる衡量の過程ではそもそもなく，いかにして，そして，いかなる方向においてゲマインデが都市建設上整序されて発展しようとしているかを表現する，実に基礎的な計画上の決断（Entschließung）なのである。

　したがって，上級行政庁や行政裁判所の計画統制には必然的に限界がある。建設管理計画上の衡量の場合には，通常「正しい」決定が存在するということだけでない。衡量の結果の審査は―まったく一般的に―果たして結果が賛成を得るのか，または，まったく最適なのか，ということを問題にする必要がない。むしろ問題は，果たして，衡量の実施によって関係する利益の「客観的重要性」が完全に間違って判定されたか，ということを問題にする必要がある。計画上の衡量の特殊性は計画の結果が「正しい」ということだけでないことを本質とする。

II　連邦行政裁判所の判例

1　判例法による衡量原則の成立

　計画裁量の本質が包摂に代わる衡量ということであるとすると，法治主義から導きだされた計画裁量の統制原則として「衡量原則」（das Abwägungsgebot）が通

第2編　衡量原則

用する[10]。すなわち，この衡量原則は，現行の建設法典第1条第7項が建設管理計画について「建設管理計画の策定に際しては，公的利益および私的利益は，対立した利益の相互間および同じ利益の相互間において，それぞれ適正に衡量されなければならない」と定めるが[11]，これが衡量原則であり，「実体法的意味の衡量原則」とも呼ばれている。この原則は，既にこの法律の前身である旧「連邦建設法」(Bundesbaugesetz, BBauG 1960)以来同じ文言で定められていたである（同法第1条第7項）。これは法治主義上の要求から導きだされたものであるので，以上のような明文の規定の有無にかかわらず通用するものである。なお，この「実体法的意味の衡量原則」に対応して「手続法的意味の衡量原則」が考えられるが，それは第2条第3項の規定であって，それは「建設管理計画の策定に際しては，衡量にとって重要な利益（衡量の資料）が調査されそして評価されなければならない」というものである。この規定は衡量原則に関する「手続の根本規範」(Verfahrensgrundnorm)とも呼ばれているが，これについては後に詳述する。第1条第7項と，この「手続の根本規範」を定める第2条第3項の関係は，後に独立した章において述べる予定である。

　そして，この原則の鏡像(Spiegelbild)として衡量瑕疵論が判例・学説上展開するのであるが[12]，これを初めて明示したのが1969年12月12日の連邦行政裁判所の判決である[13]。先に見たように，衡量原則を定める規定は1960年の「連邦建設法」において定められていたが，この時点では衡量の理論（教義学）はまだ初期の段階にあり，立法者は規範の射程距離を単に端緒として意識していただけである[14]。しかし，この判例によって衡量原則は具体化したのである。ここではゲマインデ（市町村）が提起した地区詳細計画(Bebauungsplan)の認可をもとめる訴訟において，連邦行政裁判所はこの原則を明示したのである。すなわち，この認可は法的な理由があるときにのみ拒絶することができるのであり，その理

---

(10) これをいうときに援用されるのが，連邦憲法裁判所の1975年2月14日の判決（BVerfGE 48, 56）である。ここでは法治国の本質からこの原則が導き出される，とする。

(11) この外に，衡量原則を明文で定める法律規定の例として，宮田三郎・行政裁量とその統制密度（信山社，増補版，2012年）178頁参照。

(12) Wilfried Erbguth, Bauplanungsrecht, in:Besonderes Verwaltungsrecht, Bd.I 2. Aufl. 2000, Rn. 146; H.J.Wolff/O.Bachof/R.Stober, VerwaltungsrechtI, 10. Aufl. 1994, §31 Rdn.61. は計画によって影響を受ける市民は適正な衡量をもとめる公権という意味での請求権を持つのであり，このために衡量原則が展開した，とする。

(13) BVerwGE 34, 301 ff. この判決については，「法務官が成し遂げた偉業」(prätorisches Meisterwerk)と称される評価が定着しているようである（Merkel. S.122.）。

(14) Merkel, S.122.

由は連邦建設法⁽¹⁵⁾1条4項および5項において定められているものである，とする。そして，ゲマインデが斟酌しなければならない一連の必要や利益の指摘とともに，先に見た「適正な衡量の原則」を明示するのであり，これについてつぎのように判示した。

「計画は―私的な利益（die privaten Belange）は取りあえず別にしても―原則として様々な公的な利益（die öffentlichen Belange）の間の調整ないし妥協を必要とするのであり，しばしば計画の進行において，同時に他の要求から何も奪い取らない要求には何もあたえることができないのであり，そしてこのようにして必要とされる優先的価値と優先的地位に関する決定はまさに計画として示され，実証されるのである。……換言すると，適正な衡量の原則（das Gebot gerechter Abwägung）はつぎの場合には毀損される。すなわち，適正な衡量がそもそも行われなかった場合。諸般の事情から見て（nach Lage der Dinge）衡量に入れられなければならなかったものが，利益の衡量の中に入れられなかった場合。そして更に，関係する利益の意味が誤認されまたは計画に関係した公的利益間の調整が，個々の利益の客観的重要性と比例関係に立たないやり方で行われた場合である。このようにして描かれた枠内においては，計画の任に当たるゲマインデが様々な利益間の衝突に際して，ひとつの利益を優位に置き，そして必然的に他の利益を劣位に置く決定をしても，衡量原則は毀損されない。換言すると，その枠内においては，特定の利益を優位に置きそして劣位に置くことは，そもそも跡付けができる衡量の過程ではなく，いかにして，そしていかなる方向でゲマインデが都市建設上整序されて発展しようとしているか，ということを表現するまさに基本的な計画上の決断なのである。それゆえ必然的に，行政裁判所と同様に，上級行政庁の計画統制には限界が設けられる」（傍点・海老沢）。

これが判例によって示された衡量原則であるが，学説はこの原則に対する違反をつぎのように体系化して，分類するのである。

―「衡量の欠落」（Abwägungsausfall）：衡量がそもそも行われなかった場合。

―「衡量の不足」（Abwägungsdefizit）：個々の利益が識別されず，または斟酌されないままにある場合。

―「重要性に関する誤った判定」（Fehlgewichtung）：比較をした上で異なった利

---

(15) ここでは旧「連邦建設法」（Bundesbaugesetz vom 23.6.1960）の規定が問題とされている。その後この法律は1976年に改正され，そして1986年に「建設法典」（Baugesetzbuch vom 12.1986〔BGBl. S. 2253〕）として生まれ変わり，現在にいたる。

第 2 編　衡　量　原　則

益を評価するに際して，重要性に関する判定が誤っていることが明らかになる場合。

―「比例関係に立たないこと」（Disproportionalität）：利益の意味が，客観的重要性と比例関係に立たない（釣り合いが取れない）やり方でより高く評価され，または，より低く評価される場合(16)である。

これと先の判例で示されたところを比較すると，「重要性に関する誤った判定」の分類が細分化されて，更に「不釣り合い」という項目が別の範疇として挙げられているのである(17)。

このように衡量原則の違反が分類されるのであるが，ここで示された分類は選択的ではなく，重畳的（kumulativ）な項目として挙げられるのである(18)。

この判例で展開した衡量原則は計画をする官署に対する瑕疵を回避することに資する行動指示を鏡像的に提示する。計画をする官署が鏡像的に得られた行為規範に違反するならば，この法違反は衡量原則の毀損を意味することになる(19)。

このようにして衡量決定の適法性の判断のための有用な統制基準が裁判所のために成立するが，同時に衡量の限界として設定された枠内における衡量の意味が

---

(16) 以上の学説による整理は，後に見るように，Werner Hoppe, in: Hoppe/Bönker/Grotefels, Öffentliches Baurecht, 4. Aufl. 2010, §7 Rdn. 5 による。特定部門計画については Jürgen Kühling, Fachplanungsrecht, 1988, Rdn176.
(17) Martin Ibler, Die Schranken planerischer Gestaltungsfreiheit im Planungsrecht, 1988, S.216.
(18) Erbguth, Rn.39 Rn.151. 我が国におけるこの公式の紹介としては，すでに宮田三郎・前掲163頁以下。
(19) 前述のように，衡量原則を定める規範は行為規範なのか，それとも統制規範なのか，という問題がある。例えば，ホッペ（Hoppe, Öffentliches Baurecht, §7 Rn11ff.）はおよそつぎのように主張する。すなわち，計画上の衡量規範はまずもって，そして第1に，計画を行う行政の活動の行為規範である。衡量は一般的な思考法則性および構造をもった思考・決定方法である。計画法がこの過程を法秩序の中に入れるときは，この現実の構造と，現実の現象としての計画や衡量を無視することができない。衡量に際しての構造分析や構造発展は，規範プログラムが自分の規律領域として選び出した基本構造における社会的現実性の断面である規範領域と同様に，衡量原則の文言において表現されている法命令である規範プログラムによるのと同様のやり方で把握されなければならない。以上のことから分離されるべき問題は，瑕疵および衡量の瑕疵から引き出された効果（瑕疵の効果）にもとづく衡量の統制の問題である。
　これに対して，統制規範は行為規範とは別の機能をもつ。この機能は公法上の計画の領域における計画の法秩序の尺度を本質とする。したがって，監督行政庁および裁判所の統制は計画の法適合性または違法性である。行為規範による法的拘束の範囲および統制の範囲は完全に一致しない。統制規範は別の法則にしたがう。行為規範の違反は，法的統制によって責問される法的瑕疵を自動的に意味しない。行為の権限と統制のそれは同じではない，というものである。

第 2 章　連邦行政裁判所の判例による衡量原則

明示されていることに注意を要する。すなわち，そもそも衡量が行われること，第 2 に，諸般の事情により衡量に入れられなければならない利益が衡量に入れられること，第 3 に，計画に関係する利益の意味が誤認されることもなく，個々の利益の客観的な重要性から見て釣り合いが取れないやり方で，そうした利益の調整が行われることがないことである[20]。このようにして限界づけられた枠内においては，計画行政庁が利益の衝突に際して，1 つの利益を優位に置き，それ故必然的に行われる他の利益を劣位に置くことは衡量原則に違反することにはならないのである。これが本来の意味での計画裁量（狭義の計画裁量）であり，これは，日本法において「計画裁量」がいわれるとき，その裁量の意味が必ずしも明確に示されていないので，参考になるところである。その意味で先に判例を引用する際に傍点で示すことによって強調したのである。

　その後，連邦行政裁判所は 1974 年 7 月 5 日の「板ガラス工場（Flachglasfabrik）事件判決」（通称「板ガラス判決」）[21]において，以上の基準が単に衡量の結果（Abwägungsergebnis）だけでなく，衡量の過程（Abwägungsvorgang）にも適用されること，すなわち「結果としての計画」と同様に「過程としての計画」にも適用されなければならないことを明らかにしたのである。つまり 2 つの観点を合わせて（あるいは「重畳的に」[kumulativ]），それにもとづいて裁判所の統制を受けなければならないとするのであるが，この点は重要なので後述する。

　さて，当初は建設管理計画においてこの衡量原則が展開したのであるが，その後これは特定部門計画にも転用されることになる。すなわち連邦行政裁判所は，この衡量原則が連邦遠距離道路法 17 条 1 項による決定にもそのまま適用される旨を判示したのである[22]。

2　利益の意味

建設法典は第 2 条第 3 項において「建設管理計画の策定に際しては，衡量にとって重要な利益（衡量の資料）が調査され，そして，評価されなければならない」と定める。計画において行われる衡量は，衡量にとって重要である情報の完

---

[20]　Athanassios D.Tsevas, Die Verwaltungsgerichtliche Kontrollintensität bei der materiell-rechtlichen Nachprüfung des Planfeststellungsbeschlusses für raumbeanspruchende Großprojekte, 1992, S.126.
[21]　BVerwGE45, 309 この判決は広範な判示事項を含んでいるが，これを概観するためにはつぎの文献が有益である。H.Schulze-Fielitz, Das Flachglas-Urteil des Bundesverwaltungsgerichts-BVerwGE 45, 309, Jura（Juristische Ausbildung）1992, S.201 ff.
[22]　BVerwGE48, 56, 63.

第2編　衡量原則

全な収集をもって始まる。このように衡量の最初の段階は「衡量資料の収集」である。そして，同法第1条7項は前述のように，「建設管理計画の策定に際しては，公的利益および私的利益は，対立した利益の相互間（gegeneinander）および同じ利益の相互間（untereinander）において，それぞれ適正に衡量されなければならない」という規定を置いて，（実体的意味の）衡量原則を定める。衡量資料は公的なものと，私的なものとを問わず，衡量にとって意味をもっている総ての利益である。「衡量資料の収集」は情報獲得のプロセスであり，「情報」という概念は計画に関連する総ての事実や利益を包含している。つまり情報獲得の対象は生活事実関係（事実・状態・展開，事実要素）およびそこから導き出され，または，これと結びついている利益（Interesse, Belange）である[23]。

「利益」を指す言葉として，Belange と Interesse が使われているが，これによって表されている概念は広く理解されている。これは私人の権利，制度的保障（例えば，公共団体の自治権，教会および公法上の宗教団体の特別の地位）または公の主体の権限または権能に限定されない。利益とは主観的な価値，有用権または利得であって，特定の対象物，実情および展開が行政庁またはその他の公的利益の主体ないしは自然人または私法上の法人についてもっているものも含む[24]。また，公的な利益と私的な利益は，個別的な事案において重なり合い，または，相互に移行する。私的利益は同時に公的利益にもなり得る（例えば，就業所の維持，健康な住居と労働環境に対する要求）。または，私的な利益が本来とは別の意味または範囲の故に，全体にわたって公的な性質を帯びる，ということもあり得る。例えば，土地の現状の維持が所有者のためだけでなく，同時に環境保護になることがある[25]。

因みに，先にみたように，第1条第7項は衡量原則を定めており，「公的利益および私的利益は，対立した利益の相互間（gegeneinander）および同じ利益の相

---

[23] Hoppe, Öffentliches Baurecht, §7 Rn.40；ここでは Belang（Belange はその複数形）を「利益」と翻訳した。Interesse を「利益」と訳さざるを得ない以上，この Belang には別の訳語を用いなければならないとも思われる。主要な独和辞典，独独辞典，独英辞典，独仏辞典を調べても，適当な言葉が思い浮かばない。また，法律学辞典（例えば Deutsches Rechtslexikon 3 Bde, C.H. Beck）では，言葉さえも載せられていない。「利害」と訳される場合があり，かつて私もこの訳語を採ったことがあるが，この言葉には「損害」の意味は含まれていないので，誤訳である。したがって，これは当然のことであるが，本書の主題に係わる文献で示された文脈から意味を確定することが必要である。一般的には Belang と Interesse は同義であるとされる（Hoppe, §7 Rdn.5）。
[24] 以上は Gierke/Schmidt-Eichstaed, Rn.81 による。
[25] Gierke/Schmidt-Eichstaed, Rn.119.

互間（untereinander）において，それぞれ適正に衡量されなければならない」という文言を使っている(26)。これについては，つぎのような説明がある。すなわち，
　―異なった主体間の公的利益相互間，
　―同じ主体の異なった公益相互間，
　―異なった権利主体の私的利益相互間で，
　―同じ権利主体の異なった私的利益相互間で，
　―公的利益と私的利益が相互に対立して
衡量が行われなければならないという意味である，とする説明がある(27)。

3　衡量の義務（裁量瑕疵論との関連を含む）

　以上が衡量原則であり，そしてそれを前提とした上で行われるのが「衡量瑕疵論」と呼ばれ議論である。衡量瑕疵として示された以上の類型の中で「衡量の欠落」だけを，章を改めないでここで簡単に述べておくことにする。敢えてこれを独立した衡量の瑕疵の類型として挙げる必要が疑問視されているからである。
　衡量の欠落は裁量瑕疵論において展開してきた「裁量権の不行使」（Ermessens-nichtgebrauch）―Ermessensunterschreitung または Ermessensmangel とも呼ばれる―をそのまま転用したように見える(28)。懈怠から裁量権が行使されなかった場合，または行政庁が錯誤から自分は強行法によってある行為を行うことを義務づけられている，と誤信する場合である。いずれにしても，この衡量の欠落においても，裁量権の不行使と同様に，行使ということ，つまり衡量が行われていないのであるから，そこに共通性をみとめることができるのである。
　このように裁量瑕疵論に倣って「衡量の欠落」という衡量瑕疵の類型が挙げられたのであるが，そもそもこの類型を独立して挙げること自体の意義が問われることとなる(29)。すなわち，行政の決定に際して衡量的な考慮が基礎となっていないのであるならば，衡量の統制はもともと積極的には行われないはずである。しかしながら，この衡量の欠落という瑕疵の類型を創り出すことは，これによっ

---

(26)　*unter*einander の unter は英語の among (st) に相当する。
(27)　Gierke/Schmidt-Eichstaed, Rn.2767.
(28)　他方でゲマインデに課せられた「衡量の義務」（Abwägungspflicht）が前提とされて，こうした義務の不履行として「衡量の欠落」が構成されることがある。すなわち，計画裁量権行使の義務（ないしこれに準じた行使のオプリーゲンハイト）から，ゲマインデの衡量の義務が生じる。建設管理計画の策定，変更，補充または取消について，ゲマインデが法的に義務づけられているときには（建設法典第1条第3項），法的意味での衡量の義務が生じる，とされるのである（Gierke/Schmidt-Eichstaedt, Rn.44 ff）。
(29)　以下の記述は，Ibler, S.221 ff. による。

て比較的単純で，実務に有用な統制基準が展開するのであれば，正当化される。しかし，特定部門計画法について見ると，事業の計画に際してそもそも衡量が行われない場合は殆ど存在しないはずである。なぜならば，この種の計画はあまりにも多くの対立する利益の調整を必要としているからである。したがって特定部門計画法においては，行政庁が懈怠からまたは強行法により，衡量を経ないで計画上の行為に義務づけられていると誤信する場合は実際上殆どない。それゆえ，完全な衡量の欠落という瑕疵は単に理論的なものである。個々の利益について衡量が行われなかったという場合にこれは実際上の意味を持つ。しかし，この場合はつぎに述べる衡量瑕疵の類型である「衡量の不足」において取り扱われることになる。すなわち，適切な衡量が行われなかったとき，つまり衡量は行われたがそれが適切でなかったとき衡量の欠落が認定されることがあるが，「適切でない」ということは衡量の不足である場合か，更には利益の重要性に関する誤った判定の場合であるともいえるのである。したがって連邦行政裁判所は，衡量の欠落という類型をつくり出したことについては，通常の裁量権の行使の欠落の瑕疵の類型にあまりに強く引っ張られすぎた，とも評価され得る。

第3章　決定方式としての衡量の構造

I　衡量の段階の概要

　先に述べたように，連邦行政裁判所の1969年判決において衡量の瑕疵として示された事項は衡量原則とされるのであるが，学説はこれを承認し，発展させる。すなわち前述のように，「衡量の欠落」，「衡量の不足」，「重要性に関する誤った判定」そして「不釣り合い」から成り立つ裁量瑕疵論を展開する。これは衡量原則に対する違反の意味を示しているが，同時に衡量の意味も示している。こうした学説における衡量論の発展に際して重要な役割を果たしたのは，ホッペである。そこで，後に詳しく衡量の個々の過程（ないし局面）を説明するが，ここでは彼が行った整理にしたがって，まず衡量が行われる進行の過程を概観しておくことにする。衡量の進行過程については，ホッペとは多少とも異なる意見も当然に存在するが，衡量を全体的に判断するためには，まず彼の議論の概要を知る必要がある。その上で，これと異なる議論を見ていくことにより問題の本質を理解することができるであろう。そうした手順を踏む必要があるほどに，彼の議論は重要なのである。

　後にホッペの説明は詳しく紹介するが，ここでは概略を述べると[1]，衡量は4つの段階をもって成立する。①衡量にとって重要な利益の調査の過程（第1段階），②衡量の中に利益を挿入する過程（第2段階），③衡量の中に挿入された利益の重要性の判定の過程（第3段階），④決定に際して衝突・競合する利益の調整の過程（第4段階）である。

　第1段階は，概略的選択（Grobselektion）にもとづいて行われる，一般的に衡量にとって重要なものとして認識できる，価値が低いとされる以上の，保護に値する利益，すなわち，衡量にとって重要な現在および将来の，土地に関係する利益の調査である。すなわち，「衡量の資料の収集」（Zusammenstellung des Abwägungsmaterials）である。この調査は，総ての衡量にとって重要な利益を認識するという原則（衡量にとって重要な衡量の資料収集の原則）に服する。厳密に言う

---

(1) Werner Hoppe, in: Hoppe/Bönker/Grotefels, Öffentliches Baurecht, 4. Aufl. 2010, §7 Rn. 32. ff.

と，調査されるべきは利益（Belange）と，この利益を具体化する事実（生活事実関係，状況，事実の展開）である。そして，現在の利益を志向する診断的調査（diagnostische Ermittelung）と，将来の利益を志向する予測的調査（prognostische Ermittelung）が区別されなければならない。将来の利益の調査は予測（Prognose）によって行われる。つまり，予測できる，将来における事象の開始または事実関係の展開に関する蓋然性の判断である。

　第2段階は，「諸般の事情により」（nach Lage der Dinge）衡量にとって重要な事実を衡量の中に入れることである（これは連邦行政裁判所の一連の判例である）。利益を衡量の中に入れることは正確な選択（Feinselektion）にもとづいて行われる。この原則（衡量の中に挿入するという原則〔Einstellungsgebot〕）が要求することは，「諸般の事情により」，将来および現在の利益であって，それに対する影響について価値が低いとされている以上のものであり，その発生が蓋然性を持っており，認識し得るものであり，総ての衡量にとって具体的に重要であるものが衡量の中に入れられることである。利益を衡量の中に挿入すること（Einstellung）は，こうした利益を決定の中に取り入れること（Einbeziehen）であり，決定に際して斟酌することである。

　第3の段階は，衡量の中に入れられるべき利益の「重要性の判定」（Gewichtung）である。総ての利益には法的および事実上の状況から見て，帰属すべき客観的な重要性（objektives Gewicht）があたえられなければならない。これは主として認識の過程である。査定（Werten）の過程であるが，意欲（Wollen）のそれではない。このためには他律的に設定された重要性判定のための基準が存在し得る。客観的重要性を認定することは，利益の重要性を客観的に（sachlich），先入主に囚われることなく（unvoreingenommen），公正に（unparteiisch）調査することである。重要性の判定は，法的な指示および事実の状況により帰属しなければならない客観的重要性を総ての利益に付与しなければならない，とする原則に服する。

　第4の段階は本来の決定であり，それに行き着くまでのこれまで述べてきた各段階は，この最後の段階（第4の段階）の準備である。すなわち，これらのものは，決定の基礎の解明である。第4の段階は決定の段階であり，形成の段階である。つまり，意欲のそれである。ここにおいては衡量の結論としての計画決定により，計画内容が確定され，確立される。

　この段階は単に利益の衡量だけでなく，将来に方向を示す，創造的・形成的計画の構成要素である。それ故，この段階は基本的な計画的決定であり，ここでは

計画機関は計画的形成の自由の枠内において行動する。この決定は調和的利益だけに出会うだけでなく，対立する―衝突・摩擦・競合する―そして場合によっては最適化される（optimieren）利益であって，これについては計画決定によって判断されるものにも出会うのである。競合する利益を優位に置くことおよび劣位に置くことに関する計画行為と結びついた決定は，この対立する利益の客観的重要性の間の適切な関係をつくり出すことである。つまり，利益間の「調整」（Ausgleich）は，個々の調整されるべき利益の客観的な重要性と比例関係に立たないやり方で（不釣り合いに）行われてはならない（調整的決定〔Ausgleichsentscheidung〕）。

さて，以上はホッペが判例で示された衡量瑕疵論にもとづいて構成した衡量進行過程の各段階の説明である。しかし，この進行過程として説明されたものを時間的な進行として理解することはできない。これはあくまでも理論的な説明である。この点については留意する必要があろう。

なおこの説明については独自の議論も付加されるのである。すなわち，衡量資料の調査と収集（第1段階）つまり情報の取得は，利益を衡量の中に入れること（第2段階）により，情報の加工に移行する。利益を衡量の中に入れることは，情報の取得と重要性の判定（第3の段階）の間のジョイント機能（Gelenkfunktion）を果たす。利益を衡量の中に入れることは，いわば「針の穴」であって，これを通して利益は重要性の判定の中に，そして最終的には決定の過程の中に入れることである。いずれにしても調査され衡量の中に入れられ重要性が判定された現在および将来の利益は，計画決定（第4の段階）のための基礎を形成する。以上の衡量の各段階は互いに介入し合い，先行する段階と後続する段階からの影響力の下にある。仮に移行が流動的であっても，以上の4つの段階における衡量の法的性格づけは，特に段階によって異なる瑕疵の効果から見て，無くてはならない程に重要である。

II　衡量の段階の詳細な説明

以下には衡量の段階をホッペの説明を要約する。この説明では衡量の過程論として検討すべき事項が詳細に提示されている。無論この説明には批判もあるだろうし，補充も必要であろう。しかし，日本で「衡量過程」あるいは「衡量統制」を論じるときに，この説明において展開している知識ないし議論に匹敵するものが前提になっているのか，疑問である。こうした事情も考慮して，本書はこれを要約とはいえ，殆ど引用に近い形で紹介することにする。

第2編　衡量原則

1　利益の調査（第1段階）

a）情報獲得の過程としての調査[2]

　利益の調査は事実の分析である。調査は「現在の利益」（診断的調査）と「将来の利益」（予測的調査）におよぶ。連邦行政裁判所は利益の調査を「衡量の資料の収集」と呼び、これを2つのものに分ける。

―衡量にとって重要な抽象的・概念的（構成要件的）観点の限定。

―具体的に存在するいかなる状況が、この概念に包摂されるか、ということの決定。

連邦行政裁判所はこれを衡量の資料の収集の過程と、条件的に構成された法規範の適用の枠内での包摂の過程と見ている。しかし、調査を包摂の過程として見ることはできない。法技術的意味での包摂は計画の具体的な指針（Leitlinien）によって指示されるのではない。指針は抽象的・概念的構成要件の機能をもたない。

b）情報獲得と加工のための選択基準としての衡量の重要性[3]

　ゲマインデが衡量の資料の収集をするときには、これは無制限に行われるのではない。すなわち、計画主体は総てを斟酌する必要がない。それを要求しても実現できず、浮世離れしている。利益調査にとっての衡量の資料の意味と、衡量への挿入にとっての衡量の資料の意味は異なる。総ての利益、計画によって影響を受ける総ての事実や展開を調査することはできない。総ての利益や事実関係が衡量の中に入れられるのでなく、「諸般の事情により」衡量の中に入れられるべきものだけがそうされる。連邦行政裁判所は「必要的衡量の資料」（das notwendige Abwägungsmaterial）と呼ぶのであり、それは衡量において「斟酌されなければならない」総ての利益である。

　第3および第4段階における重要性の判定と計画決定による利益の取り扱いは漏斗状に局限された選択基準による2つの相の選択が前置されている。すなわち―

　選択はまず利益の一般的衡量の重要性の選択基準によって制御される。調査は概略的選択（Grobselektion）を行う。この選択は利益の種類と重要性に依る。衡量への利益の挿入はこうして調査された利益を、計画による具体的な作用（Betroffenheit）を明らかにするために縮減する（具体的衡量の重要性）。

---

[2]　Hoppe, § 7 Rn.40.
[3]　Hoppe, § 7 Rn.41.

これが精確な選択（Feinselektion）である。
　衡量にとっての一般的な重要性はつぎのことを意味する。
―利益は土地法との関連性を示さなければならないこと。
―利益は内容的に保護に値するものであり，抽象的に低価値である（geringwertig）以上のものであること。
―利益が調査に際して土地法から見て重要であり，保護に値するものであり，重大なものとして認識され得るということ。

衡量にとっての具体的な重要性は，調査された利益への影響と結びつく。調査された利益の影響が，
―低価値以上のものであり，
―その発生において蓋然性を持つ以上のものであり，
―その意味での影響が計画に関する決定に際して認識できるものであることが必要である。

c）調査に際しての一般的な衡量の重要性[4]

　連邦行政裁判所によると，計画的衡量のために必要とされる衡量の資料の範囲は，狭いよりも，むしろ広く限定されざるを得ないとする傾向を持つ。同裁判所の1979年11月9日の判決によると，調査に際しては―客観的に低価値であるか，または，そもそももしくはその事業との関連で―保護に値しないが，影響を受けている利益は重要でない（考慮されない）。ここで言われている意味での保護に値しない利益はつぎのようなものも含む。すなわち，その利益の主体が「そのように行われた」ということに合理的に見て適合せざるを得ない場合であり，それ故存続および継続に対する場合によっては生じる信頼において保護価値性が欠如している場合である。調査に際しての衡量の重要性は計画機関にとって保護に値し，低価値以上のものであるという意味で衡量に値するものとして認識され得る利益に限定される。公衆参加や行政庁の参加（建設法典第3，4，4a条）は計画をする機関をして利益や利益に対する影響を知らしめる機能を持つ。
　認識可能性に対する要求は利益の認知またはその他の認識可能性に係わる。この認識可能性は，利益を具体化する衡量にとって重要な状況の調査という行為に係わるのであり，調査されたものの衡量にとっての重要性という法律

---

(4) Hoppe, §7 Rn.43.

問題に係わるのではない。要求された調査の費用は，計画によって影響を受ける現在および将来の状況におよぶ。それ故，調査は現在の事実状況の認定であり，予測による将来の展開に対する認識を形成する推論を意味する。合理的な（zumutbar）調査の費用と，それと共にある利益の認識可能性の程度は，個々の状況にしたがって判断される。一般的基準としては，つぎのことが言える。すなち，自ずと想定される（sich aufdrängen）状況は常に認識可能である。或る利益がより根源的であり，重要であるほど，そして，その利益にとっての計画の影響が強いほど，調査の感度や調査の程度は高くなり，このための費用は多くなる。計画の時点において現状を指摘する状況ないし疑義の状況が見通せないほどに，この要求は大きくなる。認識可能性の具体的な基準は特に環境汚染物質（Altlasten）では争われる。

d）調査と計画の選択肢[5]

衡量の資料の範囲は追求された計画の目標と，この目標を追求する計画内容によって定まる。それ故，既に計画のこの段階においては，ゲマインデにより考察され，衡量原則にしたがい審査されるべき計画の選択肢（Planungs-alternative）（代替案）は調査の中に入ってくる。計画主体は，いかなる公的・私的利益が計画の主要な解決方法に関係するかということを認定するだけでなく，いかなる利益がこの計画代替案によって影響を受けるかという代替的解決方法も調査しなければならない。衡量原則の要求は，調査の段階での計画代替案の斟酌にも向けられる。

代替案を示すことが自己目的でない。決められた状況の下で都市建設上の秩序や発展にとって最良の解決方法を見いだすために行われるのである。代替案が具体的状況から見て想定される（sich aufdrängen）かもしくは少なくとも容易に想定されるか（nahe liegen），または，自ずと考慮に値するもの（von selbst anbieten）もしくは計画手続において提案された（vorgeschlagen worden ist）場合には，計画の代替案は衡量における斟酌義務に服する。

いずれにしても計画の代替案についての調査は広くおよぶのであり―これが衡量の中に入れられる場合には―比例原則に対応した調整的決定を行うためには，後の段階で行われる計画決定に際しては，必要とされる総ての事実・データおよび利益が用意されている。

衡量の資料は厳密で完全でなければならず，このため概略的な評価基準を

---

[5] Hoppe, §7 Rn.48.

基礎にした先行的選択的決定が許される。このため，調査が徹底して行われれば，数多な選択肢が段階的に縮減していくことになる。「環境審査」（Umweltprüfung）の枠内での調査の結果，ゼロ・オプション（Nullvariante），つまり計画の取りやめも含めた代替案が取り入れられることもある。

e）予測による調査[(6)]

予測は事象の発生または事実関係の展開に関する蓋然性の判断である。予測はそれの将来への志向性，事実の投影，法則性ならびに将来における蓋然性を基準にした経験の評価を特色とする。予測には，様々な要素を伴った特別の推断手続が基礎となっている。これは将来における事象の蓋然性的発生に関する判断を生み出すために適合しなければならない推断手続である。

aa）予測について要求される事項　連邦行政裁判所によると，将来の展開の予測的評価にもとづいて行われなければならない決定に際しては，その予測は資料に適合しており，方法論的に異論がないやり方で作成されるだけで十分である。したがって，裁判所の審査の対象は，果たして予測が後に生じる事実の展開により多かれ少なかれ確証されたのかそれとも否定されたのか，ということではない。

bb）予測の基本事項　連邦行政裁判所の判例の以上の前提から，予測については以下の原則が定められる。すなわち，予測は提示し得る将来における短期・中期・長期に予測される事象または事実関係の状態に関する言明である。予測の過程，予測の手続，予測されたものの結論，予測判断および予測の成果が区別されなければならない。このような区別を前提とすると，予測の基礎と予測の推断は予測の手続（過程）の中に入れられる。

事実やデータであって予測の帰結が依拠するもの，成長率，推定される傾向，予測が基礎とする偶然的な変数および（将来の）発展に関する経験則が，この予測の基礎に含まれる。

予測の手続には，現在から将来への推断手続が含まれる（予測の推断）。予測の推断は特定の内容（例えば，憲法への忠誠，道路上の騒音の発生，原子炉のひび割れが発生しないこと）蓋然性および内容的にそのような輪郭をもった事実の発生の蓋然性の程度に注目する。予測の成果，つまり予測の結果は，こ

---

(6) 以下の記述は Hoppe, §7 Rn. 50-53. による。既に「予測」概念は「判断余地」ないし「判断授権」の議論において取り扱ったところであるので，説明に重複する部分が多い。ここでは「計画法」という領域の議論である。計画の本質は「予測」でもある。そうすると，これについてどのような説明がされるかは重要なテーマである。

れもまた様々な側面を持つ。予測の結果が事実の展開を欠いているときは，予測の結果の齟齬，錯誤による予測と，現実に一致している結果との間の齟齬である。

cc）予測の限界および裁判官による統制　予測的調査はその限界を守らなければならない。先を見通すに際して，評価および予測は計画の中に流れ込む。将来の展開の先取りに際して，この展開は見通すことができる時間内で，十分な確実さをもって予期されなければならない。したがって，未だに具体的に予測できず，将来において成立し得るが衡量によって現在では確証できない利益を，調査に値するものとして評価することは許されない。

予測については裁判所の審査は限定されるが，計画決定の基礎となる予測がこれに対する要求を充足しているか，という点についてのみ裁判所の審査は行われる。最後の行政決定を基準として，予測がその時点で使うことができた認識手段をもって予測にとって重要な状況を尊重して作成されたのかということだけを審査する，というのが連邦行政裁判所の判例である。したがって裁判所は，適切な専門的手段の選択，予測の基礎となる事実関係の正しい調査および果たして結論が明らかに根拠づけられ得るか（begründbar），ということを審査する。更につぎの点も審査さなければならない。すなわち，果たして予測と結びついた将来の展開の不確実さがそれによって正当化される侵害（Eingriffen）と適切な関係に立っているか，という問題である。これに対して，予測された展開が確実にないし多かれ少なかれ蓋然性をもって生ずるか，または，生ずる可能性があるかという問題があるが，その審査は裁判所の任務ではない。また，予測が後の事実の展開により，多かれ少なかれ確証もしくは反駁されているか，ということについて審査はしない。

2　衡量の中に利益を挿入する過程（第2段階）

衡量の第2の段階は，「諸般の事情により衡量の中に入れられなければならない衡量にとって重要な利益の挿入」である[7]。この「諸般の事情条項」（Lage-der-Dinge-Klausel）を批判する学説もあるが（イプラー），ホッペはこの批判には反対しており，この条項は正当にも，調査された利益に対する利益の挿入の関連づけを示しているのである。

利益の挿入は調査から重要性の判定への第一歩を表しているのであり，

---

[7]　Hoppe, §7 Rn. 54.

「針の穴」であって，これを通して調査というやり方で得られた情報が情報加工の中に取り入れられる。挿入はあたかも衡量のプロセスを始動させる。利益の挿入は後に続く重要性判定との結合体と，それへの移行段階である。

　a）挿入に対する一般的要求[8]
「諸般の事情」によりその影響が取るに足りない（geringfügig）以上のものであり，発生が蓋然性を持ち，具体的に衡量にとって重要である現在・将来の認識し得る総ての利益が衡量の中に入れられなければならないことを，この挿入の原則は要求する。挿入（Einstellen）とは，このような利益を決定の中に含める（einbeziehen）ことと，これを決定に際して斟酌することである。

　b）「諸般の事情により」挿入されるに際しての衡量の具体的重要性[9]
挿入の原則は都市建設上の利益については環境審査のほかに，「諸般の事情により」衡量の中に入れるべきすべての利益が入れられなければならない。このメルクマールにより挿入の対象と範囲は輪郭をあたえられる。先に行われた「利益の調査」に対して，この利益の挿入は具体的な衡量にとっての重要性という更なるフィルターを示しているのであって，これは調査された利益に対する影響を特色とする。挿入は評価的性質を持った「精確な選択」を要求する。

　利益に対する影響はこの精確な選択のためにつぎのような基準を必要とする。すなわち，利益に対する影響は—
—取るに足りないもの以上のものであること。
—その発生において少なくとも蓋然性を持つこと。
—計画に関する決定に際して，取るに足りないものである以上のものであることと，その発生の蓋然性について認識できるものであること。
衡量の中に挿入する利益に対する影響の認識可能性は，先に見た「利益の調査」に際しての利益の認識可能性と同様に，精度と費用の基準にしたがう。

　計画主体によって要求された認識の対象は，「取るに足りないもの以上のもの」（Mehr-als-Geringfügigkeit）と発生の蓋然性を規定する事実上および法律上の状態に関係する。計画主体は衡量にとっての重要性の一般的基準にしたがって，利益を一般的に保護に値し，抽象的に重要であるとして調査することができる。しかし，この利益を衡量の中に挿入するに際しては，その利益が計画にとって具体的に影響を受けるか，または，将来そのようになるか，

---

[8]　Hoppe, §7 Rn. 56.
[9]　Hoppe, §7 Rn. 57.

第 2 編　衡　量　原　則

ということを見誤ることがあり得る。利益に対する影響を基準とした精確な選択は，評価行為と認識行為の結合体である。

c）将来の利益に対する影響[10]

現在の利益についての具体的利益の重要性の基準は，予測によって調査される将来の利益にも同様に通用する。

利益に対する影響の基準と，影響発生の予測の蓋然性の程度の基準は，将来の利益に際しても評価の指示を意味するのであって，これにもとづいて，予測によって行われた事実関係の評価と，そこから明らかになった利益を衡量の重要性について判定することができる。衡量にとっての重要性の認識可能な基準は，将来の利益のために用いられる認識手段としての予測の機能能力（Funktionsfähigkeit）に関係する。慎重に行われた予測を基礎にして，つぎのことが認められない場合には—

—利益を基礎づける状態がそもそも成立し得ること。

—利益に対する影響について，取るに足りないもの以上のものが成立したこと。

—または，利益に対する影響の重大性が少なくとも蓋然性を持つこと。

そうした場合には，利用できる認識可能性を尽くしても将来の利益は認識できず，したがって，衡量にとってその利益は重要ではない。これに対して，予測を基礎にして将来予測されるべき状況が衡量にとって認識され得るときは，それは衡量の中に挿入されなければならない。

3　利益についての重要性の判定（第 3 段階）

衡量に挿入された衡量にとって重要な総ての利益は，重要性が判定されなければならない。この「重要性の判定」（Gewichtung）の原則は，衡量にとって具体的に重要な総ての利益には，法的指示や事実の与件に当然に付与されるべき「客観的な重要性」（das objektive Gewicht）が認められることを要求する。

a）判定のための視点[11]

斟酌されなければならないのは，1 つには，利益の抽象的重要性（重要性の程度）であり，もう 1 つは，事業計画によって生じた影響の程度（侵害の程度）である。影響の程度も，抽象的な重要性の程度も，それだけでは具体

---

(10)　Hoppe, § 7 Rn. 58.
(11)　Hoppe, § 7 Rn. 61.

的事案における利益の重要性を定めることはできない。

b）判定の基準[12]

衡量における利益の「客観的な」重要性認定の意義にもかかわらず，いかなるメルクマールによって客観的重要性が判定できるかについては，判例では殆ど言明がない。法定の優先ルールが存在している。すなわち，（状況に左右される）相対的ルールと，（状況に左右されない，一般的・抽象的）絶対的ルールが区別される。果たして他の利益との衡量を許さず，計画の事案から独立した重要性判定に際しての優位を定める一般・抽象的な絶対的ルールが憲法上許されるか，ということが争われている。相対的優位は重要性の判定に際して最初から尊重されるべき利益の特別の重要性であって，その利益は競合する利益が特別の重要性を持たない限り，その競合する利益の重要性に対して調整のプロセスにおいて貫徹される。それ故，利益であって，それのために法秩序において相対的優位があたえられているものは，衡量の結果凌駕されることもあり得る。法定の重要性判定の特権—（相対的）重要性判定の優位—は，法律の規定により「特別に顧慮されている」利益に割り当てられる。

c）重要性の判定と計画代替案[13]

重要性の判定は計画の代替案を無視することができない。その理由は，総ての衡量にとって重要な利益の判定が調整され，衡量の中に挿入され，重要性が判定されなければならず，計画の代替案および選択に関する利益は衡量の中に送り込まれ，重要性が判定されなければならないからである。この場合，優先的に判定されるべき利益を通用させる計画の選択肢は，優先的な価値がある，ということに留意すべきである。

4　計画の決定（第4段階）

連邦行政裁判所は，計画上の決断（Entschließung）としてこの第4の段階を位置づけている。いかにして，そして，いかなる方向でゲマインデが都市建設を整序して発展させようとしているのか，ということがこの段階で示されている。すなわち，計画上の自律的，他律的構成要素であって，これによってゲマインデは内容の説明を土地利用計画（Fプラン）において示し，内容の確定を地区詳細計画（Bプラン）において示そうとしているものを，

---

(12)　Hoppe, § 7 Rn. 62 f.
(13)　Hoppe, § 7 Rn. 67.

第2編　衡量原則

計画主体として定める。利益の優先と後退に関する決定は，こうしたFプランでの説明やBプランでの確定を目指す計画行為と結びついている。

a）計画決定における調整原則[14]

計画によって影響を受ける利益間の調整が個々の利益の客観的な重要性と比例関係に立たない（釣り合いが取れない）やり方で行われないこと（nicht‥außer Verhältnis stehen）を，この「調整原則」（Ausgleichsgebot）は要求する。1つの利益を他のそれよりも後退させることを正当化するについて，適切で十分に重大な根拠があるのか，ということが審査されなければならない。計画によって影響を受ける公的・私的利益は，それの客観的な重要性に応じたやり方で判定され，斟酌されなければならない。統制を誤った判定（Fehlgewichtung）に限定することができ，行為の基準としては，調整は個々の利益の客観的な重要性と比例関係に立たないやり方で行われてはならないことが，1969年12月12日の判例以来連邦行政裁判所が採る立場である。これと関連して同裁判所は，「収支決算を行う全体的判断」（bilanzierende Gesamtbeurteilung）および「収支決算を行う衡量の過程」（bilanzierender Abwägungsvorgang）であって，ここにおいては利益が優位に置かれるに値するものとして，または，劣位に置かれるものとしての特色を持ち，この場合において適切な「問題の解決」（Problembewältigung）の枠内において計画的に把握されるものに言及する。

b）重要性の判定と調整の関係

重要性の判定と調整は互いに関連していることは明かである。しかし，重要性の判定は比例原則に服する，衝突する利益の調整とは区別される。

c）代替案の取扱[15]

ある解決方法を優先した場合─代替案との比較において─代替案に関係する利益の客観的重要性と比例関係に立たない評価にもとづいてはならない。それ故計画は，結論において公的・私的利益を最も少なく侵害する代替案に味方して決定されなければない。別の表現によると，計画主体が衡量に際して別の立地の優先価値を誤認しないということで十分である。ある解決方法が考慮に値し（sich anbieten），想定せざるを得ない（sich auf drängen müssen）場合に漸く法的な瑕疵が生ずる，ということを連邦行政裁判所は力説する。しかし，事実上発見された解決方法が必然的なものと見なされない場

---

(14) Hoppe, §7 Rn. 69-70.
(15) Hoppe, §7 Rn. 71 f.

合には，そうならない，と言う。

　判例が代替案に際して計画決定を取り消した全部の事例は，計画主体が公的・私的利益を少なく侵害したということで優先に値する代替案を全く認識せず，評価しなかった場合である。

III　衡量の段階に関する議論（特に計画裁量の所在について）

　以上のようにホッペの議論の要約にしたがって，先に見た4段階にわたる衡量の局面をそれぞれ見てきたのであるが，これを中心にしたときどのような議論が成り立ち得るのであろうか[16]。特に，裁判所の統制を受けない「計画裁量」は衡量という過程のどの局面において承認されるのか。その辺りにわれわれの関心があるはずである。そのためには，連邦行政裁判所の判例の立場も見ておく必要があろう。以下にはその説明をするが，①「衡量にとって重要な利益の調査の過程」および②「衡量の中に利益を挿入する過程」と，③「衡量の中に挿入された利益の重要性の判定の過程」および④「決定に際して衝突・競合する利益の調整の過程」を便宜上区別することにする。その理由は少なくとも統制の観点から見て，それが合目的的であると思えるからである。すなわち，①と②について，衡量の資料の調査と挿入の峻別に対しては，衡量資料の収集を本質とする行為原則と，これに対応した衡量の不足の統制基準の意義および目的が対応する。衡量資料の整序された収集の原則は衡量決定に際しては，関係する総ての利益を斟酌することをゲマインデに義務づける。反対にゲマインデは，衡量の不足の場合に，つまり衡量の資料の瑕疵ある収集に際しては，関係する総ての利益が斟酌されなかった計画決定を行ったと批判される。利益が斟酌されなかったことに根拠を置くか，それとも，それが挿入されなかったことに根拠を置くか，は重要なことではない[17]。

1　利益の調査と挿入

a)　連邦行政裁判所の立場（包摂的方法）

　連邦行政裁判所はかねてより，衡量にとって重要な利益は演繹的に，つまり解釈と包摂によって定められる，ということを前提としてきており，現在でもこれ

---

(16)　以下の議論については既に海老沢俊郎「計画法における衡量原則(1)」名城ロースクール・レビュー第17号（2010年）1頁以下に掲載した。これを修正・加筆した上で本書において再掲載する。

(17)　以上の説明は Robert Bach, Die Abwägung gemäß § 1 Abs. 7 BauGB nach Erlaß des EAG Bau, 2011, S.79. に拠る。

を変更していない。同裁判所の1969年12月12日の判決（以下「1969年判決」と略す）は，旧連邦建設法（1960年法）第1条第4項第1文および第3文並びに第5項において定められている概念（例えば全住民の住宅需要，住宅制度における財産の形成，礼拝や牧会ための必要物，経済，農業・青少年の育成，交通，国防の必要，自然や景観保護の利益，集落や地方の風景の形成という概念）を計画の原則（Planungsleitsätze）と呼び，これを不確定法概念である，とするのである。不確定法概念である以上，「判断余地」（Beurteilungsspielraum）が認められる場合は別として，この概念の適用については裁判所の全面的な審査がおよぶことになる。これが連邦行政裁判所の1969年判決であるが，1974年7月5日の板ガラス工場事件判決はこれを踏襲するのである。つぎのように判示する[18]。

> 「地区詳細計画第148号の内容において表現されている衡量の結論の適法性の問題は，これがいくつかの段階で解答しておかなければならないことをあらかじめ強調しなければならないことを明らかにしている。すなわち，すべての衡量には衡量のための資料の収集が前提とされている。このことは第1に，衡量にとって重要であるとする観点についての抽象的・概念的（構成要件的）限定を内容とし，第2に，いかなる具体的な事実がこの概念に包摂されるか，ということの決定を内容とする。これらの2つの過程は連邦建設法第1条第4項第2文（そして，これと関連する連邦建設法第1条第4項および第3文並びに第5項）においては法適用であって，それ以外の何物でもない。ゲマインデがある概念の解釈および適用にもとづき衡量にとって重要であると考えたものないしは衡量に際してそのように考えたものは，その限りでは上級行政庁に対しても，建設管理計画の審査の任にある裁判所に対しても拘束力を形成しない。このことは，当法廷が既に1969年12月12日の判決で宣言したとおりである。これは維持されなければならない」（傍点・海老沢）。

すなわち，ある事実（利益）を衡量の中に入れるためには，一定の観点（概念）が前提となっていることはいうまでもない。こうした観点を確定することと，確定された観点ないし概念へ事実（利益）を包摂することという2つの過程が区分されるが，これは法適用そのものである。したがって，これについての計画行政庁の判断は裁判所の全面的な統制がおよぶはずであり，行政庁の裁量的判断は否定されることになる。それでは，連邦行政裁判所は計画行政庁の裁量（計画裁量ないし計画的形成の自由）を広く認めてきているはずであるが，それはどの段階

---

[18] BVerwGE, 45, 309, 322.

で認められるのかというと，以上の段階を経た後で行われる「利益についての重要性の判定と調整」においてである，とするのである。連邦行政裁判所のこうした一連の判決については直ちにつぎのような問題点を指摘することができよう。

　第1に，連邦行政裁判所は「形成の自由がない計画は自己矛盾である」として，計画裁量ないし計画の形成自由の存在を計画の本質のように述べていることからすると[19]，明らかに整合性を欠いていると評価されよう。またこれとの関連で，連邦建設法の当該規定において用いられている概念は不確定法概念である。これについては，行政庁の判断を最終的なものとして通用させる「判断余地」を認めても良さそうであるが，板ガラス判決はこれを明示的に否定しているのである。その理由として，判断余地を認めた典型例である同裁判所の1971年12月16日[20]の判決の場合などと事案を異にしている，というのである。すなわち，「出版物は利害関係がない専門家による審査に服するのであり，ここにおいても旧連邦建設法第1条第4項および5項の問題と比較しうるものは何もない。計画を行い，そこにおいて良くも悪くも党派性をもつゲマインデの立場と……連邦審査庁の立場は殆ど共通していないのであるから，類推の試みは不適切である」というのである[21]。不確定法概念の解釈適用については裁判所の統制は無制限におよぶのであり，この大原則の例外は厳格な制約を付けて認めるという，いわば針の穴に糸を通すような作業ないし判断を伴うことを要求するドイツ法のこの辺りのこだわりは，説明らしい説明もなく，あっさりと法務大臣に要件裁量を認めるマックリーン判決（最大判昭和53年10月4日民集32巻7号1223頁）などに見られる日本の判例法に日常から接している者の感覚からすると新鮮ではあるが。

　第2に，「衡量の欠落」は別にしても，そもそも「衡量の不足」と「利益の重要性に関する誤った判定」という各段階をそれぞれ判定して，その上で後者の段階についてのみ計画裁量を承認するということが可能なのか，という問題も指摘できよう。この点について，板ガラス判決はつぎのように判示している[22]。引用すると——

　　「以下のことを付け加えなければならない。すなわち，法的拘束および衡量の資料の確定に関する裁判所の審査可能性についてこれまで述べてきたことは，当該考察において折に触れてあたえられてきた意味を実務上もたない

---

(19) 1969年12月12日の連邦行政裁判所の判決はこのように明言していた。この部分はその後計画裁量が論じられるときに，しばしば援用されるのである。
(20) BVerwGE 39, 197; この判決については既に取り扱った（第1編第5章Ⅲ）。
(21) BVerwGE 45, 324.
(22) BVerwGE 45, 309, 324.

のである。このことは，理論的な分類のために必要とされる衡量の資料の確定と重要性の判定の分離は，実務的取り扱いにおいては大抵は厳格に行われ得ない，ということと関連する。したがって，つぎのことが少なからず生じる。すなわち，一見すると概念上の出発点に係わるように見える瑕疵は，よく見ると重要性に関する判定に係わらざるを得ない，ということ（そして，この場合，『誤認された』または『不釣り合いな』重要性の判定が行われた場合にのみ，重要性をもつということ）である。しかしながら，このような実務から生じた相対化は，統制密度について上述したことを帳消しにしない」（傍点・海老沢）[23]。

実務の実態からの推論とはいえ，これを承認しているのであるから，この判決は両立し得ない2つの命題を同じ判決で立てているように見える。

第3に，1969年判決は衡量の中に入れられるべき利益について「諸般の事情から見て衡量の中に入れられなければならない利益」（die Belange, die nach der Dinge in die Abwägung eingestellt werden müssen）という基準を立てる。これは，板ガラス判決にも当然のことに承継され，そしてこの公式は現時点でも維持されているが，上述のようにこの判例が包摂的または演繹的に衡量の中に入れられるべき利益を確定する手法を採るのであれば（この手法は現時点でも判例法上維持されている），そうした利益の確定はやはりあくまでも計画法上の規定の解釈を根拠として行われるべきであったはずである。しかし判例はこれに代えて，先に見た「諸般の事情から見て」といういわば融通無碍の定式を立てる。連邦行政裁判所の演繹的手法に反対する学説からみれば，この定式は今度は反対に積極的に評価され得る余地を残しているはずである。

b) 判例に対する学説の批判（特にホッペの議論）

ホッペは本書で取り扱う計画裁量について多くの論文を書いてきているが，この種の裁量の本質に関する議論は既に紹介してきたところである[24]。彼は今ここで問題としている「計画における衡量の資料の収集」というテーマについて，詳細な議論を展開するかなり長文の論文を発表している[25]。これは判例に対する学説側からの有力な批判であり，その後の判例に対する多くの批判論も基本的

---

[23] BVerwGE, 45, 309, 324.
[24] 本書第2編第1章II参照。
[25] Werner Hoppe, Die Zusammenstellung des Abwägungsmaterials und die Einstellung der Belange in die Abwägung nach der Dinge bei der Planung, DVBl. 1977, S.136 ff. である。以下にはこれを要約する。

第 3 章　決定方式としての衡量の構造

にはこれに負っているように見える(26)。このため良く援用されてきてもいる。本書がドイツの計画裁量における衡量論を扱う以上これを避けることはできないであろう。計画裁量に関する彼の議論はすでに紹介したが，そこでは特に計画と法の拘束について規範構造的観点からの議論が行われていた。しかし，これから見ようとする論文は少し視点が異なる。紙数の制約もあるので，できるだけ要約して紹介することにする。以下には，この論文を紹介するのであるが――

　連邦行政裁判所は，1969 年判決や板ガラス判決などの一連の判例から明らかなように，衡量の資料の収集のプロセスにおいて，2 つの段階の過程を見ている。すなわち，
―衡量にとって重要な観点の抽象的・概念的（構成要件的）限定（第 1 段階）。
―具体的な事実のこの概念への包摂（第 2 段階）
　というものである。

　1974 年の板ガラス判決が概念の解釈と適用を語るときに，つぎのことが明らかになる。すなわち，第 1 段階により，計画の原則（Planungsleitsätze）で定められた概念の解釈が意味されており，重要性（Erheblichkeit）の観点の下での選択が意味されているのではない，ということである。連邦行政裁判所は「衡量にとって重要な」(abwägungserheblich) であるとか「衡量にとって注目すべき」(abwägungsbeachtlich) という言葉を使ったり，衡量の資料の「確定」という概念を使ったりしているにもかかわらず，衡量の資料の集積や収集の過程を，明らかに条件的に構成された法規範の適用という枠内での包摂の過程と見ている。確かに通常は，条件的規範の関連では法律効果は包摂に接合する。しかし計画では，このような法律効果は資料の収集の包摂過程への接続においては存在しない。包摂として理解された衡量の資料の収集につづく「法律効果」は，計画に際しては更なる計画的進行のみであり得る。すなわち，利益を衡量の中に入れること，利益の重要性の判定そして特定の利益の優先性の価値に関する決定という過程は構成要件に包摂された衡量資料の構成要件的・因果関係的条件に対する反応としての法律効果という意味で進行するのではない。むしろ計画上の決定発見は，計画の形成的余地を規定する制限された開放性を特色とする。

　1976 年の旧連邦建設法 (BBauG1976) の 1 条 6 項 2 文は，建設管理計画を策定

---

(26)　例えば Athanassios D.Tsevas, Die Verwaltungsgerichtliche Kontrollintensität bei der materiell-rechtlichen Nachprüfung des Planfeststellungsbeschlusses für raumbeanspruchende Großprojekte, 1992, S.124. ff をみると，議論の基本はホッペの議論に依拠しているといえる。

259

するに際して特に斟酌しなければならない利益を例示しているが，その中で「経済の利益」（die Belange der Wirtschaft）が定められている（現行の建設法典（BauGB）では1条5項2文8号に相当する。注・海老沢）。そうすると，この概念の下に何が包摂されるか，ということを大規模百貨店を例として挙げて説明すると，この概念はつぎのような観点を包含することになる。

　購買力の量および市域の新たな編成の意味に照らして判断されるべき，拡張を行い，商品の水準を高め並びに提供品を拡大するという百貨店の経済的利益。市の中心部における小売業に対する拡張の影響の意味，この場合に果たして購入力が流出するか，それとも中心部に集中するのか，という未解決の問題。副都心や下町（いわゆる地域の市場）における購買力に対する百貨店の拡張の影響であって，ここでは生存を賭した闘いが行われている。周辺地域の中間的中心地の構造に対する影響であって，場合によっては中心地の影響の抑制から見て，独立した市として市町村の新たな編成を強化するもの。購買力量の展開，市内および郊外における消費者の流れ，購入の慣習，それぞれの品目水準と関連した百貨店に対する住民の行動という問題。以上のすべての問題が組み込まれている全体経済の問題，というものである。

　そうすると，概念上「経済の利益」という原則（Leitsatz）の下で把握され得る具体的に現存している状況は，そもそも包摂を可能にする生活事実関係か，ということが問題である。あれやこれやの観点，そして，あれやこれやの事実がこの概念領域に属しているか，ということを肯定的または否定的に確認できないがためではなく，選択のない包摂は衡量の資料の際限のない収集をもたらし，また，そうならざるを得ない，ということのためである。それは，計画を正当に可能にするよりも，むしろ妨げる。そしてまた，十分な選択が包摂のメカニズムの中に組み込まれていないのであるから，関連するあまたの観点，材料，データおよび事実は包摂によって殆ど限界をもたない。計画にとって決定的なことは，計画として際限なく増大する資料を計画の原則へ包摂することによる収集ではなく，重要な観点への縮減および計画目標の基準による計画に関連した観点の選択である[27]。

　以上の理由により，ホッペは計画における「包摂」を否定するのであるが，それでは，連邦行政裁判所の1969年判決などにより包摂が予定された旧連邦建設法（BBauG1960）1条4項2文並びに5項（そしてホッペによって例として挙げられ

---

(27)　以上 Hoppe, S.136-139.

た「経済の利益」を規定する旧連邦建設法 [BBauG1976] そして現行法である建設法典 [BauGB] 1条5項2文8号）は「計画の原則」（Planungsleitsätze）を定めているとされるが，これはどのような法的性質をもっているのか，ということが問題である。この点についてつぎのように主張する。

　計画の原則は，条件的に構造化された法規範という形での抽象的・概念的構成要件の機能を持たない。すなわち，それは連邦行政裁判所が性格づけたものと異なる。つまり計画上の目標設定に方向づけられた諸原則であり，目標実現に奉仕する具体的計画指針というものである。諸原則および計画指針は，具体的に現存する状況が包摂される構成要件という意味での抽象的・概念的に限界づけられ得る観点とは別のものである。この点でシュミットーアスマンによれば，計画もその中に入るのであるが，複合的行政決定が依拠する法定の構成要件は通常，衡量の指示（Abwägungsdirektive）を包含する部分と衡量の過程（Abwägungsvorgang）を指示する部分に分けられる。彼によれば衡量の観点は不確定法概念の形式において現れるが，判断授権の判断においては不十分にしか把握されていないメルクマールを示している。このような法律概念の過程的，随伴的または将来的な行政上のプログラムに対する典型的な関連性が問題であり，このプログラムを法律は開放的な概念をもって受け入れているのである。この概念は行政の発展責任（Entfaltungsverantwortung）を特色づけるのであり，これは立法上のプログラムが輪郭を指示している場合に挿入されるものである。ここでは行政には本来的にまたはいずれにしても独占的に，包摂領域における判断の優位があたえられているのではなく，連続的概念形成および概念規定の権限が第一義的に認められているのである。そしてまたオッセンビュールによれば，正当な法的重要性の判定と行政上の計画決定および形成的決定にとっては，不確定法概念に制限され，包摂的執行の思考に方向を定められたものの見方を拡大し，適切な決定を全体として見るということが不可欠である。こうした観点で見ると，旧連邦建設法（BBauG1960）第1条第4項第1文および第3文並びに第5項において用いられた概念を，包摂され得る，それゆえ完全に審査され得る法技術的意味での不確定法概念とは別のものとして解釈することができる。すなわち列挙されている不確定法概念を，統一的行政計画決定の枠内における，例示的，そして特に重要な「裁量基準」（Ermessensdirektive）として理解することであり，しかもそれ自体包摂的および裁量的部分に分離するのではなく，統一的な決定としてのみ把握され得る計画決定の枠内における裁量基準として理解することである。こうした基準は，衡量プロセスに対して内容的な最小限の要求を置くのであり，これを導き・

第2編　衡量原則

制御するのである。すなわち個別的な事件において果たして行政がそれの意味内容を原則的に無視したのか、ということについてのみ統制することができる裁量基準である。形成任務に依拠する計画行政は包摂的法律の執行ではなく、授権された目的の自己責任を伴った実現である[28]。

　以上のものとして計画の原則が理解されたとして、それではこれは、ここで問題となっている計画に関連する利益を衡量に入れるという作業に際してどのような機能を果たすのであろうか。ホッペはつぎのように説明する。すなわち、計画の原則や指針は包摂可能な構成要件ではなく、指令とみなされなければならない。これらのものは、計画の過程をその個別の局面において、きわめて独特の方法で制御し、そして同時に限定する。この場合、すべての計画法上の事実や利益についての上位概念としての情報という概念から出発するならば、つぎのことが区別される。それは情報獲得と情報加工というものである。情報獲得（衡量の資料の収集）は衡量の中に利益を入れることにより、つぎの3つの有名な局面で知られている情報加工に移行する。それは衡量の中に利益を挿入すること、衡量という方法で利益の重要性を判定することと、衡量の所産として利益を優位・劣位に置く決定である。ここで主張されている基本的な前提から、つぎのことがいえる。すなわち、情報の獲得は計画の原則への包摂というやり方で行われるのではなく、計画の原則や指針によって導かれた衡量の資料の選択（Selektion）であり、事実・データおよび利益の縮減（Reduktion）として表現されるのである。こうした選択や縮減は、計画の対象自体から明らかにされるが、計画の原則からは、その評価によって随伴する選択や縮減においては、少なくとも確定的に、積極的に定められていない観点や基準にしたがって行われるのである。以上のことは、「計画」としての計画の過程と、計画に際しての情報獲得および情報加工の交差を伴った内的な関連性から明らかにされる[29]。

　ここでいわれている情報の獲得（資料の収集）と情報加工との関係について、ホッペは更につぎのようにいう。すなわち、連邦行政裁判所は板ガラス判決において理論的な区分けにとって必要な衡量の資料の確定と重要性判定の区分にもかかわらず、この区分は実際の取り扱いにおいては多くは厳格に行い得ないことを指摘していた。しかし、これは実務的な取り扱いにおける外的な関連性ではなく、実質的なモメントによって定まる内部的な関連性である。利益を衡量に入れることは、情報の獲得と利益の重要性の判定との間の継ぎ手（ジョイント）の機能

　（28）　以上 Hoppe, S.139-141.
　（29）　以上 Hoppe, S.141-142.

第3章　決定方式としての衡量の構造

(Gelenkfunktion) をもっている。これはある意味では「針の穴」であって，これを通して利益が重要性の判定の中に入るのである。しかし，計画の原則や指針において刻み込まれている利益に結合しているもののすべてが衡量の中に入れられるのではなく，連邦行政裁判所が正当にもいうように，「諸般の事情により」衡量に入れられなければならない利益が衡量に入れられるのである。「諸般の事情により」という重要性の基準の観点の下での選択は，資料の収集に対してフィードバックの効果 (Rückkoppelungsfunktion) をあたえるのである。この「諸般の事情により」が何をいっているか，ということには事案自体に対する (zu den Sachen selbst) 要求とともに在る現象学的方法に対する共鳴が在るのであって，これは具体的な事実関係の本質的なモメントを探求するのであり，偶有的な属性を度外視するのである。

　対象が複雑であり，重要なモメントと偶有的なそれが互いに移行し合い，あるいは結び付くほどに，このような縮減の結論は不明瞭になるように見える。計画の原則や指針はここにおいて補助を提供する。しかし，計画上の規律対象の開かれた複合的，そして殆ど把握することができない事実関係を確定的に規範化したり，構造化したりすることはできない。つまり，このような計画の原則や指針は自己完結的な基準の体系を形成しないのである。全体的な，法定の基準によって覆われていない領域が計画機関の自治的な基準に委ねられていないときは，実質規範的 (sachnormativ) 基準による補充を必要とする。このような実質規範的・間主観的基本原則や基準は単に一部分すでに形成されているだけでなく，恒常的発展的形成において把握される。ここでは，社会学，医学（公衆衛生学），生物学，地質学，技術，経済学そして心理学上の命題さえもが考察されており，少なからざる部分においてすでに存在するものとして，そして完成されたものとしてみなされている。このような原則や基準は計画の原則や指針を補充し，完全なものにする。これらのものは，法統制に際しても，一緒に問われなければならない[30]。

　法定の原則や指針は主要な目標，最高の目標または指導像を挙げており，そして計画は更なる目標具体化を必要とする。この目標の具体化は―法定の計画の原則の枠内で―法定の計画の原則の「開放性」(Offenheit) に直面して，計画主体の自治的構成要素を定めている更なる下位目標の設定によって行われる。情報の獲得のプロセスを，選択的プロセスであって，単に法定の計画の原則だけでなく，具体化された目標設定により，そして「諸般の事情により」衡量の中に入れられ

---

(30)　以上 Hoppe, S.142-143.

るものを収集するものとして理解するならば，このプロセスは他律的な（heteronom）法定の計画の原則によって定められるのではない。このプロセスはむしろ大部分において選択基準であって，自律的な決定子（autonome Determinanten）に算入されるもの，つまり計画をするゲマインデ自体によって制定されるものに照準を合わせる。これらは当然のことに，計画主体によって具体化された計画目標も含めた計画の目的システムの中に接合されなければならない。衡量資料の収集の過程はこれらの目標によって導かれるが，包摂ではなく，むしろ目標実現の可能性および実現にとっての重要性の観点に倣う。このような重要性の判定に際しては，周辺的な事実，データおよび利益は度外視される[31]。

以上がここで問題となっている計画決定に際しての衡量の資料の収集に関する連邦行政裁判所の判決に対する批判という形で示されたホッペの見解の概要であるが，併せてここでは彼の計画裁量に関する見解も示されていることと思われる。

彼の見解を敢えて標語的に述べるならば，衡量の中に入れられるべき利益の確定も含めて，計画裁量（あるいは計画的形成の自由）は一体として把握されるべき計画目標の実現を目指した過程であって，その際に行われる衡量の資料の収集（情報取得）は，法律のような他律的規範は当然のこととして，自治的規範も含めた計画の原則や計画指針（実質規範も含む）などを手掛かりとした衡量の資料の選択である，ということになる。

ホッペは以上のことを前提として，連邦建設法の注釈書において，この衡量の資料の収集について，先に紹介したように具体的な基準を提示しているのである[32]。

c）判例の立場の補足（ヴァイロイターの主張）

さて，この論争をもう少し見ていくと，以上のホッペの主張ないし連邦行政裁判所の判決に対する批判について，執筆当時連邦行政裁判所の裁判官であったヴァイロイターは同裁判所の立場をおよそつぎのように説明する[33]。

すなわち衡量の資料の収集の段階では計画形成の自由は直接には何らの効力をもたないのである。この段階において行われる決定は「法適用であって，それ以外の何物でない」という板ガラス判決において示された連邦行政裁判所の立場は，この裁判所以外の行政裁判所だけでなく，連邦通常裁判所（BGH）の判例の立場

---

[31] 以上 Hoppe, S.143.
[32] Hoppe, §7 Rdn.32 ff.
[33] Felix Weyreuther, Rechtliche Bindung und gerichtliche Kontrolle planender Verwaltung im Bereich des Bodenrechts, BauR（Zeitschrift für das gesamte öffentliche und zivile Baurecht）1977. S.293 ff.

とも一致している。衡量にとって重要な観点の抽象的・概念的（構成要件的）限定という段階と，いずれの具体的な現存する事実がこの概念に包摂されるか，という段階の二分法は解釈と包摂という伝統的な区別に対応している。「法適用であって，それ以外の何物でない」という連邦行政裁判所の上述の評言は，計画的形成の自由は重要性の判断と衡量の中に解消し，それに先行する認識過程を把握していないことをいっている。したがって，計画主体からは，すべての認識特典，判断特典，包摂特典が否認されるのである。その結果つぎのようになる。例えば「住居の必要」（Wohnbedürfnis）という構成要件要素にいかなる意味が付与されるかとか，果たしてそれぞれの事案の状況において存在するまたは存在しない利益がこの要件を充足するか，ということについての計画主体であるゲマインデの意見は，それぞれそれが正しいか，間違っているかであり，「決して特典や保護を受けない」ということである。これが連邦行政裁判所の立場であるが，これの基礎となる思考過程に対して向けられる（学説からの）異論は，誤って想定され誇張された裁判官の統制権能を抑止することを目指している。あたかもこの異論は，衡量はすべての段階を包含する統一体として理解しなければならないこと，すなわち，利益の認識と重要性の判定は異なった拘束のルールや統制のルールに服してはいない，ということを関心の的にしているのである。しかし，彼（ヴァイロイター）はこれを失当と考えているのである[34]。そして，つづけておおよそつぎのようにいう。

　もとより実務においては両者（利益の認識と重要性の判定）を正確に分離することがいかに簡単であり，いかに困難であるか，ということはそれぞれ別の問題である。このような分離の困難さは他の場合でも生じるのである。これは計画特有のものではない。計画的衡量においては，関係する利益の認識と重要性の判定を区別しなければならないという主張は，その機能からみれば，決定の内容と決定の要件の区別（die Differenzierung von Entscheidungsinhalt und Entscheidungsvoraussetzungen）を適用する場合に近い。この区別もまた，特に法曹にとっては自明であるので，これについて多言を要しない。連邦行政裁判所の主要判例に反対する者は，裁判所が要件とみている一定の内容は，衡量の内容に加算されなければならないと考えている。しかし，このような異論は，決定の要件と決定内容の区別に疑義を生ぜしめることはない。分離の問題の中にではなく，何処に境界線が存在するか，という点において見解が異なるのである[35]，と。

---

(34)　Weyreuther, S.301-302.
(35)　Weyreuther, S.302.

第2編　衡量原則

　このようにみてくると，連邦行政裁判所やヴァイロイターの立場は計画裁量（計画形成の自由）を「効果裁量」と同一視しているのではないか，という疑問も生じるはずである。彼はこれを否定する。彼によると，連邦行政裁判所は，計画的衡量決定を無意識に法律効果裁量として考えることを用語によってできるだけ避けるという理由によって，「計画裁量」から「計画形成の自由」への用語上の変更を進めたのである。そして，彼はこれに続けてつぎのように指摘する。引用すると―

　　「裁量論においてはいくつかの点が不明確で，問題がある。計画法はこのような問題を自分の責任として引き受ける謂われ（理由）はない。計画法は概念上そしてこれに続くルールにおいて如何に把握されるかに応じて，裁量権と計画形成の自由は近くなったり，遠くなったりする。このことは，特につぎの場合に明確に現れる。すなわち，裁量権を法律効果裁量と同一視し，更に，構成要件において言明された利益の衝突はこの要件によって吸収され，後続する裁量権の形成に対しては何らの正当な観点を交付することができない，という見解に与する場合である。つまり，この見解は衡量の特質を，計画にとって重要な利益との関係において明らかに顧慮していないのである。この利益を把握している概念の中に，『裁量基準』（Ermessensdirekitive）を見る提案がそれ自体多くの利点を持っているとするならば，このことを保証しようとすることに外ならない。裁量基準としての理解だけが判例と対立しないであろう。裁量基準を語ることは，法定の要件と決定内容の関係を揺り動かさない。何故ならば，裁量基準の認識は，後続する裁量権の形成の前段階を構成しているからである」[36]。

d）議論における問題点

　さて，連邦行政裁判所の判例に対する学説の重要な批判はすでにみたように，包摂をもって衡量の資料の収集を行うことを前提とすると，そこで要求される収集すべき観点，材料，データおよび事実は際限のないものとなり，これはゲマインデが持ちこたえることのできない負担となり，計画を可能とするよりも，むしろ妨げる，という点にある。だから包摂に代えて，重要な観点への縮減および計画目標の基準による計画に関連した観点の選択が必要である，とするのである。この点について，ヴァイロイターはつぎのようにいう。すなわち，例えば「教育制度」（Bildungswesen）という広い概念についてみたとき，これに関する利益を

---

[36]　Weyreuther, S.303.

第 3 章　決定方式としての衡量の構造

斟酌するという要求の中に潜んでいる一般的な，それ故に広い指示は，目的を規定する要素において計画的形成の自由にとって有利に働く。狭く把握された目標の指示よりも一般的に書き換えられた目標を容易に満足させるからである。ところが，「衡量は諸般の事情からみて，衡量に入れられなければならないすべてのものを入れなければならない」とするときには，まさに反対の結論が生じるのである。この方向において述べられた概念の広がりは，衡量の瑕疵をもたらす，という危険を促進する。何故ならば，概念の広がりによって計画をするゲマインデが展望しなければならなかった利益の総計は増大するからである。しかしここから生じた問題は，詳細にみれば緩和される。すなわち，確かにゲマインデは原則として，すべての該当する利益を衡量の資料の中に入れなければならない。しかし有害なのは不作為であって，板ガラス判決がいうように，「重要な利益」が看過されたときに漸く生じるのである。このことは，重要でない利益の無視が有害でないことを逆推論することを許すだけでなく，この中に計画的形成の自由のフィードバック（Rückkoppelung）が存在するのである。果たしてある利益が重要であるかは大部分，計画的形成の自由として想定されている，計画を行うゲマインデによる重要性の判定に左右されるからである，というのである[37]。

　また，イプラーは，包摂的方法によって衡量の資料の収集の範囲を決めるべきであるという立場を主張するのであるが[38]，計画に際して解釈や包摂を用いると，事実の調査は際限のないものになるという帰結は必然的なものではない，と指摘する。むしろ，解釈は，法律規定を厳密なものにするのであって，これによって，更なる法適用のために十分に確定した基礎づけをあたえるということを目的としている，という。そして，衡量の不足によって生じた統制の段階は計画によって影響を受ける利益を定めている計画法上の規定の解釈から得られる，とする。更に彼は，連邦行政裁判所による公式，すなわち「諸般の事情により入れられなければならなかった利益が衡量の中に入れられなければならない」という公式は包摂を可能にする大前提を表現するのに適しているかというと，それは疑わしく，それだけをみれば無内容にみえる。連邦行政裁判所がこの公式だけに着目するならば，すべての有用で，一般化された，それぞれの個別的な場合から抽象化された統一的な要件の形成から外れてしまう。更にこの公式では，いかにして法律規定の，跡づけができる解釈によってこの公式が得られるか，ということ

---

(37)　以上 Weyreuther, S.306.
(38)　Martin Ibler, Die Schranken planerischer Gestaltungsfreiheit im Planfeststellungsrecht, 1988, S.225.

第2編　衡量原則

も分からない。はっきりとした法律上の手掛かりがないために，この公式は法適用者が包摂できる大前提を一瞥することを妨げることになる。したがって，この公式は，包摂は利益を衡量に入れることを確定する（利益の関係性の確定）ためには役に立たない，という観念を助長する。したがって，この公式を使うことを辞めて，個々の事業のための関係する計画法の解釈により，利益の関係性を調査するための基準を使うことを最初から確認することが必要である，とする(39)。

e）以上の論争のまとめ

以上のように，連邦行政裁判所の立場およびこれを説明する学説と，ホッペにみられる学説の間で行われた論争をみてきたのであるが，これをどのように評価すべきであろうか。

衡量の資料の評価的選択的調査（計画の原則や指針によって導かれた衡量の資料の選択による調査）というホッペによって行われている提案は連邦行政裁判所が採る包摂に代替し得るかという点については，法治主義の観点からみて，やはり否定的に理解すべきではないか。すなわち，ある具体的な利益を衡量の中に入れるべきかは，特定の観点が前提となっているのであるが，その前提を提供するのは計画法の規定であるということが論理的な前提になっているのではないか，と思われる。ある利益が衡量の中に入るためには，それが計画によって何らかの形で「影響を受けている」(40)（Broffensein od.Berührtsein）ものでなければならない。それの有無はあくまでも法的観点から判定されるべきものであって，それが単に目標を定めているか，それとも要件に対する効果という形を定めているかにかかわらず，最終的には計画法にしたがった判断でなければならない。したがって，それはあたかも，抗告訴訟の原告適格の判定の問題と性質において同じである。ホッペが展開するような議論は事実認識としてはともかく，規範論としては成り立ち得ないのではないかと思われる。ましてや，社会学，医学（公衆衛生学），生物学，地質学等の成果を利用した上で得られる，計画の原則や指針を補充する「実質規範的基準」を援用する点において，法治主義の観点からの説明が欠けて

---

(39)　以上，Ibler, S.227 ff.

(40)　ここでは Betroffensein および Berührtsein が使われているが，両者はほぼ同じ意味である。これを「影響を受ける」という訳語にした。連邦行政裁判所の判例をはじめとするドイツの判例におけるこの言葉の使い方は，必ずしも厳密ではないようである。しかし本文でみたように，この概念によって衡量に入れるべき利益か否かが決まるのである。Ibler, S.243ff はこの言葉の詳細な分析をした後で，この言葉についてつぎのような定義をしている。すなわち，「計画前の（計画実現前の）利益についての事実状態や法律状態を計画後（計画実現後）のそれと比較したとき，利益が何らかの方法で変わり，この変更が事業計画により適切に生じた，ということが分かる場合をいう」とする（Ibler, S.247.）。

いるのであって，これについての十分な掘り下げが必要であろう。こうした学説の議論について，これは十分な掘り下げがないがために，承認されてきている包摂的方法よりもずっと僅かしか跡付けができない。したがって，これは行政庁の計画活動または裁判所の統制を簡単にするよりも，むしろ法的安定性を損なうとする指摘もあるが[41]，これも基本的には同様の観点からの指摘ではではないか，と思われる。

　判例はこの論争の以降も，この立場を変えることはしなかった[42]。ホッペによって示された立場を採る者からすれば，発見（inventio）と評価は相互に入り組んでいるはずであるが，それにもかかわらず，こうした観点を判例の中に挿入させることは，第1に，理論的な前提の価値は実務上は縮減されるということ，そして第2に，裁判所は合理的な計画上の考慮に依拠した収集で—特に特定部門計画上の目標およびこれを充足する公益の周囲において—満足するという連邦行政裁判所の指摘にみることができるという判例の評価になる[43]。つまり，先に見た論争とは別に判例は別の展開をしてきてもいるのである。

f）判例法による縮減

　連邦行政裁判所を中心とした判例を分析すると，判例は，収集されるべき資料の収集の範囲については，実質的・空間的に，消極的・積極的に計画によって影響を受ける（berühren）すべての利益が衡量の中に入れられなければならない，ということから出発しているのである。このような要求から，法律上指示された計画任務の可能な限りの実現のために侵害されなければならない利益だけでなく，事業が単に間接的に影響をおよぼすものも含まれることになる。特定部門計画については，これに特有の期待可能性の限界を下回り，それゆえ利益の衝突に際しては必ずしも調整の措置を必要としないような利益さえも衡量の中に入れられなければならないことになる。このために，衡量にとって重要な状況や利益については，巨大な圏域が生じることになる。このような衡量の資料に対する要求の拡大により，僅かしか重要性をもたない観点も衡量にとって重要な利益の圏内に入ることになる。尤もこれを斟酌しない場合には，最終的にはきわめて制限されて計画決定の取消をもたらすことになるのであるが。ところが判例によると，このような計画決定の存続効に係わる実体法上の瑕疵の全体的な関連性だけでなく，

---

(41)　Ibler, S.225.
(42)　比較的最近の文献として Ulrich Battis, in: Battis/Krauzenberger/Löhr, Baugesetzbuch (BauGB), 13. Aufl. 2016, Rn. 93. zu §1 BauGB; Hoppe, §7 Rn.41
(43)　Tsevas, S.133.

これを超えて，実体法上の要求自体が計画主体（これは特定部門計画では計画確定行政庁）の構造的な能力や情報取得の特別の条件に向けられた適切な緩和を受ける，ということになる。先にホッペの議論において見たように，こうした観点で連邦行政裁判所はつぎのものを衡量にとって重要な利益とするのである。すなわち，取るに足らないもの（geringfügig）以上のものであり，その発生が少なくとも蓋然的である計画による影響（Betroffenheit）だけに方向を定めるとともに，計画確定を行う行政庁によって衡量にとって重要であるとして認識され得る計画による影響に限定されるものが，衡量にとって重要な利益である。この認識可能性は，つぎの場合には存在しないものとされる。すなわち，衡量にとっての重要性を想定せざるを得ない場合ではないとき（sich nicht aufdrängen），および計画によって影響を受ける者が，衡量にとって重要なものとして直ちに認識できる事実を，市民参加またはその他許容された方法で計画手続に提出しなかった場合である[44]。

　以上が，衡量に際して入れられるべき利益ないし資料の範囲について判例が行った制限である。この中には，実体法上の観点からの制限に分類されるものもみられるが，同時に手続上の観点からの制限に分類されるものもみられる。後者は特定部門計画におけるドイツ法特有の制度であるので，簡単にふれておく。

g）縮減のための手続上の制度

aa）真実の推定　　一つは，真実の推定（Wahrunterstellung）というものであって[45]，ドイツの刑事訴訟法典（StPO）第244条第3項に規定するものに倣う。計画を行う機関は，計画によって影響を受ける者（関係者）[46]の利益のために，関係者によって主張されている侵害の程度を審査しないで，それを推定し，決定に際して斟酌することができる，とするのである。例えば，農業経営者が道路建設事業により課せられた土地の喪失により生計が脅かされていると主張する場合には，計画を行う機関は，その計画がその主張の下で十分に衡量されていると考え，その判断が客観的に釣り合いが取れていないものでないときには，この主張については，例えば鑑定人の補助によって究明する必要がないのである。連邦行政裁判所の判例によると，このような真実の推定の限界はつぎの場合に踰越される。すなわち，衡量にとって基準となる事実関係が実際には真実の推定によっては適切に把握できない場合である。例えば，推定されるべき事実関係が本質的な

---

(44)　以上の判例の整理および評価は Tsevas, S.136. による。
(45)　以下の記述は Jürgen Kühling, Fachplanungsrecht, 1988, Rn. 194 ff. による。
(46)　原文は Betroffener であるが，これを「関係者」と訳した。

点において計画の全体的構想に係わる場合，または，問題となっている事実関係の認定が，同時に行われる，認定されるべき事実の評価がなければ不可能である場合であり，特に私的利益の意味がそれと対立する公的利益との関係において，この利益に関係するすべての細目を識別したときにのみ認識できる場合である。更に，連邦行政裁判所によると，ある関係者の利益のための真実の推定は，これによって証明されたとして取り扱われた証拠事実が衡量において他の関係者の不利益になる結果をもたらし得る場合には否定される。これは真実の推定の本質から生じる限界である。第三者に対する不利益は，この真実の推定が関係者の利益のためにのみ許容されるということだけから見ても許されない。真実の推定は計画決定の実体的正しさ（die materielle Richtigkeit）を疑問視してはならない，という原則が通用する。それゆえ，未確定である事実が存在するかも知れないことにより，その決定の適法性が疑問視されるという態様で決定が影響を受ける可能性を排除できる場合にのみ，計画行政庁は真実の推定を用いることが許される。

　bb）排除効　ドイツの行政手続法第73条第4項第3文によると，異議申立期間（Einwendungsfrist）の経過により，特別の私法上の権原を根拠としないすべての異議は排除される。この規定は1996年に変更された後のものである[47]。規定改正前には異議申立期間を徒過した異議も斟酌する可能性を開いていた形式的排除効（formelle Präklusion，同条第6項）はこの改正により廃止された。このため，実体的排除効（materielle Präklusion）ないしは失権的排除効（Verwirkungspräklusion）が通用するのであり，これによると，行政手続において遅れて提起された異議は行政訴訟においても—それゆえ実体的に—排除されるのである。このため，出訴のための法的地位が失われることになる[48]。また，行政庁は法定の異議申立期間を延長することもできず，異議排除の効果を放棄することもできない。

　これが計画確定手続において認められた制度であるが，計画確定手続以外の手続でもこれを定めている法律などの例は多い。例えば，環境汚染防止法（Bundesimmissionsschutzgesetz）であるとか原子力法（Atomgesetz）などはその例である。先に述べた計画確定手続における実体的排除効を定める行政手続法の規定は，1996年に制定された「許可手続促進法」（Gesetz zur Beschleunigung von

---

(47) 以下の記述は Heinz J.Bonk, in: Stelkens/Bonk/Sachs, Verwaltungsverfahrensgesetz (Kommentar), 5. Aufl. 1998, Rn. 77 zu § 73 VwVerfG によった。
(48) 因みに，最大判平成20年9月10日民集62巻8号2029頁「浜松市土地区画整理事業計画事件」における藤田宙靖裁判官の補足意見では，この制度を想定した説明が見られる。

Genehmigungsverfahren-GenBeSchlG）によるものである[49]。この制度は憲法上確証されたものであり，行政訴訟においてはじめて新たな主張がなされることが少なくないことから，行政手続の遅滞を防止するために必要なものであるとされている[50]。これはまた，ドイツ法でいわれている「市民の参加責任」（Mitwirkungslast）に係わる議論であるが，これは行政手続の固有の問題でもあるので，ここでは深入りしない。

因みに，先に見た連邦行政裁判所の判例に対するホッペの批判の核心は，衡量の資料の調査の範囲は包摂による法の適用によって決まるとする判例の立場を前提とすると衡量の資料の調査は際限のないものとなる，という点にある。しかしこうした批判は，以上のような手続上の制度を見ると必ずしも当たらない，ということが可能である[51]。

2 重要性の判定と調整

a）重要性の判定と調整の意味

収集された利益についての重要性の判定（Gewichtung）という衡量の局面は，実質的には前に調査された行為の選択肢を，関係する利益に対する影響を顧慮して選択することを目的とする[52]。この重要性の判定と利益の調整という議論に入る前にいくつかの確認しておくべきことがある。

第1に「価値」（Wert），「重要性の判定」（Gewichtung），「価値評価」（Bewertung），「重要性」（Gewicht）および「重要であること」（Gewichtigkeit）というドイツ語の5つの単語は，利益についての価値評価と何らかの関係をもち，その限りでは同義語として取り扱われている[53]。このように，「重要性の判定」という

（49）　この法律については簡単にふれたことがある。海老沢俊郎「行政手続の瑕疵と行政行為の効果」小高剛古希記念（成文堂，2004年）1頁以下（12頁）。
（50）　Bonk, Rn. 78.
（51）　Ibler, S.225.
（52）　Robert Bach, Die Abwägung gemäß § 1 Abs. 7 BauGB nach Erlaß des EAG Bau, 2011, S.79.
（53）　Ekkehardt Hofmann, Abwägung im Recht, S.264; ホフマンによると，個人Iの表示にしたがうとXは高次の序列をもっているが，3つのものがBewertungと称される。すなわち，Iによって表示された命題は，Xが高次の序列をもっていることを表す（意味論的評価概念〔semantischer Bewertungsbegriff〕），引き合いに出された命題が表示されることによってIが行った会話内容（pragmatischer Bewertungsbegriff）および価値判断の表示に先行もしくは表示に随伴する，または，それの内容が価値判断によって表現される心理的行為（心理的評価概念〔psychologischer Bewertungsbegriff〕）というものである。そして，第1に挙げた「意味論的評価概念」にしたがって説明を行う。その上で，基本権を

言葉それ自体不明確であるが、今これから論じようとしている衡量の局面での重要性の判定も多義的である。

また、重要性の判定は計量器の比喩（Waagenmetapher）を手掛かりとして明らかにすることができる。その重要性が判定された利益が判断に応じて、利益になるもの、または、有害なものとして竿秤（天秤）の皿に分配される過程として衡量決定を観念するならば、その皿に割り当てられた重要性は価値関係である。利益についてその重要性を変更するならば、それと比例して、他の総ての重要性も変更する。衡量の中に入れられた利益を低く評価することは必然的に他の利益を高く評価することであり、その逆も真である。したがって、重要性の判定は常に相互に依存するものとしてであって、孤立した過程として把握されてはならない[54]。

第2に指摘しておくべき点は、この「重要性の判定」と「調整」という局面において計画の形成の自由が展開する、ということである。これに先行する「利益の調査と挿入」の局面では連邦行政裁判所の判例で既に見たように、こうした裁量が働く余地はない。これに対して、この「重要性の判定」と「調整」のいずれの局面においてそうされるかは後述の通りであるとして、ここでは利益を優位または劣位に置く決定が行われる。この決定は特定の計画内容、つまりいかなる主張が土地利用計画（Fプラン）において取り上げられ、そして、いかなる策定が地区詳細計画（Bプラン）において行われるか、ということが決定される。したがって、この局面での衡量によって計画の選択肢が決定される。ここにおいて計画上の決断（Entschließung）が見られるのであって、ここでは、ゲマインデが都市建設を秩序をもって推進して行くのである[55]。

さて、重要性の判定と利益の調整についての議論は2つの方向に分類される。1つの方向は、衡量における利益の重要性を独立して定め、その結論にもとづいて利益を相互に関係づける（独立した重要性の判定説）。これとは別の方向は、つぎのような意味で理解する。すなわち、利益は都市建設上の別の利益との関係において考察されなければならず、その際にその重要性は互いの関係において定められる、というのである（相対的重要性の判定説）。

　　顧慮した「価値序列の判断」のように、重要性の判定は利益間の価値関係または序列関係が問題であり、このため国家機関は価値評価の取扱に際しては比例原則に方位を定めなければならず、これが複合的な行政決定の特色を表していることについては、法律学は一致している、とする。

(54)　Hofmann, S.266.
(55)　Bach, S.85.

b）独立した重要性の判定説

　通説は重要性の判定の概念を抽象的に理解する。重要性の判定の意味は，法的・事実上の所与にしたがってそれぞれの利益に属性として帰属する客観的な重要性を承認することである[56]。それぞれの利益については別々に「客観的な重要性」ないし「意義」が瑕疵なくして確定されなければならず，これに続く過程において漸くその利益は別の利益と関連づけられる。本来の衡量決定に際しての利益の合理的考察は，必然的に個々の利益の価値ないしは重要性についての予めの規定を必要とする。このような衡量の段階ないし過程は「独立した重要性の承認」（isolierte Gewichtsbeimessung）または「重要性の単独の判定」（Einzelgewichtung）と呼ばれる。このような表現で，こうした衡量の段階は，後に行われる互いの関係におけるそれぞれの利益の関連づけから区別される。この独立した重要性の判定は，別の利益との関連づけなしに利益の客観的な重要性を規定する。利益の客観的な重要性を確認することは，利益を客観的に（sachlich），先入主に囚われることなく（unvoreingenommen），公正に（unparteiisch）に調査することである。独立した重要性判定は認識の過程であり，評価（Werten）の過程であるが，意欲（Wollen）のそれではない。

　既に明らかなように，重要性の判定と，その後に続く関係する利益相互間での調整発見との間には明確な区別が行われる。

c）相対的重要性判定説

　学説における別の方向は重要性の判定の概念を相対的意味で理解する[57]。すなわち，基準となるのは利益の個別的考察ではなく，衡量資料の全体的考察である。それぞれの利益の独立した判断ではなく，計画によって影響を受ける別の利益との関係に着目する。重要性の判定とは，利益の重要性を別の利益との関係において確定することである。独立した重要性の判定と呼ばれているそれぞれの利益の客観的調査と対比して，衡量資料の比較的考察は，「相対的重要性の判定」と呼ばれる。このように理解された衡量資料の重要性の判定は，調整という最終的な局面と接近する。すなわち最終的局面である調整は，衡量資料の相対的重要性判定の局面の中に統一される。そうすると，結論としては，衡量は２つの局面（段階）により構成される。すなわち，衡量資料の収集と，調査された利益の相互の関係づけというものである。この「相対的重要性判定説」を採るヴァイロイ

（56）　以下の記述は Bach, S.81 ff. の整理するところにしたがう。
（57）　Bach, S.83. の整理による。

ターはつぎのように説明する(58)。

「重要性の判定と狭義の衡量（後者は利益の相互の関連づけあるいは調整のことである。註・海老沢）との間には概念上の違いがあることには，疑いがない。しかし，このような認識の影響力は少なくとも拘束と統制が問題とされるときには概念的なものに止まる。このことは写実的な考察をする場合に直ちに明らかになる。すなわち，ここでは重要性の判定に後続する（狭義の）衡量という観念は内容がない決まり文句である，ということが分かる。重要性が確定されれば賽は投げられたのである。結論を調査するためには何らかの衡量ではなく，計算が必要となるだけである。このような写実的な考察方法は，それ自体計画的衡量に似つかわしくない。それにもかかわらず，計画における重要性の判定と（狭義の）衡量は，これにもとづいて重要性の判定が覊束されたものとして，そして，（狭義の）衡量が自由なもの（あるいは，より一層自由なもの）として出現する（その逆もある）という成果があるからと言って互いに分離され得ない，ということを教えてくれる。計画の場合のように，重要性の判定と（狭義の）衡量が形成的機能を持つときには，衡量は重要性の判定により―あるいはそのようにしたいのなら，重要性の判定は衡量により―いわば吸収され，その中の一つは，もう一つが形成の自由の行使において行われなければならないときには，その自由に委ねられる。したがって，出発点として拘束と統制を考えるときには，第１には衡量の資料の収集と，第２にそれの（衡量も含む）重要性の判定への分解ということになる。このような２つの段階の分離により少なくとも，これによって存在している意見の違いが明確に限定される，ということになる」。

この説（相対的重要性判定説）によると(59)，連邦行政裁判所は基本的に無制限の統制の可能性を，客観的な重要性の判定について留保している。これは drohende Knüppel aus dem Sack（袋から［隠し持った］棍棒を取り出して威嚇する）とも表現すべきものである。これを肯定すれば，計画上の形成の自由（計画裁量）を最終的局面である利益の調整にまで縮減することになる。別の表現で言うならば，利益の重要性は既に統制ができるように確定しており，これにより，いかなる利益が優位に立ち，いかなる利益が劣位にあるか，ということが確定しているので

---

(58) Felix Weyreuther, Rechtliche Bindung und gerichtliche Kontrolle planender Verwaltung im Bereich des Budesrechts, Zeitschrift für das gesamte öffentliche und zivile Baurecht (BauR) 1977, S, 293 (299).

(59) Marcus Merkel, Die Gerichtskontrolle der Abwägung im Bauplanungsrecht, insbesondere nach der Neuregelung der §§ 2 III und 214 BauGB durch das EAG Bau, 2011, S.129.

あるから，形成的衡量ではなく，計算だけが残る，ということになる。しかし，このように縮減された形成の自由の理解は，連邦行政裁判所がこれまで展開してきた法治国的な理解と一致しないのではないか，という問題が残る。

d）両説の論争

aa）連邦行政裁判所の判例　つぎのような連邦行政裁判所の1978年7月7日の判例がある。これは特定部門計画に関する事案である。引用することにする[60]。

「原告の申立は，被告行政庁が計画と対立する利益の方向でそもそも衡量を行わなかったとか，こうした利益が全くもって無視された，という主張を目的としているのではない。むしろ原告の申立の趣旨は，被告行政庁が衡量において相互に対立する利益についてその重要性を間違って判断したということにある。（しかし）この主張には理由がない。この主張は一般的には限定された範囲でのみ成功できるということ，つまり衡量の違法性を裏付けることができるということを，……ここでも繰り返す必要がある。計画確定行政庁が，いくつかの対立する利益が衝突する場合において―正当化された―計画目標を追求するに際して，ある利益を優位に置き，そのため必然的に他の利益を劣位に置く決定をしたということ，それ故に行政庁が行政裁判所の統制の下に立たない計画的形成の自由の領域を目標としているということ，これだけを対象としている衡量の過程に対する攻撃を内容とする主張は，まさにそれ故に採用できないのである。計画確定行政庁が否定的に関係する利益（事業に反対する利益のこと。注・海老沢）の意味を誤認したとか，または客観的な重要性と釣り合いが取れない（比例関係に立たない）やり方でその意味を誤って判定したという申立がその攻撃に―論理的に―含まれている場合にはじめて，そしてこの場合に限って法違反を主張できる，とされるのである。これらの基準によると，被告行政庁は予測される騒音の影響を誤認し，その客観的な重要性を是認できないやり方で誤って判定したという原告の主張だけが本件において意味をもつことになる」（傍点・海老沢）。

この判旨をどのように読むべきか。因みに，連邦行政裁判所によると，衡量決定の統制にとっては「利益の客観的な重要性」（das *objektive* Gewicht der Belange）が重要な意味をもっている。しかし，多様で，長期にわたる計画法上の活動にもかかわらず「客観的な重要性」の本質については説明をしていないのである[61]。

---

(60) BVerwGE 56, 110, 126.
(61) Hofmann, S.344.

そうすると，その意味はどのようなものか，という問題がある。これは後述する。
　相対的重要性判定説においては，この判旨は利益の重要性が裁判所による完全な審査の対象にならないことを示していることになる[62]。この見解によると，重要性の判定を完全に統制できることを前提にして，その上で優位に置くことと，劣位に置くことを審査するという目標をもって，優位に置くことと劣位に置くこと（衡量）からこの重要性の判定を分離することは不可能であることを，この判例は示していることになる。裁判所が完全に統制できる重要性が確定されれば，行政にとってもはや形成の自由の領域は残されていない。まさに「賽は投げられた」のであり，結論を審査するためには単に計算だけが必要である，ということになる。したがって，この重要性の判定の局面については別の理解が必要なのであって，それは利益の客観的な重要性を基準とした裁判所による統制という観点を放棄することが必要なのである。

　bb）独立した重要性の判定説　これに対して「独立した重要性判定説」はつぎのような指摘をする。すなわち，これまでも既に見てきているように「衡量に際しての誤った判定」（Abwägungsfehleinschätzung）という類型が存在してきており，これにより，全面におよぶ審査の可能性を最初から排除できないような統制の観点が展開しているのである[63]。利益の意味はそれの客観的な重要性によって決まる。すなわち，その重要性は客観的に（sachlich），先入主に囚われることなく，そして公正に調査されなければならない。行政庁はそれができる。ましてや裁判所はそれができる。裁判所の制度が客観的であること，先入主に囚われないこと，そして公正性にもとづいているからである。したがって，裁判官はその法的審査のために利益の客観的な重要性を自分で判定できる。この場合，行政庁の判断に拘束されない。決定の自由な領域，つまり執行府の最終決定の権能については，その余地がないのである。もしそうでなければ，客観的な重要性が果たして行政庁によって誤認されたか否かという統制を行うことができない。基準となる「客観的な重要性」として単に行政庁によって認定されたものしか存在しないのであれば，「誤認」（Verkennen）ということはあり得ないであろう。完全に統制できる重要性が確定しているならば形成の自由の領域は存在していないとする相対的重要性判定説（ヴァイロイター）の主張のように，客観的な重要性の判定は裁判所の事後審査から逃れる，というように理解してはならない。独立した重要性の判定説の主張は，裁判所によって調査された利益の客観的な重要

---
(62)　Ibler, S.250 における説明による。
(63)　以下の記述は，Ibler, S.250 ff. の議論の要約による。

性は唯一適法なものであり，これだけが計画の基礎になる，というものでない。行政が基礎とする重要性との比較が行われる定点（ein Fixpunkt）が明らかになっただけである[64]。

これがイプラーが述べる「独立した重要性判定説」であるが，連邦行政裁判所のこの判例が比例原則を援用した点について，更につぎのような主張をする。この点は重要である。

すなわち，連邦行政裁判所は行政庁が客観的な重要性と比例関係に立たないやり方で判断を誤って行った場合に，法違反を認めたのである。このためつぎのように言うことができる。客観的な重要性は裁判所自らが判定する。行政庁は計画策定に際して客観的な重要性から逸脱することができる（この意味で誤った判定が行われる）。しかし，「法違反」は行政庁がした重要性の判定の逸脱が比例関係に立たない（釣り合いが取れない）場合にはじめて生じる。そのときにはじめて利益の意味が誤認されることになる。したがって，つぎのように説明することができる。利益の重要性の判定に際しての，このように僅かな統制密度を，いかにして裁判官について想定し得るのか。こうした統制密度の領域では，行政庁は複数の同じような適法な決定を行うことができる。行政庁は利益の客観的な重要性を基礎にすることもできる。また，行政庁は客観的な重要性から逸脱した高次のまたは低次の重要性を利益に付与することもできる。この逸脱が比例に違反していない限りでは[65]。

同様のことが「衡量に際しての誤った判定」（Abwägungsfehleinschätzung），つまりつぎに控えている更なる統制の観点についても言うことができる[66]。すなわち，利益の調整（Ausgleich）に際しての比例原則遵守の審査である。ここでは行政庁は，計算というやり方で客観的に重要性が高次である利益を，僅かしか重要性をもっていない利益に対して優位に置かなければならない。しかしそれだけでない。行政庁は重要性が客観的に同じである利益の場合に，いずれを他より後退させなければならないか，ということについて，選択権をもつ。連邦行政裁判所の判例を基礎にするならば，客観的な重要性が一層低い利益を，客観的に重要性がより一層高い利益に対して優位に置くことができるように見える。このような調整が，後退すべき高次の利益の客観的な重要性に対して比例関係に立っていないということでない場合には。

---

(64) Ibler, S.251.
(65) Ibler, S.251.
(66) Ibler, S.251.

したがって彼によると，衡量に際しての誤った判断という統制は，つぎの観点から行われることになる。

1. いかなる要求が利益の客観的重要性の確定に対して行われるか。
2. 行政庁によってなされた利益の重要性の判定がそれの客観的な内容に対して比例関係を保っていないこと（不釣り合い）を確定するためには，いかなる条件が充たされていなければならないか。
3. いかなる条件の下で，行政庁によってなされた様々な利益の調整が個々の利益の客観的な重要性と比例関係を保っていないのか。

この点についてそれぞれ見ていくと[67]——

(1) **客観的な重要性の判定**　利益の客観的な重要性の判定については，先に見た衡量に入れられるべき利益の意味の確定について述べたことと関連する。すなわち，利益の客観的な意味は憲法と法律以下の下位の法規範の解釈によって決められるはずである。例えば，基本法14条1項が保障する所有権にはこの意味で重要性が付与されるはずである。また，「最適化の原則」（Optimierungsgebot）というものがある。例えば環境汚染防止法は第50条においてつぎのような規定を置いている。この規定はいわゆる「分離原則」（Trennungsgrundatz）と呼ばれるものである。

　「地域にとって重要な計画および措置を執り行うに際しては，専らまたは主として居住のためにある地帯並びにその他の保護に値する地帯に対する有害な環境の影響および欧州共同体指令第3条第5号にいう操業地域において生じる重大な事故による影響ができる限り回避されるように，特定の利用を予定した土地は相互に割り当てられなければならない。第48条a第1項により法規命令において定められたイミッションの限界値を超えない地帯における地域にとって重要な計画および措置を執り行うに際しては，関係する利益を衡量する場合には，可能な限り大気の質の維持を利益として斟酌しなければならない」。

最適化の原則については後に別個に検討すべき問題であるので，ここでは詳述することができないが，衡量における利益の客観的な重要性の判定という問題との関連で言えば，1985年3月22日の連邦行政裁判所の判決がある[68]。

　「このような規定の意味は，そこにおいて含まれている目標の指示に特別の重要性をあたえ，そして，その限りで計画的形成の自由を制限することに

---

(67) Ibler, S.252 ff.
(68) BVewGE, 71, 163.

ある。客観的な重要性とまったく相容れないやり方でこのような利益の重要性が誤って判定されたか否かという問題の審査に際しては、この法律上の指示が遵守されなければならない」[69]。

(2)　**利益の重要性に関する瑕疵の判定**　利益の重要性に関する瑕疵ある判定については、これは行政庁によって判定された利益の重要性が客観的なそれと比例関係に立っているか、ということである。先に述べた連邦行政裁判所の1978年7月7日の判決（本書276頁参照）が執行府の決定の余地をみとめた第1の領域の問題が生じる。伝統的には広義の比例原則は狭義のそれから区別されてきたのであり、前者によると、特定の目的（効果）達成のための手段として投入される措置は、そのために適切でありかつ必要であり、そして狭い意味で比例していなければならない。後者（つまり狭義の比例原則）は、適用されるべき法益の重要性が侵害の程度を考慮したとき、後退しなければならない法益と比例関係に立つ場合である。比例原則について審査される措置は、ここでは行政庁が利益の重要性の判定に際して客観的な重要性から逸脱する場合である。この逸脱の目的は、予定した事業をもって追求する目標を達成することである。したがって、広義の比例原則の第1段階からみて、客観的な重要性からの逸脱が計画事業によって追求される目標を可能にする（達成する）ことについて不適切であるときに、行政庁の重要性の判定についての裁量ないし判断の余地の限界が踰越されることになる。そして、広義の比例原則の第2段階からは、利益の重要性の判定の逸脱が計画事業によって追求された目標の実現にとって不必要であるときに、自由な判断の限界が踰越されることになる。

狭義の比例原則の適用の要件は利益の客観的な重要性からの逸脱が、侵害の程度を斟酌したときに、目標であってその実現に事業計画が奉仕するものと比例関係に立たない場合である。

(3)　**利益の調整に関する瑕疵の判定**　行政庁によって行われた利益間の調整が個々の利益の客観的な重要性とどのような場合に比例関係に立たないかということ、これによって行政決定の自由な余地が認められる第2の領域が存在することになる。連邦行政裁判所の1969年12月の判決においてみられるように、同裁判所はこの利益間の調整についても比例原則を援用するのである。

このような審査段階における裁判官の統制の特別の困難さは、複数の利益、つまり相互に衝突する利益が互いに関係し合っている、ということを本質とする。

---

(69)　BVerwGE, 71, 163, 165.

これらの利益については，先行する衡量の段階でその重要性は判定された。すなわち，その重要性の判定は裁判所により限定された。そしていまや，「利益の調整」の統制段階では，利益間の関係づけにより，完全に審査ができない重要性の判定が蓄積される。この統制段階においても，行政には裁量余地が認められる，ということになる。すなわち，行政による重要性の判定を前提にして，行政には例えば単なる計算により，より一層重要な利益をそうでないものよりも優先するというやり方で調整が指示されているだけでなく，場合によっては行政には逆のことを決定することも許される。したがって，重要性の判定についての裁量余地については，きわめて制限を受けた統制だけが可能な調整の裁量余地が付加されることになる。

以上，「独立した重要性判定説」を特にイプラーの主張に即して紹介した。

連邦行政裁判所は「利益の客観的重要性」の内容はホフマンが指摘しているように，述べていない。これは「独立した重要性判定説」が指摘しているように，これはあくまで裁判所の統制のための「定点」（Fixpunkte）であるにすぎない。したがって，内容を定める必要がない概念でもある。この説にとって重要なのは，この比例原則を媒介として判断される「定点」からの距離である。客観的重要性を基準とした裁判所の統制と，計画裁量との間の調整として「比例原則」が重要な役割を果たしているのである。この点が注目される。

cc）相対的重要性判定説　「相対的重要性判定説」は，利益の重要性（Gewichtigkeit）と優位相当性（Vorzugswürdigkeit）に関する判断が互いに分裂しているのではなく，統一体を形成していることを前提にしている[70]。すなわちこの説によると，優位相当性についての決定は，より一層重要である利益についてこれを優位に置くことを含意している。このような前提で見ると，仮に例えばAという利益とBという利益が等価値である場合または明確に等価値でない場合があり得る。この場合には調整が必要なのである。このような不分明な状況（Non-liquet-Situation）が生じ得るときには，等価値の利益の調整が必要である。しかし，このような等価値の可能性の主張に対してはつぎのような反論があり得る。すなわち，AとBの利益に同じ重要性をあたえるが，Aを優先するとき，矛盾ではないが，余計な区別が生じる。Aが衡量によって優先されたときには，これは相対的な剰余価値（Übergewicht）が付与されることの意味である。したがって，衡量が生み出すところのものが互いの関係における利益の重要性として

---

[70] 「相対的重要性判定説」についての以下の紹介はJohannes Dreier, Die normative Steuerung der planerischen Abwägung, 1995, S.60 ff. による。

第 2 編　衡　量　原　則

把握される。

　両説（独立した重要性の判定説と相対的重要性判定説）はそれぞれ首尾一貫している。このように異なった主張をしている理由は，それが異なった前提に立っているからである[71]。

　独立した重要性の判定説を採る場合には，評価を行うに際しては行政の自由な判断の領域なくして行政が知らなければならない客観的な重要性がこの利益に内在している，という前提で等価値の状況が想定されている。このような場合にのみ，計画に賛成または反対する利益のそれぞれの重要性はそれぞれ合算され，総計において同じような高さのものとなり得る。しかし，自治的・政策的重要性の配分が基礎となっている場合には，様々な利益の衡量が相対的に互いに行われ，同じ利益の区別と後の優先は余計なものになる。独立した重要性の判定説の主張者は，他律的に（heteronom）規定された重要性の認識を前提とするが，相対的重要性判定説の主張者は，（部分的）自律的な（autonom）重要性の配分を前提とする。この区別は両者の用語の中に反映している。前者の説では「重要である」（gewichtig sein）ということになるが，後者の説では「重要性を付与する」（Gewicht beimessen）ということになる。

　連邦行政裁判所や「独立した重要性の判定説」について検討してみると，連邦行政裁判所はその判例において，これまで利益の客観的に前もって存在する重要性を前提としてきた。すなわち，利益の重要性の判定は法適用であるとする。したがって，行政庁が利益についてその重要性を自分で判定したかということではなく，いかなる重要性がその利益に帰属するか，ということが基準となる。裁判所による重要性の判定の統制にもかかわらず，行政庁は他の公的または私的な利益に対して，ある特定の利益の優先性を定める権能を持つ。裁判所が或る利益を行政庁と異なって評価したが，衡量の結論は間違って評価されたものとして裁判所により格付けされないことは，このためである。これはすなわち，計画に際して行政庁は「客観的重要性」を定める。裁判所の方でもその統制の枠内で，この客観的な重要性を調査する。その確認は唯一正しいものである。したがって，裁判所は，いかなる重要性を行政庁が利益に付与したか，を定める。行政庁が裁判所の見解による客観的な重要性から逸脱した場合には，これは法状況と矛盾するが，比例関係に立たない場合でなければ，執行府の重要性判定についての自由な判断の領域にもとづき承認される，ということである。

---

[71]　Dreier, S.61. ff.

しかし相対的重要性判定説によると，以上の行政裁判所や独立した重要性の判定説はそもそも仰々しいだけでなく，3つの権力の憲法上の関係の誤った見解にもとづいている[72]。立法者が執行府に対して自由な判断の領域を許している限り，裁判所の統制が行われないだけでなく，既に最初から法の拘束が存在しない。行政はこうした状況のもとでは自分の権限で行動する。したがって，利益の客観的に法的に前もってあたえられた重要性は存在しない。計画は，原則として前もって指示された決定の演繹的な執行ではなく，決定の目的や指令の枠内での自己創造的な目的実現である。すなわち，利益についての重要性の付与は自律的な構成要素から成立し，かつ他律的に定められた要素，つまり法律上の指示から成立するのである。立法者が個々の利益を自分で客観的に重要であるとした場合には，裁判所によって審査され得る重要性判定のための基準が存在する。その他の点においては，計画をする機関による主観的な重要性の判定から離れた客観的な重要性は存在しない。計画の過程についてのこのような解釈は，利益または法益を別のそれと評価し，これの間の優先性の決定を行うことを衡量はいつも目指している，という法理論的見解と一致している。その他の利益との関係での相対的な重要性の確認で十分である。このような相互作用にもとづき，重要性の独立した判断は，他の利益との文脈から独立しており，不要な，したがって法的に不適切な進行過程である。以上が相対的重要性判定説の主張するところである。

なお，この他律的な統制基準の重要なものとしては，例えば「紛争解決原則」（das Gebot der Konfliktbewältigung）または「配慮原則」（Rücksichtnahmegebot）によって規定された重要性の判定が想定されている[73]。この原則については後述する。

dd）相対的重要性判定説の修正　さて，基本的には以上のような「相対的重要性判定説」に拠るように見えても，これを修正する議論もある。これを紹介することにする[74]。

すなわち，ある利益の重要性はそれ自身で，そもそも定めることはできない。と言うのは，審査可能な基準がそもそも存在しないからである。それは量化も，測定もできないからである。実定法は，例えば交通需要がどの程度まで緊急なのか，という点について審査可能な基準を提供しない。絵画的な都市の風景，貴重なビオトープ，収穫の多い耕地または累代にわたる農家によって遺産として残さ

---

(72) Dreier, S.62.
(73) Dreier, S.87 ff.
(74) 以下の記述は Bach, S.90 ff. による。

れている農場がそうした緊急の交通需要に対して後退するか，という問題はそれぞれの利益が互いに比較される場合にのみ判断することができる。したがって，独立した重要性の判定という段階は余計である。

　ある利益の重要性の順位は，別の利益との対比によってのみ明らかになるということを前提とすると，それぞれの利益の独立した重要性の規定は明らかに困難な問題が生じる。こうした規定は二極間の衡量においては全般的に余計である。2つの利益が対比され，そして行政決定によって必然的にある一つの利益が優位に置かれ，他方でこれに対立する利益が劣位に置かれる場合には，優位・劣位の判定を行うためにはこうした利益を直ちに互いの関係性の中に入れることで十分である。これに対して，計画決定は多極的衡量を要する複合的な行政決定であって，ここでは網細工状の複合的な利益が調整されなければならないのである。ここでは，衡量に関係した利益を独立して―すなわち，場合によっては対立する利益を溶暗（フェイドアウト）することによって―判断することが必要である。それぞれの利益についての独立した重要性の付与という特別の段階はより広い範囲において，可能な限りの客観的な衡量を保障する。それ自体を見れば重要な利益は圧倒的に重要であるとされる利益のために衡量から外される（weggewogen）という危険を，衡量資料の収集の後に直ちに行われる利益の全体的な衡量は冒す。

　また，最適な計画という意味で，特定の計画の選択肢の選択に結びついた，関係する利益の全体的な衡量の前に，影響を受ける利益に対する計画の効果を独立して判断することが必要である。このようにして調査された意味は独立した重要性として理解することができ，これに対して相対的重要性は，他の利益に対する，或る利益の優位・劣位の特色を表す。通常は計画上の衡量の場合には，この2つの過程が進行する。

第4章　法律規範と衡量の関係

I　法原理と法準則の区別

1　法原理と法準則

　法律規定を代表とする規範が衡量に対してどのような意味を持つのか，という問題がある。すなわち，衡量の規範的な制御という問題について，少し触れておくことにする[1]。

　これについては，有力説は法規範について「原理」（Prinzipien）と「法準則」（Regeln）の区別をする議論を前提としており，したがって，衡量の規範的な制御の問題に入る前に，必要な範囲においてこの議論を見ておくことにする。アレクシー（Robert Alexy）はドゥオーキン（Ronald Dworkin）の議論[2]を援用して，この区別をしたのである。例外なく遵守されることを要求する規範（左側から追い越しをしなければならない）が法準則であるのに対して，多かれ少なかれ遵守され得ることを要求する規範（放送の自由は保護されなければならないという規定は，これと対立する規定に直面して，多かれ少なかれ履行し得る）があり，これが原理である。それが「最適化」（Optimieren）を内容としているということが，こうした規範の特色である[3]。コッホ／リュースマンは「原理」をつぎのように定義する。すなわち，「ある規範が最適化し得る状態を表現するが，少なくとも同じ性質を持った別の規定によって制限され，これらの規定のいずれにも絶対的な優位性があたえられない場合に，この規定は原理を内容とする」というものである。基本権（Grundrechte）はこうした特徴をもつ[4]。行政法においてもこれが通用するも

---

[1]　この問題の解説としてはJohannes Dreier, Der normative Steuerung des planerischen Abwägung, 1995, S.95 ff. が詳細である。本書もこの解説に負うところが多い。

[2]　その主著であるTaking Rights Seriously, 1977. これの翻訳として，ロナルド・ドゥオーキン（木下毅，小林公，野坂泰司訳）『権利論』（木鐸社，1986）14頁以下による訳語を参照した。

[3]　この説明はHans-Joahim Koch／Helmut Rüßmann, Juristische Begründungslehre, 1982, S.99. による。

[4]　Koch/Rüßmann, S.99.

のとされる。例えばホッペ（(Werner Hoppe)）はこの区別を計画法の領域においても用いるのである。この主張を少し見ていくことにする。

a）ホッペによる目標指示と衡量の指示の区分

彼によると，法準則も原理も規範である[5]。質的な違いはつぎの点にある。法準則は常に履行されるか，そうされないか，という強行的な規範であり，法準則が通用するならば，それが要求するところのものがなされることを命ずる。決定は条件的にプログラム化されている，ということである。衡量を規範的に制御する観点としての原理は，通常は混合状態，つまり衝突・競合し，束の状態にある諸原理の中において現れ，そして，こうした諸原理の間の衡量を要求する。衝突する場合には，特定の状況下においては１つのものが他のものよりも優位に立つが，他の具体的な状況下ではまさに逆に決定され得る。すなわち，原理は具体的な状況に応じてそれぞれ異なった重要性をもつのであり，原理衝突解決方法の手続は衡量である。原理間の衝突は，重要性の判定の段階において行われる。法準則と原理の区別は比較的ではなく，分類的である[6]。法準則と原理はまったく異なった論理構造をもった規範的尺度である。

ホッペは以上の区別にもとづいて「計画原則」（Planungsleitsätze）と呼ばれる目標指示（Zielvorgabe）は規範理論的意味では法準則であるとする。そして，「衡量の指示」（Abwägungsdirektive），つまり建設法典第１条第５項の「一般的計画目標」（generelle Planungsziele）および同条第６項の「具体的計画指針」（generelle Planungsleitlinien）は規範理論的意味では原理である，とする[7]。計画原則は衡量を排除するのであり，ここに組み入れられる法発見方法は包摂であって，衡量ではない。

b）ドライヤーによる厳格な規範と衡量の指示の区分

ドライヤーによる規範と衡量の関係についての包括的な研究[8]によると，衡量にとっての規範の意味の区分は，規範が衡量の問題を完全に取り去っているか，それとも，それが衡量に対して影響をあたえているにとどまるのか，という点にある。そして，前者を「厳格な規範」（strikite Norm）と呼び，後者を「衡量の指示」（Abwägungsdirektive）と呼ぶ。この区分はやはり先にみた「法準則」と「原

---

(5) Werner Hoppe in: Hoppe/Bönker/Grotefels, Öffentliches Baurecht, 4. Aufl. 2010, §7 Rn.18 f.
(6) Hoppe, §7 Rn.19.
(7) Hoppe, §7 Rn.20.
(8) Dreier, S.95. ff.

第4章　法律規範と衡量の関係

理」の区別に対応する，というのである[9]。

「計画原則」という言葉で表現される概念が必ずしも一致していないので，この概念にはコンセンサスが形成されていない，とも言われている[10]。したがって，「計画原則」に代えて，ドライヤーがするように「厳格な規範」という言葉を用いた方が良いのかも知れない。

ドライヤーによると，先に見たように衡量にとっての規範の意味の区別についての基準は，その規範が衡量の問題を完全に取り去っているか，それとも，それが衡量に対して単に影響をあたえているにとどまるか，ということにある。前者を「厳格な規範」(strikte Norm) と呼び，後者を「衡量の指示」(Abwägungsdirektive) と呼ぶ。厳格な規範は遵守または服従されるかである。それは衡量に対して外部からの枠（Grenzen *von außen*）を設定する。衡量の指示，衡量の資料の収集と重要性の判定 (Gewichtung) に際して，特定の目標を計画に対して指示する。これは内部から衡量に対して影響をあたえる (die Beeinflussung der Abwägung *von innen*)，ということである。

---

(9)　Dreier, S.98. ff.
(10)　Dreier, S.109. なお，この計画の原則についてであるが，連邦行政裁判所はこの概念を建設管理計画について，すでにみてきている 1969 年判決において用いている。しかし，計画的形成の自由についての判例が建設管理計画から特定部門計画に移行するに伴って，説明を変えた。それが連邦遠距離鉄道法上の計画に関する 1975 年 2 月 14 日の判例である (BVerwGE 48, 56)。この判決からは，2 つの意味が理解されていた。1 つは，すべての計画法で定められた法定の目標は Planunsleitsätze であって，ここで挙げられている諸利益は衡量を受け入れるのであり，衡量に際して単に特別の意味が付与されているにすぎない，と見るのである。したがって，これによって衡量原則との区別は曖昧になる。もう 1 つは，Planungsleitsätze は衡量原則の外にあるものとして，遵守されなければならないのであり（強行法），それが厳格な禁止や命令を表現しているか，それとも単にそこで定められている利益の可能な限りの斟酌を規定しているかを問わず，遵守されなければならない，とするのである。このようにこの判例は 2 つの意味で理解されたので，連邦行政裁判所は概念の明確化を図るために 1985 年 3 月 22 日の判決 (BVerwGE 71, 163) において，これを 2 つのグループに区別した。1 つは，法定の目標指示（原則）であり，公的な計画に際して遵守を要求し，それゆえ計画的な衡量の枠内では克服され (überwinden) ないものである。もう 1 つは，その内容によると，計画主体にとって目標指示以上のものでなく，このような目標設定は，他の目標との衝突の場合には少なくとも部分的に後退し得るものである。連邦行政裁判所は用語の明確化のために，特定部門計画については，この Planungsleitsätze という言葉を前者の意味で使うようになったとされる（以上の説明は Martin Ibler, Schranken planerischer Gestaltungsfreiheit im Planfeststellungsrecht, 1988, 182 ff. による）。

第2編　衡量原則

2　厳格な規範と衡量の指示

a）厳格な指示（外部からの枠としての規範）

以上のような区分にしたがって説明をつづけると，計画は拘束力がある強行的な法律にしたがわなければならない。計画は法律による命令（Gebot），禁止（Verbot）をもってあらかじめ決定されていないものだけを衡量の対象とすることができる[11]。このような制限の遵守は衡量原則が適用される前に審査されなければならない。厳格な規範の背後にある価値を計画がただ単に克服できないということに，厳格な規範の意味があるのではない。

利益克服の可能性を特定の要件と結びつけている構成要件を規定する，条件的に定められた法律規定が，ここでは問題となっているのである。構成要件が介入すれば，計画行政庁は，規範によって要求されている要件を，利益の克服のために実現しなければない。要件を充足すれば，これに対抗する法益を後退させることができ，そうでない場合には，衡量をもってしても計画を実施することができない。

b）衡量の指示

計画上の衡量は「衡量の指示」によっても制御される。衡量の指示は「計画の指示」（Planungsdirektive），「衡量の指針」（Abwägungsrichtlinien）または「衡量の観点」（Abwägungsrichtpunkt）とも呼ばれており，衡量に対して特定の目標を指示し，計画の目的と方向を示す[12]。計画主体のために指針と照準点を示し，衡量に際して登場する利益の重要性の判定の観点を定め，衡量のための基準を設定する。いかなる利益が潜在的に衡量において斟酌されなければならず，そして場合によっては，それが果たして特別の重要性をもっているのか，ということを指示するのである。例えば建設法典第1条第5項，6項がその例である。

第5項は建設管理計画の一般的目標を挙げている。すなわち，建設管理計画は，持続的な都市建設の発展であって，将来の世代に対する責任でもある社会的，経済的および環境保護の要求と調和するものを保障し，一般的福祉に奉仕する社会的に適正な土地の利用を保障しなければならない。そして，特に人間の価値をみ

---

(11)　以下の説明はDreier, S.98 ff. による。なお，彼の説明は厳格な規範と衡量の指示の区別を，アレクシー（Alexy）が行った「原理」（Prinzipien）と「準則」（Regeln）の区別に対応して説明をしている。しかし，この対応関係はここでは必ずしも成立しないと思われる。アレクシーの「原理」と「準則」の区別については，後述の「最適化原則」（Optimierungsgebot）において触れることにする。

(12)　Dreier, S.101.

とめる環境を保障し，自然的生存基盤を保護・発展させることに貢献し，並びに気候保護および気候への適応を特に都市の発展においても促進することに貢献することを，都市建設の形状や集落の景観を保護することともに求めている。

第6項はこのような一般的目標を具体化するために具体的な計画指針を列記する。すなわち，「建設管理計画の策定に際しては，特につぎのものを斟酌しなければならない」として，具体的な指針とともに，衡量において登場する主要な「利益」を全部で13号の箇条に亘って例示している。

なお，連邦行政裁判所は，この目録に列記された利益を表す概念は不確定法概念であって，解釈においても，適用においても，完全に裁判所によって審査されるものとしている(13)。

c) 最適化原則

計画は関係する総ての，そして対立する利益も最終の段階において，一般的に，そして可能な限り適用させることを本質とする。このような可能な限りの適用は利益の妥協と調和を通して行われる。こうした利益の調整を目指す努力は，利益の最適化と対立する(14)といわれているが，この最適化はどのような状況を指すのであろうか。

ドライヤーによると，総ての「原理」は最適化原則であるとする，アレクシーの提言はこの場合に対応していない(15)。計画指針は規範理論的意味において典型的な「原理」である。それの衝突は衡量において決定される。個々の事案での利益の重要性に応じて，斟酌すべき利益は多かれ少なかれ後退する。計画法上の意味での最適化原則は，そのような単純な「原理」からは区別される。これらは「法準則」のように厳格に通用しないが，「原理」として可能な限りの広範な適用を要求する。別の説明をすると，衡量の中に入れられるべき利益は，抽象的に見れば原則として同じ重要性をもっている。したがって，具体的な事案において，衝突する利益について調整が行われなければならない。立法者は既に前もっていくつかの利益を，他の利益との関係で優位に置くことがある。これが「最適化原則」（Optimierungsgebot）または「重要性の判定の指示」（Gewichtungsvorgabe）と呼ばれているものである(16)。連邦行政裁判所は既に紹介したように（279頁），この原則にはじめて言及する。そして，これを「可能な限り広範な特定の利益の顧

---

(13) 1969年判決とともに，板ガラス判決（BVerwGE, 45. 309, 323）。
(14) Dreier, S.215.
(15) Dreier, S.103.
(16) Dreier, S.103.

慮を要求する」原則と定義する。そして、「連邦環境汚染防止法」（Bundesimmissionsschutzgesetz）第50条の規定をこの原則の例とするのである。

aa) ホッペの議論　この原則については、つぎのような説明がある。ホッペによると、この最適化原則は、衡量の第4番目の局面である「利益の調整」（Ausgleich von Belangen）において主たる機能を果たす[17]。この調整の局面においては、最適化原則はやはり調整プロセスを制御している相対的な優位のルールに対しては、これに加算するもの（plus）であり、異物（aliud）である。競合・衝突する利益に対してある利益がより大きな貫徹力があたえられていること、換言すると、この競合・衝突する利益はこれに特別の重要性が帰属する場合にのみ、優位に置かれた利益を克服することができる、というように調整を導くのが相対的な優位のルールである。限界値は相対的に設定されている。ところが最適化の制御とか制御力は、これよりも強く、また、これとは別のものである。それは最高（Optimum）と最大（Maximum）を目指している。すなわち、最適化すべき利益に帰属する重要性は、可能な限り完全に実現されなければならない。重要な、他の衝突・競合する利益に対してもそうである。こうした利益が最適化されなければ、最適化目標を外すことになる（Disoptimierung）。この様な利益が優位に置かれるか、それとも劣位に置かれるかは、利益間の重要性の釣り合いに応じて判断されるのではもはやない。むしろ衝突する利益は、たとえ釣り合いが取れていなくとも、可能な限り後退しなければならない。すなわち、調整は最適化されるべき利益の釣り合いではなく、最高と最大の可能な限りの実現を目指す。衝突・競合する利益が何とかして可能であり、客観的な重要性の程度から見ていまだに是認でき、後退する場合に、最適化は行われる。すなわち、比例ではなく、最大化と最小化を目指す、調整とは別の類型なのである。

特に最適化原則を裁判所などによる統制という観点から見ると[18]、衝突・競合する利益の比例的調整が、果たして利益の客観的な重要性が完全に誤認されたのか、利益が正当化できないやり方で短縮されたのか、利益の斟酌がそれの客観的な重要性と全くもって一致しない、ということについてのみ統制される。すなわち、裁判所の統制は調整の瑕疵の明白性についてのそれに制限される。しかし、最適化原則の遵守の統制は、最適化の明白な誤認の統制に後退するのではない。この原則は特定の利益の実現に際しての最高と最大を目指している。立法者はこ

---

(17) Werner Hoppe, Die Bedeutung von Optimierungsgeboten im Planungsrecht, DVBl. 1992. S.853 ff. (859).

(18) Hoppe, S.861.

うした利益に高度の位置価値をあたえている。こうした位置価値は，裁判所の統制密度が高い場合にのみ実現される。この要求を明白性の統制は果たすことができないのである。

　このように主張される「最適化原則」の背後には，特に環境保護の利益を優位に置く努力があるとされる[19]。したがって，建設管理計画の枠内での環境の利益は厳格な要件の下においてのみ克服される。このため，特定の利益についての衡量は結果として制限され，ないしは，事実上排斥されるということになる[20]。最適化すべき利益のためには重要性の判定に際しては衡量を否定するのである。便宜上これを「絶対説」と呼んでおく。これがホッペの主張である。しかし，こうした議論を前提としても，最適化原則が相互に衝突するときは，衡量を通した解決方法が残るだけであり，ホッペもこれを承認している[21]。

　bb）反対説　これに対しては当然のことに反対説がある。これによると，最適化原則によって一般的に指示された利益の重要性というものを前提とするならば，個人の基本権の毀損に際してこのように予め指示された重要性の判定をそのようにして取り扱うことができるか，という問題に直面するはずである[22]。行政による基本権の侵害は法律上の目的規定にかかわりなく，常に具体的な要件の下での比例関係の審査を要求する。立法者が計画上の衡量を確定的に規律せず，具体的・確定的規律を行政に委ねるならば，行政決定は具体的事案における比例的な衡量というやり方でのみ行われる。確定的でもないし，要件をもってして完全に把握もできない事案において，この最適化原則を通して規律をする試みは，法治国的法律の留保とは一致しないはずである。あるいはつぎのような指摘もある。すなわち「衡量は具体的な状況の下での正義が命ずるところのものにしたがうのであり，その限りでは直接的で，結論については未定にしている法律規定から引き離されている」。これが衡量の本質であるとすると，最適化原則のような抽象的に表現された優位の準則は，この衡量の本質と矛盾する[23]。

　cc）連邦行政裁判所　2006年3月16日 連邦行政裁判所はこの反対説にしたがって，つぎのように判示する。

　　「計画がこれと対立する利益により高度の重要性をもって強行的に必要で

---

(19)　Gierke/Schmidt-Eichstaed, Die Abwägung in der Bauleitplanung,2019, Rn.2777.
(20)　Gierke/Schmidt-Eichstaed, Rn.2777.
(21)　Hoppe, S.860.
(22)　以下の説明は Marcus Merkel, Die Gerichtskontrolle der Abwägung im Bauplanungsrecht, insbesondere nach der Neuregelung der §§ 2 III und 214 BauG Bau, 2012 S.107. による。
(23)　Gierke/Schmidt-Eichstaed, Rn.2778.

ある場合に限り，環境汚染防止法上の利益を劣位に置くことが衡量の瑕疵をもたないということは，連邦環境汚染防止法第50条についてのこれまでの判例からは導き出されない。分離原則のような衡量の指示が衡量においてこれと両立しない土地利用に対して受け入れられるか，具体的な個別事案の状況を判断してはじめて決められる。……したがって，分離原則は高度の重要性をもった利益によって克服され得る。分離原則が以前の判例において『最適化原則』と呼ばれても，このことは当然のことである。この原則は，計画における環境保護の利益の可能な限りの斟酌を要求する。このような特別の斟酌義務は衡量というやり方で克服され得る。最適化原則は衡量の枠内においては『無敵』ではなく，少なくともその一部分は経済の利益に対して後退し得る。このような場合には，計画者には強化された理由付記義務が課せられる。強行的な対立的利益に反対するときにはじめて分離原則が克服され得る場合には，実際にはこの原則は法定の計画原則と同様に，厳格な法の中に数え入れられる。しかし，連邦環境汚染防止法第50条についてのあの判例は，そこまでには達しなかった」[23a]。

　dd）**強化された内的重要性の議論**　　以上の最適化原則に代えて，「強化された内的重要性」（erhötes inneres Gewicht）が主張される場合がある[24]。ここでは衡量という構造は今度は維持されている。いわば利益についての「特別の重要性」の存在を前提とするのであるが，これは常に具体的な計画状況の枠内で調査されなければならない。これによると，この「特別の重要性」は，それについての調査の水準を上昇させなければならない。例えば特別に保護された自然の利益は衡量において斟酌されなければならず，看過されてはならない。この自然保護の利益を後退させるためには，それの重要性に対応して，それが重要であることとする根拠（gewichtige Gründe）が提示されなければならない。立法者によって特別に保護された利益の後退は，比例原則を斟酌しなければならず，重要であるとする根拠による特別の正当化を必要とする，というのである。

　最適化原則に代えて「強化された重要性」が主張されるのであるが，これは最適化原則の下での相対的な重要性の判定を主張することと同じである[25]。こうした相対的な重要性判定を主張することは，衡量が計画に係わるあらゆる利益の等価性（Gleichwertigkeit aller Belange）と矛盾するように見える。しかし，立法者

(23a)　zitiert nach: Gierke/Schmidt-Eichstadt, Rn.2789
(24)　以下の説明は Merkel, S.109. ff. による。
(25)　Merkel, S.110.

はこの原則的な等価性を規範的な指示を通して変更することが許される。

相対的な重要性の判定の指示によって保護された利益は，常に個別的な事案において規定されなければならない。それ故，具体的な意味と利害関係性がそれぞれ斟酌されなければならない。このため，規範的に重要性の判定が行われた利益は，衡量において克服される。

II 不文の法原則と衡量

ドイツにおいては計画における衡量について，不文の法原則を発展させてきた。それの一つとして「計画の正当化」(Planrechtfertigung) がまず挙げられる[26]。計画についてそれの正当化適合性は，理論的にはこれまで見てきた衡量原則が問題になる前に審査されるものである。更には，衡量に関係するいわゆる「計画原則」(Planungsgrunsätze) には一つには「配慮原則」(Rücksichtnahmegebot) というものがあり，そして，もう一つは「紛争解決原則」(Grundsatz der Konfliktbewältigung) というものがある。これらの原則は憲法や環境法，あるいはこれに類する法分野からの考慮にもとづいている。特に注意すべき点は，後二者の原則は衡量における利益の調整 (Ausgleich der Belange) の段階に係わることである。

更に，どの程度までこれらの原則が衡量に対して影響をあたえるかは，具体的な状況におけるそれの重要性に左右される。この場合衡量の原則には相対的な効力が付与されている。何故なら，これらの原則は他の利益と同様に，衡量の結果により克服されるからである[27]。

以下には，まず配慮原則と紛争解決原則を取り上げ，その後に計画正当化の議論についても，触れておくことにする。

1 配 慮 原 則

配慮原則は「保護に値する個人の利益に配慮する原則」(Der Grundsatz der Rücksichtnahme auf schutzwürdige Individualinteressen) とも呼ばれ[28]，この呼称の方がこの原則の本質を良く表しているように思われる。第三者が特別にその権利が毀損される場合に，この者に権利保護を認めるために発展してきた原則である[29]。

1977年2月25日の連邦行政裁判所の判例によると，事業計画は，それが第三

---

[26] 以下の記述は Merkel, S.111. による。
[27] Merkel, S.111.
[28] Hoppe, §7 Rn.144.
[29] Merkel, S.114.

第 2 編　衡量原則

者の利益に十分に配慮しない場合には，許可を受けることができないとする。すなわち，建設抑制地区（Außenbereich）における優遇的な事業計画案であって，第三者の権利に十分に配慮しないものは許可を受けることができない，とするのである[30]。ここでは建設許可のために隣接する土地の価値が合理的な範囲（das zumutbare Maß）を超えて低下する場合には，所有権に対する重大で耐え難い侵害が生ずる，とする。この配慮原則は主観的な権利保護を顧慮した限定的な規範解釈に対する反応である[31]。「保護規範説」（Schutznormtheorie）を基礎にして，この配慮すべき主観的権利の調査をする。私的利益の公的利益との関係と並んで，対立する利益が十分に斟酌されることを基本権が立法者に義務づけていることが前提とされている場合に，第三者の保護性は承認される。建設管理計画においては，土地の利用を公益と私益との関係だけでなく，対立する利益をも比例的に調整することを，所有権の保障を定める基本法第14条第1項は立法者に義務づける。

　既に何度か見てきているように，建設法典は第1条第7項において「衡量の一般原則」を定める。すなわち，建設管理計画においては「公的利益および私的利益は，対立する利益の相互間および同じ利益の相互間においてにおいて，それぞれ適正に衡量されなければならない」というのである。この「衡量の一般原則」が命じるところにより，保護された利益に関する正しい調査のための解釈の構想（Interpretationskonzept）を計画者に対して提供するように，配慮原則は衡量における利益の調査に際して斟酌されなければならない，とされるのである。

　なお，この配慮原則を「衡量の定型表現」（Abwägungsformel）である，とする見解がある。先に見た連邦行政裁判所の判例においては，つぎのような公式が示されていた。すなわち「この配慮原則がいかなる要求をするかは，それぞれの状況に左右されるのであり，配慮によって利益を受ける者の立場が影響を受けやすく，保護に値するものであるほどに，それに連れて多くの配慮が必要となる。建設事業によって求められている利益が明確で，不可避なものであるほど，事業計画を実現しようとする者は，そうした配慮をしなくとも良い」とする定型表現[32]である。連邦行政裁判所はこれにより，相対立する利益を相互に関連づけ，そうした利益を優位に置いたり，劣位に置いたりする基準を示そうとしているのであり，これは正しく権利保護価値性という観点の下での衡量についての基準を

---

(30)　BVerwGE 52, 122 (125).
(31)　以下の記述は Merkel, S.115. による。
(32)　BVerwGE 52, 122 (126).

示そうとしているのである，とする指摘が行われている[33]。

2　紛争解決原則

　計画と同時に現れ，または，それを通して生じた紛争は意図的にそのままにされ，規律されないままにしておかれることがある。計画が直面する利益を巡る紛争は完全に，そして余すところなく解決されなければならない。計画というものはそれに帰せられる紛争を解決しないままにすることは許されない[34]。これが「紛争解決原則」であり，例えば連邦行政裁判所の1979年3月9日の判決[35]は，特定部門計画である連邦遠距離道路法（Bundesfernstraßegesetz）について，およそつぎのように判示する。すなわち，この法律の適用範囲は，遠距離道路の建設および変更と関連した他の施設について必要とされる付随措置にもおよぶ。このことは，総ての公権力の行使たる計画に通用する問題解決原則（Der Grundsatz der Problembewältigung）に対応するのである。この原則によると，総ての計画上の観点が計画の中に入れられなければならず，それは法律で定められた計画の任務の可能な限りの最高の実現のために重要であるだけでなく，計画事業にその土地において初めて生じた問題の解決のために重要な意味をもつ，というのである。

　このように，この原則はこの判例において見られるように特定部門計画においてもそうであるが，建設管理計画においても，計画の基本原則として衡量の構造の中に入り込む。そして，この原則はそれぞれの状況において，衡量に際して補充的に取り入れられる付加的な行為基準であり，そしてまた統制基準でもある[36]。更に先に見た配慮原則と同様に，この原則は建設法典第1条第7項が定める「衡量の一般原則の流出」（Ausfluß des Abwägungsgebotes）であり，その起源を憲法に見出す，とされる[37]。

　このようにこの原則は一般的に指示されてきているが，他方ではつぎのような批判がされていることにも留意することが必要である。すなわち，この紛争という標語は月並みな定型表現であって，評価されていない計画を挫折させるためには具体的な理由が欠けているときに，この原則違反を持ち出す，という批判である[38]。また，この紛争解決原則は，主要なものとしての環境に関係した目標設

---

(33)　Ibler, S.259.
(34)　Hoppe, §7, Rn.133.
(35)　BVerwGE 57, 297, 299.
(36)　Merkel, S.116.
(37)　Hoppe, §7, Rn.135.
(38)　Ibler, S.261.

定にもとづいて，環境との衡量を早期に回避または緩和するために両立しない利用を可能な限り分離することを要求する。この原則は予測的な計画法による環境との衝突の解決を要求し，その衝突を後の危険防止の手段に移し替えることを禁止する。これによって環境保護の重点は衡量の内部に置かれる。しかし，この原則のために，計画における早期の紛争回避の要求により，最終的には総ての利益の助けになってしまうということもある。したがって，異なった利益相互間の紛争には，この原則は基準を提供しない，という批判である[39]。

3　計画の正当化

a）計画の正当化の概要[40]

連邦行政裁判所は，1975年2月14日の判決[41]において，特定部門計画の「計画正当化」（Planrechtfertigung）について基本的な考えを示した。その際に，建設管理計画に関する1969年12月12日の判決[42]において示された「高権的計画はそれ自身において自分の正当化を担うのではなく，そこから生じる第三者の権利に対する影響に鑑みて，それぞれの具体的な計画的措置について正当化を必要とする」という命題を援用しているのである。1975年の判決はつぎのように判示する。すなわち，道路計画は「それが形成的に第三者の個別的法的地位を侵害し，計画実施に要求される収用の基礎になるということに鑑みて，基本法第14条第3項に耐えうる正当化を必要とする」というのである。そして道路について言えば，この正当化とは「連邦遠距離道路法により一般的に追求された目的を基準としたときに，この道路について必要性が存する」場合のことを言う。したがって，計画上の措置はこのような視点から見て客観的に必要（erforderlich）でなければならないとされるのである。

以上が計画の正当化の概要であるが，ここで援用されている基本法第14条第3項はつぎのような規定である。すなわち「収用は公共の福祉のためにのみ許される。収用は，補償の方法および程度を規律する法律により，または，法律の根拠にもとづいてのみ，これを行うことが許される。補償は公益および関係者の利益を正当に衡量して，これを定めなければならない。補償の額については，争い

---

(39) Dreier, S.87.
(40) 以下の議論については既に海老沢俊郎「計画法における衡量原則（1）」名城ロースクール・レビュー第17号（2010年）1頁以下に掲載した。これを修正・加筆した上で本書において再掲載する。
(41) BVerwGE 48, 56, 60.
(42) BVerwGE 34, 302.

あるときは，通常裁判所に出訴する途が開かれる」というものである。この議論との関連では，特に同項の第1文および第2文が重要である。

　計画の正当化というのは，計画自体がそもそも（überhaupt）あるいは全体として（als Ganzes）必要であるか，という問題であるが，これが欠けていれば計画決定は違法であり，更なる計画裁量に対する制限（衡量原則）を審査するまでもなく違法となる(43)。以上のように，計画が正当化されるかの判断はつぎの観点から判断されることになる。すなわち，第1に，それぞれの計画任務として記述され，目的とされた特定部門計画法の目的が基本法第14条第3項第1文にいう「公共の福祉」としての資格をもつということ，第2に，道路建設の例に見られるように，具体的な事業の計画目標が連邦遠距離道路法のような特定部門計画法における一般的目標設定と適合すること（Zielkonformität）であり，そして最後に，法定の目標実現のための要求にしたがって判断されるべき事業の必要性（Erforderlichkeit）が存在する，ということである(44)。

　判例によると，事業の必要性については「事業が不可避的に必要である」（unumgänglich notwendig）ということまで要求されていない(45)。正当化されるためには「合理的にみて必要」（vernünftigerweise geboten）であればそれで十分である。費用便益分析は原則として不要である。計画正当化の審査はどの程度まで綿密に行わなければならないか，例えば空港の建設に際して需要を調査するためにどの程度の費用を要するかということであるが，それはそれぞれの問題となっている事業毎に答えていかなければならず，これはまた，今後問題となり，正当化のつぎに登場する「衡量原則」にも係わる。計画の正当化に際しては，計画されている事業の一般的目標との適合に関する妥当性の判断である。したがって計画正当化は，連邦行政裁判所の1986年3月22日の判決(46)において示されたつぎのような形をとって判断されることになる。

---

(43) Ibler, S.130. 日本法でも，この問題は議論される余地がある。例えば，東京地判平成16年4月22日判時1856号32頁は圏央道建設計画の事業認定・収用裁決取消訴訟において，あきる野インターチェンジの設置の必要性について，事業地の指定により，相当数の住宅地の立ち退きが必要になることから，ということで，設置の公益性を否定している。これは衡量原則の枠内での判断で行われている。収用効果に着目していることでは共通しているが，ドイツ法は，衡量原則とは区別される「正当化」という独立の裁量統制類型を観念しているのである。

(44) Athanassios D.Tsevas, Die verwaltungsgerichtliche Kontrollintensität bei der materiell-rechtlichen Nachprüfung des Planfeststellungsbeschlusses für raumbeanspruchende Großprojekte, 1992, S.62.

(45) 以下の説明はJürgen Kühling, Fachplanungsrecht, 1988, Rn.157 ff. による。

(46) Kühling, Rdn.158 に引用されている BVerwGE 71, 166.

第2編　衡 量 原 則

　　「レーゲンスブルクとローディング間の交通接続の改善ということが既に連邦遠距離道路の建設により正当にも追求される目的であって，これに対してはこの具体的な事業が十分な妥当性をもって貢献するのである。すなわち，現在の水準にしたがって新たに建設された自動車道路は，多くの交差点および見通しの効かないカーブや丘の頂上を伴った古い B16 号線よりも，際限のない自動車交通のためには遙かに優れている。更に，開発されていない国土の交通による開発もまた連邦遠距離道路法によって裏付けされた目標であって，B16 号線の新設により追求され得るものである」。

以上のような連邦遠距離道路について展開した計画正当化の原則は，その他の同じような構造をもった総ての特定部門計画についても適用されることとなったが，連邦行政裁判所は，計画正当化の枠内では計画行政庁に対しては裁量権（形成の自由）を認めてはいない。すなわち，同裁判所は，連邦遠距離道路法のような特定部門計画法の目標（複数）は記述しうる基準であって，事業の目標との適合について裁判所の審査を可能にするものの目録である，としているのである。連邦遠距離道路についてみると，ここでの目標として記述され得るものは，集落間の交通接続の改善または開発途上にある国土の交通による開発である。そして更には，連邦遠距離道路網の完備，迂回路を建設することによる交通騒音の低減，危険な道路区間での事故リスクの減少，高低差がない道路の交差の除去というものがこれに加わる。これに対して，未開発の国土を道路建設事業のための投資によって再興させること，農業を振興させること，あるいは就労所を創設することは，連邦遠距離道路の目標ではない，とされる[47]。

　因みに，「需要計画」（Bedarfsplan）がこの計画の正当化を提供するか，という問題がある。これは否定されている。すなわち，確かにこの需要計画は優先性という形式では行政を拘束する。しかし，法的な外部的効果をもって需要の問題を規定しているのではない。これらの計画は，連邦遠距離道路という事業についてみたとき，交通需要の分析，交通上の利益と他の公的利益との衡量，費用便益分析を経て策定されるのであるから，そうした事業の必要性について徴表とはなる。しかし，実質的な計画目標はここからは見て取ることはできない。ある事業の特定部門計画法上の目標との一致は，需要計画の採用によっては法的拘束力をもって認定されないのである。需要計画はそれぞれの関連する目標の相対的重要性に関する言明にすぎないのであり，事業の許容性に関する決定を先決するものでも

　（47）　以上の説明は Kühling, Rnr159ff. による。

ないし，後続する収用の許容性に関する決定を先決するものでもない，とされている[48]。

　以上のように，連邦遠距離道路のような事業は当該特定部門計画法の目標設定との適合が要求されるが，そうした目標の選択は行政に委ねられる。その限りにおいて行政の形成の自由が認められるのである。すなわち，当該事業が法定目標の少なくともひとつを達成するために合理的に必要でなければならない限りにおいて行政は拘束を受ける，ということになる[49]。

b）計画正当化の理論的問題

　さて，計画の正当化を概観すると以上のようなものであるが，理論的に解明しなければならない課題がある。これについては多様な議論が展開してきているが，ここでは概要を述べるにとどめる。

　すなわち，それがどのように確認されるかは別にしても，計画の正当化とは連邦遠距離道路法のような特定部門計画法において予定された目標との具体的事業の一致ないし適合性をいうのであり，要するに行政の法律適合性のひとつの場合を指すこととなる。そうであるならば，当該事業計画の法律適合性だけをいえば良いのであって，計画についてはこれのほかに敢えて「正当化」という概念をもってきて，これを要求することの意味が分からなくなるはずである。判例は計画の場合にのみ，行政庁の決定権限に対する特別の制約として正当化の要求を強調しているのである[50]。

　計画正当化についての説明として，憲法上の意味が指摘される。すなわち，第三者の基本権として保護された所有権に対する影響が指摘されるのである。連邦行政裁判所は，1978年7月7日の判決[51]において特定部門計画（空港）のためには授権が必要であることを前提としている。そして，こうした事業計画のために計画確定手続の実施を定め，これについての行政庁の権限ないし管轄権を定めた特定部門計画法（航空運送法）の規定に関しては，その文言からすればこうした規定は手続法的内容をもっているが，行政手続法上の意味に解消されるのではなく，計画確定行政庁の実体的授権を内容としている，とするのである。ここで問題となっているのは航空運送法（Luftverkehrgesetz）第8条第1項および第10条第1項であるが，これはつぎのような定めである。

---

(48)　以上の説明は，Kühling, Rdn.163 による。
(49)　Kühling, Rdn.161.
(50)　Ibler, S.134.
(51)　BVerwGE 56, 110 (116).

第 2 編　衡 量 原 則

　第 8 条第 1 項は「空港並びに第 17 条による建築制限地域を伴った飛行場は，第 10 条による計画が前もって確定している場合にのみ設置され，既存のそれは変更されることが許される」という規定であり，

　第 10 条第 1 項は「計画確定行政庁は州政府により定められた行政庁である。それは計画を確定し，第 8 条第 2 項により決定を行う」という規定である。これらの規定は一見して明らかなように，単に管轄権や手続を定めたものである。しかし，先に挙げた 1978 年 7 月 7 日の連邦行政裁判所の判例によると，これらの規定は単に行政手続法の意味に解消されるのではなく，特定部門計画自体の実体的授権も内容としているのである。そして，この実体的授権の内容についての説明がつづくのであり，それによると，「このような授権の中心的構成要素は，その本質からすれば計画的形成の自由の概念に書き換えられる計画裁量の付与ということである」ということになる。

　特定部門計画法の以上のような規定が計画裁量の授権規定であるとするならば，その計画裁量の意味が改めて問われることになろう。この点についてこの判例はつぎのように述べる(52)。

　　　「しかしながら，計画的形成の自由は，無制限の計画権能の委譲ということではない。むしろ，すべての高権的計画は法的拘束の下にあるということの方が，法治国的計画の本質に適合している。……計画の正当化という法治国家を実現するための制限の機能は，高権的計画はその正当化を例えばそれ自体の中に見いだすのではなく，その計画から生ずる第三者の権利に対する影響に鑑みて，それぞれの具体的な計画上の措置について正当化を必要とするという考慮からの基本的な法的要求として言い換えられる」。

すなわち，計画的形成の自由とも呼ばれる計画裁量は，特定部門計画に対する授権の構成要素としての地位をもち，また同時に基本権侵害の授権の構成要素である。このように特定部門計画法によって裁量権が与えられたからといって，その裁量権は無制限ではあり得ず，裁量権制限のひとつとして，場合によっては生ずる第三者の権利侵害に鑑みて生じる制限が登場するのであり，これが計画の正当化である。このように，計画正当化は遵守されなければならない計画裁量（計画形成の自由）の制限であって，これによって，計画裁量を通しての第三者の権利侵害が正当化されるのであり，侵害の授権という中身を表示するラベル（Etikett）である，という言い方もされる(53)。

---

(52)　BVerwGE 56, 110 (118).
(53)　Ibler, S.141.

計画の正当化の概念は計画裁量を制限する原理であり，それはまず連邦遠距離道路法や航空運送法のような特定部門計画法による計画裁量自体の授権を求めることであり，そしてこのように授権された計画裁量を，第三者の権利に対するそれの効果に着目するがために制限しようとする原理である。そして，その内容は先にも見たように，当該事業の特定部門計画法の目標への適合性を求めるのは当然のこととして，更には，事業がこうした目標達成にとって必要なもの（erforderlich）でなければならない，というものである。このような「必要性」が求められるのは，計画が持つ第三者の権利侵害の可能性のためである。行政は自分の任務を遂行する際には，いくつかの可能な措置の中で，可能な限り少なく他人に対して不利益をもたらすものを行うことが許される，という行政法の一般原則（比例原則）の適用の１つの場合でもある。

c）計画の法律適合性と衡量原則の関係

　以上が計画の正当化の意味であるが，これについてはもう少し具体的な説明が必要であろう。特に，計画裁量の実体法上の拘束としては，この計画の正当化のほかに，衡量原則があげられるのであるが，これとの関連を説明しておく必要がある。計画裁量の拘束としては前述のように衡量原則が核心をなすのであるが，これとは別に計画正当化が独立して論じられなければならない理由について説明をしておくことも必要である。

　前述のように，計画の正当化は具体的な事業の計画目標が連邦遠距離道路法や航空運送法のような特定部門計画法における一般的目標と適合するか，という観点から判定される。その限りでこの問題は事業計画の法律適合性の一つの場合である。しかし，これは例えば警察法のような領域における法律適合性と比べればその内容はかなり異なる。これは計画裁量を認める特定部門計画法の授権の特質を反映するためである。この点については，つぎのような説明がある[54]。以下にはこれを要約して見ていくことにする。

aa）事業計画の計画法上の目的との適合性の意味　ここでは連邦遠距離道路法第１条第１項および第３条第１項を例として挙げるのであるが，これはつぎのような規定である。

　第１条第１項「連邦遠距離交通の連邦道路（連邦遠距離道路）は公の道路であって，関連する交通網を形成し，広大な交通に奉仕し，または奉仕するものとして定められたものをいう」。

---

[54] Tsevas, S.72 ff.

第2編　衡量原則

第3条第3項「道路建設責任は，連邦遠距離道路の建設および維持と関連したすべての任務を包括する。道路建設責任の主体はその能力により，通常の交通需要を充たす状態で，連邦遠距離道路を建設・維持および拡張し，またはその他の方法で改善しなければならない」。

　このように，特定部門計画の一般的目標は事業について一般的に考慮されるべき公益を定める。しかし，こうした目標が空白（Offenheit）であることにより，目標は計画決定の枠内における行政の独立した具体化の領域をあたえる。このような一般的な目標には複数の具体的な目標設定が該当する。このことは，一般的目標を具体的な事業へ転換することは目標の選択を前提とする，ということである。連邦遠距離道路法における一般的な目標は，調和の取れた交通需要を充たし，交通の安全を保証する関連した道路網を建設・維持および拡張することまたはその他の方法で改善することである。しかし一般交通は，それのための交通路とともに，それ自体のためのものでなく，住宅地の開発や連結の手段とした生存配慮（Daseinsvorsorge）のためのものであるがゆえに，目標設定はこれらの機能によって補充され，そのため構造政策的観点（例えば地域間の遠距離交通の解消）および都市建設上の観点（通過のための交通を都市の中心部で禁止しておくこと）はこの法律によって追求された公益と合致している，ということになる。先に紹介した計画の正当化についての連邦行政裁判所の判決の例示である1986年3月22日の判決は，開発されていない国土の交通による開発をこの法律の目標としていたのであるが，これも以上の観点を採るがためである。

　このような複数の目標設定に際しては，行政には，目標選択の権能，すなわち具体的に取り上げられるべき問題の選択についての独立した権能が帰属する。すなわち，複数の目標が並存するが（目標の相対的重要性），それを選択することは政策的な優先の設定であり，これについて行政の独立した権能が認められるのであり，ここにおいて計画的構成要素の表現が見られるのである。これとの関連で，特定部門計画は，それが可能な（考え得る）正当な目標の少なくとも一つの実現を目指さなければならないのであって，この場合に限って裁判所の審査に服する。これに対して，行政庁がこれらの目標のいずれかを設定するか，という問題は裁判所の統制から免れる。

　　「以上のような状況を背景として，行政の独立した具体化の実行は，具体的に計画された事業により実質的・時間的観点で解決されるべき問題の定義を，そして，それゆえに事業に帰属すべき機能の確定を包含する。この枠内において，行政庁は基準設定，つまり多くの点において計画の重要な要素で

第 4 章　法律規範と衡量の関係

あり，裁判所の統制の結節点である計画の構想（eine planerische Konzeption）を展開するのである。以上のような原則的な考察は—これには多くの学説もしたがっているのであるが—特定部門計画が伝統的な侵害概念に服し，行政に対しては一般的目標の自称上の『構成要件的機能』のゆえに，それぞれの独立した決定権能が否定されている，という考慮によって疑問視されることはない。それどころか，以上の考察は『必要性』（Erforderlichkeit）が基準性を提供していないということの内在的な理由を表しているのである。これを『判断余地を持たない不確定法概念』として性格づけることが，いかに無意味であるか，ということを示しているのである」[55]

このように特定部門計画法の目標との適合ということの意味についての説明を紹介したのであるが，引用の最後の部分は少し分かりにくいかも知れない。すなわち，これは既に見たように，ドイツ法では不確定法概念の判断については裁判所の完全な審査が行われる。ただし，きわめて例外的な場合であるが，いわゆる「判断余地」が認められる場合には，そこにおける行政の判断は最終的なものとして通用することになる。したがって，特定部門計画法上の目標をこのような判断余地を伴わない不確定法概念として理解することは，計画というものに対する法律の授権の本質からして許されないことを指摘しているのである。

bb）計画の正当化と衡量原則の関係　　計画の正当化の観点からの統制は，計画裁量統制の第 1 段階である。これに「適正な衡量の原則」（das Gebot gerechter Abwägung）による統制が後続する。これまでの検討から既に明らかなように，計画の正当化の判定は，計画決定に登場する諸利益の比較衡量の問題のひとつの表現でもある。そして特に注意すべきは，特定部門計画法において示された一般的目標の具体化について，それが前述のようなものであるならば，その本質は衡量である。それでは，なぜ衡量原則の観点からの審査と並んで計画について正当化が独立して審査の対象として論じられなければならないのか，ということに触れておくことにする。これについてドイツではやはり学説・判例は豊富で多様な展開をしてきている。ここでその詳細に触れることはできないので，説明はあくまで概説なものにとどまり，しかもこれを包括的に論じる文献の整理に頼ることにする[56]。また留意すべきことは，ここで展開されている議論はいうまでもなく一つの考え方を示しているにすぎないことである。しかし，これを通して議論の一端が理解できることと思われる。

---

(55)　Tsevas, S.75.
(56)　Tsevas, S.79 ff.

第 2 編　衡 量 原 則

　この文献を要約すると，つぎのようになる。計画の正当化と衡量の区別について，判例法は3つのモデルを提供している。第1のモデルによると，「明確性」（Plausibilität）の基準を手掛かりとして，単に事業の目的適合性，公共の福祉の適合性および目的から見た適切性（Zwecktauglichkeit）だけが計画正当化の枠内で審査される。これに対して，事業の具体的な特性（立地，規模，その他の詳細な形成）に関する計画確定の具体的な必要性（Erforderlichkeit）や適法性などに係わる総ての問題は，より一層内容が豊富な衡量の問題とされるのである。第2のモデルは上述の第1のモデルから，事業の具体的必要性が計画の正当化の枠内で詳細で確定的に審査される，ということによって区別される。第3のモデルは，地区詳細計画に際しての必要性に関する判例から導き出されたものである。ここでは計画の正当化は網羅的に理解されるべき衡量の構成要素として描写されている。特定部門計画にこれを転換するならば，このモデルは計画の正当化を，内容としては衡量原則によって包含された問題（つまり正当化のために援用された正当な目的が果たして事業によって促進されるか，という問題）の判断ということに言い換えられる。

　結論的には，第1のモデルが連邦行政裁判所の判例でとられているのであるが，その理由として，つぎのことが指摘できる。すなわち，事業のOb（是非）に関する決定もまた衡量決定以外の何物でもないのである。換言すると，全体としての事業の必要を「一般の福祉」または「特定部門計画法上の目標と適合している利益」として資格づけるということではなく，充足されるべき需要が具体的で正当な目標設定として，そしてその重要性から見て，他の利益の後退を正当化する，という観点が重要である。Obの確定の判断を，侵害規範の構成要件の側面における概念に包摂（生活の事実関係と規範の事実関係の対応についての確実な認識という意味）することと理解し，そして，それにつづく狭義の比例原則を手掛かりとして，場合によってはそれに伴うフィードバックの効果とともに特定部門計画法の与件に適合させる試みは，空白である特定部門計画法の目標設定と衡量原則との結合ということから見れば，不適切である。計画確定行政庁の仕事は，重要な問題を取り上げ，対立する利益を克服し得る限りにおいて需要を充足させることである。それゆえ，特定部門計画法上の目標の具体化は，広範囲におよぶ衡量プロセスの内部において行われる。

以上が判例も採る計画正当化の議論がもつ独立の意味であるが，これを前提としてつぎのように説明される。

　　　「特定部門計画法の目標設定を手掛かりとした裁判所の孤立的なOb（是

第 4 章　法律規範と衡量の関係

非）についての完全な審査は以上の状況を破壊してしまうであろう。そして，Ob の完全な審査は衡量に際して存続している計画的形成の自由を除却してしまうであろう。何故ならば，上述の確認を基礎とするならば……Ob と Wie（いかにして）を分離することはできないということは明かであるからである。すなわち，施設の立地，規模あるいはその他の具体的形成の問題と同様に，事業が全体として実現されるべきかという問題は，利益の優先性または劣後性にもとづいて判定されるからである。……このような構造は，計画の正当化による統制は，上述の第 1 の区分モデルにおける統制ということを示している。衡量との関連で計画正当化は独立性を持っていないのである。裁判所は，具体的な「必要性」の問題を取り扱うに際して，そもそも事業に味方する利益が『一般的に』一般の福祉（公共の福祉）として資格づけられるか，ということの審査に自制している。計画の正当化はつぎのように書き換えることができる。すなわち，確かに Ob に関する必要性の審査は行われなければならない。しかし，その審査は明確性（Plausibilität）の範囲にとどまり，事業に味方する利益が修正のできないものとして衡量の中に入れられる……という意味において確定的でない，ということである。そして更には，正当化の要件は—事業の形成の Wie や事業の詳細についての判断を避けるためには—事業の必要性の実質的な議論を計画の正当化から追放することである，と一般に説明されている」[57]（傍点・海老沢）。

以上のように，衡量と比較した計画の正当化の説明を見てきたのである。これを更に要約することは不要であるように見える。そうすると，残された問題は計画の正当化に関する裁判所の審査はどのようなものになるか，ということである。しかし，これは既に，本書における計画の正当化の説明の冒頭においても概括的に示されている。

すなわち，これは判例の採るところであるが，審査のエッセンスはつぎのものである。事業が少なくとも正当なやり方で追求されるべき目標のひとつに奉仕しているということが明確（plausibel）でない場合には，衡量において審査されるべき利益の収支決算は最初から—そして紛れもなく—釣り合いが取れていないのである。つまり，後に行われる衡量原則の違反の観点からの審査を待つまでのことはないのである。それゆえ，計画の正当化は単に統制の過程のひとつの段階で

---

(57)　Tsevas, S.84. ここで引用した部分で分かりにくいのは Ob と Wie の区分が否定されている点である。Ob は前述のようなものであるとして，Wie は引用部分からも分かるように，事業の立地，規模またはその他の具体的形成をいうのである。

あることが分かる。しかも最初の概算的な審査が行われ，それ自体許容される事業の一般的目的の合致に関する最初の明確性の判定が行われるのである。したがって，計画正当化についての（裁判所による）統制は「重大で，ある程度明白な，計画上の失策の場合においてのみ」介入するという効果を伴うのである[58]。

---

(58) Tsevas, S.85; Kühling, Rdn.166.

第5章　衡量の過程と結果の概念

　以下には衡量の統制という問題を取り扱うことにするが，計画が瑕疵を持つ場合に，それについてどのような効果が結びつけられるかは，後の説明に譲ることにする。

　「衡量の過程の審査」というとき，日本法ではこれが手続ではなく，実体法上の審査であることについては一致しているようである。しかし，ここで否定されている「手続」とは何か。これについては詳細な説明がないので，衡量の過程の理解は困難である。「過程」という言葉は魅力的で，こうした言葉が何か新しい世界を拓いてくれそうである。しかし，ここでは主として行政決定に際しての考慮事項が想定されているようであって，そうであると，必ずしも「衡量の過程」という文言を使わなくても良いように見える。ドイツ法ではどうか。

　1986年2月21日の連邦行政裁判所の決定（BVerwGE 74, 47, 48）は「手続規定と形式規定（Verfahrens- und Formvorschriften）という慣用対語は建設管理計画に関する連邦建設法の手続であって……計画手続の（外部的）進行に関係するものに該当する」と判示している。このように少なくとも当時の旧連邦建設法（現在の建設法典）での手続や形式規定は「外部手続」をいうのである。したがって，「手続の瑕疵」という形での手続規定の違反は，手続において遵守すべき，行政行為の内容を規律しない法規範が行政行為の発出者によって遵守されない場合に生じる[1]，いわゆる「内部手続」の違反を含まない。しかし，この内部手続として想定されるものはきわめて広範であって[2]，実は「衡量の過程」（Abwägungsvorgang）として理解されるものも，この中に含まれる。後にみるのであるが，例えば，評決に参加した計画主体の構成員の動機がこれに含まれることの可否さえもこの衡量の過程として論じられる。この点は日本法での議論とは大分異なるので，注意を要する。

　これまでに見てきた1969年12月12日の連邦行政裁判所の判決は，利益につ

---

[1]　Fatoş Özdemir, Die Behandlung von Mängeln der Abwägung bei der Aufstellung von Bauleitplänen im Planerhaltungssystem des EGA Bau, 2009, S.82.
[2]　この「内部手続」については，海老沢俊郎「外部手続と内部手続」名城法学48巻1号（1998年）1頁以下。

いての「衡量の欠落」,「衡量の不足」,利益の重要性についての「誤った判断」および「不均衡」という類型を提示した。しかし,判例学説では異論なく,衡量の過程の統制と衡量の結果の統制という2つのものの連結状態において衡量の統制が行われるとする(3)。衡量の過程とは最終的には衡量の結果に行き着く総ての進行(Schritt)ないし過程(Vorgänge)の全体である。しかし,この衡量の過程は計画策定の手続であると誤解してはならない。衡量の過程はむしろ利益についての価値判断を行い,重要性の判定を行う内部プロセスをいうのであって,これは最終的には衡量の結果に行き着く。すなわち,計画者が計画のために衡量を行うという意味での計画の内容的な側面である。計画策定手続が計画の外部的進行を定めるのに対して,衡量の過程は決定発見の「内部的」手続に係わる(4)。これに対して,「衡量の結果」(Abwägungsergebnis)の概念は計画上の策定または表示の全体という形での,衡量を通して得られた建設管理計画の規範内容である(5)。

I 衡量の統制対象についての議論

「衡量の過程」と「衡量の結果」の概念が以上のようなものであるとして,計画法に即して言えば,前者は「過程としての計画」と呼ばれ,後者はこうした過程の「所産としての計画」とも呼ばれている。連邦行政裁判所は1969年の判決において確定した衡量原則について,これが衡量の過程にも衡量の結果にもそれぞれ適用される,と判示する判決を後に行ったのである(重畳的適用)。しかし,

---

(3) Schmidt-Assmann, Rn.213 zu Art. 19 GG: ホフマンは衡量について広範な議論を展開しており,計画における衡量も当然にその対象であるが,1つには計画の決議(「行政上の措置の主文」衡量の結果)と,もう1つは決定の理由ないし根拠(衡量の過程)を分けて,それぞれが統制のための審査の対象であることを示している(Ekkehardt Hofmann, Abwägung im Recht, 2007, S.338 ff.)。

(4) Robert Bach, Die Abwägung gemäß § 1 Abs.7 BauGB nach Erlass des EAG Bau, 2011, S.110. の記述にしたがう。シュミットーアスマンも「衡量の過程」は計画手続計画手続の個々の段階での外部的進行(äußerer Ablauf)を指すのではなく,それはむしろ内部手続(inneres Verfahren)を指すのであり,衡量の過程の瑕疵は内容の瑕疵に係わる,という(Schmidt-Aßmann, Rn.214 zu Art.19 GG)。因みに「手続」(Verfahren)と「過程」(Vorgang)の区別について,メルケルは「手続」の概念は問題解決のための「行動方法」(Vorgehensweise)ないし方法(Methode)であって,法律学での使用は法律事件の処理のための行動の「やり方」(die Art und Weise)がこの概念によって記述される。これに対して,「過程」の概念は事件のプロセスと進行を指す。最近の言葉づかいでは,Vorgangはラテン語のprocessusの意味で用いられている,という(Marcus Merkel, Die Gerichtskontrolle der Abwägung im Bauplanungsrecht, insbesondere nach der Neuregelung der 2 §§ III und 214 BauG Bau, 2012, S.57.)。

(5) Bach, S.110. の記述にしたがう。

こうした判決は早くから多くの学説によって批判されてもきた。この区別自体は，これは後に述べるのであるが，現在の建設法典第214条第3項第3文において維持されている，と見るべきである。しかし，1969年において確立した統制基準としての衡量原則が衡量の過程にも，衡量の結果にも等しく適用されるか，という点については争いがある。

1　連邦行政裁判所の判例

連邦行政裁判所が最初に衡量の過程と衡量の結果を区別したのは1972年10月20日の判決である[6]。これは「移行判決」（Überleitungs-Entscheidung）とも呼ばれている。この判決において初めて衡量の過程と結果の区別がされたが，そこでは旧連邦建設法（BBauG 1960）の導入前の時期からの規定や計画を，その後に施行された同法第173条第3項第1文により地区詳細計画（Bプラン）として移行することの可否に関する事案が扱われた。ここでは衡量の過程にも，衡量の結果にも，1969年判決において確立された衡量原則が等しく適用されることを要求した。そして，その2年後の1974年7月5日の判決（板ガラス判決）[7]も先の判決を踏襲したのである。ここではこの判決を簡単に見ていくことにする。

「この規定の文言は……明らかに衡量の過程に関係している。確かに論理必然的ではないが，実質的な関連性に注意を払うならば，そこから（海老沢註・衡量の過程からの意味）計画内容もまた衡量原則，つまり一定の内容を持った衡量されたものの原則に服している，とされていることは必然である。何故ならば，第1条第4, 5項において列挙されているすべての利益が，計画を行うゲマインデによって尊重されなければならないが，何がその結論において結果として生じるか，ということが何の意味を持たなければ，それは矛盾であるからである」

すなわち，この板ガラス判決は，計画に対する統制規範である衡量原則が，衡量の過程だけでなく，その結果にも適用されることを，衡量原則を一般的に定める条文の体系的解釈から導き出したのである。

2　判例に対する学説の批判

a）コッホの批判

コッホは以上の連邦行政裁判所の判例を批判するが，併せて，そこにおいて独

---

(6)　BVerwGE, 41, 67.
(7)　BVerwGE, 45, 309.

自の議論を展開する。興味深いので，紹介することにする[8]。

すなわち，連邦行政裁判所は板ガラス判決において，衡量の過程と衡量の結果を区別する[9]。計画上の措置は具体的な状況から見たときに正当化され得る，つまり何が計画の過程において考慮されたかにかかわりなく「根拠づけられ得る」(begründbar) ものとされるか，ということが問われている。「根拠づけられ得るということ」(根拠づけの可能性 Begründbarkeit) は，計画の策定がそのように発することが許される，ということであり，そのように発せざるを得ない，ということではない。根拠づけの可能性の審査においては，証拠として持ち出された観点だけでなく，何らかの法的に有効な観点が所産としての計画を支えるために適切であるか，ということが問われるのである。しかし判例によると，衡量原則は「所産としての計画」だけでなく，「過程としての計画」にも適用される。「過程」という表現により，「公正な計画手続」である，というように誤解してはならない。衡量原則から見れば，衡量の過程だけが裁判所の関心を惹くのである。そして，この衡量の過程は単に法的・内容的な性質について裁判所の関心を惹くのである。換言すると，計画において考慮され，検討されたものが果たして計画を内容的に支えているか，ということが問われているのである。要約して言うと，衡量の過程の統制は「根拠づけの統制」(Begründungskontrolle) である。もっとも言葉は Begründung であり，これは理由付記（理由の提示）を指す場合と同じであるが，これを直接表現しているのではない。

板ガラス判決においては，過程の審査によってつぎのことが要求されている。すなわち，そもそも衡量が行われること（第1の命題），重要な利益が看過されないこと（第2の命題），それらの利益の客観的な重要性が完全に誤認されているやり方で行われないこと（第3の命題）というものである。これによって計画上の決定を内容的に支えている考慮に対する明確な要求がなされている。それ故に，これは根拠づけ（Begründung）に対する要求であり，裁判所はこれにしたがっているのである。

以上のように，コッホは「根拠づけ可能性の統制」と「根拠づけの統制」の区別を行い，ここから衡量の過程の統制と衡量の結論のそれぞれについて，1969年判決において示された衡量原則が適用される，とするその後の連邦行政裁判所

---

(8) Hans-Johahim Koch, Das Abwägungsgebot im Planungsrecht, DVBl 1983, S.1125 ff.; 以下の議論については既に宮田三郎・前掲197頁以下，高橋滋・現代型訴訟と行政裁量（弘文堂，1990年）112頁。

(9) Koch, S.1126.

第5章　衡量の過程と結果の概念

の判決を否定するのである。そして更につぎのような理由も主張する(10)。

　すなわち，「根拠づけの統制」と「根拠づけ可能性の統制」の区別は，通常の法律効果裁量では一般的に支持されている。もっとも，ここでは無論こうした用語は用いられてはいないが。良く知られているように，通説は裁量権の授権を「法律効果に関する選択の自由」と解する。それ故，具体的な事件において異なった法律効果（＝結果）が法的に是認できる（vertretbar）ときは，裁量権の統制はまずもって行政庁の裁量判断（＝過程，根拠づけ）についてのみ行われる。この場合，いわゆる「裁量瑕疵」が存在すれば，その決定自体の根拠づけが可能であるか（begründbar）否かにかかわりなく，裁判所はその決定を取り消す。しかも，この決定（＝法律効果）が具体的な裁量権行使の結論であり得た場合にも，そのようになる。本件決定が根拠づけ可能であるということは問題とならない。但し，その決定だけを発することが許されたとする場合（根拠づけ可能である）には，その限りではない。「裁量権零収縮」の場合には，行政決定を取り消して，「結論において」正しい決定のために唯一の正しい根拠づけを探す機会を行政にあたえることも考えられる。しかし，それは不経済である。市民によって請求され，行政によって拒否された法律効果が唯一の，法的に具体的に根拠づけ可能であっても同様である。ここにおいても，唯一の正しい根拠づけを探し出すことは行政に委ねられていない。行政は直ちに唯一の，根拠づけ可能な法律効果の適用に義務づけられている。しかし以上の様な「裁量権零収縮」ということは，衡量決定においてはあり得ない。要約すると，つぎのことが確認できる。すなわち，瑕疵をもって根拠づけられた裁量決定は，それだけで違法なものとして取り消される。但し，行政によって選択され，または，市民によって求められた法律効果が唯一の根拠づけ可能な法律効果であるときは，この限りでない。後者の場合には，唯一の根拠づけ可能な法律効果が確認され，ないしは（争いに係る決定を取り消して）それが命じられる。

　こうした観点から見ると，板ガラス判決について先に引用した部分には矛盾がある(11)。すなわち，この引用した部分の数行前において判示された事項によると，過程の統制は，様々な利益が互いの関係においてこうした利益の客観的重要性が完全に誤認されるようなやり方で行われなかったのか，という問題におよぶ。このような過程の統制にもかかわらず，法的に支持できない結果がいかにして生じるとするのか。過程の統制において利益の誤った判断とされなかった計画上の措

---

(10)　Koch, S.1128 ff.
(11)　Koch, S.1129.

311

第2編　衡量原則

置が，それにもかかわらず，利益の誤った判断とされるのは，いかなる基準に拠るのであろうか，と言う。

　以上は板ガラス判決に対するコッホの批判であるが，同時に「移行判決」についても，つぎのような批判をする。すなわち，連邦行政裁判所はこの判決において，旧連邦建設法上の規定の移行の要件として，その当時の法規定から判断して，異論の余地がないような衡量の過程が計画策定の基礎となり，かつ旧連邦建設法から判断して，移行すべき計画が適法な衡量の結果であることを要求した。その際に同裁判所は，衡量の過程は成立時の法によって判断しなければならないことを強調していた。衡量の過程と衡量の結果は異なった規律にしたがって判断されなければならないという前提の下では，過程の統制も，結論の統制も実施されなければならないことは当然である。法的根拠づけの成立と移行という2つの時点で異なる限りでは，古い法によって判断すべき根拠づけの適法性からは必ずしも新しい法によって判断すべき計画の根拠づけ可能性が導き出されるのではない。このような特殊な前提を別にするならば，根拠づけの統制と根拠づけ可能性の重畳は意味を持たない。したがって，同裁判所がこの重畳に対してあたえている一般的に考えられている理由には賛成できない，という。

b）エルプグート

　エルプグートも，やはり衡量の過程と衡量の結果が同じ審査基準をもって統制されることに反対する(12)。

　すなわち，動態的衡量の構成要素としての衡量の過程と静態的衡量の要素としての衡量の結果という区別を想定するならば，適正な衡量の要求が果たしてこれらのそれぞれの構成要素の1つに帰属するのかという問題は「事物の法則性」(Sachgesetzlichkeit) から見て，容易に思いつくのである。その類型から見れば，プロセス的性質を分かち合い，ないしは，これに向けて編成されている利益の瑕疵の原因だけが衡量の過程の違法性にとって意味を持ち得る。事案の状況から見て重要な利益が衡量の中に入れられなければならないという要求において，動態的過程を志向する特質が特に明瞭に現れている。すなわち，この特質は衡量のプロセスを動かしている。同様のことは，衡量に入れられた利益の重要性の判定についても言える。何故なら，この様な判定は思考技術的に，過程としての衡量の第2の段階を形成するからである。

　これに対して，この様に重要性を判定された利益の調整，つまり利益相互間の

---

(12) Wilfried Erbguth, Neue Aspekte zur planerischen Abwägunsgsfehler?, DVBl, 1986, S.1230 ff.

関係における優先・後退は衡量における決定の要素，すなわち成果として生じたものである。したがって，静態的要素として整序された利益の調整の要求は，専ら結果に関係しているのであって，衡量の過程には関係しない。何故ならば最終的な決定には，動態的ないしプロセス的内容は帰属しないからである。反対に利益についての衡量の不足および利益の重要性に関する誤った判定という瑕疵は，衡量の結果の審査のための基準にはならない。何故ならそれらの瑕疵には，プロセス的方向づけにより静態的決定の性質が欠けているからである。これらの瑕疵は，衡量に際して成果として生じたものに関係するのではなく，いかにして進行したのか，ないしは，進行しなければならなかったか，ということに関係している。

したがって，つぎのことが明らかになる。すなわち，衡量過程の統制も，衡量の結果の統制も維持しておくことにする。しかし，決定する基準は異なる。衡量の過程は，衡量の欠落とともに，利益についての衡量の不足および誤った判定ないし誤った評価について審査される。これに対して，衡量の結果の統制は，利益間の調整が個々の利益の客観的な重要性と比例関係に立たない（釣り合いが取れない）やり方で行われたか，という基準にもとづいて行われる。

c）イプラー

イプラーはここで紹介した連邦行政裁判所に対するコッホとエルプグートの批判は成功していない，と言う。むしろ彼は連邦行政裁判所の立場に賛成して，これを補強する別の観点を展開する[13]。

aa）コッホの主張について　コッホの主張については，過程の統制を「根拠づけの審査」とし，結果の統制を「根拠づけ可能性の審査」と理解して，そして総ての瑕疵ある過程が衡量の瑕疵に行き着くとする場合に，コッホの過程への限定は理解できる。しかし，このような主張が正当なのか，という点については疑わしい。裁判所の統制において衡量の過程と衡量の結果の区別が根拠づけと根拠づけ可能性の違いに対応するのは，一体何故なのか。「結果の統制は根拠づけ可能性のみであり得る。何故ならば，衡量の過程の統制は明らかに根拠づけの統制として理解されなければならない」というコッホの主張は必ずしも正しくない。過程と結果の分離はむしろ統制経済の理由（kontrollökonomische Gründe）からであり，この場合根拠づけと根拠づけ可能性の区別は不要である。例えば，衡量の瑕疵が既に地区詳細計画の策定や特定部門計画としての計画確定（結果）から容

---

[13] Martin Ibler, Die Differenzierung zwischen Vorgangs- und Ergebniskontrolle bei planerischen Abwägungsentscheidungen, DVBl 1988, S.469 ff.

易に明らかになるときは，衡量の過程についての費用がかかる統制（例えば聴聞調書の援用，証人尋問）はもはや問題とならない。

bb）エルプグートの主張について　　同様にエルプグートの主張も疑義がないわけでない。衡量の過程と衡量の結果の統制は同じ基準に拠るのではなく，むしろ衡量の瑕疵は動態的過程と静態的結果に区別されなければならない，とするのがエルプグートの主張である。しかし問題となるのは，動態的要素と静態的要素の強調が連邦行政裁判所によるこれまでの衡量の構成を超えてしまうことである。すなわち，それは過程と結果の区別とは別のものが問題となっているのである。エルプグートの主張では「事物の法則性」というものが前提となっているが，「事物」(Sache) 自体が既に不明確である。重要なことは，衡量の瑕疵を回避するための要求は原則として過程と結果を対象としていることを，連邦行政裁判所の裁判官が強調していることである。動態的要素と静態的要素に区別することと，過程の瑕疵と結果の瑕疵に瑕疵の類型を区別することは，連邦行政裁判所が形成した瑕疵の類型とは一致しない。利益の調整は（これはエルプグートにより結果に分類されている）は単に衡量の静態的要素を示しているのではない。むしろこの調整は利益相互間の関連づけにおいて行われ，動態的要素として衡量の過程に分類される決定プロセスである。そして，利益の重要性の判定は（これはエルプグートにより動態的要素に分類され，それ故過程に分類される）衡量の結果が存在する限りでは，静態的性質を持つ。利益の重要性はその時に確定する。

　以上のように，連邦行政裁判所に対するコッホの批判も，エルプグートの批判も成功しないのであるから，問題となるのは同裁判所が行うような衡量の過程と結果を同じ類型の瑕疵について審査する必要を明らかにすることである。

cc）統制の経済という観点　　これまでの検討で明らかになったことは，衡量の過程と衡量の結果の区別の観点は，「統制の経済の理由」から有用である，ということである。すなわち，瑕疵ある衡量が既に地区詳細計画または計画確定の決定自体から明らかになる場合には，衡量過程の包括的な統制はもはや不要である，ということである。したがって，重要なメルクマールは，コッホやエルプグートが言う理論的な区別ではなく，統制の対象である。

　結果の統制である統制対象は所産としての計画，結果としての計画である。より厳密に言うと，地区詳細計画ないし計画策定において行われる決定 (Festsetzung) であり，設計図および書面による確定のようなものである。裁判所の審査は，結果の統制に際しては計画において行われた決定，これらのそれぞれの関係および場所的状況に対する関連づけに限定される。

すなわち，計画行政庁が客観的重要性と比例関係に立たないで（不釣り合いに），ある利益の重要性を確定し，または，利益の客観的な重要性と比例関係に立たないやり方で（不釣り合いに）異なった利益の調整を実施したことが，地区詳細計画ないし計画確定から既に明らかになる場合に，衡量の結果の違法性は確認される。更に，計画的衡量によって克服され得ず，それ故にその確定において斟酌されされなければならなかったような客観的に重要な意味を持っている利益を，行政庁がその決定において取り上げなかった場合においても，衡量の結果の統制は衡量の瑕疵を明らかにする。
　これに対して結果の統制が衡量の瑕疵を明らかにしなかったときに，これは衡量が無瑕疵であったということではない。結果の統制対象を手がかりとしては瑕疵ある衡量が調査されなかった，ということにすぎない。この場合には費用がかかる衡量過程の審査が必要となる。過程の統制に際しては付加的な統制の対象に立ち帰ることによって，単なる「所産としての計画」からは知り得なかった衡量の瑕疵が探究される。この付加的な統制の対象は，計画の理由付記（理由の提示），計画の記録，聴聞手続での意見陳述，計画草案の理由書，騒音の鑑定およびその他の資料である。連邦行政裁判所はこうした統制の対象を外部的な側面の中に入れる。その理由として，審査に際して認識される瑕疵とか錯誤は「客観的に把握され得る」ことを挙げる。衡量瑕疵の内部的側面は，例えば評決に参加した計画主体の構成員の瑕疵ある誤った動機が考えられている。過程統制である統制対象の審査に際して発見されるとき，衡量の瑕疵は衡量の過程の瑕疵として格付けされる。
　裁判所が瑕疵の審査をするに際しては，つぎの点も考慮する必要がある。すなわち，過程の審査は利益を衡量の中に挿入すること，このような利益の重要性を判定し，そして優位に置くことと劣位に置くことから成り立つ。このように決定が形成されるまでに一定の時間を要する。例えば，もし会議録の審査または証人の証言から衡量にとって重要な利益が衡量の特定の時点で知られておらず，または間違って評価されたことが明らかになった場合には，裁判所はこの過誤が更なる衡量の進行過程において治癒されたか否かを審査しなければならない。
　最後に，衡量過程の統制は，衡量の結果を一瞥した上での因果関係の審査を要求する。すなわち，裁判官が瑕疵ある衡量の過程を発見したときは，瑕疵が衡量の結果に影響をあたえ得たか，という審査をしなければならない。しかも，具体的な可能性という意味で。この様な意味で，衡量の結果に影響をあたえない衡量の過程における瑕疵ある考慮は，衡量を瑕疵あるものとしない。ここにおいて，

第2編　衡量原則

衡量の結果への過程の統制の依存性が示される。影響の必要条件をもって強調されている衡量の結果と衡量の過程結合性は，衡量統制の統一性を特色とする。この結合により，原則として同じ統制基準（瑕疵の類型）の場合に，過程と結果を分けることは計画の衡量決定審査を容易にし，それを透明にし，跡づけができるようにするのであり，そして同時に訴訟経済に資することになる。

II　過程の統制と結果の統制

最後に紹介したイプラーの主張を敷衍する形で議論を展開する学説[14]は，後に本書で扱うEUの指令を転換するために行われた2004年の建設法典の改正での議論を理解するためにも有益である。特に「衡量の過程」の概念が手続法の性質をもっているのか，すなわち，手続法という概念をもって衡量の過程とされるものの全部が包括されるのか，という議論を理解するためにも，この学説は有益な示唆をあたえてくれるように見える。このため，以下にはこの学説の概要を紹介することにする。

1　衡量の結果について

衡量の過程からも区別された，結果の審査が必要である[15]。精確な（正しい）過程は常に無瑕疵の結果に行き着くという説明は必ずしも正しくない。その原因の1つは，思考上欠陥がある限定された審査基準の中に在る。もう1つは，計画主体にとっては認識できないがために，過程において挿入することができなかった利益が不釣り合い（比例関係に立たないこと）という形での衡量の結果における瑕疵に行き着くことがあり得るということを完全に否定することができない，という点に在る。衡量瑕疵論が，ここでは少なくとも結果に関するものであるが，最終的に法治国原則および比例原則からの流出としてみなされなければならないのであるから，衡量の結果の瑕疵が決定的に重要である。

2　衡量の過程について

計画内容の適法性判断のためには限定された審査基準しか存在しないのであるから，審査を過程にまで拡張する必要がある，という認識が衡量統制の必要性を支える[16]。最終的にはこの認識の背後には「手続による基本権の保護」(Der

---

(14)　Robert Käß, Inhalt und Grenzen des Grundsaz der Planerhaltung, 2002, S.174 ff.
(15)　Käß, S.176.
(16)　Käß, S.177 ff.

316

第 5 章　衡量の過程と結果の概念

Grundrechtzschutz durch Verfahren) の考慮が存在するのであり，これが計画法に移行して，過程の審査による権利保護に修正されて適用される。これによると，計画は結果において瑕疵を示すだけでなく，瑕疵ある衡量のプロセスにおいて成立した場合にも瑕疵をもつ。衡量の審査を結果に限定することは，法的統制の切り詰め（Verkürzung）の謂である。むしろ統制の対象は動態的な構成要素にまで拡張されなければならない。この場合，形式的要求の遵守でない決定発見過程の内容が問題とされる，という特性に注目しなければならない。そして，過程の統制は結果の統制よりも多層的であり，時間的な要素を取り入れなければならない。ここにおいては，例えば不正確な価値判断が修正されたり，当初斟酌されなければならなかった利益が後になって斟酌されたりするというように，衡量過程の進行によっても瑕疵は除去される。

　以上のように，この学説は衡量過程の統制の特性を挙げて説明するのであるが，この説明は行政手続瑕疵を論じるときにも指摘したことと対応するのであり[17]，この点は興味深い。

　衡量の過程の統制を説明する以上の学説は更につづけるのであるが[18]，1986年12月5日の判決（BVerwGE 75, 214, 245）を援用して，つぎのような指摘をする。すなわち，瑕疵をもった考慮は，「それがその過程においても効果を表わしたことがあり得る場合に限り」違法になる。裁判所が説明するところによると，行政庁は開始した手続を中断することなく，生じた瑕疵を除去する権能をもたなければならない。進行する過程の内部において修正が行われる場合には，衡量の適法性に対する影響は存在しないことになる。

　以上紹介した学説は，当然のことに衡量の結果と衡量の過程の統制についての必要性を前提としているのであり，連邦行政裁判所の判例を踏襲している。しかし，この学説は同時に2つの問題があることを指摘している。すなわち，1つは過程統制の範囲と強度を制限する必要があることであり，もう1つは，本書でも後に触れているのであるが，「計画維持原則」（Planerhaltungsgrundsatz）を背景にして過程瑕疵の制裁が問われなければならない，ということである。過程の一部分における瑕疵はその過程に影響をあたえたのかという，過程の統制に際して示されている問題は結果にも拡張され得る。過程における総ての瑕疵は無効に行き着くのか，それとも，結果においても現れている衡量の瑕疵だけなのか，という

---

(17)　この点については，海老沢俊郎・行政手続法の研究（成文堂，1992年）344頁参照。
(18)　Käß, S.179.

問題が提起されるのである[19]。

3　衡量の過程における瑕疵の明白性と衡量の結果に対する影響

　旧連邦建設法（Budesbaugesetz）は第155条b第2項第2文において「衡量の過程における瑕疵は，それが明白であり（offensichtlich），かつ衡量の結果に影響をあたえた場合に限り，顧慮される」とする規定を置いた。後述するように，計画は瑕疵に対して脆弱である（fehlanfällig）という性質をもっているために，計画に対する信頼保護の喪失であるとか法的安定性という観点からこれに対処する必要がある。これが旧連邦建設法の規定であり，これは後に「計画維持」という制度にまで発展する。この規定は旧建設法典に承継され，2004年にいて行われた改正により誕生した現在の建設法典においても（第214条1項1号，同条第3項第2文）そのまま残されている。更には，連邦行政手続法第75条第1項aにおいて，同じ文言の規定が部門別計画（計画確定〔Planfeststellung〕）についても規定されている。

　この規定について詳細に論ずることはできない。しかし，衡量の過程を理解する一助として，この規定の解釈論の概要を示すことにする。その際には，既に衡量の結果および衡量の過程を詳細に論じた先に紹介した学説[20]がこの点についてもやはり詳細に論じてもいるので，ここでこれを紹介することにする。なお，この学説が議論を展開するに際しては多くの判例や学説も引用しているが，ここではこれについてそれぞれの検討を割愛する。

a）瑕疵の明白性について

　まずこうした規定について問題となるのは，衡量の過程における瑕疵の「明白性」（Offensichtlichkeit）である。実はこの概念をめぐる議論に，衡量過程の瑕疵論が集中しているようにみえるのである。建設管理計画の枠内で行われる衡量の過程についての審査可能性は，この「明白性」に限定されるのである。

　この規定の成立史をみると，この「明白性」については2つの基本的意味が前提とされている。1つは，「明白性」（Offensichtlichkeit）がEvidenzの意味で，つまり容易に識別できることの意味で理解されることである。もう1つは，客観的な事実の状況からの「明確性」（Ersichtlichkeit）の意味で理解されることである。この「明白性」を特に連邦行政手続法第44条第1項が規定している「無効」概念との比較で考えることができる。すなわちこの規定によると，特に重大な瑕疵

---
[19]　Käß, S.179.
[20]　Käß, S.180 ff.

は，それが形式的か実体的かにかかわりなく「明白」（offensichtlich）である場合には，無効という効果を生じさせる。この要件は「明確性」（Offenkundigkeit）と理解されており，それは「想定せざるを得ない」（sich aufdrängen muß）の意味であって，これを衡量の過程における瑕疵の明白性の解釈に転用しようとするのである。すなわち，容易に識別できず，ないしは，直ちに明らかにならない（nicht ersichtlich）衡量の過程における瑕疵は顧慮されない，とする解釈を行う。こうした解釈に対しては当然に異議が提起される。しかしながら，行政手続法第44条第1項における「明白性」（Offensichtlichkeit）の概念は1998年8月6日の「行政手続法改正法」によって導入されたのであるが（それまでは「明確性」という文言），立法者は文言の同化を目指す際には内容変更を行おうとはしなかったのである。因みに，行政手続法制定前に主張されていた「明白性の理論」（Evidenztheorie）に，行政手続法第44条第1項の規定は遡ることができる，とされている（この理論は瑕疵の重大性と識別可能性（Erkennbarkeit）を要求していた）。また，連邦行政手続法第46条は，行政手続の瑕疵が事案における決定に影響をあたえず，かつ，それが明白である（offensichtlich）である場合には，行政行為の取消を求めることができない，とするのである。この場合の「明白性」（Offensichtlichkeit）が識別可能性（Erkennbarkeit）の意味なのか，それとも，記録を使って一義的になる証明可能性の意味で理解されるのか，ということは最終的に決着がついていない。このようにみると，衡量の過程の明白性の意味を行政行為から転用して決定することには問題がある。

　計画の本質から見て，衡量の過程は詳細な探究と十分な専門知識によって跡づけができる複雑なプロセスの束である。したがって，重大な瑕疵も容易に識別できるほど明白（evident）ではない。瑕疵の重大性が社会的な識別可能性と結びつくことは，きわめて限定されている。また，注目しなければならないのは，連邦行政手続法第44条第1項によると，容易に識別できると理解される明白性（Evidenz）は，瑕疵の重大性と結びついた場合に限り，瑕疵の分類のための道具となり得る。この規定によると，瑕疵の重大性は違法と無効という異なった瑕疵の制裁の間の独自の区分基準を提供している。この容易に識別できるものと理解される明白性（Evidenz）は信頼保護と法的安定性のための付加的な調整方法を形成している。行政行為は瑕疵の重大性により法律効果を生じさせないということを市民にはっきりと知らせることに，この容易に識別できるものと理解される明白性の本質がある。しかし信頼保護の考慮は，衡量過程における瑕疵の限定に際しては何の役にも立たない。というのは，この瑕疵は公然性（Öffentlichkeit）から

第2編　衡量原則

外れた局面において生起し得るのであり，このため市民はこれについて殆ど認知することができないからである。

　容易に識別できるものとする明白性を手がかりとして建設計画の無効を決定することは，たやすく識別することができない記録において余すところなく記録されている過程での瑕疵を顧慮しない，という結果をもたらす。複雑な利益において，経済的な理由からゲマインデに対して厳密な考慮を行わないように働きかけることもあり得る。そこで，衡量の過程が一見して分かるような瑕疵について調査される限り，調査の不足（不十分）が一見して分かるようなものでない場合には，計画者はこうした瑕疵をそのままにしておく。このため，こうした瑕疵は制裁されないままに放置されるということになる。これでは「計画維持」の目的を遙かに超えることとなる。建設管理計画の基本原則や適正な衡量原則が毀損されず，計画はたとえこのような瑕疵がなくとも今みているような結果をもって成立したであろうような場合に無効を否定するということを，そもそもこの計画維持制度は目的としていたはずであるからである。

　また，この規定の由来をみると，主要な市町村連合（Spitzenverbände）からの問題提起に応じて，計画に関する決議に際してのゲマインデの議会構成員の内部的な動機が裁判所により審査されないということが，規定導入の主たる動機であったとされる。すなわち，議会における政治的意思形成や決議のあらゆる詳細な事項や状況を裁判所の審査の対象とすることは，裁判所がゲマインデの計画高権を侵害することになり，これは否定されなければならない，というのである。この規定の立法者は決議に際しての動機や内部的過程を探り出すことに，むしろ危険を察知したのである。複雑な衡量の過程は裁判所により，現存の計画に係わる資料を手がかりにして，跡づけができるように評価されるという側面はあまり重視されなかったのである。この点は重要である。内部的な過程は政治的統制の対象であるからである。記録を手がかりとした適正な衡量という，むしろ技術的な問題は専門的に育成された裁判官に委ねられる。したがって，この規定について提出された理由書は，むしろ「明白性」（Offensichtlichkeit）を記録からの「明確性」（Ersichtlichkeit）として理解している。以上の理由から，純粋の，容易に認識できる明白性（Evidenz）とすることは否定されることになる。

　以上のことから，「明白性」は状況についての客観的な認識可能性の意味で理解されてきている。こうした理解によると，その基準は衡量に関与する決定主体の個人的な思考や動機を探究するのは阻止すべきである，という考えの結果から出てくる。むしろ瑕疵の存否は衡量の「外部的」側面に係わるのか，つまり客観

化され得る状況を示しているのか,ということにかかっている。これに対しては,衡量過程の「内部的」側面をみるべきであって,これは審議や決議に際しての構成員の考えや動機を内容としている。衡量の内部的側面は,このような内部的過程は既に信頼できる審査を免れているという理由からみても,衡量に際して何の役割を果たさない。これによって,合議機関の決議については一般的に通用する衡量統制のための基本原則が確立された。協議に加わった者の動機を瑕疵の原因とすることを否定し,過程の統制が更に広がらないようにする限りで,「明白性」の基準は衡量の瑕疵を限定する。跡づけができる明白性(Offensichtlichkeit)の基本原則は,衡量過程の審査の統制の強度の限定を本質としているのである。

b) 衡量の結果に対する影響

衡量過程における明白な瑕疵は,同時に衡量の結果に対して影響をあたえるものでなければならない[21]。これによって,その瑕疵は顧慮されるのであり,無効という効果を生じさせる。この規定の制定に際しては,要件についての詳細な規定を回避したのであるから,これを個別的な事案において形成することは行政裁判所の任務である。判例によると,瑕疵がなければ別の衡量の結果になっていたという具体的な可能性が存在しなければならない。仮に別の決定が抽象的に考えられるだけであるならば,結果に対する十分な影響が違反については存在しないことを理由として,こうした瑕疵は顧慮されず,それ故計画は有効になる。計画決定においては決定の自由な領域が特別に広いことに鑑みれば,別の決定は殆どの場合認定されてしまうことになる。そうすると,計画の無効をもたらす瑕疵の顧慮を制限しようとしたこの規定の立法趣旨を空転させてしまうことになる。

連邦行政裁判所の判例によると,つぎの場合には別の具体的可能性が存在する。すなわち,計画の資料,または,その他の認識し得るもしくは存在するのが当然と思える(naheliegend)状況からみて,衡量の過程における瑕疵が衡量の結果に対してあたえ得たという可能性が明瞭である(sich abzeichnen)場合である。したがって,衡量の過程が法にしたがっていれば別の結果が明瞭である,ということが問われなければならない。つぎの場合に具体的可能性は肯定される。すなわち,計画者が適切でない利益に導かれ,計画を正当化し得るこれとは別の利益を選ばなかった場合,または,現在の法状況からみて計画に反対するような利益が衡量の中に入れられず,もしくは,計画者が不当に衡量の中に入れた認定によって,計画決定をすることについて阻まれる場合である。

---

(21) Käß, S.192 ff.

第6章　建設法典改正法における衡量原則の取扱い

I　改正法の経緯

　後に見るように2004年に「欧州連合指令に建設法典を適合させるための法律」（Gesetz zur Anpassung des Baugesetzbuch an EU-Richtlinie vom 24.6. 2004, (EAG-Bau) BGBl, I S.1359）が成立した。この法律改正は EU 法に建設法典を適合させることを主たる目的とするが，その際に衡量原則についても影響をおよぼした。衡量の瑕疵[1]に対していかなる効果を結びつけるのか，という制度のあり方を中心にしてこの改正の議論が行われた。計画が瑕疵を持つとされる場合，その瑕疵の態様は様々である。衡量の瑕疵の他に，形式や手続の瑕疵，実体的瑕疵が挙げられるのであるが，そうした瑕疵の効果として建設法典は特殊な取扱いをしている。この法律の前身である「連邦建設法」（Bundesbaugesetz BBauG 1960）も同様である。建設法典は「計画維持」として第4章において規定を置いているが，これがどのような経緯で発展してきたのか，という点についてまず概要を述べることにする。

1　計画維持の概念

　1960年に「連邦建設法」（Bundesbaugesetz BBauG 1960）が成立したが，この法典編纂の目的は，この領域における法律状態の明確化であった[2]。1950年代においてみられた分散立法を連邦における統一立法によって2段階から成る建設管理計画（Bauleitplanung）を規律することによって，こうした法状態を除去することがこの法律の目的であった。この建設管理計画は，住民に対して直接の法的拘束

---

(1)　建設法典において衡量の「瑕疵」を表すドイツ語としては Mangel（その複数形として Mängel）が使われている。その他に Rechtsverletzung, Rechtsverstoß, Fehler という言葉も存在するが，いずれも法規定に対する違反（毀損）を意味する。しかし，このように用語を異にしている理由は分からない（Marcus Merkel, Die Gerichtskontrolle der Abwägung im Bauplanungsrecht, insbesondere nach der Neuregelung der §§ 2 III und 214 BauGB durch das EAG Bau, 2012, S.144.）。本書は，こうしたドイツ語の表現の違いもあるが，「瑕疵」という用語で統一する。

(2)　以下の記述は Robert Käß, Inhalt und Grenzen des Grundsatz der Planerhaltung, 2002, S.59 ff. 説明にしたがう。

力を持たず，準備的な性質を持つ「土地利用計画」（Flächennutzungsplan Fプラン）と住民の権利義務に対して直接に法的拘束力を持つ「地区詳細計画」（Baunutzungsplan Bプラン）に区別されるが，後者は「条例」（Satzung）とされ，それ故に法規範として形成された。この条例という形式をあたえたことによって，その効力を規範統制訴訟（行政裁判所法〔Verwaltungsgerichtsordnung VwGO〕）第47条において争う形式を採ることにした。計画を条例形式にして，それの行政行為としての形式を避けたことは，計画の安定性を図る目的であったが，その後それが全く反対の結果になったのである。

すなわち，1960年の連邦建設法の制定後，策定された計画の中のかなりのものが裁判所の統制に際して瑕疵あるものとされ，このために無効とされた。規範統制の申し立て，ないし，中間判決による統制の成功率は半分を超えており，これは形式的瑕疵によるものであった。このような計画の「瑕疵に対する脆弱性」（Fehlanfälligkeit）を原因として生じるのは，ゲマインデの行政に対する信頼の失墜と行政運営の不安定化である。手続や形式の瑕疵であっても，それによる効果は「無効」であるので，出訴期間の制限もない。このため，法的安定性が欠ける弊害は大なるものがある。無効という瑕疵の効果を制限する規定が1976年8月18日の連邦建設法改正法によってはじめて導入された。新たに創設された第155条aの規定がそれであって，これは形式的瑕疵だけにかかわるのであり，1年間の責問期間（Rügefrist）の経過の後にこうした形式的瑕疵を顧慮しなくてもよい（unbeachtlich）とするものであり（相対的顧慮不要性），ないしは，こうした瑕疵が計画の拘束力については何の意味を持たないとするものである[3]。この規定は「無効理論を破ること」（die Durchbrechung des Nichtigkeitsdogmas）を意味するものであるが，同時にこうした方向での更なる展開の第一歩でもある[4]。

2　瑕疵に対する計画の脆弱性

このような旧連邦建設法が制定された後にわざわざ計画の効力を維持するため

---

(3)　このbeachtlichという言葉はerheblichという言葉と同義である（Ulrich Battis, in: Battis/Krauzenberger/Löhr, BauGB, 13. Aufl. 2016, Rn.20 zu § 214）。日本語で表現することは困難であるように思えるが，「顧慮される」と訳しておいた。「顧慮される」とは，瑕疵に対して補充行為とされる追完行為（治癒行為）がなされない限り，当該計画は「無効」とされるのである。

(4)　ドイツにおける計画の裁判所による統制についての包括的な研究として，湊二郎・都市計画の裁判統制（2018年，日本評論社）がある。この研究では同時に「計画維持」制度の展開も詳しく触れている。

第 6 章　建設法典改正法における衡量原則の取扱い

に置かれ，後に「計画維持」（Planerhaltung）という制度が発展した背景ないし原因は「瑕疵に対する計画の脆弱性」という現象であるが，これについて少し触れておくことにする。

　エアフルト単科大学（Fachhochschule Erfurt）において行われた調査研究報告「地区詳細計画が不首尾に終わった理由は何か」（Woran scheitern Bebauungspläne?）が公表されている[5]。この報告書は詳細をきわめるが，ここではこの報告書の一部分を，しかも概要だけを「計画維持」制度を理解する目的で使わせてもらうことにする。これによってドイツ法での「計画維持」という制度の背景にある理由の一端を理解することもできよう。

　この報告書は，地区詳細計画に関する全部で 293 件の抽象的規範統制訴訟の分析にもとづいて作成されたものである。そこでは高等行政裁判所に係属した事案において地区詳細計画が「不首尾に終わった理由」が調査されている。この調査は 2010 年 1 月 1 日から 2016 年 11 月 1 日までの裁判所の決定を対象としている。したがって，この調査の対象は既に改正法が適用された事案であることに注意を要する。

　結論から言うと，こうした原因の多くは実体上の瑕疵による。裁判所の決定の対象となった計画の 73.7％ が専ら実体法上の瑕疵を持ち，単に 11.6％ が手続や形式の瑕疵を持っていた。形式の瑕疵とされたものの最も多いのは公示（Auslegungsbekanntmachung）に関する瑕疵である。この点について少し触れておくと，建設法典第 3 条第 2 項によると，建設管理計画の草案は理由書，そして，ゲマインデの評価によれば，重要な点において現存している環境に関係している情報は，少なくとも 1 週間前に地域において慣行とされている方法で告知されなければならないのである。そして実体法上の瑕疵とされるものの中で最も多いのは計画の策定が法的根拠を持たず，または，法的根拠づけに違反して行われた場合の瑕疵である。すなわち，「計画内容」にかかわる瑕疵であって，建設法典第 9 条の規定に違反するものである。

　衡量の瑕疵について見ると，瑕疵全体 551 の中で 229 が（293 件の地区詳細計画の中の 166 件）衡量原則に対する違反であって，これが計画の効力に最も多く影響をあたえた。最も多く責問の対象となったこの瑕疵が，最も多く計画の有効性を否定することになったのである。「衡量の欠落」とか「衡量の不釣り合い」と

---

[5]　この報告書は Reinhold Zemke, Der Bebauungsplan in der Praxis, 1. Aufl. 2018, S.282 ff. において掲載されている。本書はここで掲載されている報告書の一部を使わせていただいた。

いうような極端な場合は,「衡量の不足」とか「利益の重要性に関する誤った判定」よりも明らかに少ない。したがって全体としてみると,最も多く責問されている瑕疵が最も多く計画の無効原因となる。すなわち,衡量の資料が瑕疵をもって調査されたか,または不十分に収集されたということ,ないしは,計画と無関係な利益が衡量の中に入れられた（衡量の不足とされる瑕疵）ということを理由として,95の地区詳細計画が不首尾に終わったのである。更に74件においては衡量に入れられている利益の意味が誤認され,その結果それが間違って評価された。このような間違った重要性の判定は,第三番目に多く責問された。

衡量に際してそもそも斟酌されず,または十分に斟酌されなかったとされた利益は,環境汚染に係わるものが最も多く（30%）,それにつづいて所有権に係わるもの（26%）,自然保護に係わるもの（9%）などである。また,環境汚染の原因としては,騒音（75%）,悪臭（22%）が大部分である。

3 2004年改正法までの立法状況

1976年に開始した計画維持のための法発展は3年後に新たな展開をする[6]。これまでの連邦建設法第155条aの基本的な体裁はそのままとされたが,適用範囲は土地利用計画にまで拡大された。そして同条第5項は,土地利用計画もしくは条例の許可および告知から生じた瑕疵をゲマインデが除去したした場合には,ゲマインデは土地利用計画または条例を遡及して新たに有効とすることができる旨を規定する。本書との関連で重要なのは,新たに第155条bの規定が創設され,その第2項においてはじめて衡量の瑕疵の「顧慮」（Beachtlichkeit）の規定が設けられたことである。また,第155条cの規定も新設され,ここにおいては建設管理計画を所管する許可官庁は第155条aおよび第155条bの規定にかかわりなく,これまで「顧慮されない」（unbeachtlich）とされた瑕疵にかかわる規定を含めて,全部の規定の遵守を審査する義務がある旨を定めた。

1986年12月8日に「建設法典」（Gesetz über das Baugesetzbuch 8.12.1986, BGBl I, S.2191 ff.）が制定される。ここにおいては,「顧慮されないこと」（Unbeachtlichkeit）や治癒の規定は初めて固有の章（第4章 「有効性の要件」という名称を持つ）の中にまとめられた（第214条から第216条）。

1980年代の終わり頃には居住空間の逼迫という事情が生じ,このため立法者は住居地の利用指定のための法的な基礎をつくり出すことが求められた。このた

---

(6) 以下の説明はHolger Steinwede, Planerhaltung im Städtebaurecht durch Gesetz und richterliche Rechtsfortbildung, 2003, S.82 ff. の説明にしがう。

めに，1990年に「建設法典措置法」（BauGB-Maßnahmegesetz）[7]が制定された。1997年12月31日までの期限をつけられたこの法律の主たる目的は，建設管理計画の策定に際しての手続の軽減と短縮のために建設法典に現存するあらゆる可能性を探し出し，それを利用し尽くすことである。1998年において顧慮されないことと治癒に関する規定は「建設および国土整備法」（Bau- und Raumordnungsgesetz 1998）[8]によって更に修正が加えられ，また，これに関する規定を収めていたこれまでの名称である「有効性の要件」は「計画維持」（Planerhaltung）に代えられた。

　2004年7月20日に「欧州連合指令に建設法典を適合させるための法律」（Gesetz zur Anpassung des Baugesetzbuch an EU-Richtlinie vom 24.6. 2004, (EAGBau) BGBl, I S.1359）が施行された[9]。この法律は環境法の領域での欧州の法体系に土地利用計画を適合させることを目的としている。これの試みとしては既に以下の立法が先行している。すなわち，「建設法典改正および国土開発計画の新たな規律のための法律」（Gesetz zur Änderung des Baugesetzbuchs und Raumordnugsgesetz vom 18.8.1997, (BauROG) BGBl, I S.2081）および2001年に行われた「環境影響評価法」（Umweltverträglichkeitsprüfungsgesetz）の改正である。しかし，都市建設における計画についてこうした先行の立法を超えて新たな法的な対応を迫ったのは，環境影響評価に関するEU法の指令であった。すなわち，「特定の計画および綱領の環境影響審査に関する2001年6月27日欧州共同体議会および閣僚理事会指令」（Richtlinie 2001/42/EG des Europäischen Gemeinschaft für das Recht der Umweltauswirkungen bestimmter Pläne und Programme）を建設計画の法体系の中に転換させる必要があった[10]。この指令は建設法典もまた適合しなければならない事項を規定していたのである。このように共同体の指令をドイツ法に転換することが義務づけられたことが2004年に建設法典改正の動機となった。この指令の第1条はつぎのように規定している。

　　「本指令は，持続的な発展の促進を顧慮して高度の環境保護水準を保証す

---

(7) Gesetz zur Erleichterung des Wohnungsbaus im Planungs- und Baurecht sowie zur Änderung mietrechtlicher Vorschriften（Wohnungsbau-Erleichterungsgesetz）vom 17.5.1990, (BGBl, I, S.926 ff).
(8) Gesetz zur Änderung des Baugesetzbuchs und zur Neuregelung des Rechts der Raumordnung vom 18.8.1997, (BGBl, I. S.2081 ff.).
(9) この法律に関する以下の説明はBach, S.131-134 の記述にしたがう。
(10) この指令については海老沢俊郎「特定の計画および綱領の環境影響審査に関する2001年6月27日欧州共同体議会および閣僚理事会指令」（翻訳）名城ロースクール・ローレビュー創刊号（2005年）190頁以下。この指令についての以下の紹介は同翻訳による。

第2編　衡量原則

ることを目標とし，そして，重大な環境影響をあたえことが予測される特定の計画および綱領が本指令にしたがって環境審査を受けることを配慮し，これにより計画および綱領の策定および承認に際して環境に対する考慮が取り入れられるために寄与することを目標とする」

この指令策定に際して考慮された事項を全部で20項目にわたって挙げているが（「考慮事項」と呼ばれる），この指令第1条の目的規定と関連するのが第4項目と第9項目である。第4項目はつぎのように規定している。

「環境審査は，加盟国における環境に対して重大な影響をおよぼし得る特定の計画および綱領を策定し承認するに際して環境に対する考慮を取り入れるための重要な道具である。何故ならば，この審査は，計画および綱領の実施から生じるこうした影響が策定に際してそして承認の前に，斟酌されることを保証するからである」

第9項目はつぎのように規定している。

「本指令は手続的な局面に関係するのであり，指令の要求は加盟国において既に存在している手続または特にこの目的のために創設された手続のいずれかに取り入れられなければならない。加盟国は重複した審査を回避するために，審査は階層的に構成された全体組織の一部である計画および綱領の場合には様々な領域において行われるという事実を適当な場合に斟酌しなければならない」

従来の環境影響評価は，事業計画の許否を決定する許可等の行政決定の段階において反映されるものである(11)。しかし，この指令は公衆参加を伴った計画策定の段階において「環境審査」（Umweltprüfung）が行われることを目標とする。この指令の第3条は9項目にわたってこの指令が適用される領域を定めているが，そこに掲げられている計画と綱領は広範である。将来の事業の許可のための枠組み

---

(11) この点については，海老沢俊郎「環境影響評価における評価と決定──特に行政法的観点からの検討」名城法学51巻2号（2001年）39頁以下。因みに，以上のような伝統的な環境影響評価制度は本書のテーマである裁量論との関連でいえば，つぎのような問題を抱えていた。すなわち，環境影響評価は「大気」，「水」，「土壌」などのような各環境媒質ないし環境要素ごとに行われるとともに，これを超えて，環境というシステム（生態系）全体について「統合的に」行われなければならないのである。そうすると，事業に関する許可のような行政決定が少なくとも「覊束的決定」であるならば，法がそれぞれの環境媒質に着目した構想をもっている以上は，評価を法の単純な包摂ないし当て嵌めと理解する限り，環境影響評価の要求に応えることができないはずである。これが「環境保護の欠落」というものである（海老沢・58頁参照）。日本の環境影響評価法は第33条においていわゆる「横断条項」と呼ばれている規定を置いている。しかし，この「環境保護の欠落」という問題は残るであろう。

を設定する土地利用計画や国土開発についてもこの指令は適用されることになる（第3条第2項a号）。

2004年に施行された建設法典の改正法は以上のような環境影響評価指令の国内法への転換と並んで、いわゆる「公衆参加指令」(Öffentlichkeitsbeteiligungsrichtlinie)[12]も国内法に転換することを目標にしていた。この指令は環境影響評価指令の指示を超えて、計画および綱領並びに環境影響評価を義務づけられている事業について公衆参加の態様および範囲を定める。

4 改正法の概要

a) 衡量において斟酌すべき利益の列記

建設法典第1条は「建設管理計画の任務、概念および基本原則」という表題をもった規定である[13]。本書との関連で注目すべきはその第6項であって、そこでは衡量において斟酌すべき利益の包括的な一覧表がつくられている。特に重要なのは、環境保護利益である。これらの利益は同項第7号においてa）からi）までの9項目にわたって例示されている。この例示は旧法と比較して拡張されている。また注目すべきは、この規定が重要な環境利益を実体法上の衡量原則のために例示するとともに、手続法上の制度としての環境影響審査の対象である保護法益を一覧表に挙げるという二重の性質を持っていることである。

同条第7項は衡量に関する一般原則の規定であり、これまでも言及してきているが、これは後述する「手続法上の衡量原則」との関連でも議論されるものでもある。この点は留意しておくべきである。もう一度繰り返すと、この規定はつぎのようなものである。

> 「建設管理計画の策定に際しては、公的利益および私的利益は、対立した利益の相互間および同じ利益の相互間において、それぞれ適正に衡量されなければならない」

なお、第1条aは「環境保護のための補充規定」を全部で5項にわたって定める。

---

(12) 正式には Richtlinie 2003/35/EG des Europäischen Parlaments und Rates vom 26.5.2003 über die Beteiligung der Öffentlichkeit bei der Ausarbeitung bestimmter umweltbezogener Pläne und Programme und zur Änderung der Richtlinie 85/337 EWG und 96/61 EG des Rates in Bezug auf die Öffentlichkeitsbeteiligung und den Zugang zu Gerichten, AblEU Nr.l 156, S.17.

(13) 以下の記述は、Robert Bach, Die Abwägung gemäß § 1 Abs.7 BauGB nach Erlass des EAG Bau, 2011, S.135 f. の説明にしたがう。

第2編　衡量原則

b）環境審査規定の導入

　2004年での建設法典改正の核心は，環境審査に関するEU法の国内法への転換であった[14]。先に見たように，この指令の目標は，持続的な発展を促進することに方向を定めて，高度の環境水準を保持し，そして，環境に対する考慮が計画と衡量の策定に際して取り入れられることである。この指令はこうした目標のために，包括的な公衆参加を伴った環境審査を事業計画の許可の局面ではなく，計画策定の局面において実施することを要求している。

　これに応えて建設法典第2条第4項は第1条第6項第7号および第1条aに定める環境利益のために「環境審査」（Umweltprüfung）が実施されることを定めている。この審査の結論は衡量において斟酌される（同項第4文）。第2条aによると，環境審査にもとづいて調査され，評価された環境保護の利益は「環境報告書」（Umweltbericht）において記載されなければならない。環境審査は独立した付加手続ではなく，計画策定手続の統合的な構成要素として原則として総ての建設管理計画において実施され，統一的な事業主体の手続（Trägerverfahren）として，都市建設法上の重要な環境手続を構成する。

　2004年の建設法典の改正法（以下「改正法」）は以上のように強化された公衆参加，環境報告書についてのEU指令による指示を地区詳細計画の策定手続の中に統合した。連邦政府によって連邦議会に提出された改正法草案の理由書はつぎのように述べている。

　　「土地計画，土地利用および土地に関係した環境保護の領域のために転換すべき欧州の指令は──特に環境影響評価指令──主として計画策定の手続および事業許可の手続について要求をしている。このような手続の要求には高度の位置価値が当然にあたえられる。したがって，手続の要求に対する違反を制裁なしのままで済ますことはできない。それ故，共同体法の手続上の指示の──特に計画環境影響評価の指示──建設法典への統合は，計画維持に関する規定を欧州法の了解に適合することを要求する。第214条第1項の提案された規定はこのためのものである」[15]

このように連邦政府の理由書によると，法律改正の重要な目的は「計画維持」（Planerhaltung）に関する規定を「欧州法の了解」（das europäische Rechtsverständnis）に適合させることである。「計画維持」の概念は後述することとして，この「欧州法の了解」とは何か。

---

(14)　以下の記述は，Bach, S.137. の説明にしたがう。
(15)　Begründung des Gesetzesentwurfs des Bundesregierung BT-Druck, 15/2250, S.63.

c）欧州法の了解

　欧州法の了解についてはつぎのような説明があるので，これを使わせてもらうことにする(16)。すなわち，ドイツ法との対比でEU法における手続法について認められるより一層大きな位置価値は，欧州裁判所（Europäischer Gerichtshof）の実務において見られる。これによると，手続規定に対する違反は常に顧慮される（beachtlich）。EU機能条約（Vertrag über die Arbeitsweise der Europäischen Union, AEUV）第263条によると，「重大な形式規定」の違反に際しては，EUの法行為に対する無効訴訟が許される。この第263条に掲げられた形式規定は手続規定に対する違反でもある。裁量権をもった行政機関の決定が統制の対象である場合には，欧州裁判所は手続規定の遵守を審査する。裁量決定の正しさはもはや問題とならない。ドイツの行政裁判所と比較して欧州の裁判所にとっては，行政の裁量決定を審査する場合はわずかである。

　EU法において裁判所による統制が手続へと結びつき，そして手続について特殊な位置価値を承認することは，特に専門家による判断が必要な場合に明確である。例えば，専門家の選任のような手続だけを審査するのであって，実体については決定しない。何故なら，同裁判所の見解によると，手続は決定の正しさの保証人である。手続の結論自体は審査されないからである。したがって，同裁判所の判例によると，手続の瑕疵は原則として顧慮されるものとみなされる。これに対してドイツ法においては，行政決定の事実問題・法律問題についての原則的な完全審査から出発している。このことから行政手続における瑕疵は裁判手続によって治癒される可能性が生じる。行政決定がもはや統制裁判所によって代替することができないような場合（例えば衡量決定）においては，ドイツ法においてもEU法において見られるような位置価値を手続は達成することができない。

　以上がドイツ法と比較した場合の「欧州法の了解」のひとつの説明であるが，もう少し別の説明を紹介すると，つぎのようなものがある(17)。これも建設法典の改正法の理解のためにはやはり有用であろうと思われる。すなわち，行政によって行われる手続は原則として裁判手続によって代替できるのであり，行政手続における瑕疵は役割を果たさない，という考えがドイツでは前提とされている。このことは改めて，比較をした場合の行政の弱い立場を示している。これに対してフランスや欧州共同体では，司法との関係での行政の重みが，行政手続での瑕疵

---

(16) Marcus Merkel, Die Gerichtskontrolle der Abwägung im Bauplanungsrecht, insbesondere nach der Neuregelung der §§ 2 III und 214 BauGB durch das EAG Bau, 2012, S.177 ff.

(17) Claus Dieter Classen, Die Europäisierung der Verwaltungsgerichtsbarkeit, 1996, S.179.

第2編　衡量原則

を原則として決定にとって重要である，とするにいたる。こうしたことはドイツにおいて——これはむしろ例外なのであるが——行政に判断余地が承認される場合には，同様に承認される。しかしそれだけでなく，行政手続における瑕疵を斟酌しないという議論，つまり結果に対して影響をおよぼさなかったという議論は，フランス法や EU 法では滅多に通用することがない，行政決定の結果に関連づけられた統制密度を前提としている。このような意味づけの違いは，行政決定の理由付記の議論においても見られる，という説明である。

　行政手続の瑕疵の裁判所による統制は要するに行政手続に関する評価を反映しているが，ドイツ法については既に詳しく論じたこともあるので(18)，ここでは繰り返さない。いずれにしてもドイツ法でのこうした行政手続に関する基本的な思考を「欧州法の了解」に転換するという試みはどのようなものか。そして，本書との関連では，衡量の瑕疵も手続の瑕疵と同じように取り扱われ，そうした瑕疵の効果も統一される。「パラダイムの転換」という言葉が，この建設法典における特に「計画維持」の規定に関する改正法成立の立法過程において登場するが，それはどのような意味なのか。

　なおここでは，これからの説明の便宜のために，資料として建設法典の「計画維持」に関する規定を翻訳しておく。

旧建設法典（Baugesetzbuch in der Bekanntmachung vom 27.8.1997 (BGBl. I S.2141, 1998 S.137)）
第4章　計画維持
土地利用計画および条例策定に関する規定違反の効力
第214条　土地利用計画および条例策定に関する規定違反の顧慮
(1)　本法典の手続および形式規定の違反は，本法典による土地利用計画および条例の法的効力については，つぎの場合に限り顧慮される。
1.　省略（註：市民または公的利益の主体の参加に関する規定が毀損された場合）
2.　省略（註：土地利用計画および条例に関する説明報告書および理由書に関する規定の違反があった場合）
3.　省略（註：土地利用計画もしくは条例に関するゲマインデの決議が行われず，ま

---

(18)　海老沢俊郎・行政手続法の研究（成文堂，1992年）341頁以下参照。特に351頁以下において紹介されている学説は，この問題に関するドイツ法の立場を最も良く表しているので，重要である。因みに，これはドイツ法の議論であるが，日本法も基本的には同じであろう。

たは土地利用計画もしくは条例の告知をもって追求される教示の目的が達成されなかった場合）

(2) 省略（註：土地利用計画の法的な効力については，土地利用計画と地区詳細計画の関係に関する規定の違反について，その瑕疵が顧慮されない場合の規定）。

(3) 衡量については，建設管理計画に関する決議の時点における事実および法律状況が基準となる。衡量の過程における瑕疵は，それが明白であり，かつ，衡量の結果に影響をおよぼした場合に限り顧慮される。

第215条　手続および形式規定の違反並びに衡量の瑕疵主張のための期間

(1) 顧慮されないのは
1. 第214条第1項第1文第1号および第2号において掲げられた手続および形式規定の違反
2. 衡量の瑕疵

であって，それが土地利用計画または条例の告知の後に，第1号の場合にあっては1年以内に，第2号の場合にあっては7年以内にゲマインデに対して書面で主張されなかった場合。それぞれの瑕疵を根拠づける事実関係は説明されなければならない。

(2) 土地利用計画および条例の施行に際しては，手続もしくは形式規定の違反または衡量の瑕疵の主張の要件並びに法律効果（第1項）は教示されなければならない。

第215条a　補充手続

(1) 第214条および第215条の規定により顧慮されないものとしては取り扱われず，補充手続によって除去することができる条例の瑕疵は無効とはならない。瑕疵の除去までには条例は法的効果を持たない。

(2) 第214条第1項において掲げられた規定または州法によるその他の手続もしくは形式規定に対する違反がある場合には，土地利用計画または条例は遡及効をもって新たに効力を持つことができる。

第216条　許可手続における任務

第214条および第215条により，諸規定の遵守であって，それの違反が土地利用計画または条例の法的効力に影響をもたないものの審査の任務は，そのままとする。

建設法典（Baugesetzbuch in der Fassung der Bekanntmachung vom 23.9. 2004（BGBl. I S.2414））

第2編　衡量原則

第2条　建設管理計画の策定
(1)　省略
(2)　省略
(3)　建設管理計画の策定に際しては，衡量にとって重要な利益（衡量の資料）が調査され，そして，評価されなければならない。
(4)　省略

第4章　計画維持
第214条　土地利用計画および条例の策定に関する規定違反の顧慮；補充手続
(1)　本法の手続および形式規定の違反は，本法典による土地利用計画および条例の法的効力については，つぎの場合に限り顧慮される。
1. 第2条第3項に違反して，ゲマインデに知られており，または知られているはずであった計画によって影響を受ける利益が重要な点において的確に調査または評価されず，その瑕疵が明白であり，かつ手続の結果に影響をあたえた場合。
2. 省略（註：公衆参加および行政庁の参加に関する規定の違反）
3. 省略（註：土地利用計画および条例の理由書並びに草案に関する規定の違反）
4. 省略（註：土地利用計画または条例に関するゲマインデの決議が行われなかった場合。許可が付与されず，または，土地利用計画もしくは条例の告知によって追求される指示の義務が達成されなかった場合）
(2)　省略（註：建設管理計画の法的効力にとって顧慮されない場合の規定）
(2a)　省略（註：迅速手続において策定された地区詳細計画についての補充規定の適用）
(3)　衡量については，土地利用計画または条例に関する決議の時点における事実および法律状況が基準となる。第1項第1文第1号の規定の対象である瑕疵は，衡量の瑕疵として主張することができない。その他の場合においては，衡量の過程における瑕疵は，それが明白であり，かつ衡量の結果に影響をあたえた場合に限り顧慮される。
(4)　土地利用計画または条例は，瑕疵除去のための補充手続によって，遡及効をもってしても効力を有することができる。

第215条　規定違反主張のための期間
(1)　顧慮されないのは，

第 6 章　建設法典改正法における衡量原則の取扱い

1. 第214条第1項第1文第1号ないし第3号において掲げられた顧慮される手続および形式規定の違反。
2. 省略
3. 第214条第3項第2文により顧慮される衡量過程の瑕疵であって，これらの瑕疵を，土地利用計画または条例の告知の後1年以内に，ゲマインデに対して違反を根拠づける事実関係を説明する書面をもって主張しなかった場合である。第214条第2a項の規定による瑕疵が顧慮される場合には，第1号の規定を準用する。
(2)　土地利用計画または条例の施行に際しては，これらの規定違反主張のための要件および効果を教示しなければならない。

第215条 a　削除
第216条　許可手続における任務
　規定であって，それの違反が第214条および第215条によって土地利用計画または条例の法的効力に影響をおよぼさないものの遵守を審査する，許可手続を管轄する行政庁の義務はそのままとする。

5　専門家委員会報告書

2002年8月に「建設法典改正のための独立専門家委員会報告書」(Bericht der unabhängigen Expertenkommission zur Novelliereung des BauGB ── 以下「報告書」と略す）が公表された。連邦交通，建設および住宅制度省（Bundesministerium für Verkehr, Bau- und Wohnungswesen）において設置された同委員会が公表したこの報告書は，改正法の立法過程において重要な役割を果たす。このため，これを少し紹介する[19]。

報告書は欧州法での指示から見た計画維持規定を改めて主張する。その際に，欧州法から見た手続法が持つ意義を直截に指示しているのである。まず「無効理論を破ること」を意味する計画維持規定について，つぎのように説明する。

　「計画維持の規定は，しばしば行政の法適合性の原則を破るものと批判される。この批判は問題の複雑さを見誤っているのである。都市建設上の計画や条例制定に際しての瑕疵の効果を，それの意味に応じて形成しなければならないのである。都市建設計画や条例は，土地利用における多数の市民や行

---
(19)　この報告書は同省のホームページからダウンロードしたが，現時点では削除されている。

第2編　衡量原則

　　政庁の法的関係を形成し，整序するのであり，そして所有権の領域における，こうした法的関係の処理を基礎づける。それ故，法的安定性，信頼保護および比例原則は，瑕疵の法的効果をそれぞれの意味に応じて区分することを正当化し，必要とする。こうした見解を一般規定において表現し，これにより計画維持の原則を更なる規定の指針として明確に前進させることを，委員会は提案する」[20]

以上のような計画維持制度の位置づけを指摘した後で，これが今後も存続すべきことを強調しているのである。その上で，欧州法から見た計画手続法の意義をつぎのように述べている。

　　「土地計画，土地利用計画および土地に関係した環境保護の領域のために転換すべき欧州の指令は，主として計画策定および事業許可の手続を利用する。その結果，環境の維持および保護，人の健康，自然環境の慎重で合理的な利用並びに持続的な開発という目標を達成することができる。それ故，この目標のための手続上の要求は高度の価値を持つ。手続規定の遵守が欧州共同体の環境政策が目指す高度の保護水準が達成される保証を原則として提供するということが，欧州法の前提である。したがって，このような要求に対する違反が，国家法によって無制裁になることは許されない。例えば，衡量のための市民参加のように，同じような保証機能をもっている国家法の手続規定についても同様のことが言える。法にしたがった手続の遵守は，計画または条例の法適合性にとって重要な意味をもつ」[21]。

　　「他方では，手続が求めている実体的目標と，これと関連した実体法上の要求は保持されているという法律上の推定，特に計画は事実の完全で，適切な調査と評価にもとづいているという法律上の推定は手続の要求の遵守と結びついているという考えを，欧州法は容易に思い起こさせる。この原則はそれぞれの手続上の要求について言えるということであって，その目的は実体的に正しい決定の保証に向けられている。特定の手続の遵守が手続の要求をもって保証されるべき決定の実体的法適合性の保証にとって間接的な意味を持つことは，既に判例において承認されている」（傍点・海老沢）[22]。

建設管理計画策定のための手続規定の瑕疵なき遵守によって実体法上の要求が保持されているという推定，換言すると，手続規定の遵守がその手続の結果である

---

(20)　Bericht der unabhängigen Expertenkommission, Rn.134.
(21)　Bericht der unabhängigen Expertenkommission, Rn.135.
(22)　Bericht der unabhängigen Expertenkommission, Rn.136.

第6章　建設法典改正法における衡量原則の取扱い

行政決定を正しいものにするという推定をする以上，そうした手続規定の違反は，その手続の結果である行政決定を，敢えてその内容を問うまでもなく違法とするはずである。これはドイツ法での伝統的な行政手続に対する理解とは異なる。行政手続は実体的な正しさを実現するための手段であるのであって（手続の奉仕的機能），そうである以上実体的に正しい行政決定を，手続の瑕疵を理由として取り消してみても手続を繰り返すだけであり，紛争解決の一回性の要求という観点から見ても，訴訟経済から見ても望ましくない。これがドイツ法における行政手続の一般的な評価であろう。いずれにしても，報告書は以上のドイツ法の基本的思考から決別しているようである。そして，計画法規範の中でも，特に重要な手続規範であって，これの違反が実体的観点からの評価にかかわりなく「顧慮すべきもの」として列記されている。例えば公衆（市民），行政庁，公職者（公益の主体であって，これには計画策定手続に統合された「環境審査」に関わる者，必要とされる資料を計画策定手続に提出する者も含まれる）の参加に関する規定，計画決定の理由書に関する規定あるいは必要とされる許可の付与に関する規定である[23]。

　さて，以上のような実体法から見た手続法の位置づけの後に，本書の主題である衡量原則について，つぎのような主張ないし説明を行っている。

　　「衡量の過程に対する要求は，衡量にとって重要な利益の調査，収集および評価のために定められた手続において充たされる。衡量の過程と，利益の調査，収集および評価に関係した手続は，一枚のコインの裏表である。手続の瑕疵と法適合性は衡量の瑕疵と法適合性を示している。したがって，衡量過程に関係する手続規定の違反の効果に関する規定と並んで，衡量過程における瑕疵を考慮すべきことに関して，特別の規定を設けることは不要である」[24]（傍点・海老沢）。

報告書のこの部分においては重要な提言が行われている。すなわち，「利益（衡量資料）の調査（衡量資料の収集）」および「重要性の判定」というこれまで説明されてきた衡量の局面に代えて，「利益の調査」，「収集」および「評価」という手続の概念を導入したのである。報告書の見解によると，利益の調査，収集および評価という手続は，衡量過程に対するこれまでの実体法上の要求を充たす。実体法上の衡量の過程と，利益の調査および評価に関係した手続は，「一枚のコインの裏表」である。計画決定の審査の尺度は適法性の推定を伴った新たな手続法であることになる。それ故，衡量の過程は裁判所の審査のためにはもはや役割を

---

[23]　Bericht der unabhängigen Expertenkommission, Rn.137.
[24]　Bericht der unabhängigen Expertenkommission, Rn.138.

第2編　衡量原則

果たさないことになる(25)。これとの関連で，報告書のつぎの提言も注目すべきである。

> 「衡量の結果における瑕疵の顧慮についての規定も同様に不要である。比例原則に違反するということで，全くもって維持することができない結果に行き着くような瑕疵が，この衡量の結果における瑕疵なのである。客観的に帰属しない重要性を，ある利益に付与する衡量がそれであって，このため他の利益をこれと比べて劣位に置くことが比例関係に立たないのである。……それ故，衡量の結果における瑕疵は，地区詳細計画の有効性については顧慮されない。因みに，建設管理計画が衡量の結果における瑕疵を理由として裁判所により無効とされた事例は極めて僅かである。将来においても，これを前提にすることができる」(26)。

報告書は，「利益（衡量資料）の調査（衡量資料の収集）」および「重要性の判定」というこれまで説明されてきた衡量の局面に代えて，「利益の調査」，「収集」および「評価」という手続の概念を導入したのである。利益（衡量資料）の調査（衡量資料の収集）および重要性の判定という衡量の局面に対応した瑕疵を，調査，収集および評価という手続に分類するが，これに対して，「利益の調整」の局面と，ここにおける瑕疵を衡量の結果に分類する。比例関係に違反するがために，全くもって維持できない結論に行き着く瑕疵として，衡量の結果の瑕疵が理解されているのである。客観的に帰属しない重要性を，ある利益に割り当てる衡量ということである。このため，これに対する他の利益の後退が不釣り合いなのである（比例関係に立たない）。このような瑕疵の区分により，衡量原則の4つの総ての段階を手がかりとした，これまで必要とされた衡量の過程と衡量の結果についての重畳的な審査は行われないことになる。

同時に報告書は，何がそれぞれの段階で審査されなければならないか，について明確にしている。伝統的な理論によると，第3の段階では既に他の利益との比較による，ある特定の利益の相対的な意味が問題とされており，これは第4の段階（利益間の比例的調整）からの分離を意味する。連邦行政裁判所の判例によると，第3の段階を独立した重要性の判定とするのであり，他の利益との関係を顧慮しない客観的な重要性の判定を行う段階として理解することを意味しているのである。ところが，客観的な重要性の調査という意味での利益の重要性の判定（第3の段階）と他の利益との関係における相対的な重要性の判定（第4の段階）を明

---

(25)　Merkel, S.194.
(26)　Bericht der unabhängigen Expertenkommission, Rn.139.

確に区分するのが報告書である。

　委員会は前述のように，衡量の過程と手続との密接な関係を「一枚のコインの裏表」と呼んでいる。報告書によると，計画策定は衡量に関係づけられた手続規定を手がかりとして審査されるべきことになる。手続規定の遵守は衡量の過程に対する要求の遵守を示すことになる。要約していえば，報告書は手続規定を前景に置いて，これを従来の衡量論と結びつけている[27]。

6　連邦政府草案

a) 手続の根本規範の新設

　連邦政府草案（Gesetzentwurf der Bundesregierung zum EAG Bau v. 17.12.2003, BT-Drucks. 15/2250）が連邦議会に提案された（以下「政府草案」）。この政府草案に先行して「担当者草案」（Referentenentwurf）が作成されたのであるが，これは引き続き行われたラント，団体および公共的主要団体の参加の下で行われた公聴会（Anhörung）での議論の対象となった[28]。担当者草案についての公聴会の結果が，政府草案の中に反映されることになる。

　政府草案において特に注目されるのは，その草案で条文として示された内容とともに，それについての理由書である。理由書において述べられている主張を支える観念は欧州法における手続法上の要求を強化しようとしているのである。

　政府草案は第2条の規定について全面的な変更を行い，第3項の規定を創設したのである。この規定は「建設管理計画の策定に際しては，衡量にとって重要な利益（衡量の資料）が調査され，そして，評価されなければならない」というものである。この規定を設けた根拠を，理由書はつぎのように説明している。

　　「第2条……は，建設管理計画策定において核心を成す手続的要求を内容としている。このために，第3項において，手続上の根本規範として，衡量の資料の調査および評価が規定されることになる。この規定は衡量原則から導き出される法律状態での規定であって，それによると，衡量における総ての重要な利益はまずもって秩序にしたがった調査および評価を前提としているものに対応する。衡量資料の調査および評価の構成要素は，ここで提案している第2条a……による建設管理計画草案のための理由書の作成と，第3条ないし第4条a……による公衆参加および行政庁の参加の実施である。

---

[27]　Martin Wickel und Karin Bieback, Das Abwägungsgebot-Materiell-rechtliches Prinzip oder Verfahrensgrundsatz? Die Verwaltung, 2006, S.571 ff. (574) による。
[28]　Merkel, S.197.

第2編　衡量原則

　……衡量決定にとっての重要性をこのように指摘することから，第3項における利益の『調査』の義務によって現行法についての変更が行われるのではないことが分かる。すなわち，これまでの法を超える『探索手続』（Suchverfahren）ではないのである」[29]。

すなわち，理由書は連邦行政裁判所が発展させてきた衡量原則の内容とされるものを「衡量にとって重要な利益（衡量資料）の調査および評価」という手続に置き換え，こうした手続を「手続の根本規範」（Verfahrensgrundnorm）と呼ぶのである。この説明は，専門家委員会報告書が採る基本的な立場を踏襲したものである。

　政府草案は以上のような第2条第3項の規定を承けて，衡量の瑕疵の効果についての規定である第214条において，つぎのような規定を置く。

「⑴　本法典の手続および形式規定の違反は，本法典による建設管理計画および条例の法的効力については，つぎの場合に考慮される。

　　1．ゲマインデにより知られており，または知られているはずであった第2条第3項にいう計画によって影響を受ける利益が重要な点において的確に調査されず，または，評価されなかった場合。この場合においては個々の事案の状況により瑕疵が手続の結果に影響をあたえなかったことが明らかである場合には，顧慮されない。

・・・・・・・・・・・・・・・・・・・・・・・・・・・・・・

⑶　衡量については，建設管理計画または条例に関する決議の時点における事実および法律状態が基準となる。第1項第1文第1号における規定の対象である瑕疵は，衡量の瑕疵として主張することができない」

新たに提案された第214条第1文第1号第1号について，理由書はつぎのように説明する

「第1号前段によると，ゲマインデにより知られ，または知られているはずであった，計画によって影響を受ける利益が本質的な点において的確に調査されず，または評価されなかった場合には，土地利用計画または条例の法的効力にとって顧慮される瑕疵が存在するとされる。これによって，この規定は特に第2条第3項と結びつく。この規定によると，土地利用計画または条例の策定に際して，衡量にとって重要な利益（衡量の資料）が調査され，そして評価されなければならない。これらの規定は，実体法上の衡量の過程

---

[29]　Begründung des Gesetzesentwurfs der Bundesregierung, BT-Drucks. 15/2250, S.42.

第6章　建設法典改正法における衡量原則の取扱い

から，計画によって影響を受ける利益の調査および評価という手続に関係した要素への共同体法の手続上の指示によって強調された計画維持規定における転換を跡づける。こうした理由から，衡量の過程における特定の瑕疵の重要性に関する第214条第3項に関するこれまでの規定は削除される。事案の状況からみて，調査され，そして評価されるべきであった計画によって影響を受ける利益がそもそも調査されず，評価されなかった場合には，計画過程における瑕疵および新たな第1号にいう手続の瑕疵が存在する。

　提案された新たな第1号によると，実質的な点において的確でない場合に限り，計画によって影響を受ける利益の瑕疵ある調査および評価が考慮される。これによって，計画決定にとって単に本質的でない点に係わる手続の瑕疵だけにより土地利用計画または条例の無効が生ずるのが阻止される。

　更に，計画によって影響を受ける利益の調査および評価が行われず，または，瑕疵をもっているにも拘わらず関係する利益がゲマインデに知られておりもしくは知られているはずであった場合に限り，顧慮されるべき瑕疵が存在する。利益がゲマインデに知られておらず，そして，その利益がゲマインデにとって想定せざるを得ないものでない場合には，衡量にとって重要な利益が斟酌されなかったにも拘わらず，計画過程における瑕疵が存在しないことは，判例において既に承認されている。

　提案された新たな第1号後段は例外（「内部的」不顧慮条項 interne Unbeachtlichkeitsklausel）を規定している。これによると，瑕疵が手続の結果に影響をおよぼさなかったことが個々の事案の状況から明白である場合には，衡量の資料の調査および評価に際しての瑕疵は顧慮されないことになる」（傍点・海老沢）[30]。

b)　実体法上の衡量過程から手続的要素への転換

　この規定についてまず注目すべきことは，提案された第214条第3項第2文の「第214条第1項第1文第1号における規定の対象である瑕疵は衡量の瑕疵として主張することができない」とする規定が設けられたことである。これによって，第214条第1項第1文第1号は，衡量の過程も含めて，これをその対象としたのである。したがって，これまでの衡量過程に対する要求は，提案された第214条第1項第1文第1号においてのみ規律されることになった[31]。理由書は，実体法上の衡量の過程から，計画によって影響を受ける利益の調査および評価という手

---

(30)　Begründung des Gesetzesentwurfs der Bundesregierung, BT-Drucks. 15/2250, S.63.
(31)　Merkel, S.198.

341

続に関係した要素への転換が新たな規定によって行われた，と述べている。その限りでは，政府草案は，「システムの転換」の途を首尾一貫して行っている，といえる。というのは，新たな手続上の要求と並んで，衡量の過程は独立した範疇としてはもはや存在していないからである。したがって，衡量の過程という裁判所による審査は欠落する。このため，旧第214第3項第2文を新たに規律することにより，政府草案においては，衡量過程における瑕疵を顧慮するか否かについての規定はもはや存在しない。換言すると，手続についての裁判所の審査と並んでは，これまでの衡量の理論とは異なり，衡量の結果の審査だけが存在しているだけである[32]。

政府草案が第2条第3項において新たな手続を創設したことにより，衡量の瑕疵は，1つには新たな手続に，そしてもう1つには衡量の結果に分類される。新たな「手続の根本規範」は，衡量資料の調査および評価に際しての瑕疵を手続の瑕疵とする。したがって，この体系的な区分によるならば，衡量の結果は「衡量の不釣り合い」（比例関係に立たないこと）という瑕疵について審査されることになる。このような区分により，衡量の理論は単純化することになる。衡量の過程と衡量の結果の重畳的な審査の要否という，衡量理論において争われてきた問題はこれによって解消された[33]。

この草案を見る限り，「計画は事実の完全で，適切な調査と評価にもとづいている法律上の推定は手続の要求と結びついている」という専門家委員会報告書の提言を直接に表現する規定は存在しない。しかし理由書においては，建設管理計画の実体的な法律適合性が秩序にしたがった手続によって保証されるという認識が示されている。

> 「現行のドイツ法体系が建設管理計画の領域については，共同体上の指示に構造的に調和することを前提とするのであるから，欧州法によって指示された手続法の強化も，これに対応した規定であって，都市建設計画および条例の存続の安定に関するものと結びつくこととされる。このことは専門家委員会報告書にも合致している。このためにはつぎの規定が対応している。すなわち，
> ── これまでの建設法典第214条第3項の規定は，新しい第214第1項における建設管理計画の新たな規定での手続の強調に同化される。これまでの衡量の審査に代えて，計画によって影響を受ける利益の調査および評価と

---

[32] Merkel, S.199.
[33] Merkel, S.199.

いう手続に関係した要素と結びつけるのである」[34]
理由書はこの他に公衆や行政庁の参加規定，手続や形式的瑕疵の主張のための期間というものを挙げているが，ここではこれは取り扱わない。いずれにしても，政府草案によると，建設法典第2条第3項と第214条第1文第1号は，衡量資料の調査および評価に関係した要素への実体法上の衡量過程からの転換を行っているのである。その後の立法過程において，この転換がどの程度まで実現するのかは後述することにして，ここではこの転換自体を確認しておくことにする。

c) 政府草案の修正

この政府草案はその後の立法過程において修正されることになる。政府草案によると，衡量の過程における瑕疵は「手続の根本規範」と並んで独立した意味をもはやもたないはずである。したがって，これに関する規定は置いていなかった。しかし，新たに成立した第214条第3項第2文第2段において，再び衡量の過程における瑕疵が顧慮されるべきこと（Beachtlichkeit）を定めている。すなわちそれは「その他の場合においては，衡量の過程における瑕疵は，それが明白であり，かつ衡量の結果に影響をあたえた場合に限り顧慮される」という規定である。これは連邦参議院における懸念を承けて新たに追加された規定である。その懸念というのは「調査および評価」という概念が限定的に解釈される場合に，果たしてこれまで存続してきた衡量の過程の総ての要求が把握されるか，というものである。「これまで通用してきた計画維持規程をもって達成されてきた地区詳細計画の存続効は，果たして将来の規定においても，少なくとも維持されることが確実であるか，を（連邦政府が草案の作成に際して）審査することを求めるのであり，場合によっては，必要とされる補充を行うことを提案する」というのである。その理由として，つぎのような懸念を述べる。

> 「法律草案の考えによると，これまでの第214条第3項第2文の規定（衡量の過程の瑕疵の不顧慮に関する規定）は削除されることになる。その代わりに，草案の第214条第1項第1文第1号が規定されているのであって，これによると，調査および評価という概念をもってして衡量の過程の総ての要求が充たされるのか」[35]。

つまり，システムの転換がなされたからといって，計画の存続効は減少させられることなく，あるいは少なくとも維持されるべきことになる[36]。連邦政府は

---

(34) Begründung des Gesetzesentwurfs der Bundesregierung, BT-Drucks. 15/2250, S.32.
(35) Begründung des Gesetzesentwurfs der Bundesregierung, BT-Drucks. 15/2250, S.88.
(36) Merkel, S.202.

第2編　衡量原則

このような連邦参議院の懸念に応えて，これまでの第214条第3項第2文の規定のための補充規定として，同条第3項第2文第2段の規定を採用することにしたのである[37]。したがって，この第2文第2段の規定には一種の補足的機能（Auffangsfunktion）が期待されている。衡量に関係する利益の調査および評価という手続的要素と衡量の過程を並存させることは，後者にそうした機能を承認することである。このように第214条第3項第2文第2段の規定が設けられたことにより，同条第1項第1文第1号も文言使用の統一のために，同条第3項第2文第2段の規定に対応することになったのである[38]。

d）補充手続

本書は「計画維持」制度についてその規定も含めて触れてきたが，それは「衡量原則」の説明との関連でのみ行われたのであって，この制度の包括的な説明をするのではない。このため，補充手続については深入りしないで，付随的に，しかも簡単に説明しておく。この説明に際しては，先行研究の解説[39]を使わせていただくことにする。

旧連邦建設法第215条aで定められていた補充手続は改正によりかなりの程度簡素化された。第214条第4項において規律された瑕疵ある土地利用計画および条例は同項により治癒され，そして瑕疵除去に際して遡及的に効力をもつ。旧規定では，条例での瑕疵と土地利用計画は区別されていたが，新たな規定の適用領域はこの2つの種類の計画の瑕疵を区別しない。旧法では計画の遡及的な効力の可能性に関して行われていた手続の瑕疵と実体的瑕疵の区別を立法者は断念した。したがって，旧215条aにおいて行われていた制限はもはや存在しない。

しかし新たな規律により，総ての瑕疵が補充手続により除去されるということにはならない。補充手続の実施のためには，特に実体的な瑕疵の場合には，判例によって確立された要件および限定が参照される。したがって，例えば計画が全体として最初から疑義をもたれ，または，それが計画の基本構造に係わるような実体的瑕疵は第214条第4項によっては治癒されない。このことは，特に衡量の結果における瑕疵の場合がそうである。衡量の結果における瑕疵の場合には，これが衡量の基本的な枠組みに係わらないときにのみ治癒が考えられる。

---

(37) Begründung des Gesetzesentwurfs der Bundesregierung, BT-Drucks. 15/2250, S.95 ff.
(38) Begründung des Gesetzesentwurfs der Bundesregierung, BT-Drucks. 15/2250, S.96.
(39) Merkel, S.203.

第6章　建設法典改正法における衡量原則の取扱い

II　新しい法律のいくつかの問題点

1　実体的意味の衡量原則は変更されたのか

　以上のような過程を経て建設法典は2004年に成立したが，以下にはこの新しい法律についていくつかの問題点を提示するにとどめる。少なくとも建設法典の詳細な解説は本書の課題を超えると思われる。ここで取り扱うべきことは，1つには先にみた「欧州法の了解」がどの程度までこの改正によって実現したのか，を確認することが必要である。これは行政手続の評価とも係わりがある。そしてもう1つは，判例が確立した衡量原則（実体的意味の衡量原則）がこの改正によって果たして変容したのか，という問題である。これが本書との関連では主要な議論になるはずである。

　「欧州法の了解」というものは先にみたように裁判所による統制が手続に結びつき，手続に特殊な位置価値を承認することである。特に専門家による判断が必要である場合に，専門家の選任の手続が審査されるのであり，実体については審査しないということである。これが「欧州法の了解」ということであるならば，専門家委員会報告書も，連邦政府の草案もそこまでは予定していなかったはずである。

　「欧州法の了解」が本来の姿として理解されるためには，手続の内容に対する一定の要求事項があるはずである。しかし政府草案の理由書は，ここでもう一度繰り返すが，手続の瑕疵を定める第214条第1文第1号の規定について，「事案の状況からみて，調査され，そして評価されるべきであった計画によって影響を受ける利益がそもそも調査されず，評価されなかった場合には，計画過程における瑕疵および新たな第1号にいう手続の瑕疵が存在する」という説明をするだけである。この説明は，これまで本書において繰り返し紹介してきた1969年判決において示された衡量原則の公式に立ち帰っているだけである。何か特別の手続規定を設けて，それについての説明が行われているのではない。第2条第4項は「環境審査」（Umweltprüfung）の規定であり，これは既にみた2001年のEUの指令を承けたものである。これによると，環境保護の利益（建設法典第1条第6項7号，第1条a）については環境審査が行われなければならず，ここにおいては，予見される環境に対する重要な影響が調査され，「環境報告書」（Umweltbericht）において記述され，そして評価されなければならない。このために，それぞれの建設管理計画においては，いかなる範囲および詳細の程度において衡量のために

345

利益の調査が必要であるか，をゲマインデは定めなければならない。現在の科学の水準および一般に承認された審査方法並びに建設管理計画の内容および詳細化の程度に応じて適切に要求することができるものに，環境審査は関連づけられる。環境審査の結果は衡量において斟酌されなければならないのである。

　しかし，これはあくまでも「環境審査」に関する手続規定であって，広く建設管理計画全体におよぶものではない。この規定により環境審査にとって重要な利益の調査と評価に際しての瑕疵について，計画維持規定は欧州法からみて転換が必要であった。その他の計画維持規定によって把握されている衡量過程の瑕疵は純然たる国家法としての意味をもつだけである。2001年のEU指令は利益の調査，記述および評価の手続を環境審査のために要求する。しかし，この手続を超える要求は指令では定められていないのである(40)。

　以上のことから，つぎの指摘をすることができよう。すなわち，「法律が求めている実体的目標と，これと関連した実体法上の要求は保持されているとする法律上の推定，特に計画は事実の完全で，適切な評価にもとづいているとする法律上の推定は手続の要求の遵守と結びついているという考え」を，専門家委員会は「欧州法の了解」を導入するに際して基本的な前提として提案したが，これは実現しなかったのである。その後の立法過程において，この前提はもはや採られることなく終わった。このため，「欧州法の了解」によって動機づけられた手続の強調は第214条第1文第1号を媒介してのみ実現するだけであった(41)。この規定自体をみても，手続の瑕疵ついて「個々の事案の状況により瑕疵が手続の結果に影響をあたえなかったことが明白である場合には，顧慮されない」という限定がついていることにも注意をする必要がある。手続の瑕疵と手続の結果の間に因果関係の審査を要求する，というのである。つまり，実体法に対して手続は「奉仕的機能」を果たす，というドイツ法の伝来的な議論はここでも放棄されていないのである。

2　衡量原則から手続規定への転換の可否

　先にみたように専門家委員会報告書は「衡量の過程と利益の調査，収集および評価に関係した手続は，一枚のコインの裏表である。手続の瑕疵と法適合性は，衡量の瑕疵と法適合性を示している」と述べる。すなわち，実体法上の衡量過程

---

(40)　この点については Merkel, S.208. にしたがった。
(41)　Merkel, S.200.；ホフマンはこのような転換を「立法上の擬制」（gesetz geberische Fiktion）と呼ぶ（Eckehard Hotmann, Abwägung im Rceht, 2007, S.350）

から「調査および評価の手続に関係した要素への転換」（システムの転換）が示されている[42]。これを承けて設けられたのが第2条第3項の規定である。当初連邦政府によって提案されたこの規定は「手続の根本規範」と呼ばれたが，連邦参議院の意見にもとづいて修正された。そうすると，この規定はどのような意味をもつのか。

例えばつぎのような指摘がある。これはこの問題をみるときに明確な視点を提供しているように思えるので，これを紹介しておく[43]。すなわち，衡量過程の要求は今や手続の行程として行われるという第2条第3項によって行われたパラダイムの転換（Paradigmenwechsel）は，衡量過程は実体法上の性質をもっているとする判例・学説における計画法上の衡量原則の増大する基本的な理解と衝突する。これまでの理解によると，衡量の過程は3つの行程（局面）において行われる。秩序ある衡量は，必要とされる衡量の資料が収集され，決定発見の中に取り入れられること（衡量資料の収集）を前提とする。利益のそれぞれの判断に際しては，それの意味は誤認されてはならない（独立した，または分離した重要性の判定）。そして，衡量の結果は関係する利益の客観的な重要性を十分に斟酌するようにして，「対立した利益の相互間および同じ利益の相互間において衡量されなければならない」のである。このような局面をつくり出すことによって衡量過程の構造を明らかにすることになるのであって，その結果，（計画者による）実施も，（監督行政庁または裁判所による）統制も容易になるのである。明確化のために繰り返すと，衡量の過程の構造を明らかにすることは，狭義の手続的な進行（Abfolge）であるかのように誤解されてはならない。衡量の過程は計画策定手続の一部分ではなく，操作を可能にするという目的で異なった思考段階に分類され，こうした段階の進行の後に，一定の結論を取り出し，衡量（Wägen）と重要性の判定（Gewichten）という内部的なプロセスを明らかにするのである。したがって，衡量の過程における瑕疵は常に計画の実体的側面に組み入れられる。関係する総ての利益が斟酌されない計画決定は，手続ではなく，内容的に瑕疵をもつのである。

3 衡量資料の調査および評価の手続と衡量原則

以上のように，衡量の過程という概念は手続とは別の領域を指しているのであるから，両者は重なり合わない。こうした認識を前提として，連邦参議院からの

---

(42) Merkel, S.206.
(43) Bach, S.144.

第2編　衡量原則

提案にもとづいて，あの第214条第3項第2文の規定が付加されることになったのであろう。政府草案はこうした認識を共有していなかったので，連邦参議院における懸念からこの規定が追加された。このようにして，第2条第3項が行った実体法上の衡量過程から「調査および評価の手続に関係した要素への転換」（システムの転換）は，衡量原則そのものを明文で宣言しており，実体法上の衡量原則と解釈されている第1条第7項の規定「建設管理計画の策定に際しては，公的利益および私的利益は対立した利益の相互間および同じ利益の相互間において，それぞれ適正に衡量されなければならない」[44]からの分裂をもたらす。すなわち，2つの規定が並存するのである。第214条第1文第1号は，衡量にとって重要な利益の調査の瑕疵および評価に際しての手続および形式の瑕疵の顧慮を定めている。他方，第214条第3項第2文の規定は第1条第7項が定める衡量の実体法上の要素を定めている。したがって，このような2つの規定の関係をどのように解するか，という問題が提起される[45]。

法律の体系は，第2条第3項と関連して，第214条第1文第1号は限定的に解釈されるべきことを示している。このようにしてのみ両規定は矛盾なく，法律体系の中に組み入れられる。この点についての議論は，こうした規定についての解釈論を展開することであるが，ここでは深入りせず，以下にはこの関係を簡明に説明する学説を紹介するにとどめる[46]。

a）衡量の資料の調査について

すなわち，仮に「衡量資料の調査」を広く解釈するならば，第214条第3項第2文の規定（第1項第1文第1号の規定の対象である瑕疵は，衡量の瑕疵として主張することができない）と関連した第214条第1項第1文第1号の規定により，これまでの実体法上の衡量の過程の瑕疵は限定的に規律される，という結果になる[47]。衡量にとって重要な利益が実体法上瑕疵をもって調査の手続において収集されるときは，この瑕疵はもはや実体法上の瑕疵として主張することができない。連邦参議院の意見にもとづき，計画維持規定が衡量の過程における実体法上の瑕疵について，それの顧慮を特別に規定してもそうである。調査の手続の意義と目的は実体的な正しさ（Sachrichtigkeit）に奉仕することに在る。たとえ立法者が衡量過程における実体上の要求を手続法において把握しようとしても，建設法

---

(44)　既にみてきているように，この規定は旧連邦建設法第1条第7項と，旧建設法典第1条第6項においても，文言上同じ表現をもって規定されている重要な規定である。
(45)　Merkel, S.218.
(46)　Merkel, S.210 ff.
(47)　Merkel, S.218.

典において定められた新しい手続は，これまでの実体法上の正しさについて答えをあたえることができないのである。したがって，衡量の利益の調査のための手続についてそれの進行を遵守しないことは，調査すべき利益を斟酌しないことと同義ではない。

　したがって，例えば管轄行政庁による公衆参加の手続により衡量の利益の調査が行われたのか，ということが審査されなければならない。これは，第2条第3項と関連した第214条第1項第1文第1号による衡量の利益の調査手続を狭く解釈することである。この解釈は，調査のプロセスが実体法的な具体化に奉仕するという規定の趣旨目的に合致するのである[48]。

b）衡量の資料の評価について

　文言だけからみると，第2条第3項にいう「評価」(bewerten) を「重要性の判定」(gewichten) として解釈することができる[49]。個々の利益の客観的な重要性を判定する場合に生じる瑕疵（これは「重要性の判定」の瑕疵であって，判例法によって確立された（実体法上の）衡量原則の一部を成す）は，第214条第1文第1号にいう「評価の瑕疵」としても理解され得る。更に，文言だけからみると，第2条第3項にいう「評価」を「重要性の判定」として理解するならば，これまで「衡量の不釣り合い」(Abwägungsdisproportionalität) のもとで理解されてきたものも「評価」として解釈される。その理由は，「重要性の判定」と「調整的決定」は互いに近いものであるからである。行われた「調整」が個々の客観的な重要性と不釣り合いになるように利益間の調整が行われるときは，「衡量の不釣り合い」が生じる。客観的な重要性の判定と調整決定の間の区別をしない者にとっては，「評価」が「重要性の判定」として理解される場合には，新たな手続は衡量の誤った判定も，衡量の不釣り合いも定めることになる。

　以上は文言だけを解釈した場合（文理解釈）であるが，この規定の立法過程からみると，政府草案の理由書が連邦行政裁判所の判例を援用しているのであるから，立法者は利益の重要性の判定に際しての誤認を「評価」に際しての手続の瑕疵として理解している。すなわち，実体法上の意味をもつ「重要性の判定」を含む「評価」の概念を前提としているのである。いずれにしても，純粋の手続法上のものでない「評価」の理解が前提となっている。注意しなければならないのは，「利益の調整」に際しての瑕疵は明示的に除外されている点である。したがって，政府草案は「評価」を広く理解している。しかし，「利益の調整」はその中に含

---

(48) Merkel, S.219.
(49) Merkel, S.221 ff.

まれない。こうした瑕疵は「衡量の結果」に際しての瑕疵である。したがって，これは「手続の瑕疵」ではない。この点は後述する。

　立法過程における理解を前提とすると以上のようになるが，つぎの点に注意する必要がある。すなわち，重要性の判定という意味での評価についての実体法上の理解は，評価の手続に対して真に実体的要素を課すのであり，このための手続は実体的な正しさに奉仕するだけでなく，実体的な正しさ自体を対象とする。この実体的な正しさを保証し，審査することができるためには，尺度が必要である。手続規範として構想された第2条第3項はこれを提供しない。手続規範としてその中に定められた要求は，手続の正しさのための言明であって，実体的な正しさについてのそれではない。第214条第1文第1号および第2条第3項にいう「評価」の趣旨・目的は立法者の本来の観念とは反対に，これまでの実体法上の要求である正しさを，新たな評価を通して，利益の的確で，客観的な重要性の判定として保証するのではない。

Ⅲ　改正法における規定の説明

　第214条第1項第1号は「第2条第3項に違反してゲマインデに知られており，知られるはずであった計画によって影響を受ける利益が重要な点において的確に調査または評価されず，その瑕疵が明白であり，かつ手続の結果に影響をあたえた場合に顧慮される」と規定する。この規定に対応する第2条第3項は，既に見たように，「建設管理計画の策定に際しては，衡量にとって重要な利益（衡量の資料）が調査され，評価されなければならない」という「手続の根本規範」と呼ばれる規定である。この規定に対する違反を第214条第1文第1号が定めているのであるが，「調査」と「評価」は強いて分離して説明されていないのが普通であるようにみえる[50]。しかし，両者を区別して説明する試みもある。これを以下に紹介する。衡量にとって重要な利益（衡量の資料）の「評価」についての瑕疵は後述することことにして，まずそれの「調査の瑕疵」（Ermittlungsdefizit）について見ることにする[51]。

---

(50)　Ulrich Battis, in: Battis/Krauzberger/Löhr, Baugesetzbuch (Kommentar) 13.Aufl.2016, Rn.4 zu §2 BauGB.
(51)　以下の説明はGierke/Schmidt-Eichstaedt, Die Abwägung in der Bauleitplanung, 2019, Rn. 2822ff. による。

1　調査の瑕疵

a)　調査の瑕疵と衡量

「重要な点において的確に調査されない」という第214条第1項第1号文言から，調査の瑕疵は「衡量にとっての重要性」が間違って判定された場合も含む。そして，衡量にとって重要な総ての利益が「作業の局面では」的確に調査されたが，それが衡量の中に挿入されなかった場合（挿入の瑕疵）も，この調査の瑕疵とされる。更に改正法によると，「調査の瑕疵」は実体法上の瑕疵ではなく，手続の瑕疵である。しかしながら，この「調査の瑕疵」は形式的に，法にしたがった（正しい）手続に対する違反（例えば利害関係者からの異議を受領しない場合，必要とされる鑑定を実施しない）に限定されるのではない。例えば，衡量にとっての重要性の判定，法的な現状についての判定，または，様々な測定・予測手続の中から行われる適切なるものの選択，というような実体法上の要素もこの「調査」の中に含まれる。このように，これまで衡量原則の内容として説明されてきた内容に対する違反としての瑕疵が論じられることになる。総てを挙げることができないが，衡量原則との関連では，つぎのようなものが紹介されている[52]。

利益やその他の資料についてそれが衡量にとって重大であることが，不当に否定ないし不適切に認定された場合。そうした利益に対する計画による影響が些細なものとして判定されたが，それが間違いである場合。利益が取るに足りないものまたは保護する必要がないものとして不当に格付けされた場合。個々の衡量にとって重要な利益が認定されず，または不十分に認定された場合である。これには，例えば委託した騒音の鑑定結果の到達を待たない場合も含まれる。

b)　調査の瑕疵と環境審査

第1条第6項は建設管理計画の策定に際して斟酌しなければならない事項を例示している。その第7号においては，自然保護および景観保護を含む環境保護の利益を挙げている。第1条aは環境保護に関する補充規定である。

第2条第4項は以上のような環境の利益のために「環境審査」（Umweltprüfung, UP）という形態において，第2条第3項を計画策定手続の統合的構成要素として具体化している[53]。このように，この規定はこれまで見てきている第2条第3項の「手続の根本規範」の特別規定であって，環境審査に係わるものである。これは先に見た2001年のEUの指令を建設法典において転換する内容を持つので

---

(52) Gierke/Schmidt-Eichstaedt　Rn. 2824
(53) Battis, in: Battis, Rn. 6 zu § 2 BauGB.

ある。すなわち,「環境審査を開始するかの審査」(スクリーニング Vorprüfung),「ゲマインデがどの程度の環境審査の範囲と詳細において, 衡量のための利益の審査する必要があるのか」(スコーピング) を定め, この「環境審査の結果は, 衡量において斟酌されなければならない」という規定を置く。そして, この「環境審査」は「環境報告書」(Umweltbericht) として, 建設管理計画に添付される理由書において別の編を構成する (第2条a)。

以上のことから, 第2条第4項の違反は同時に第2条第3項に対する違反である, 1文第1号にしたがって判断される。

2　評価の瑕疵

第2条第3項の規定によると, 衡量の資料の「評価」(Bewertung) にも瑕疵が生じる (評価の瑕疵 [Bewertungsdefizit])。「評価」に際しては, それぞれの利益がそれ自体を見ると予定されている建設管理計画によって質的・量的にいかなる程度において受けることが予測されるかが問題となる。この場合, つぎの観点が問題となる[54]。すなわち

―計画によって影響を受ける同種の利益の内部におけるそれぞれの利益の価値 (質), 特に法的, 専門的, 美学的, 経済的または都市建設政策的な基準がこれに関係する。この場合, 計画の施行地またはそれに隣接する土地において事実上または法的な状態 (利益についての価値の状況規定性) がそれである。土地の不利な条件 (Vorbelastung) もこれに含まれるのであって, それが土地の利益の保護のために必要であって, 第2条第3項にいう「価値」を増加させたり, 減少させたりする場合である。したがって, ゲマインデが例えば現存する不利な条件を斟酌せず, または, 不正確に斟酌した場合には, 不利な条件をもった施行地が間違って評価された, ということになる。

―関係する利益ないし現存する事実上および法的な現状並びに将来の (計画によって生じない) 展開に対する計画の予見される影響の態様, 規模および程度。この場合, 消極的な影響の回避, 低減または補償のための予測される措置が斟酌されなければならない。このような措置を通して, 消極的な影響が低減もしくは補償され, その結果利益が結果において影響を受けず, または, 僅かなものになる。

第2条第3項が規定する「評価」は以上の2つの要素を全体的に考察して行わ

---

(54) Gierke/Schmidt-Eichstaedt Rn. 283 ff.

れる。これに対する違反が第214条第1文第1号にいう「評価」の瑕疵である。そして，この瑕疵は全面的に裁判所の審査の対象となる[55]。

　以上のことから第214条第1文第1号はつぎのことを内容とする。すなわち，衡量にとって重要な利益（衡量の資料）の調査と評価に際しての瑕疵は，以下の要件が重畳的に充足される場合には，顧慮されることになる[56]。すなわち，
①計画によって影響を受ける利益，影響およびその他の衡量の資料がゲマインデに知られており，または知られているはずであったこと。
②その瑕疵が重要な点に関係すること。
③その瑕疵が明白であること。
④その瑕疵が手続の結果に対して影響をあたえたこと。
なお，③と④については，第5章Ⅱ3の説明が適用される。

3　改正法における利益の調整の取扱い

　改正法はこれまでの衡量原則とされるものを「衡量にとって重要な利益（衡量の資料）の調査および評価」という手続に置き換え，これを「手続の根本規範」と呼ぶのである。そして，「第214条第1文第1号における規定の対象である瑕疵は衡量の瑕疵として主張することができない」という第214条第3項第2文の規定が置かれた。これによって，第214条第1文第1号の規定は，衡量の過程も含めて，これをその対象としたのである。したがって，これまでの衡量の過程に対する要求は第214条第1文第1号において規定されることになった。そうすると，これまで「衡量の結果」（Abwägungsergebnis）は，こうした規定の対象から意図的に外されるということになる。

　1969年12月12日の連邦行政裁判所に判決において示された衡量原則とそれを承けた学説は，衡量の過程とともに衡量の結果をも一体として取り扱ってきた。すなわち，衡量原則は，①衡量にとって重要な利益の調査の過程，②衡量の中に利益を挿入する過程，③衡量に挿入された利益の重要性の判定，そして，④決定に際して衝突・競合する利益の調整の過程である。これが衡量原則を構成するのであるが，改正法は④の段階である「調整」（Ausgleich）をその規律対象から外したということになる。この調整は計画の最終的な進行過程である計画決定を意味する。建設管理計画について見れば，土地利用計画（Fプラン）は計画策定の決定，そして地区詳細計画（Bプラン）は条例の決議として行われる（建設法典第

---
　(55)　Gierke/Schmidt-Eichstaedt, Rn. 2863.
　(56)　Gierke/Schmidt-Eichstaedt, Rn. 2832.

10条第1項）。改正法によると，この調整という衡量決定は実体法の中に入れられる。したがって，これまでも言及されている建設法典第1条第7項にしたがって判断されることになる。すなわち，「公的利益および私的利益は，対立した利益の相互間および同じ利益の相互間においてそれぞれ適正に衡量されなければならない」のである。すなわち「内容が衡量されていること」（inhaltlich Abgewogensein）が求められている[57]。

既に見てきているように，衡量原則は計画裁量（形成の自由）に対して枠を設定する。その枠内においても行政は憲法上の要求に拘束される[58]。立法者が所有権の内容と限界を規定するのと同じ様に，計画の主体は計画決定や衡量決定をする際には憲法原則に拘束される。それは特に（狭義の）比例原則であり，そして，可能な限り僅かな侵害の原則であり，基本法第3条第1項の平等原則である。そして衡量原則は，比例原則を基準とすることによって，計画決定に際しては特に柔軟で，個別事案を正当に評価する利害調整を意味する。

a) 計画における調整の意味

調整という衡量決定は計画の核心である。ここではいかなる利益が別の利益と対比して，優位な地位を持ち，あるいは後退しなければならないかが決定される。利益の優位・劣位に関する決定は直接に特定の計画内容の中に流れ込む。したがって，利益の衡量によって計画の選択肢が決定される。ここにおいて「基本的な計画上の決断」（elementare planerische Entschließung）が見られる。すなわち，いかにして，そして，いかなる方向でゲマインデは都市建設を，秩序をもって推進していくか，という決断である。したがって，衡量のこの段階は，本来の計画上の決定であり，創造的な行為であり，それ故衡量の核心部分を形成する[59]。

b) 調整の理論的な説明

既に述べたことと重なるが，「独立した重要性の判定説」と「相対的な重要性判定説」の対立において，後者の説においては最終的な局面である調整は，衡量資料の相対的な重要性判定の局面に統一される。利益の重要性（Gewichtigkeit）と優位相当性（Vorzugswürdigkeit）は統一体を形成しているのであるから，敢えて「調整」という局面を考える必要がない。必要があるとすれば，AとBが同じ価値を持つ場合である。この場合には，AかBのいずれかに剰余価値を承認するという意味で「調整」が必要になる。

---

(57) Gierke/Schmidt-Eichstaedt, Rn. 2728.
(58) Gierke/Schmidt-Eichstaedt, Rn. 2737.
(59) 以上の説明は Bach, S. 85 による。

しかしながら，この調整という段階は前述したように，創造的・形成的行為の意味を持つ。こうした点から見れば「相対的な重要性判定説」は計画の形成自由を不当に狭小化する。したがって，重要性の判定（Gewichtung）による利益の順位の配分による優劣関係を再び配分する必要がある。すなわち，客観的により一層高次の利益を優位に置くということ以外にゲマインデには選択肢がないとするならば，計画形成の自由に反する。ゲマインデは客観的に同じ価値を持つ利益の場合においてのみ，優位・劣位に置く選択可能性を持つのではない。優位に置くことが比例関係に反していない限り（釣り合いが取れていない場合でない限り），客観的に僅かな重要性を持っている利益も，それよりも大きな利益に対して優位に置くこともできる。このためには，利益調整のための独立した局面が必要となる[60]。これは既に「独立した重要性の判定説」を採る学説においても見られるのである。

判例もこれにしたがってきている。例えば，連邦行政裁判所の1974年7月5日の判決（板ガラス判決，BVerwGE 45, 309, 326）において，1969年12月の判決を踏襲する趣旨でつぎのように判示している。

「計画の形成の自由によって輪郭を定められた重要性判定の作用域は当然のことに限界がある。すなわち，関係する利益の1つがまさに是認できないようなやり方で，余りにも僅かしか割り当てられず，そうした利益や重要性が看過され，そうした利益と計画の関係が計画形成自由およびその他の総ての状況を斟酌してもなお納得できない場合には，先に見た限界が踰越されることになる」。

あるいは，これは特定部門計画法（航空運送法［Luftverkehrgesetz］）の計画確定の事例であるが，1986年12月5日の連邦行政裁判所判決（BVerwGE 75, 216, 253）はつぎのように判示している。

「計画によって影響を受ける利益間の調整が個々の利益の客観的な重要性と比例関係に立たないやり方で行われた場合には，衡量の結果の法的な瑕疵が生じる。利益の適正な衡量と言うためには，事業計画に味方する重要性についての一義的な優位である必要がない。このことは，計画の選択をする場合についても言える。これに帰属する客観的重要性と比例関係に立っていないという意味が果たして個々の利益に付与されているか，ということを裁判所は判定しなければならない。この場合においては，他の公益および私益との関係での優位相当性（Vorzugswürdigkeit）を決定する計画確定行政庁の権能が尊重されなけ

---

(60) Bach, S. 87.

第 2 編　衡 量 原 則

ればならない」。

以上のように 2 つの判例を紹介したが，いずれも 1969 年 12 月の判例を踏襲するのであり，通説もこれにしたがってきているのある。そして，改正法もこれを変更なく，そのまま維持している，ということができるのである。

補章　衡量の統制

はじめに

　既に裁量統制論の概要は説明してきた。そこでは行政行為の瑕疵が法的瑕疵と裁量瑕疵という2つの意味をもつことが明らかにされた。つまり「瑕疵論の二重底性」（Doppelbödigkeit der Fehlerlehre）ということであるが，それは法的拘束と裁量の首尾一貫した区別の可能性を瑕疵論から奪った。このため，裁量瑕疵はまず法的限界の毀損とされるのであり，裁量権行使に際しての法的瑕疵の中に解消していくのである[1]。これにどのような評価がされているかは，既にみた通りである。しかし，裁量瑕疵の統制について以上のような伝統的な理論とは異なり，これを「衡量統制」（Abwägungskontrolle）として説明しようとする試みが存在する。これは裁量と判断余地を統合する議論の説明において既に一部分触れていたが，ここではもう少し詳しく紹介することにする。ドイツでは衡量の理論やその統制論の発展については，計画法が先導的な役割を果たしてきた。このため，本編における衡量論やその統制論も計画法において展開してきた議論が中心になる。
　本章はまず計画法における衡量原則の説明をこれまでとは少し異なった観点から行い，その後でその統制論についての議論に触れることにする。

I　衡量の構造についての一般的な説明

1　法律の制御力の喪失と衡量

　法律の制御力の喪失については既に触れている。この議論においては，法律が開放的な規定を置いている場合には「立法者による行政に対する規範具体化の授権」という前提のもとで，この具体化の権能が「衡量」によって行われるという主張が行われる。これを詳細にそして体系的に唱える学説[2]があるので，これを以下に紹介することにする。
　すなわちこれについて指摘されるのは，行政が行う行為に対する法律の指示が

---

[1] Ulla Held-Daab, Das freie Ermessen, 1996 S.230.
[2] Eckehard Pache, Tatbestandliche Abwägung und Beurteilingsspielraum, 2001, S.474 ff.

第 2 編　衡 量 原 則

解釈を受け入れる余地があるだけでなく，補充や充填を必要とすることである。立法者は鋭利に規定された条件プログラムを自分で確定できない。立法者は法律規定を置くに際してますます衡量原則や或る特定の利益の最適化だけを定める規定に依存せざるを得ない。法規範の構成要件によってその適用領域が常に内容的に余すところなく確定されるという観念によっては最早理解され得ない内容的な指示に代えて，多くの規範は規範適用領域の対象論的な限定ではなく，構成要件において規定した最適化原則または衡量任務を内容としている。立法者は規範の構成要件の平面で単に目標を指示するだけで，その実現を行政に委ねることに自己抑制をする。条件プログラムとして規定されてはいるものの，個々の法概念もしくは個々の構成要件要素の枠内で，または，構成要件の構造にもとづいて，複合的な調査評価および決定の過程であって，羈束的な法適用の行政とは正当に評価できないものが必要とされるのである[3]。

a）要件に関係する自由な決定の領域の基礎としての衡量

　規範の内容的不確定は必ずしも行政の決定の自由な領域をつくり出し，裁判所の統制を制限するという結果にならない。抽象的・一般的規範が特定の領域に結びついており，既存の法規範の確定的な性質に何の影響をおよぼさない場合もある。このように単なる内容的な不鮮明と，適用される法が確定的な規律を内容としないで，適用者の決定の自由な領域を形成する規範の内容的具体化とを区別する必要がある。指示された目的規定の枠内で，法適用の具体化の特別の権限を法適用者に付与する場合が区別の基準となる。したがって，確定された意味内容の正当な調査を行うことが中心的な問題となるである。法規範の構成要件の側面において目標に方位を定めた既存の規範的指示の補充的具体化が必要とされる場合があり，これは固有の具体化について立法者による法的指示を調査することであり，内容において確定的に前もって定められない衡量を具体化するために法が必要とする場合に常に存在する[4]。それは原則の衝突，規律の衝突または利益の衝突を自ら規範において抽象的・一般的に解決するのではなく，斟酌すべき観点や適用される場合を挙げるだけであり，ここにおいては規定の確定的な指示を伴わないで認識され得る衝突の一般的または具体的な解決を法適用者に委ねているのである。

　法適用者の具体化の任務が存在する場合としては，法秩序が何らの規定を置かなかったり，確定的な規定を置かなかったりするというように，矛盾した目標，

---

　[3]　Pache, S.475ff.
　[4]　以上 Pache, S.479.

利益の調整が規範の指示および内部で行われないことが構成要件もしくは法概念の解釈から明らかであるとき，または，いかなる観点が具体化を要する構成要件もしくは法概念の内容にとって重要なのかということが漸く初めて調査され，評価されなければならないときに，規範構造または個々の不確定法概念にもとづく具体化の任務が存在することになる[5]。

b）包摂と衡量の対比

覊束的法適用または包摂という基本モデルと，これとは区別される衡量という基本モデルが対比される。覊束的行政決定での行政の任務は，法律によって指示された法適用の結論の発見と，それの結論への転換である。これと対立するのが，行為の内容が規範においては確定的に，内容的に定まっておらず，法適用の過程で開かれた衡量を必要とする場合である。法的に確定されていない拘束に関する形式の拘束的要素は，法律上確定的に定められていない考慮事項，重要性の判定および衡量に対して規範的に開かれた領域である。行政上の決定の自由の認定にとって決定的なのは，規範的指示の個別的場合の衡量的具体化である。決定の前提要件または具体的な内容が確定的に規範的に指示されておらず，補充的な規律形式により，開かれた衡量というやり方で定められない衡量決定は，いつでも規範内部で行われなければならない[6]。

c）衡量の構造

衡量は遍在する決定方式であって，法律の解釈においても目標の衝突の解決のために通常必要であり，法治国的に構成された合理性および間主観的媒介可能性を規律する決定過程を保証し，関係する観点間の競合する利益，矛盾する目標の設定，対立する利益，衝突する義務および法益の衝突を適切に調整する。衡量は決定によって影響を受ける，互いに対立する利益や観点の間の適切で，目標に拘束された調整を必要とする[7]。

d）衡量の種類

衡量は条件的に定められた法規範の構成要件の適用や解釈においても必要なものである。構成要件の内部での衡量はいわゆる「跡付けをする衡量」（nachvollziehende Abwägung），つまり確定的に，他律的に決定された，立法者によって内容的にも余すところなく定められた，それ故に裁判所によって完全に審査される衡量過程として理解される。これについてはヴァイロイターの議論が援用されて

---

(5) Pache, S.480ff.
(6) Pache, S.482.
(7) Pache, S.484ff.

いる。すなわち，この議論は「跡付けをするまたは線形上の衡量」(nachvollziehende Abwägung od. lineare Abwägung) と「計画的または形成的衡量」(planerische od. gestaltende Abwägung) を区別する。その上で後者の衡量にのみ法的な自由が帰属する，という[8]。

e）構成要件における開かれた衡量

行政が演繹というやり方で，具体的な規定プログラムによって指示され，そして確定的に定められた結論を転換しなければならないか，それとも，構成要件の側面での開かれた規範形式の故に決定の発見を，具体化をする開かれた衡量をもって行わなければならないかということは，適用される規範の内容的な形式を基準としてのみ決定される。つまり羈束的行政の行為と，具体化をする衡量という行政の権能との間の区別ということである。立法者自らが行わなかった様々な観点，方向を示す衝突する法的または事実上の観点の調整を必要とするときには，内容的に法律の開かれた指示は羈束的法適用という通常の場合とは異なる特性をもつ。一般的または状況に応じた衝突規定の発展が必要な場合には，羈束的法適用との違いを示す，補充的な法創造の過程が法適用にとって必要となる。規範の構成要件の内容が伝統的な解釈方法を通した解釈により具体化される限りでは，行政の自由な判断の領域は原則として存在しない。しかしこれと異なるのは，規範の解釈がその内容を具体化するために，様々な関連した利益間の開かれた衡量を必要とすることを明らかにした場合である。この場合には，実体法は関係する利益の観点，この観点の重要性の判定，または固有の衡量の過程に関して，開かれた衡量決定を行うことを行政に委ねることに限定している。適用される実体法のこのような内容により，結論ではなく，決定プロセスが制御される。具体的に適用される法律，憲法および法秩序全体の具体的に適用される規定のすべての内容的指示を斟酌して，法治国的要求を充たす衡量決定を行うという指示が行政決定に対して行われるのである[9]。

2　統制論からみた衡量

a）手続としての衡量

以上のような衡量の構造の説明につづいて，それの裁判所による統制という観点からこの学説はつぎのように説明する[10]。

---

[8]　Pache, S.486ff.
[9]　以上 Pache, S.489ff.
[10]　Pache, S.497ff.

すなわち，統制すべき衡量の過程の基本構造からみて，衡量の統制は包摂的法適用から区別されなければない。結果について開放的であることが衡量過程の規範的指示の特色であるが，衡量の統制はこれを尊重することである。しかし他方では，衡量の過程に対する法治国的要求は存在するのであり，これは重点的に審査される。したがって，まず第一に，衡量決定の成立が裁判所の統制の対象となり，これに対して，本来の評価的な衡量の過程はその核心的な内容においては裁判上審査されないままである。意思形成が，つまり行政庁の決定の成立手続が裁判所の統制の中心になる。衡量決定の成立手続が法治国的要求を充たせば，その手続において行われた決定は適法なものとみなされなければない，と説明するのである。

　以上紹介してきた学説による説明はEU法（この学説が書かれた時代は欧州共同体法）を渉猟した研究の成果であるが，その内容は伝統的なドイツ法とは異質である。正義の内容は実体的に定めるのは困難である。したがって，正義は形式的ないし手続的なものに転化する。一定の要求（Nemo judex in causa sua と Audi alteram partem）を充した手続を経て行われた決定は適法なものと見なされなければならないというイギリスの自然的正義（natural justice）が，以上紹介した議論の中にみられるのである。もっともここでは成立手続の法治国的要求という言葉が使われているが。これは前述したように「欧州法の了解」（das europäische Rechtsverständnis）と呼ばれる指導理念とされ，建設法典（Baugesetzbuch）の改正を主導していくのである。無論この場合の「手続」は最広義のものであり，イギリスの自然的正義の内容とはかなり異なることはいうまでもない。

b) 衡量の統制基準

　さて，先に見た学説の紹介に戻るのであるが，統制にとって基準となる衡量の理論は計画法において発展した。この理論は柔軟な統制強度の利点を提供するのであり，適用される規範のそれぞれの指示に応じて行政と行政裁判所の間の最終決定権能の配分をする，とされる。裁判所の衡量の統制は，統制すべき衡量過程の法治国的構造化にもとづいている。すなわち，適法な衡量はまず，衡量というやり方で処理する行政の任務を委ねる立法者の決定を前提とする（衡量の授権）。この衡量に際しては既存の強行法的法律の指示が遵守されなければならず，指示された手続法上の規定は特に重要である。衡量の領域においては，行政は衡量にとって重要な法的状況・事実上の状況を的確に認識，収集しなければならない。これらの状況をそれぞれ的確に評価し，すべての憲法や法律上の指示を遵守して，他事考慮を伴うことなく互いに衡量しなければならない。したがって，衡量の統

制は衡量の授権，この衡量の授権の行使についての強行的な手続および内容の遵守について行われ，つぎに述べる審査におよぶ。

　すなわち，そもそも衡量が行われたのか（衡量の欠落［Abwägungsausfall］），事案の状況からみて斟酌されなければならなかった利益が斟酌されたのか（衡量の不足［Abwägungsdefizit］），関係する利益の意義が看過されたのか（衡量の誤った判定［Abwägungsfehleinschätzung］）および個々の利益の客観的な評価と比例関係に立たないで利益間の調整が行われたのか（衡量の不釣り合い［Abwägungsdisproportionalität］）という審査である。この衡量統制の基本モデルは既にみたように計画法において発展してきたものであるが，規範の基準に応じて修正されなければならない。衡量過程のいかなる要素が法的に強行的に指示され，そして裁判所により審査され，いかなる要素に行政の衡量の権能がおよぶのかということにおいても実体法が基準となる。適用される実体法が衡量の指令を提示する場合には，これは衡量過程自体の要素としての意義にもかかわらず，完全に法的に拘束力をもち，裁判所によって制御されなければならない。したがって，指示された形式的・内容的な要件並びに衡量の手続が衡量の統制の中心に置かれる。これに対して，本来の衡量決定それ自体，衡量の内容や結論は前もって定められておらず，それ故裁判所により制限的に明白な衡量の瑕疵についてのみ統制される。

3　事実関係の調査と衡量統制の明白性

　以上のように裁判所による裁量統制を衡量統制としてもみる学説を紹介してきているが，この学説について注意すべきはつぎの2点である。すなわち一つは，行政決定が覊束されたものであれ，裁量権があたえられたものであれ，行政は決定にとって重要な法的および事実についての状況を的確に認識・収集して，調査しなければならない。裁判所の統制はこの点について全面的におよぶ。もう一つは，衡量の統制についての裁判所の審査の程度として「明白性」が挙げられている点である。以上の2点は日本法のこれまでの裁量審査論と異なる点でもある。以下にはこの2点についてみていくことにする。

a）事実関係の調査

　既にみてきているように，基本法第19条第4項による実効的な権利保護原則を通して，行政に対する行政裁判所の広範囲におよぶ統制機能が確立されたのである。これに対応するのが，原則として完全な事実および法的な観点における行政行為に対する裁判所の統制である。したがって，覊束行為であれ，裁量行為であれ，そうした行為を支える事実関係については裁判所が当然に審査する。基本

補章　衡量の統制

法の規定のこうした解釈の前提となるのは「裁判権」(die rechtsprechende Gewalt) の存在である。この裁判権は相争う執行権と私人との間で中立的な第三者 (unbeteiligter Dritter) の地位をもつことと通説では理解されている[11]。以下には衡量決定と事実関係の調査について，裁量権の踰越・濫用を定める行政裁判所法第114条の規定に関する注釈書での説明を可能な限り原文に忠実にみていくことにする[12]。

b）注釈書の説明

衡量にとって重要な事実の裁判所による審査に際しては，この事実は行政庁の確信の形成のためのものでなければならず，この事実だけが裁判所の審査の対象であることを看過してはならない。法律問題と事実の調査は紛らわしいほどに交差している。まず解明しなければならないのは，衡量について，いかなる利益を確実に理解しなければならなかったのかという問題，つまり実体法（調査と統制の側面）の問題である。利益は衡量が可能なものでなければならない。特にそれが取るに足らないもの以上のものであり，あるいは——予測的な性質をもっている決定に際しては——抽象的・仮定的以上のものでなければならない。行政庁がその活動の基礎としたような利益が果たして現実に合致しているかを，裁判所は一般原則（行政裁判所法第86条第3項，註・職権探知主義）にしたがって解明する。この限りでは，これは「事後調査義務」(Nachermittelungspflicht) である。判断授権の特性に対応して（衡量の指示と調査の範囲の相関），実体法は詳細に表現され，

---

[11] ドイツでのこの議論の研究として，南博方・行政裁判制度（有斐閣，1960）177頁以下），兼子仁・公定力の理論（東大出版会，第3版，1971）166頁以下。日本法をみると，日本国憲法の下では行政裁判所が廃止され，行政事件についても「司法裁判所」が裁判権をもつこととなった。そうすると，行政事件を管轄する司法裁判所をどのようなものとして解釈すべきか。ドイツの裁判権と同じように相争う執行権と私人との間で中立的な第三者であるのか。これが肯定されるとして，日本にはドイツ基本法第19条第4項に相当する規定はないが，行政事件での事実認定は通常の民事や刑事の事件と同様に裁判所が行うはずである。しかし，周知のように判例（最大判昭和53年19月9日（民集32巻7号1223頁，判時903号3頁）は在留期間更新に関する判断が法務大臣の裁量権行使としてなされたことを前提として，「その判断が全く事実の基礎を欠き又は社会通念上著しく妥当性を欠くことが明らかである場合に限り」裁量権の踰越濫用が認められるとする。この説示は論理上，事実認定が裁量権行使であることを前提とするようにみえるが，このような迂遠な議論をする必要があるのか，という素朴な疑問が生じる。これは矢張り裁量権の行使と法適用を区別してきたドイツ法の伝統が現時点での日本法に残っているように思えてならない。因みに，山本隆司「日本における裁量論の変容」法律時報1933号11頁（15）は上述の判例を含む『社会観念審査』をドイツの法律家に説明するのに困難を感じた（判例は直訳したが））とあるが，事実認定に関するドイツ的観念からすればこれは当然であろう。

[12] Michael Gerhardt, in: Schoch/Schmidt-Assmann/Piezner, Verwaltungsgerichtsordnug (Kommentar, C.H.Beck, 2005), §114 Rn.8.

363

そして，詳細な行政の調査義務を内容とすることがある。果たして実体法がこのように「訴訟化」(prozedualisieren) しているかを，裁判所は認定しなければならない（法律問題）。行政庁によるこのような実体法の規定の正しい適用は事実問題である。行政庁がこのような規定を誤認し，または正しく適用しなかったときには，それが重大である場合には決定の取消にいたる。このように事件は熟したのである。つまり，裁判所はこのような瑕疵を自分の調査をもって補填することはできない（このような補填については法的基準などまったく存在しない）。

c) 事実認定の意味

判断授権に際しては専門的な問題 (Fachfragen) の調査は，裁判所の判定において少なからず立ち入ることができない境界領域に行き着く。ここにおいては当事者の対話による係争テーマの討論という新しい形式が展開する。

注釈書における以上の説明の中で注目すべき点を挙げると，既に見てきていることでもあるが，確認のためにここで繰り返すことにする。法適用という作用が規範の解釈・事実関係の調査よび解釈された構成要件に，調査された事実を包摂するということであるならば，行政の自由な判断の余地ないし領域はそれぞれについて見ていかなければならない。行政の自由な判断の領域は，法律の解釈および行政の行為の事実の要件（事実関係）の認定に際しては認められないはずである。これがドイツの基本的な立場である。これによると，行政の最終的な決定の権能は，法律上確定した構成要件への認定された事実関係の「包摂」に際して存在する。すなわち，適切に認定された事実関係が適用すべき法律規定の適切に解釈された構成要件を果たして実現するかという点においてのみ，行政は最終的な決定を授権される。これが判断余地論が説くところである。

このように，事実認定は裁判所が行うものであり，この点について行政庁の「裁量」を容れることができないとするのがドイツ法である。この点については日本法とは異なる。なお，この注釈書では，判断授権に際しては専門的な問題 (Fachfrage) の調査は，裁判所の判定において少なからず立ち入ることができない境界領域に行き着くのであり，ここでは当事者との対話による係争テーマの討論という新たな形式が登場する，という説明がある[13]。これについては日本でも紹介がある[14]。特に環境法や技術法の領域における決定に際してみられるのであるが，ここにおいては事実の認定と包摂は殆ど区別ができないのである。これは，行政裁判所の権利保護のいわゆる論弁的 (diskursiv) または論弁を志向した

---

(13) Gerhardt, §114 Rn.8.
(14) 山本・前掲 15頁

モデルを可能にする。このモデルを使って，決定にとって重要な事実の解明の中間形態が承認される，というものである(15)。この説明が，この境界領域での事実認定について行政庁の裁量さえも肯定されている現象に係わるとする趣旨であるならば，日本法での事実認定に際しての行政庁の裁量権肯定の議論とはかなり異なる。また，法律問題と事実の調査は紛らわしいほど交差しているという指摘についても，既に本書で触れている。

d）衡量統制と明白性

更にこの注釈書は衡量統制についてつぎのように言う(16)。すなわち，裁量決定に比例原則を包摂する場合について見ると，適切性，必要性および（狭義の過剰禁止という意味での）比例性について裁判所が自分で判定するならば，これは跡付けする（完全な）統制と同じことになる。立法者が行政に対して最終決定の権限を分配したことに明らかに反することになる。このため特定部門計画法はつぎのような結論を得た。すなわち，計画上の利益の重要性判定や衡量は比例原則（適切な調整の原則）にもとづき明白な重要性判定の間違い（öffensichtliche Fehlgewichtung）と衡量の不尽（Unausgewogenheit）の観点のもとで審査すべきであるという結論である。この観念はその他の場合にも通用すべきであって，裁判所は明白性の統制という意味での境界踰越（Grenzüberschreitung）だけを問うことになる，というものである。

II　衡量審査の視点

1　責任論

a）日本法の議論

以上のドイツの立場は，法律が開放的な規定を置いている場合には「立法者による行政に対する規範具体化の権能の授権が」行われているということを前提としているが，これは日本法とかなり異なる。日本法での裁量統制についてはここで論じるつもりはないが，比較のためにいくつかの点を指摘するにとどめる。

日本法における裁判所による裁量統制を見たときに，昭和48年（1973年）7月13日の東京高裁判決（判例時報710号23頁，行集24巻6＝7号533頁―日光太郎杉事件判決）をはじめとする「論証過程の統制」あるいは「判断過程審査」(17)に

---

(15)　別の説明を見ると，例えば Pache, S.507.
(16)　Gerhadt, §114 Rn.9
(17)　山本隆司「行政裁量の判断過程審査」行政法研究14号（2016年）1頁以下。

注目したい。この議論の詳細にはここで立ち入るつもりはない。注目しているのは，司法審査の高度な統制密度の肯定が議論の前提にあり，これが論証されていない点である。他方では当然のことに，こうした審査ないし統制に対する懸念ないし批判がある。実際に行政法実務に携わる側からのつぎのような指摘がある。ここでは先に挙げた日光太郎杉事件判決をはじめとする裁判例についてつぎのような懸念が表明されている[18]。引用することにする。

　「実定法の趣旨及び普遍的に受け入れられていることが明らかな諸価値から，考慮すべき要素及び優先順位が明確に認められている場合には，上記のような判断基準によって裁量権の逸脱濫用に当たると判定されることもあろうが，それが明確でない場合には，裁判官が政策的判断の結果について責任を負う制度的担保がない以上，行政庁の政策的な裁量判断を尊重せざるを得ない場面もあるのではないかとも思われる。……政策目標やそれによって得られる公共的利益等について行政庁に説明責任を課し，この具体的かつ合理的な根拠を求めるという方向性は是認することができる。しかし，一方，リスクはあっても国や地域の将来像を一定の理念の下に実現しようとする国民ないし住民意思が民主的過程を経て形成されている場合に，その具体化としての政策決定を不必要に制約することにならないか，あるいは，そのような民主的意思決定にゆだねるべき政策の当否につき裁判官がその権限を超えて立ち入って判断することにならないかという危惧もある。裁量判断の司法審査の中で両者の調和をどのように図っていくのかが今後の課題である」（傍点・海老沢）。

私法関係において多く見られる純然たる経済的利益を天秤のそれぞれの皿に載せる場合には，裁判所は利益衡量を積極的に行うこともできよう。そのための理論の蓄積も多いはずである。しかし，「交通増加に対処することを目的とする国道拡幅によって得られる公共の利益と，かけがえのない景観，風致，文化的諸価値ないし環境保護の要請」を同一尺度で測ることができない（incommensurable, inkommesurabel）はずであり[19]，したがってそれができない利益を相互に比較衡

---

(18)　川神裕「裁量処分と司法審査（判例を中心にして）」判例時報 1932 号 11 頁以下（15 頁）

(19)　ドイツでは連邦憲法裁判所の判例に即した基本権論において，この議論は活発に行われている。これを本格的に取り扱うのは本書の枠を超えているので，私が参照した文献をここで挙げるだけにする。Nieles Petersen, Verhältnismäßigkeit als Rationalitätskontrolle, 2015, ここでは関連文献の参照も含めて，この議論の概観ができるので，便利である（特に S.56ff.）。その他の文献として Virgilio Afonso da Silva, Der Vergleich des Inkommes-

量することもできないはずである。それにもかかわらずそれをするのは，政策的判断があるからであり，そこに立法者が行政に対して裁量権を授権ないし承認をした理由があるはずである。登場する各利益の調査，各利益の相互の関係から見た当該利益の評価，利益間の調整という各段階のいずれに，そうした判断が介入するかという問題はあるが，こうした観点から見たときに，先にみたように「裁判官の責任」に対する言及があることに注目すべきである。行政法を実際に運用する立場から裁判官の責任を指摘するのであるが，こうした類いの議論の論拠に対して十分な検討をしないで，「裁判所による行政の統制の密度は高ければ高いほど良い」という前提に立った議論は，筆者（海老沢）から見ればあまりにナイーヴである。裁判所という建物には小さな神々が鎮座しているというのであれば話は別であるが。ここまで来ると，もっと広がりをもった視点からの議論が是非とも必要となる。そうした議論の形成のためには努力も必要であり，日本ではこれが欠けているのではないか。日本の判例を見ただけでは，こうした議論の形成は不可能であろう。ここでは既に少し触れたこともある「責任論」と，これに付随した機能論に注目したい。そして，比例原則を含めた衡量原則の内容をもう少し具体化した議論の紹介をすることにする。いずれもこの2つの論点は残念ながら日本ではこれまであまり注目もされてこなかった議論であるため，ここでは紹介にとどめる。

b）行政責任論の観点

1975年に開催されたドイツ国法学者大会の報告のことは既に述べた。そこでの統一テーマの一つは「行政責任と行政裁判権」である。このテーマの下での報告の中で注目すべきはシュミット－アスマンの報告である[20]。この報告から現時点まで大分時間が経過しているが，行政責任論の代表的な主張であると思われる。こうした行政責任論と，これに対応した裁判所の責任論は，行政に対する裁判所の統制の議論に大きな影響を及ぼすはずであり，こうした類いの議論は日本においても共有されても良いと思われる。この議論で示された論点は多岐にわたるが，ここでは行政裁量の裁判所による統制との関連での論点に限定して紹介することにする。

この報告においてシュミット－アスマンはこうした議論が行われる背景として，

---

urablen, in: Matthias Klatt (Hrsg), Prizipientheorie und Theorie der Abwägung, 2013, 236 ff.
（20）Eberhadt Schmidt-Assmann,Verwaltungsverantwortung und Verwaltungsgerichtsbarkeit, VVDStRL Heft34 1976, S.221 ff.

第2編　衡量原則

およそつぎのような指摘をする[21]。すなわち，有効な権利保護の問題や司法と行政の間の適切な責任配分の問題が提起され，そして，第三権力（裁判権）に対する第二権力（執行権）の関係における構造的な欠陥が明るみに出ているという判定が最近ますます行われている。これらの判定に共通しているのは，高度に複雑な行政現象である。これは裁判所によって判断される事実関係についてもいえるのであって，これを法学以外の学問の概念やデータが保持しつづけるのであり，このため，複雑な技術的な予測が概観できないようになる。予め行われた決定，それに付随する諸措置，適正数値や概括プログラムは目の詰んだ網であって，これと，密な状態にある事実関係が結びつけられ，更なる随伴効果を考えなければならない。個別事案において解くことができないような事実関係からみれば，訴訟資料は単に氷山の一断面を形成しているにすぎない。

こうした複雑な行政決定につきまとう概観不可能性は「法治国家の欠陥と行政の正当化の欠如」という標語のもとで裁判官からの声をもとめた。しかし，行政裁判所は，能力，取り分け個々の訴訟において所与のものとされている認識可能性と制御可能性を超える統制任務に直面している。その困難さは5つの要点で示される[22]。

1. 形成的行政の表現としての複合的な決定は通常粗く形づくられた法律を基礎にするのであって，これが広範に行き渡ることはその力動性によって一層高まる。何故なら，法律概念形成の静力学と法律用語のフィルター的効果が失われるからである。
2. 裁判所の権利保護は絶えず進行する発展的行政現象に対して，あまりにも遅く介入する。というのは，裁判所と行政は単に局面が移動するのでなく，局面を歪めてそれぞれ行動するからである（時間的二次元の問題）。
3. 配分決定に関係する私的利益はそれ自身きわめて分散的であるので，例えば「疑わしきは市民のために」というような単純な二極的な訴訟形式では適切に把握するができない（多角的権利保護の問題）。
4. 「古典的外部法」はそれの網合わせの状態（Verflechtung）において，行政の内部領域での法的行為や組織形式に直面する。この場合，侵害行政と給付行政を前景に置くことを通り抜け，背後にある網合わせの状態を構成する内部領域を把握し，そしてこの2つの領域間の結合を教義学的に共通することを要求する（マクロ行政における裁判所による保護）。

---

(21)　Schmidt-Assmann, S.223.
(22)　Schmidt-Assmann, S.225

5. 事実関係の網合わせ状態のために，個々の訴訟手続では殆ど概観できない（ましてや制御などできない）程に判決の効力が増大する。このような増大のために全体の行政プログラムが，法律によって確実に基礎づけられていない判決によって危殆に晒されれば，第二権力と第三権力間の衝突は不可避であるようにみえる。

以上の５つの点を訴訟法に移し替えると，以下の点についての考察が必要になる[23]。すなわち，

―権利保護の形式について（規範統制訴訟，行政行為，取消責任，排除効）。
―裁判所の手続について（原告適格，召喚，大量手続，鑑定人）。
―統制密度について（裁量審査，行政決定の自由な判断の領域，判断余地，明白性の留保）。
―統制の結果について（能力の配分と優先順位の設定，適時の裁判所による保護の保証と行政手続による補充的な権利保護）。

以上の問題は，第三権力と第二権力の関係をそれぞれ責任領域から考えることに行き着く[24]。責任とはこの場合，一般的な言葉の意味にしたがえば，任務，自立および統制や制御，依存性という意味での負担義務（Einstandspflicht）の要素から成り立つ概念として理解される。行政責任が最も語られるのは国家行政や自治行政においてであるが，経済的・文化的および社会的自治体においても，委員会や専門家委員会においても同様である。最も明確なのは法律を鏡とした行政責任である。すなわち，組織や手続のルールとして，枠として，照準として，実体的指針として，そして，侵害の授権としてである。

行政責任に関係した類型学は，目的と条件の多様性をつぎのようなものとして挙げる。
―行政責任はまず法律拘束における執行責任である。つまり平等で，適法でありそして適時の執行，つまり実効的執行についての責任である。
―立法プログラムが輪郭で示されている場合には，行政責任はそれを具体化することをいう。本源的，派生的な法制定，法規命令・条例および行政命令という形式における規範や計画を通して実行される。
―更に行政責任はプログラム実現の責任をいうのである。これは予測の責任，関

---

[23] Schmidt-Aßmann, S.227.
[24] Schmidt-Aßmann, S.228.

連する行政上の措置を行うに際しての方法選択，整合および調整の責任，信頼保護，補償義務および災害などの窮状に際しての補償にまでおよぶ継続責任というものである。
― 行政責任は新たな事態に直面し，変化を予見するに際して自発的に行動する責任を含む。これは行動であって，反応ということではない[25]。自発性であって，最初に介入する義務，そのための自らの手段をつくり出すことにまでおよぶ自己プログラムの責任である。そしてまた立法者の決定準備の責任でもあり，情報提供の責任でもあり，そして，そもそも国家作用間の調整の責任でもあり，ここでは国家の任務遂行に法律上の枠組みを取り入れることまでが行われ，推進力としての刺激，指針および統制の基準をあたえるのである。すなわち，これは法化（Verrechtlichung）についての責任である。
― 最後になるが，行政責任は個々の行政措置を繋がりの中に組み入れられることに留意しなければならず，まさに複合的な決定に際しては全体への義務であることが分かる。つまり，全体責任である。

以上の説明の中，様々なるものの評価と重要性の判定が行われるが，これの整合性については個々の行政訴訟を超えた「行政の全体責任」があることが指摘されていることに特に注目すべきである。

c）裁判所の機能

ではこうした行政責任に対応して裁判所は何ができるのか。ここでは主として機能論的な説明が行われている[26]。

行政裁判所は基本法第19条第4項による権利保護の責務によって形づくられている。したがって，主観法（権利）の保護が行われなければならない。客観法の保護はその意味において重要であるが，主観法と客観法が共通の道の大半を進んでいる限りでは，通常は付随的に提供されるだけである。行政裁判権は原則として反応的に作動する。すなわち個人の提起によって作動するのであり，訴訟物についての任意の構成が原告にあたえられているというやり方が採られる。これは行政裁判権の不変な像である。というのは，それの保護効果は第二の権力（執行権）からの組織的分離によるだけでない。鎮圧的手続（repressives Verfahren）だけが保証する，行政における生起（Geschehen）からの距離にもよるのである。

行政裁判権は主観法（権利）の実効性を目指す。しかし，原告の権利のための過度な訴訟遂行ということでは必ずしもない。ある者にとっての裁判所における

---

[25]　Schmidt-Assmann, S.230.
[26]　Schmidt-Assmann, S.237 ff.

権利保護請求権としての基本法第19条第4項は，別の関係人の実体的基本権の権利実現的請求権によって制限を受ける。この場合においては，利害関係をもつあらゆる権利の実効的な保護は，裁判所の統制の強化ではなく，適切な配分である。行政と行政裁判権は実現する法について共通の責任において対峙している。これは同種で，対立的で，補完的な任務遂行という特色をもつ共働において行われる。この場合，行政と裁判所のそれぞれ異なった決定状況が二律背反的に作用する。その理由は，裁判官がつぎのような事実関係を獲得するからである。
―別の国家作用によって既に形成されている事実関係。
―偶然に（occasional），そして部分的に（segmentarisch），原告によって範囲が規定された事実関係。
―個別事件のために設けられた手続において行われるのであるから，利害関係をもつすべての者も，より大きな繋がりについての関連づけも取り入れられず，こうしたものを限定的にしか制御できない。というのは，それと平行する事案や相違する事案は訴訟の対象ではないからである。
ここから明らかになるのは，裁判官は決定の中間的な立場にある状況（eine mediatisierte Situation）に置かれているのであって，基底的な情勢で責任を負うべき行政責任を，主導性，情報獲得および予測においても，自己プログラムの作成，進行または結果においても果たすことができないのである。

2　責任論による衡量の統制の程度

シュミット‐アスマンはここではおよそつぎのように述べる[27]。すなわち，目標設定の内部における具体的形成は，衡量において行われる。この衡量に対しても，裁判所の統制は2つの段階で構成される。第1に，手続の過程，すなわち手続の進行，形式および理由付記，情報処理および衡量の動機づけは裁判所により完全に審査される。最後に挙げたものは，「担当者の立派な志操」ということではない。第2に，これに対して，以上に挙げたものの残りの部分である実体的な決定の領域については，裁判所は外部的な枠で統制できるだけである。というのは，これは様々な形を成すものの価値評価と重要性の判定であるからである。こうしたものは財政制度や組織という別の分野でフィードバックされるのであり，かくして効果や整合性については，個々の訴訟の次元を超える行政の全体責任が留意されなければならないのである。数多ある様々な衡量の可能性のために，裁

---

(27) Eberhardt Schmitd-Assmann, Verwaltungsverantwortung und Verwaltungsgerichtsbarkeit, VVDStRl, Heft, 34, S.257ff.

判所の統制手段（比例原則），つまり適切性，必要性および比例性という問題は輪郭がはっきりしなくなり，このため，ひどい違反（grobe Verstöße）だけに反応する。厳密な意味での必要性についての審査に際して取り扱わなければならないような選択肢（例えば，立地の選定，路線の設定）は，実際には訴訟から完全に抜け落ちる。より一層合目的々な決定ということであれば，これは権限の問題となり，行政の衡量の優位という意味での全体的関連性に対する行政責任という視点で答えを出さなければならない。

　以上のように，衡量の統制の程度ないし統制密度は低いものとして想定されている。また，利益の重要性の判定に際して，あるいは，利益の調整の段階に際しての統制の程度について裁判所の判定がいかに控えめであるかの説明をもう一度想起すべきである。シュミット－アスマンは，およそつぎのような指摘をしている[28]。すなわち，特に計画行政の法律による指示は「衡量条項」の特色をもつ。こうした条項は調和できない一部の目標の中で優位を占め，容量を分配し，優先順位を設定する。この衡量条項は裁判所により手続上の観点から完全に審査されるだけであり，これ以外の点においては，関係する利益の重要性の判定や損益の関係が果たして明白に誤って行われたのか，ということにおいて審査されるという指摘である（明白性の留保）。

III　同一尺度で測ることができない利益の衡量

　衡量統制を考える場合のもう一つの観点である「衡量」の性質について付言しておくことにする。

　これまで述べてきているように，行政が行う行為に対する法律の指示が解釈を受け入れる余地があるだけでなく，法律が補充や充填を必要とする。立法者は法律規定を置くに際して，規範の構成要件の側面において目標を指示するだけで，その実現を行政に委ねることに自己抑制をする。立法者がこのように行政に権限行使を授権した以上，裁判所が自分の判断をもって行政の権限行使を全面的に覆すことは，司法権と行政権という権力間の権限配分の観点からみて説明することができない，という発想が基本的に存在しているといえる。こうした前提に立って衡量の司法審査の議論をみていく必要がある。そしてまた，衡量審査には比例原則が重要な役割を果たしていることも既にみてきている。しかし，これに対抗する議論も含めた説明は，日本ではこれまでのところ必ずしも十分に行われてい

---

(28)　Schmitd-Assmann, S.273.

ないとも思える。これは日本では殆ど議論もされていないので，比例原則や衡量論の日本での今後の発展のために，ここでは紹介だけにとどめる。

1 原理的な議論

a）衡量に対する批判論

衡量についての議論の蓄積は，ドイツで憲法裁判所の権限と，それに関連した判例において見られる。これの詳細な記述は本書の枠を越えているので，ここでは行わない。しかし，衡量論を取り扱う本書はこれをまったく無視することはできないので，本書の課題と関連する範囲で触れることにする。

比例原則の最後の段階であり，狭義の比例原則とも呼ばれている衡量に対しては，これが恣意的であるとする批判がある。「同一の尺度で測ることができない利益」の衡量についての消極的な評価である。憲法裁判所が競合する法益を相互に比較衡量することは政策との間の境界線を越えてしまうという疑問である。かくして衡量は裁判所の「政策的自己授権の道具」（ein Instrument der politischen Selbstermächtigung）となる，というのである。衡量が裁判所の自己授権の道具となるという，衡量に対する消極的な評価はドイツでは憲法判例において見られる。ドイツの憲法裁判所の判例というという特殊な例であり，行政法の議論には参考にならないという批判があるかも知れないが，矢張り「衡量」という現象に対する議論であるので，これを看過することはできない。

憲法判例の一例として連邦憲法裁判所の「十字架像決定」（Kurzifix-Beschluß）[29]挙げられている。義務教育児童の両親が，子供が通う学校の教室の壁に十字架象が取り付けられていることに反対した。キリスト教の象徴が子供に影響をあたえることを危惧したのである。連邦憲法裁判所の第1部は両親の訴えをみとめ，教室に十字架像を取り付けることはキリスト教信者でない生徒の消極的自由を侵害すると判示した。しかし，この決定に対しては世論の憤激が生じる結果となり，何名かの政治家はこの決定にしたがわないことを公然と表明した。今日にいたるまでバイエルンの多くの教室では十字架象は撤去されていない[30]，とされる。

問題になるのは連邦憲法裁判所がこの決定を衡量（Güterabwägung）で基礎づけをしたことである。すなわち，そもそも法の解釈という形を採る「衡量」がこのような価値問題のための正しい方法論的道具なのか，それとも，このような問

---

(29) Beschluß des Ersten Senats vom 16.5.1995（BVerfGE 93, 1）
(30) 以上の説明は Niels Petersen, Verhältnismässigkeit als Rationalitätskontrolle, 2015 S.2 に依る。

題は政策に委ねた方が良いのか、ということである。もう少し問題を敷衍すれば、衡量の合理性をめぐる規範分析的議論は重要な議論の広がりを看過してしまうのではないか[31]、あるいは、政策的判断を隠すために法的な仮装である「衡量」という手法を使ったのではないか、ということである。これは動もするとその「積極主義」が批判もされているドイツの憲法裁判所について提起された問題でもあり、これをそのまま日本に適用できない[32]。しかし、日本の司法審査の範囲や密度についても教訓をあたえることは当然である。

また、日本法に対する教訓という点について付言すると、「法的安定性と具体的妥当性の間での緊張関係にある個別事案での衡量」という観点からの憲法裁判所に対する批判がある。個別事案の衡量は憲法裁判所の決定の予見可能性をかなりの程度制約するのであって、これによって法的安定性が害される、というのである[33]。法解釈において広く共有すべき課題でもあるこうした論点は、行政法においても無関係ではないはずである。これは日本ではあまり論じられてはいないが、行政法における司法統制、あるいはもっと広く法解釈のあり方として今後議論を深める必要があろう。

b) 衡量と尺度

「交通増加に対処することを目的とする国道拡幅によって得られる公共の利益と、かけがえのない景観、風致、文化的諸価値ないし環境保護の要請」の衡量のような、同一の尺度で測ることができない利益の衡量とは何か。そもそもこのような利益の衡量は Whether a particular line is longer than a particular rock is heavy[34] と同じで、原理的に解決できない課題の解決がここではもとめられていることと同じように思える。

２つの利益を互いに関係づけ、それの相対的な重要性についての言明を行うためには、順序尺度、間隔尺度と比例尺度が挙げられるが、ここでは順序尺度と比例尺度について紹介する[35]。まず、或る利益が他の利益と比較して少ない価値

---

[31] Petersen S.2.
[32] なお、連邦憲法裁判所の判例の分析をすると、同一尺度で測れない法益の衝突の場合に、立法者の価値決定を修正するために、衡量をきわめて僅かな例外的な場合に用いている、ということである。十字架象決定は、連邦憲法裁判所の判例における、射撃競技で使われている言葉である「逸れ弾」（Ausreißer）という評価もされている（Petersen, S.161.）。
[33] Petersen S.72 ff.
[34] Petersen, S.63. において紹介されているアメリカの判例（Bendix Autolite Corp. v. Midwesco Enterprises, Inc., 486 U.S. 888, 897 (1988)）からの引用による。
[35] 以下の説明は Petersen, S.57 ff. による。

または多くの価値をもっていることについての言明である。このような関係は順序尺度（あたえられた数の大小関係だけが意味をもつ尺度）で表すことができる。順序尺度は異なった価値の順序だけを示すのであり，この場合こうした値の間隔についての言明は行われていない。これは利益が少なくとも互いに比較できることを前提としている。例えば法律学の筆記試験に即して説明すると，14点は7点よりも高い値をもつ。しかし，14点の答案は7点のそれよりも2倍良いということにはならない。更に，5点の答案と10点のそれとの間の質の間隔は，10点の答案と15点のそれとの間の質の間隔と同じであるとも言えない。試験の点数は単に順序を示すだけであり，順序尺度で表される。

衡量が単に競合する利益の抽象的な比較において行われるならば，この順序尺度でこれらの利益を互いに関係づけるだけで十分である。しかし，衡量というのは秤の皿の両側での複数の要素が斟酌されることである。このように理解された衡量の構造を数字で表すならば，こうした別の要素は乗法を通して互いに関係づけられなければならない。乗法は比例尺度で互いに関係づけられる利益についてのみ適用される[36]。この衡量において斟酌される総ての要素については共通の規範的な基準が存在しなければならない。

2　数字による衡量の説明

ホフマンは『法における衡量』（Abwägung im Recht）という題名をもった研究書を公刊したが，これには「公法における数字を用いた方式の公算と限界」（Chancen und Grenzen numerischer Verfahren im Öffentlichen Recht）という副題がつけられている[37]。この副題にあるように，この研究書は衡量を数字で表現する議論を展開しており，この点において類書にはみられない独自性が際立っている。「国道の拡幅という公共の利益と，かけがえのない景観」などをそれぞれ別の秤の皿に載せて，その軽重（衡量）を数字で表せることが可能ならば，これは夢のような話である。しかし，数字で衡量を表現することには当然に限界もあるはず

---

(36) 因みに「間隔尺度」について説明すると，これによって異なった価値の間の距離を定めることができる。しかしながら，温度計の尺度のように，ここでは異なった尺度がそれぞれの零度をもっている。5℃と10℃の間隔は，20℃と25℃の間隔と同じである。その差はそれぞれ5℃である。この2つの温度の等級は，たとえ他の温度の尺度を一例えば華氏一を用いても同じである。20℃は10℃の2倍暖かい，ということはできない。温度を華氏に転嫁してみれば明らかである。この2つの温度の等級の関係は50°Fと68°Fであり，因数は1,36である。したがって，間隔尺度を使って算定された価値は数字的に規定されない（Petersen, S.57）。

(37) Ekkehard Hofmann, Abwägung im Recht, 2007

第2編　衡量原則

である。数字では表せないような利益が衡量の過程から離脱してしまうことも想像される。これが成功しているかについては，筆者（海老沢）は後述のように消極的に評価している。しかし，こうした議論が試みられ，許されていることがドイツの公法学の力量と魅力を表しているのではないかとも思われ，同時に羨ましさも感じているので，以下にはこれを紹介しておくことにする。

a）数字による説明の実例

　ホフマンによると，ドイツでは自然言語による論証という手法（natürlich-sprachliche Vorgehensweise）が行われている[38]。特に「重要性」（Gewichtigkeit）の確定は自然言語によって行われている。立法，司法および行政の決定は，或る利益の優位性や侵害の程度を表すために，「僅かな」（gering），「中程度の」（mittel），「高度な」（hoch）または「顕著な」（überragend）のような概念を用いている。しかし，それの内容を説明することは行われていない。したがって，このように表現された負担または利益が互いにいかなる関係に立っているか，ということは分からない。これを説明するために，ハンブルク・フィンケンヴェルダー空港でのエアバス運航事業を目的とした空港拡張のために行われた計画確定決定[39]（2000年5月8日）の実例が紹介されている。この計画確定決定では，計画確定庁は事業計画によって生じる侵害を等級で分ける。すなわち，「極めて高度な」，「高度な」，「中程度の」そして「僅かな」という等級である。例えば淡水の干潟の埋立ては「極めて高度な侵害」とされる。想定される航空機の騒音は「高度な侵害」に分類される。そして，この計画確定決定は，関係する利益の衡量について，つぎのような説明を理由付記において行った。

これの一部をホフマンの著書にしたがって引用すると，つぎのようなものである。

「関係するあらゆる利益を衡量した結果，計画は事業に対して肯定的に確定する。事業に対する肯定的な決定によって，航空機の騒音や建設騒音を受ける住民や環境保護の利益は後退する。

　事業に反対する決定を行う場合には（騒音からの保護や環境保護の利益に対して肯定的であるならば），労働市場の積極的な効果や都市圏ハンブルクのための地域経済的な効果は，代替できないほどに失われてしまう。この経済的な効果は都市圏ハンブルクにとって法外に大きな意味（außerordentlich große

---

(38)　以下の説明は Hofmann, S.9 ff. による。
(39)　この計画確定手続（Planfeststellungsverfahren）については，第2編第1章Ⅰ参照。計画確定決定は「行政行為」の性格をもつので，それには理由付記義務（行政手続法第39条）が課せられる。

Bedeutung）をもつ」。

　ホフマンはこの説明についてつぎのように指摘する。すなわち，ここでは騒音についての判断が紹介されているが，計画確定決定の理由書は，この他に水域に対する負荷についても前記の等級（「極めて高度な」，「高度の」，「中程度の」などの等級）を分類しており，また，景観に対する侵害にも触れている（景観の変化［建物の高さ］は確定的に判断できないとする）。しかし，国庫から事業のために支払われるかなりの程度の費用（15億ユーロ）については立ち入らなかった。他方では理由書は，この事業計画が計画原則（Planungsleitsätze）を遵守しているか，という点についてはかなり詳細な調査をしている。そして，その残りの部分である不利益的な効果は衡量の対象であるとする。しかし計画確定庁の見解によると，何故このような利益が不利益全体よりも大きいか，ということについては述べられていないのである。このようなやり方は説得力という観点からみて，重大な疑義に直面する。というのは，利益の個々の部分の理性的な集積という主張（つまり正当な衡量という主張）を受け入れることを裁判所や市民にもとめているが，行政庁はこのことを理由付記において説明していないからである。「法外に大きな利益」をもたらすということと，他方では3つ，5つまたは11の予期される「中程度の侵害」ということである。これを行政決定の方式として一般化するならば，これを跡づけができる行政決定とすることは困難である。

b）数字による説明の可能性

　さて，ホフマンは以上のような例から，これを数字で表す試みとしてつぎのように説明する[40]。すなわち，連邦行政裁判所によると，利益は完全に調査され，衡量されるべき選択肢は方法論的に間違いがないように予測されなければならないだけでない。更に利益の重要性の判定は，個々の利益の重要性の顧慮，いわゆる最適化原則の斟酌，そして，収支決算的考察方法を用いることによる全体的な評価（Gesamtwürdigung）ももとめられている。裁判所によりもとめられている全体的な評価は，自然言語的な方法では加重負担になる。これは数字を用いた方式を使うことにより成功するであろう。先に挙げた空港拡張の例では，おそらく2つの「著しい侵害」（erhebliche Beeinträchtigung）と，「法外に大きな利益」（außerordentlich großer Vorteil）が衡量されなければならないであろう。後者の利益が前者の不利益よりも優位にあるかという問題は，これだけでは殆ど答えることができない。どの程度の「著しい不利益」が「法外に大きな利益」に釣り合う

---

(40)　Hofmann, S.288 ff.

のか。

　更に考えなければならないのは，こうした効果は確実に発生するとは限らない。利益に対する価値評価と結びついた予測の問題が生じる。特定の効果についての不確実性が決定作成の中に流れ込むのか。これについて自然言語だけを用いる者は，多くの説明の困難さに逢着する。例えば「法外に大きな利益」が単に蓋然性をもって生じるが，これに対して「著しい不利益」が殆ど確実に生じるときに，結論はどのようになるのか。

　これに対して，数字を使ってこのような考慮を方法論的に異議がないように実施することができる。具体的な状況での「著しい不利益」を4,000万ユーロと評価し，「法外に大きな利益」を1億ユーロとするならば，2つの「著しい不利益」は「法外に大きな利益」よりも小さい。これに対して3つの不利益であれば，今度は大きくなる。蓋然性を75％という除法的表現をもって表すならば，7,500万ユーロの期待値を算定できるであろう（1億ユーロの75％）。こうした考察をつづけて，「ほぼ確実に生じる著しい不利益」（fast sicher eintretender Nachteil）と「殆ど確実に」を99％に置き換えるならば，事業の消極的純益が明らかになる（3,960万ユーロ＋3,960万ユーロ＞7,500万ユーロ）。

　以上のような問題の背後には，事実関係の調査や事実によって条件付けられた影響の評価に際しては，小さな，そして最も小さな間隔（kleine und kleinste Intervalle）を表示する必要があるのであり，このためには無限小の（無限に小さい）間隔（infinitesimal［unendlich kleine］Intervalle）で描かれる数字が言葉よりも遙かに適切である。「僅かな」（gering），「中程度の」（mittel），「高度な」（hoch）のような評価を使うならば，特定の解決が同時に逆の解決に行き着くということにもなり得る。

　以上のようにホフマンの数字による衡量の説明をみてきているが，そこにおいてはドイツで行われている行政実務という留保が付けられている点に注意が必要である。したがって，この数字による衡量の説明は例えば日本のような国にそのまま当てはまるものではなく，普遍的なものではない。また，ハンブルクの空港拡張の実例に即した説明においては，空港拡張によって得られる利益も，またこれによって生じる不利益もユーロという通貨に置き換えた議論が行われている。これがどういう意味をもつのか。

　c）同じ尺度で測れない利益の衡量

　以上の議論と関連して，ホフマンはつぎのような説明もしているので，併せて

補章　衡量の統制

紹介する[41]。すなわち，職場（Arbeitsplatz）を A で表し，嘴広鴨（Löffelente）を Lö で表し，そして嘴広鴨のような絶滅の危惧がある動物の個体の減少を x で表す。職場 A の創出のために Lö を x まで減少させることが正当ならば，$1Wa > xWLö$ で表せる。職場の価値 W は嘴広鴨で表現すると，$\geq x\left[\dfrac{Lö}{A}\right]$ となる。これは嘴広鴨における職場の換算を表している。この場合，その大きさ（職場ごとの嘴広鴨の数）は大括弧で書かれる。この場合には嘴広鴨の Numéraire で計算している。嘴広鴨ではイメージを持てない者は，逆に職場において計算することができる。すなわち，$\leq \dfrac{1}{x}\left[\dfrac{A}{Lö}\right]$ になる。

　以上のような説明の後で，ホフマンはつぎのようにいう。すなわち，以上の価値関係についての形成の構造は，まさに複合的な行政決定の状況についても通用するのであり，ここでは総ての利益について，それが他の決定にとって重要な利益との比較においていかなる重要性をもっているか，ということが審査されるのである。「嘴広鴨ごとの職場」における利益または「職場ごとの嘴広鴨」における利益という表現は一般的でないので，複合的な決定状況にとっては社会的により一層成熟している基礎的な Numéraire―例えば通貨―を総ての関係する利益での価値関係を表すために用いることが得策である。

　以上がホフマンの説明であるが，注意すべきはここで使われている Numéraire というフランス語である。これは通貨（currency, Währung）の意味である。Währung というドイツ語が使われなかった理由は分からないが，問題はこれが嘴広鴨における利益についても職場における利益についても統一的に適用されるか，ということである。しかし，説明をみる限り，必ずしもそうでないようである。嘴広鴨，職場のそれぞれを基準（Numéraire）とした計算だけを行っているようにみえる。統一的な基準，それは通貨に限られない。小石や貝殻のようなものであっても良い。これはホフマンも認めている[42]。しかし，何が統一的に適用される基準なのか。

　ホフマンの議論は特に行政法について開発されたのであろうが，人権論との関連で，つぎのような指摘がある[43]。すなわち，ある利益を互いに比較する 2 つの可能性が存在する。1 つは内在的な価値（intrinsischer Wert）に着目することであり，もう 1 つは別の目的を達成するために，或る憲法上の財（Verfassungsgüter）がもっている手段としての価値（intrumentaler Wert）に着目することである。

---

(41)　Hofmann, S.286.
(42)　Hofmann. S.286.
(43)　Petersen, S.59.

379

競合する憲法上の財の内在的な価値を互いに関係づける共通の規範的な基準（Währung）を見出すのは不可能であるようにみえる。しかし，場合によっては共通の規範的な基準への翻訳を可能にする手段としての価値を財がもつことがある。功利主義の信奉者はつぎのような論証をする。すなわち，憲法上の財についての総ての措置，制限や促進も，個人に対する便益（Nutzen）によって判断され得る。ここでは経済との類推をすることができる。梨と林檎は本来比較ができない。しかし，共通の基準（Währung）に翻訳することによって，これらのものを比較することができる。通貨は個々の財についての個人の支払い能力の基準である。

そうすると，先に挙げた，例えば環境に対する侵害を「高度な」，「中程度の」あるいは「僅かな」という等級に，それぞれ数字を当てはめることによる数量化と，それにもとづく比較をどのように解釈すれば良いのか。そして，空港施設の拡張によって得られる「法外に大きな利益」と，想定される航空機の騒音などの「高度の侵害」が比較されるとき，これに共通の基準としてユーロという通貨を当てはめることが行われた。果たしてこれが可能なのか，という問題は残る。

以上のホフマンによる数による衡量の説明は，衡量の合理化に対する要求に応えようとした試みであろうが，それに応えることはできていないように見える。すなわち，価値を規定して，競合する財の価値と関係づけるという課題を解決していない。この試みはそれ故，衡量の透明化をもたらすことができるかも知れないが，同一尺度で測ることができない利益の衡量の問題を解決していない[44]。

さて，以上のことを前提としたうえで，衡量の構造と，それの司法統制をホフマンの議論を紹介する。

IV　衡量の構造と裁判所による統制

ホフマンは衡量の構造を説明した後で，衡量の司法審査を論じる。その際に注目すべきは，既に見てきているコッホの議論に依拠してその統制対象を「衡量の結果」の統制と，「衡量の過程」の統制を分けてそれぞれ説明していることである。留意すべきは，この衡量の過程の統制が行政手続法上の理由付記と結びつけて論じられていることである。連邦の「行政手続法」（Verwaltungsverfahrensgesetz）は，第39条第1項において，理由付記義務（Begründungszwang）について，つぎのような規定を置く。

---

(44)　Petersen, S.68.

「書面による行政行為または書面によって確証された行政行為は，書面により理由付記をしなければならない。理由には，官庁をしてその決定をなさしめるにいたった重要な事実上および法律上の根拠を通知しなければならない。裁量決定の理由付記は官庁が裁量権の行使に際して前提とした観点も知らせるべきものとする」。

この規定が衡量の過程の統制論と結びつけられて論じることは，行政手続論からみても重要である。行政手続論において論じられる理由付記（理由の提示）についてはそれの程度が主たる論点であるので，衡量の過程の統制論において登場する議論は，同時に行政手続論でのそれでもある。これは日本法での理由の提示（行政手続法第8条，第14条）の解釈論でも同じであり，衡量統制論であれ，行政手続論であれ，この点のついての議論の発展が望まれる。

以下にはホフマンの衡量統制論を見ていくことにする。

1　衡量における利益の重要性の判定

a）衡量の構造

ホフマンによると，関係する私的・公的利益の客観的調整は収支決算のやり方で個々の利益の客観的な重要性と釣り合いが取れなくてはならない様に行われることが，衡量過程の進行の本質である[45]。また，連邦行政裁判所がいうように，計画法上の形成の自由は，関係する利益の少なくとも一つが不当に無視されること（zu kurz kommen）[46]に限界をもつ。消極的に関係する利益を行政が誤認したり，または，客観的な重要性と釣り合いが取れないやり方でその利益を僅かなものとして評価したりする場合には，衡量原則は毀損される。以上述べたことは裁判所による統制という点からみたものである。計画決定などの行政上の措置ないし決定の形成という観点では，裁判所が設定した重要性についての是認できる限界が重要である。この限界は，いかなる価値評価が裁判所によってもはや衡量の過程の正当な部分として受容されないかということを示す。これによって裁判所は消極的な規定を行うのであり，行政庁がいかなる価値評価を行うかについて

---

(45)　Hofmann. S.263ff.
(46)　ここでは Urteilv. 5.7.1974, BVerwGE, 45, 309, 326 が挙げられている。なお，訳語の問題であるが，zu kurz kommen について，独和辞典では「(分配で) 人より少なくもらう；貧乏くじを引く」と説明されているが，これでは文脈からみて文章の意味が把握できない。Langenscheidts Handwörterbuch; Englisch では，go short, get the worst of the deal, come off a loser, be neglected とあり，Langenscheidt Großwörterbuch;Deutsch als Fremdsprache では，jemand/etw. wird zu wenig beachtet, wird benachteiligt と説明されている。

第 2 編　衡 量 原 則

は積極的な言明をしていない(47)。

　行政は衡量決定に際して利益間の価値関係を定めなければならない。価値評価なしで済ませる決定は存在しない。換言すると，決定主体にとっては価値評価するか，それとも，それを断念するか，は自由に委ねられていない。ある決定がなされたということには，関係する利益について少なくとも黙示的な重要性の判定が行われたことが基礎になっている。

　何がその価値について評価されなければならないかということは，関連する利益に対する行為選択肢がもつ様々な影響であり，この場合少なくとも２つの将来における状態が互いに比較されなければならない。すなわち，考慮された行政上の措置の効果として予測された状態と，事業を実施しない場合の将来の世界である（ゼロ・オプション［Nullvariante］）。

　今や重要性の判定の概念にとって決定的に重要なのは，予期された効果の判断が予測と価値評価の纏まりのある命題の使用のもとで行われる，ということである。これを計量器の比喩をもって説明することができる。すなわち，重要性の判定がされた利益がその判断に応じて，利益になるものとして，または，有害なものとして竿秤（天秤）の皿にそれぞれ分配される過程として衡量決定を観念するならば，その皿に割り当てられた重要性は価値関係である。この関係は互いに密接に結びついている。利益の重要性を変更するならば，それに応じて別の総ての利益も変更する。衡量の中に入れられた価値の過大評価は必然的に他の価値の過小評価であり，その逆も真である。重要性の判定は常に互いに依存する。

---

(47)　Hofmann, S.263ff. ホフマンは「行為規範としての衡量原則」と「統制規範としての衡量原則」を区別する。その上で行為規範としての衡量原則の説明として，およそつぎのように述べる。すなわち，（連邦行政裁判所の判例によって示されたような）衡量原則は，それを規範によって制御された「決定作成の手引き」として転義しようとすれば，具体化され，いくつかの観点をもって補充されなければならない。このため「決定作成の手引き」が行為規範としての衡量原則が挙げられている。これについての議論は日本の学説においても関心が持たれることも多かろうと想像するので，少し紹介することにする。

　すなわち，行為規範としての衡量原則についてその内容を見ると，まず，決定の作成は法律上の授権目的の確認と，場合によっては明確化という方法で行われる問題の確認をもって開始する。法律目的に遡って拘束されなければ，衡量原則は殆ど法がない空間になってしまう。このため，「行為の手引きとしての転義」はそれに応じた補正を必要とする。その上に，異なった行為の選択（選択肢）の考察が決定作成過程においていかなる役割を果たしてかということも，この衡量原則は明らかにしていない。ここにおいて先の連邦行政裁判所の判例によって分けられた衡量原則には，かなりの程度の弱点がある。決定作成において主要なものは，様々な選択肢の間で行われる決定という，規範によって制御された目標との評価的な比較である（Hofmann, S.177ff.）。

b）基本権侵害の正当性の理由づけ

比例原則については，上位概念としての「広義の比例原則」が想定されており，これが分かれて，「適合性」（Geeignetheit），「必要性」（Erforderlichkeit），および「狭義の比例原則」（Verhältnismässigkeit im engeren Sinn）の内容をもつものとされている。それぞれの内容については既に貴重な労作が発表されているので[48]それに譲るが，ホフマンによると，比例原則の構造は衡量資料の完全な収集と，考慮される行為の選択肢の帰結に関する是認できる（vertretbar）予測の実施を要求する。そして，関係する利益の「適切な重要性の判定の原則」を内包する[49]。

衡量の過程を組成するこうした尺度の法的な意味は，基本権侵害正当化のための決定的な内容上の前提を表示する。すなわち，関係する利益の適切な重要性の判定に行政の行為が基礎を置く場合にのみ，その行為の利益（Vorteil）は，そこから生じる負担を正当化することができる。計画法での判例によると，例えば計画から得られる利益を原告側の法的な地位と比較するというように，決定の個別的な部分を評価的に比較するだけでは不十分である。むしろ総ての公的・私的な利益の全体的な衡量が要求されているのであって，連邦行政裁判所はこれを「収支決算的考察方法」（bilanzierende Betrachtungsweise）という概念をもって説明している[50]。これはすなわち，行政上の行為がこれら総ての効果を考慮に入れたとき，積極的な「純益」（Nettonutze）または「衡量の結果の正当性」（Gerechtigkeit der Abwägungsergebnis）を示したときにのみ，衡量の結果は正当なものとみなされるということである。社会的な純益が消極的である法的行為は，基本権の主体に負担を課すことについての正当化という意味での基礎とはなり得ない。積極的な純益という意味での正当に衡量された衡量の結論だけが基本権侵害を正当化することができるということであるが，裁判所はこれをいかにして審査することができるのか[51]。決定のいかなる要素に審査がおよぶのかということは，統制密度にとって実現のルートを敷く意味をもつ。このためには，決定の指示をする主文（衡量の結果）と，決定の根拠ないし理由（衡量の過程）を区別することが考

---

(48) 須藤陽子・比例原則の現代的意義と機能（法律文化社，2009）14頁以下。
(49) Hofmann, S.331.
(50) Hofmann, S.331 Anm.30 では比較的最近の判例として，BVerwGE 112, 140 (164) が挙げられている。ここではつぎのような説示がある。すなわち，「あらゆる種類の衡量にとって特徴的なのは収支決算的考察方法である。この場合，行政庁が不当な認定を前提とするならば，間違った判断をもたらす歪みに行き着くことは必定である。これが本件にみられる」。
(51) 以上 Hofmann, S.337.

えられる。

2 統制の態様

a）根拠づけの可能性の統制

　理由付記（理由の提示）が行われない場合，または，理由付記が不十分である場合には，裁判所の審査は根拠づけ可能性の統制（Begründbarkeitskontrolle）に制限される。すなわち，裁判所の審査は合理的な正当化が行政の行った行為自体において見出されるかを審査できるだけである。判断余地が認められるときには，是認できる（vertretbar）と見える限り，それが裁判所の目からみて最もすぐれた解決方法から逸脱した解釈であっても許容される（緩やかな根拠づけ可能性の統制［milde Begründbarkeitskontrolle］）。是認できるということの審査（Vertretbarkeitsprüfung）という意味での根拠づけ可能性の審査は，それが傾向として純粋の明白性の統制という結果になっても許容される。しかし，それは裁判所による仮説にもとづいた根拠づけをいつも要求する。また，この根拠づけ可能性の審査は，平等原則（基本法第3条第1項）の違反を完全に発見することができない[52]。

　連邦行政裁判所の基準による根拠づけ可能性の審査は，行われた行政上の措置が積極的な純益をもつことをおそらく保証していない。

　比例原則はつぎのことを保証するだけであって，これを受け入れることはできない。

− 完全に実効性がない決定（適合性）か，

− その決定には別の選択肢が存在するのであって，そこでは同じ便益があるにもかかわらず，それよりも僅かな負担しか生じないか（必要性），それとも

− 不適切な（unangemessen）侵害である決定か，ということ（狭義の比例原則）。
積極的な純益の保証のための道具としての適合性の機能に関しては，行政上の措置が一定の目標の実現に貢献するが，重大な不利益をもたらし得るということ。その上，必要性の審査はつぎのことを確実にするだけである。すなわち，同じ実効性の場合に，選択された目標について，あらゆる点においてこれ以上僅かな負担しかもたらさないような選択肢は存在しないという（これ以上の負担をもたらす選択肢は存在しないという）解決方法だけが裁判所の統制に合格する。全体的な考察を行い，総ての保護された法的地位をこの審査の中に入れる場合にのみ，以上

（52）　Hofmann, S, 339.

述べたことは通用するのである[53]。

　結論としてなされた決定は，これについてパレート優位な（pareto-superior）選択肢が果たして仮説上存在するか，に即して判定される。これが存在しない場合には，審査すべき行政上の措置は必要性の原則に合格する。ある行為の可能性がどのような観点からも悪くなく，少なくとも1つの点ですぐれていれば，他の行為可能性に対してパレート優位である。このため，パレート優位な行為の可能性が存在しない，総ての行為可能性は，パレート最適（pareto-optimal）と呼ばれている。このように把握された必要性の基準により，僅かな選択肢しか排除されない。その理由は，真剣に考えられた解決方法は他の解決方法と比較して利益だけをもち，不利益をもたないということは頻繁に起こらないからである。このことはまた，必要性の観点が計画法上の衡量原則において基準の提供という意味での明瞭性をもたないことを表しているのである[54]。

　最後に，狭義の比例原則は，なされた行政上の措置が裁判所の目から見て強い消極的な純益をもたらさないことを保証している。その理由は，先にみたように，連邦行政裁判所の判例が指摘するように，関係する利益の1つがまさに不適切に無視されたことにより，計画上の形成の自由の限界を超えることになるからである。公益と私益の間で調整が行われなければならず，これは個々の利益の客観的な重要性に対して不釣り合いにならない，ということである（衡量の不釣り合い）。裁判所の確信から判断して，決定がかなりの程度の消極的な純益をもっているときにのみ，個々の利益の重要性との関係で，調整は，つまり衡量の結果は不釣り合いになる[55]。

---

(53)　以上 Hofmann, S.339.
(54)　Hofmann, S.340; これとの関連でアレクシーはつぎのような指摘をする（Robert Alexy, Die Gewichtsformel, in: Gedächtnisschrift für Jürgen Sonnenschein, 2003, S.771(772)）。アレクシーの原理と準則の区別は既に見たところであるが，この区別の中，原理としての性質は実体的基本権の最も重要な基本原理，つまり比例原則を内包しており，そして逆に比例原則は実体的基本権の最も重要な原理である。適合性，必要性，および狭義の比例原則という3つの部分的な原理である比例原則は，事実上の可能性についても，法的な可能性についても出来る限り広範な実現を要求する。適合性と必要性は事実上の可能性についての最適化の要求を表現する。これは衡量原則ではなく，（衝突する）他の原理を犠牲にすることがない基本権侵害の回避である。つまりパレート最適（Pareto-Optimalität）である。これに対して，比例性の原則（Grundsatz der Proportionalität）と呼ばれている狭義の比例原則は法的な可能性についての最適化であり，これが衡量が行われる土俵（Feld）である，という。
(55)　Hofmann, S.341.

b）根拠づけの統制

aa）過程の統制　行政法（行政手続法）は理由付記（理由の提示）義務規定を置く[56]。ホフマンによると，裁判所の審査はここにおいて規定された行政庁の理由付記に関係する。理由付記において示された行為についての行政庁の正当化に瑕疵がないときには，これは原則として，決定の実体的適法性を含意する[57]。これに対して，理由付記において示された国家の裁量行為の瑕疵ある根拠づけは，更なる要件を留保して取消に行き着く。

つぎのような基準が守られなければならない。すなわち，積極的な純益という意味での正当に行われた衡量の結果だけが基本権侵害を正当化することができるのであるから，裁判所の統制についての理由付記義務の本質的な任務は，行政上の措置の利益が全体として不利益よりも大きいことを行政庁がいかなる考慮から確信するに至ったかを，跡づけができるやり方で示すことである。このためには，関係する利益の侵害に合理性がない（Unzumutbarkeit）[58] もしくは比例関係に立たない，ということだけを提示したり統制したりするだけでは不十分である（分割された衡量）。換言すると，分割された理由付記ないし根拠づけは，行政上の措置が根拠づけ可能であることを説明するが，積極的な純益という意味で正当に衡量されたことを説明していない。

衡量の結果の統制という意味での補充的な根拠づけ可能性の審査において逃げ道が存在するであろう。事実上衡量の結果に付せられた衡量の釣り合い（比例性）の要求は，その統制が全体的な衡量の枠内で行われること，つまり関係する総ての保護に値する利益が審査の中に入れられるときは，審査される行政上の措置は強い消極的な純益をもっていないことを確実なものにする。これが欠けているのは，行政裁判所が統制を原告の「自己の利益」に限定している場合である。

bb）利益の客観的な重要性　衡量決定の統制のための「利益の客観的な重要性」が問題となる。これについて，連邦行政裁判所が何らかの詳細に規定するべき**道徳的実在論**（moralischer Realismus）の形式に同意しているという仮説は

---

(56)　先に述べたように連邦の「行政手続法」（Verwaltungsverfahrensgesetz）は，第39条第1項において，理由付記義務（Begründungszwang）の規定を置くが，ここで注目すべきは「裁量権の行使に際して前提とした観点」の通知義務である。行政手続法の成立過程においてこの規定が設けられた経緯については，海老沢俊郎・行政手続法の研究（成文堂，1992）295以下の説明を参照。

(57)　Hofmann, S.341.

(58)　訳語の問題であるが，Unzumutbakeitという言葉は刑事法学では「期待可能性」の有無に係わる概念を表す言葉であるが，本書では独英辞典を参考にして本文のように訳しておいた。

説得力があるものでない。裁判所は客観的な重要性の本質について詳細な説明をしていないのである。道徳的実在論からみれば，行政庁によってなされた利益についての重要性判定は，それぞれの「客観的な重要性」を手がかりにして統制されなければならない。しかし，**道徳的懐疑主義**（morarischer Skeptizismus）からみれば，相対的な価値判断の法的な是認可能性（Vertretbarkeit）が客観的な基準なしに統制されなければならない。道徳的懐疑主義によるならば，行政の決定と裁判所の決定の違いは制度的な配置の中にある。多数者が分け合っている確信が共存する社会においては，行政庁の価値判断は重要な役割を果たす。これは民主主義論的観点からは，原則として危惧する必要がないものである。裁判所は憲法上保障された独立性があたえられている。基本法第97条第4項は執行府からの裁判官の実質的独立性を保障している。価値判断の統制についての裁判所の権限については，道徳哲学的観点からも，憲法上の観点からも何の異存もない[59]。

　つぎに指摘しておくべきは，連邦行政裁判所は明らかに利益の重要性の判定に際して，極端な瑕疵だけを裁量瑕疵がある，と考えていることである。行政に対して認められているこのような自由な判断の領域の正当化については，実在論的立場も懐疑主義的立場も，結論においては僅かに不一致がみられるものの，開始点においては一致している。実在論からみれば，こうした裁量領域の正当化は価値判断に際しての不確実性を本質としている。しかし，懐疑主義の立場からみれば，それの正当化は実効性と効率の考慮にもとづく。すなわち，裁判所には制限された価値判断の権限だけをあたえるという立法者の決定を本質としている。同じように原則的な識別の困難さをもっている構成要件の側面に定住している評価の問題に際して，裁判所は国家によって行われた価値評価を自分の価値判断に代えることができるかということを，道徳的実在論で説明することは困難である。これに対して，道徳的懐疑主義からは，この現象は容易に説明できる。これによると，最終的決定権と，自分の価値判断をもって国家の決定主体の行為に代替する権能を裁判所にあたえることは立法者の決定であるにすぎない，ということになる。

　裁判所により行政庁に対してあたえられた裁量領域の広がり，つまり審査の尺度は以上の考察だけでは決められない。行政庁にあたえられた裁量領域は回廊（Korridor）の構造をもっている，ということだけが確実にいえるだけである。すなわち，行政裁判所法第114条第1文とともに価値評価に関しては「裁量権の限

---

[59]　Hofmann, S.344ff..

界」が存在する，ということである。道徳的実在論にとっては，行政庁の裁量領域は客観的に正しい価値を含み，無限に大きなものでない間隔（Intervall）として現れる。しかし道徳的懐疑主義にとっては，国家の能率性という点からみて，是認できる（vertretbar）決定を，別の是認できる決定に代えるということは不利益である，という指導理念が重要なのである(60)。

cc）個々の利益についての重要性の統制　正当な衡量は個々の利益についての重要性の判定を前提としている。衡量の結果と衡量の過程の統制のために根拠づけの統制に固執することは2つの意味をもつ。

第1に，衡量決定は，それの結果について判定されるだけでなく，個々の利益についての評価が果たして裁量の瑕疵なくして行われたのか，ということについても判定される。このため，個々の利益の評価に関する跡づけができる説明を理

---

(60)　以上 Hofmann, 346. 以上の説明に使われている「道徳的実在論」(moralischer Realismus) と「道徳的懐疑主義」(moralischer Skeptizismus) に関するホフマンの説明を簡単に要約して紹介しておく（Hofman, S.304ff.）。なお，ここでは，哲学に関連する文献も引用されているが，本書の目的はホフマンが述べる概念の概要を知ることでもあるから，ここではこうした文献に触れて，検討することはしない。

　道徳的実在論についてみると，価値判断についての観念を，認識し得る，そして人間から独立して存在する実在（Entitäten）として考察するならば，この観念は古代のギリシャ哲学に遡るのであり，世紀の進行により多様な特色をもつにいたる。ここでは，価値判断の認識論のために主張されている見解の変動幅が重要である。ある学説によると，客観的な価値は総ての人が本質的に同じように分かち合っているものであり，価値は人間の認識から独立して存在するイデーである。しかし，正しい価値判断は認識の過程として同定され得るのであるから，道徳的実在論の主張者に対しては，正しい価値判断の科学的な規定にとっては納得ができるような方法論は存在しない，という異議が提起される。それ故に，そもそも価値判断は認識の対象なのか，ということになる。いずれにしても客観的な価値論は1世紀以上も前から，こうした困難性の故に否定された。

　道徳的懐疑主義についてみると，20世紀のアングロ・サクソンの道徳哲学（die angelsächsische Moralphilosophie）においては，客観的な前提の対極にあるものとして主観的な基礎づけが発展した。その基礎づけとは，価値判断は認識される（erkennen）のではなく，下される（fällen）というものである。これにしたがうと，価値判断は認識可能な対象としては現れない。それ故，評価の問題は科学的手段によっても解決され得ない。因みに，この道徳的懐疑主義は連邦政府が「環境影響評価法」(Umweltverträglichkeitprüfungsgesetz, UVPG) の法律草案の理由書作成のために依拠した，環境問題専門家委員会が1978年に鑑定書において主張した立場でもある。この鑑定書はつぎのような指摘を内容としている。すなわち，専門家委員会は，媒質を超えた環境に対する被害の全体的な考察については，決算単位（Verrechnungseinheit）が存在しないために，意見表明をすることができない，というものである。しかしながら，このような懐疑的な立場を採る者は，自然科学の領域においてすら，公理の設定なくして認識はあり得ないという異議に晒されることになる。認識は決して無から（ex nihilo）始まらない。価値認識は他の認識と同様に，同じルールにしたがい，それ故に原則としてそれらと同じ尺度に即して測定される。

由付記において要求する。

　第2に，この枠内で個々の利益の重要性の判定が扱われる根拠づけの審査は，無瑕疵の裁量決定をもとめる請求権に対して影響をおよぼす。自由な判断の領域の境界を踰越した利益の評価において重要な裁量瑕疵をみる場合には，原告の「固有の利益」に裁判所の審査を制限することは，この観念に反する。

　行政裁判所法は第113条第1項において「行政行為が違法であり，かつ，これにより原告の権利が毀損される限り，裁判所は行政行為および異議審査決定を取り消す」という規定を置く。伝統的な解釈によると，行政行為の違法性の確認については，全部の客観法の審査が要求される。たとえ毀損された規範が専ら公益に奉仕するものであっても，これを厳格に遵守していれば行政行為は原告に有利になるという客観的な可能性を裁判所が認めた場合には，原告の権利毀損は肯定される。衡量瑕疵論との関連でいえば，原告の目からみて無縁な（fremd）利益がまさに是認できないやり方で無視された場合には，ここから衡量の結果が正当でないという結果が生じるのであり，これは原告に対する負担の正当化を完全に失わせるものである。衡量決定は互いに織り合わせられた公益と私益の間の関係から成る網状を示すのであり，それ故に1つの利益を顧慮しないこと，または，それについての間違った判定だけで衡量という建築物は崩壊する。このことは，利益の評価は決定に係わる総ての利益を拘束するということを意味している。したがって，事業計画に味方する利益の過大評価は必然的に，そして直接的に，事業計画と対立する原告の利益の過小評価を意味する。

　更に連邦行政裁判所の判例によると，衡量原則は，法的に保護された利益の正当な衡量をもとめる主観的な権利を原告にあたえる。同裁判所の判例によると，衡量原則には衡量にとって重要な総ての利益について第三者保護の性質があたえられる。したがって，原告は衡量においてその重要性に応じて自分の利益が使い果たされる（abarbeiten）ことをもとめることができる。裁判所はこのことを，原告の利益と，それに対抗する利益との間の相互関係の故に，「他人の」（fremd）利益の重要性を判定する場合も統制することができる。このことは通常，衡量の過程の統制と，それ故に根拠づけの統制を要求する[61]。

　dd）不釣り合いという観点からの統制　　衡量決定は行政決定にとっては不可避の，そして立法者によっては一義的に定められない重要性判定についての複雑な要求に服する[62]。

---

(61) 以上 Hofmann, S.346ff.
(62) Hofmann, S.367ff.

第2編　衡量原則

　第1に，価値判断は行政の任意に委ねられていない。むしろ裁判所は，不当に或る利益が無視されたか，または，それの客観的な重要性と不釣り合いに或る利益が衡量の中に入れたかを審査する。これはむしろ行政決定における理由付記での言明に頼るのが普通である。連邦行政裁判所が前提とするところは，根拠づけの統制であると理解しなければならない。この枠内において，個々の利益についての瑕疵ある評価も裁量瑕疵として通用するのである。

　第2に，裁判所は法律によって指示された特定の利益の意味が充足されたか，ということ（最適化の原則［Optimierungsgebot］）を審査しなければならない。

　第3に，連邦行政裁判所はあらゆる種類の衡量について，収支決算的考察方法が必要であると考えている。要求されるのは，関係する利益の全体的な衡量（Gesamtabwägung）である。或る行政上の行為の不利益の一部分を，利益全体と比較するという意味での分割された衡量（segmentierte Abwägung）は，原則として許されない。

　第4に，基本法第3条第1項（平等原則）を媒介として，先行する決定の評価も裁判所の統制の中に流れ込む。このために，衡量の結果だけでなく，理由付記において示された衡量の過程が着目される。

　ホフマンは以上のように衡量の内容について原則的な事項を述べるが，特に衡量における不均衡ないし釣り合いが取れないということについて，更につぎのような説明をする[63]。

　すなわち，稀であるが2つの価値（Güter）の衡量が問題になっている場合には（bikriterielle Abwägung），いかなる価値が，いかなる量において関係しているかということについては，行政決定の主文が統制にとって必要な衡量された価値関係に関する情報を提供する。これに対して，複合的な行政決定（komplexe Verwaltungsentscheidungen）は相対的な価値判断について，裁判所の審査において根拠づけの統制を行おうとするときには，こうした情報を提供することができない。2つの利益の衡量が問題となっている場合と異なり，3つ以上の場合には，行政庁が基礎とした評価を，主文および質や量に関する価値の言明から逆推論することはできない。その原因は，外部の者からみえない相互の過大な評価と過小な評価（Über- und Unterbewertungen）の補償を本質としているからである。これは法的に許容されない重要性の判定さえも含み得る。利益が衡量の中に入れられほどに，それにつれてこの問題は先鋭化する。しかしながら，「僅かな」，「中程度の」，

---

[63] Hofmann, S.369ff.

「高度な」にみられるように，一義的な価値関係の形成が放棄されている言語的表現（verbale Artikulation）が普通である。国家決定のいずれの要素が裁判所の審査に服するか，という問題が生じる。裁判所の審査がどの程度強く，または，強くあらねばならないか（審査の尺度）ではなく，果たして個々の評価がそれぞれの客観的な重要性に対応しており，その集積が法治国的な要求を充たしているかということを，裁判所がどの程度まで確認できるか，という問題である。

3つまたはそれ以上の利益にかかわる衡量決定に際しては，裁判所は行政によって行われた価値判断を逆推論することができないので，これを判断するためには，なされた価値判断に関する理由付記における情報が頼りである。しかし，自然言語による方法ではこれはできない。例えば，「僅かな」，「中程度の」，「高度な」という表現は極めて曖昧であるので，果たして何らかの（裁判所によって調査された）法的に許容される評価についての構成（Satz）をもって決定内容が根拠づけられるのか（根拠づけ可能性の審査，結果の統制）を裁判所は審査することができるだけである。したがって，裁判所は個々の価値評価に介入することができず，このため，根拠づけ可能性の審査という限定された手段でのみ，価値評価に介入することができるだけである。

価値関係についての自然言語的な表現はつぎのような結果になる[64]。すなわち，裁判所は重要性の判定については根拠づけの審査を行うことができず，行政裁判所法第114条第1文の領域の観念のために，自制的に実現された根拠づけ可能性の審査だけができる，ということである。これは個々の価値評価を行政の殆ど完全な任意に委ねてしまうことでもある。

　　ee）数字による説明の可能性　　まず，価値判断の内容的統制は，行政庁によってなされた個々の価値評価が裁判所に対して十分に正確に伝えられている場合にのみ可能である。これには数字を使って容易に応じることができる。このためには，必要とされている相対的な価値判断を表現する決算単位（Verrechnungseinheit）が形成されなければならない[65]。

第2に，衡量において登場する或る利益に，いかなる「特別の重要性」（besonderes Gewicht）が帰属しているか数字で内容豊かに表現することが可能である。例えば，これについての法律による指示がいかに不正確に規定されていようが，行政庁がいかなる価値を，最適化の原則によって前景に置かれた利益に対してその他の利益との比較において付与したのかということを，数字を使って明確に述

---

(64) Hofmann, S.372.
(65) Hofmann, S.372.ff.

第２編　衡量原則

べることができる。

　第３に，全体的な衡量のために必要な収支決算的考察方法に十分に応えるために，数字をもって——実務では点数による評価または通貨——明確に表現することができる。全体的な考察の下で，利益が不利益を凌駕することが国家行為の正当化のために決定的に重要であるから，連邦行政手続法第39条第１項で規定している理由付記は，行政庁の衡量が決定に際してなされた価値判断も含めて，裁判所にとって跡付けができるものでなければならない。既に数字使用に際しての総計の形成の可能性は，数字による方法が利益の一義的で，論理的に首尾一貫した透明な集積を，より一層すぐれて明らかにすることが分かる。

　最後であるが第４に，様々な事案との比較において基本法第３条第１項の平等原則によって要求される決定の連続性に関する一貫性の統制（Konsistenzkontrolle）が実質的に実現される。自然言語的な重要性の表現とは異なり，決算単位の使用は，先行する決定における個々の利益の重要性の判定に裁判所が介入することを可能にする。

結論と展望（日本法への提言も含めて）

　第1編および第2編の記述を，殆ど触れることができなかった日本法への提言を含めて，以下のように箇条書きで要約をする。
1. 日本においては，総ての行政決定に共通する「裁量」について体系的な説明が存在していない（没体系性）。裁量論という建築物を建てるための大工道具（道具概念）さえも異論がある状態である。裁量についての共通の像を求めるために「症例報告集」（典型的には判例集）を読み込んでも，そこからは何も出てこないであろう。特に重要なことは，現在の日本の憲法から見た裁量論の再構成である。権力分立論，法治主義，権利保護などの憲法原則とのすり合わせが改めて必要である。
2. 裁量に関する「思考パラダイムの転換」がどうしても必要である。このため，第二次世界大戦後の基本法下でのドイツ議論をみると，1950年代に注目すべき議論が登場し，その議論がその後発展して現在の「規範的授権論」にまでにいたる過程があることが分かる。
3. こうした過程においてはいくつかの標語が唱えられてきたが，特に行政裁量の本質を表す言葉として「法律附従的裁量」に注目すべきである。この言葉は計画裁量と区別された通常の裁量観念と結びつけられて用いられることもあるが，行政裁量の性質を表すために広く用いられている。この「附従性」とは，例えば抵当権は被担保債権が成立しなければ成立することはできず，それが消滅すれば消滅する，というように，主たる権利と運命をともにする現象を指す。被担保債権に代わって法律が登場するのであるが，これが行政裁量の本質を表す言葉として唱えられる。
4. 行政裁量の問題は権限の所在の問題である。すなわち，ある事案についてそれを最終的に判定する権限が行政にあるのか，それとも，裁判所にあるのか，という問題である。法律が不確定な（曖昧な）概念を用いた規定を置いても（「不確定法概念」と呼ばれる），それを最終的に解釈適用するのは裁判所である。それについて自由な判断の領域が行政に承認されたことにはならない。しかし，この原則の例外として承認されたのが「判断余地」である。これは「規範的授権論」が唱えられるようになってからは「判断授権」という

第 2 編　衡　量　原　則

言葉も使われるようになったが，行政に対してこのような自由な判断の領域を承認するのはあくまでも例外であるとされる。その理由のひとつが，公権力による権利の毀損に対して裁判所の権利保護を保障する，基本法第19条第4項の存在である。判断余地（判断授権）のような行政裁量の承認を議論の出発点とするのではなく，権利保護を前提とした議論をするのである。

5．判断余地論はその後に唱えられた「規範的授権論」によって影響を受けた。規範的授権論は法適用に際しての行政の裁量領域の根拠づけを，言語的・規範論的な前提から解放して，それに代えて「立法者による授権」に求めたことに功績がある，とされる。現時点におけるドイツの裁量論の通説であると思われる。この議論自体独自の判定基準を提供するのではない。しかしまず指摘すべきは，この議論が行政裁量の本質についての体系的な説明をしている点である。他の領域でもそうであるが，例えば法律学の国家試験のような「試験」の領域での議論の背景には規範的授権論が提供した体系的な思考が存在し，この議論はこうした思考によって絶えずテストされるのであるから，この議論の発展には著しいものがある。

6．この規範的授権論を日本にそのまま導入することを提唱したい。この議論は晦渋なドイツ的（観念論的）な議論からも解放されており，日本人にとっても分かり易い。この議論を前提としたうえで，ドイツ人が提唱する解釈のために自由に用いられる「定型化した概念の一覧表」を作成したら良い。その際に，取消訴訟の原告適格判定に際して行った議論と同様なやり方で議論をしたら良い思う。現にドイツでは，判断余地（判断授権）の議論をすることは，保護規範説での議論と対比される。この議論のためには，憲法論も当然のことであるが，裁判所の手続の特性や能力に着目した機能論的議論も必要である。

7．本書の後半部分である「衡量論」においては計画法において発展してきた衡量原則が重要であって，ここでの議論が他の法分野においても模範を提供していることを示している。計画法に関する連邦行政裁判所の偉業（1969年12月の判決）と，これを承けた学説の展開には注目すべきである。このため，本書は学説については，かなりの頁を割いて紹介もした。この紹介を通して，法律学における「学説」のあるべき姿に注目しても良いと思う。

8．衡量は，法律家が解決を迫られている事案の本質を究明する作業に際して，日常茶飯事として意識的・無意識に行っている作業である。多くの場合はそれで済むであろう。しかし問題は2つある。1つは「同一尺度では測れな

い」(incommensurable, inkommesurabel) 利益の間に衡量が可能なのか，という問題が当然に生じる。こうした利益間について果たして統一的な規範的な尺度が存在するのか，という問題である。教科書レベルでも登場する「日光太郎杉事件」が典型であろう。これは衡量の原理論でもあり，この議論に際しては順序尺度，間隔尺度，比例尺度，などの概念も登場する。本書では本格的に扱えなかったが，これからの世代の法律学者は正面から取り組んで欲しいところである。もう1つは，特に計画に係わる事件に見られるのであるが，日本の裁判所は広範な裁量権が計画行政に不可欠であることを力説した後で，その舌の根も乾かぬうちに，突然に「衡量論」を展開することがある。これをドイツでは drohende Knüppel aus dem Sack（袋から〔隠し持った〕棍棒を取り出して威嚇する）と言うそうである。法を解釈適用するという裁判所の任務からみれば当然のことであろうが，法律構成としては工夫が必要であろう。

9. ドイツでは衡量原則は「比例原則」が適用される場合のひとつであるから，こうした問題は，裁判所が打ち立てた客観的な基準ないし定点からの距離の議論として理解されている。

10. 衡量の過程論と行政手続論の間の距離は近い。EU法を国内法に転換するために，建設法典の改正が行われ，その際に衡量過程を手続規定とすることも試みられた。大胆な試みであったが，結局不徹底なものに終わった。その理由はいくつかあるが，ひとつには，建設法典などでの手続が「外部手続」だけを指すのであって，「内部手続」を含まない，という理解があるからである。手続概念をこのように限定したために，外部手続に属しないものは挙げて実体法の中に入れられた。衡量過程もそうである。こうした背景があるから，衡量過程の総てを手続法上の現象として立法することには躊躇があったのである。

11. 日本の裁量統制論において明確に意識されていない権力間の権限配分という観点からみて，9で述べた点と併せて責任論の観点からも司法審査の程度を判断すべきである。

事項索引

あ 行

曖昧性……………………………… 115
イェリネク(Georg Jellinek)…………… 43
イェリネク(Walter Jellinek)……… 24,113
意思的裁量(volitives Ermessen)……… 76
意思的または行為裁量(volitives oder Handlungsermessen)……………… 78
板ガラス判決……………………… 239,309
遺伝子工学………………………… 156
遺伝子工学法……………………… 169
意味論(semantics)………………… 105,114
ウィーン学派………………………… 50
ヴュール判決……………………… 159
越権(excès de pouvoir)……………… 16
演繹的説明モデル(das deduktive Begründungsmodell)……………………… 107
欧州法の了解……………………… 331,345
欧州連合指令に建設法典を適合させるための法律……………………… 323,327

か 行

概念外延(Begfiffsumfang〔Extension〕)… 117
概念思考から決定思考への転換…… 132
概念内包(Begriffsbedeutung〔Intension〕)
…………………………………… 117
概念の核(Begriffskern)…………… 120
概念の暈(Begriffshof)……………… 120
概念の本質をめぐる解釈…………… 134
外部的裁量瑕疵(äußere Ermessensfehler)
………………………………………… 68
外部手続………………………… 307
概略的選択………………………… 243
確定し得る法概念と自由に充填し得る裁量概念の二分法……………… 24
仮言命題…………………… 219,226,228
瑕疵に対する計画の脆弱性………… 324
瑕疵の明白性……………………… 318
瑕疵論の二重底性………………… 357
価値概念………………………… 84,125
過程の統制と結果の統制…………… 316
間隔尺度………………………… 374
環境影響評価法(Umweltverträglichkeitsprüfungsgesetz)……………… 327
環境汚染防止法………… 107,121,168, 177,199,225,271
環境審査(Umweltprüfung)…… 328,330, 345,351
環境報告書(Umweltbericht)…… 330,345
環境法典(案)……………………… 198
環境法と技術法における規範具体化権能………………………………… 156
機会平等原則(Chancengleichheitsgrundsatz)……………………………… 146
危険防止(Gefahrenabwehr)……… 173
技術条項………………………… 155
記述的不確定法概念(deskriptive unbestimmteBegriffe)…………………… 90
機能論…………………………… 134
規範具体化の限界………………… 168
規範構造………………………… 126
規範的授権論(normative Ermächtigungslehre)……………………………… 123
規範的不確定法概念(normative Rechtsbegriffe)………………………………… 90
規範統制訴訟……………………… 324
基本法第19条第4項………………… 37
義務に適った裁量………………… 61,64
客観的重要性…………… 235,244,252
――の判定……………………… 279

事項索引

客観的法保護(objektiver Rechtsschutz)
　……………………………… 35,204
旧連邦建設法(Bundesbaugesetz BBauG)
　………………………………… 213
狭義の比例原則………………… 383
行政規則による規範具体化…… 166
行政責任………………………… 208
行政責任論………………… 134,367
行政の留保……………………… 206
グルート(Oskar Gluth)………… 19
訓令から独立した合議体の決定… 147
計画維持(Planerhaltung)……… 325
計画維持原則(Planerhaltungsgrundsatz)
　………………………………… 317
計画確定決定…………………… 215
計画決定における調整原則…… 254
計画原則(Planungsleitsätze)…… 286,293
計画裁量(Planungsermessen)… 218,223
計画上の形成の自由(planerische Gestal-
　tungsfreiheit) ………………… 218
計画的形成の自由……………… 223
計画の正当化(Planrechtfertigung)… 293,296
　――と衡量原則の関係 ……… 303
計画の選択肢…………………… 248
計画の法律適合性と衡量原則の関係… 301
経験概念…………………… 84,125
決定裁量(Entschließungsermessen) …… 56
厳格な規範と衡量の指示……… 288
権限の問題としての判断授権… 136
原子力法…………………… 156,159,271
原子力法上のリスク概念……… 172
建設管理計画(Bauleitplan)… 213,218,323
建設法典(Baugesetzbuch BauGB)… 214,236
権力分立的・国家論的手法…… 130
行為規範…………………… 235,238
行為裁量(Handlungsermessen od. Verhal-
　tungsermessen) ……………… 56,83
効果裁量としての裁量………… 55

構成要件的効力(Tatbestandwirkung)… 125
構成要件における開かれた衡量…… 360
合目的性と権利保護…………… 204
合目的性の規範化……………… 203
衡量統制の明白性……………… 362
衡量と尺度……………………… 374
衡量に際しての誤った判定…… 277,278
衡量の過程(Abwägungsvorgang)… 316,318
衡量の結果(Abwägungsergebnis)
　………………… 308,316,318,353
衡量の結果に対する影響……… 321
衡量の欠落(Abwägungsausfall)
　………………………… 237,241,257
衡量の資料の収集………… 243,246
衡量の資料の調査……………… 348
衡量の資料の評価について…… 349
衡量の段階……………………… 243
衡量の中に利益を挿入する過程… 250
衡量の不足(Abwägungsdefizit)
　………………………… 237,242,257
衡量の不釣り合い(比例関係に立たない
　こと) ………………………… 342,349
衡量の遍在性…………………… 231
根拠づけ可能性の統制………… 384
根拠づけの統制…………… 389,390

さ　行

最終的決定についての行政に対する
　授権 …………………………… 140
最適化(Optimieren)…………… 285
最適化の原則(Optimierungsgebot)
　………………………… 199,279,289
裁判所の機能…………………… 370
裁量瑕疵論の歴史……………… 25
裁量権行使に際しての考慮事項の追完
　と補充 ………………………… 71
裁量権行使の欠落(Ermessensmangel,
　Ermessensausfall) …………… 66

398

事項索引

裁量権誤用への縮減……………70
裁量権零収縮……………… 229
裁量権の過小行使(Ermessensunterschreitung)………………………66
裁量権の誤用(Ermessensfehlgebrauch)…66
裁量権の不行使(Ermessensnichtgebrauch)……………… 66,241
裁量権の濫用………………67
裁量権踰越(Ermessensüberschreitung)…66
──への縮減………………70
裁量権踰越・濫用の審査…………… 4
三段論法……………… 133
試験での決定……………… 140
試験に特有の評価(prüfungsspezifische Wertungen)……………145
試験に類似した行政決定………… 147
事実関係の評価の自由としての裁量論……………………19
事実的不確定法概念(faktische unbestimmte Rechtsbegriffe)………………90
実効的な権利保護原則……………38
実体的基本権にとっての重要性(Grundrech tsrelevanz)………………39
実体法上の衡量過程から手続的要素への転換………………341
実体法的意味の衡量原則…………236
自由裁量と覊束裁量の区別………57
収支決算的考察方法…………383
収支決算を行う全体的判断…………254
重要性と優位相当性……………281
重要性に関する誤った判定(Fehlgewichtung)………………237
重要性の判定……… 244,272,349,355
──と計画代替案……………253
──と調整の関係……………254
主観的法(権利)保護……………204
主観的法保護(subjektiver Rechtsschutz)………………………35

受容概念(Rezeptiosbegriff)………… 154
順序尺度……………… 374
消極的候補者〔negative Kandidaten〕……………… 105,116
条件的規範構造(die konditionale Normstruktur)………………40
条件プログラム……………… 221,224
諸般の事情条項(Lage-der-Dinge-Klausel)……………… 250
真実の推定……………… 270
診断的調査……………… 244,246
随意の残存空間(ein Restraum subjektiven Fürrichtighaltens)………… 59
数字による衡量の説明……………375
積極的候補者〔positive Kandedaten〕……………… 105,116
是認可能性論(Vertretbarkeitslehre)……88
ゼロ・オプション(Nulllvariante)…249,382
選択裁量(Auswahlermessen)………56
専門家委員会報告書……………335
総合計画(Gesamtplan)……… 213
相対的重要性判定説……… 274,277,281

た 行

多義性と不一致……………… 114
多元的な利益代表者の場合………148
地区詳細計画……………… 215,218
中立的候補者……………93,105,116
調査の瑕疵と環境審査……………351
調査の瑕疵と衡量……………351
調整的決定……………… 245,349
定型化した概念の一覧表……… 128,138
適正な衡量の原則……………232
手続の根本規範(Verfahrensgrundnorm)……… 236,340,342,343,347,350,351,353
手続の奉仕的機能……………337
手続法的意味の衡量原則………236
テツナー(Friedrich Tezner)…… 19,20,28

399

事項索引

同一尺度で測ることができない利益の
　衡量……………………………………… 372
統制規範………………………………235,238
統制経済の理由(kontrollökonomische
　Gründe)………………………………… 313
道徳的懐疑主義………………………387,388
道徳的実在論……………………… 10,386,387
特定部門計画(Fachplan)……………… 213
独立した重要性の判定説………………274,277
土地利用計画……………………215,218,324

な　行

内部的裁量瑕疵(innere Ermessensfehler)
　…………………………………………… 68
内部手続………………………………… 307
認識的裁量(kognitives Ermessen)…76,79

は　行

排除効……………………………………… 271
配慮原則(Rücksichtnahmegebot)…283,293
パラコート判決………………………… 190
パレート最適…………………………… 385
パレート優位…………………………… 385
判断裁量(Beurteilungsermessen)…… 83
判断授権………………………………… 126
　──と行政規則………………………… 165
判断余地(Beurteilungsspielraum)…18,83,85
　──が認められる領域………………… 95
　──の限界……………………………… 98
判断余地論から規範的授権論への
　展開…………………………………… 114
判定裁量………………………………… 83
判定的裁量(Urteilsermessen)………… 79
必要的衡量の資料……………………… 246
ひどい違反(grobe Verstöße)………… 372
評価の瑕疵……………………………… 352
評価の特権(Einschätzugsprärogativen)
　………………………………………139,151

比例関係に立たないこと
　(Disproportionalität)……………… 238
比例原則………………………………… 232
比例尺度………………………………… 374
品種委員会……………………………… 148
フォン・ゲルバー(Carl Friedrich von
　Gerber)………………………………… 30
フォン・ラウン(v. Laun)……………… 30
不確定概念……………………………… 18
　──から不確定法概念への転換……… 19
不確定法概念…………………………… 18
　──における法の解釈と事実認定…… 83
プロイセン一般州法典………………… 26
紛争解決原則(das Gebot der Konflikt-
　bewältigung)……………………283,293,295
文法的解釈……………………………… 15
裁判官の覊束された裁量と，行政の
　前法律的な自由な裁量の対比……… 17
文法的解釈(文理解釈)………………… 18
ベルナツィク(Edmund Bernatzik)…… 19
法原理と法準則の区別………………… 285
包摂裁量(Subsumtionsermessen)…… 83
包摂における行政の自由な判断の余地
　………………………………………… 84
法的に覊束された裁量……………… 61,64
法の欠缺論……………………………… 58
法律概念から決定思考への転換……… 133
法律附従的権能(die gesetzesakzessorische
　Befugnis)…………………………… 53,55
法律附従的裁量(gesetzakzessorisches
　Ermessen)…………………………… 54
法律の制御力の喪失…………………… 197
　──と衡量………………………… 200,357
法律の優位……………………………… 14
法律の留保……………………………… 14
法理論的・規範的手法………………… 130
保護規範説(Schutznormlehre)……128,294

ま 行

O.マイヤー……………………… 28, 31
間違った予測…………………………… 153
3つの領域モデル論(Drei-Sphären-Modell)
　………………………………… 113, 117
明白性の統制…………………………… 384
明白性の留保…………………………… 372
明白な衡量の瑕疵……………………… 362
免除裁量(Dispensermessen)………… 57
目的プログラム……………… 220, 221, 224
目的論的規範構造(finale Normstrutur)…40
目的論的プログラム…………………… 107
問題解決原則(Der Grundsatz der Problem-
　bewältigung)………………………… 295

や 行

薬品法上のリスク……………………… 179
唯一の正しい決定……………………… 196
予測概念(Prognosebegriff)… 122, 133, 150
予測決定(Prognoseentscheidung)……150
　──の審査基準 ……………………… 152
予測的調査…………………………244, 246
予測について要求される事項………… 249

予測による調査………………………… 249
予測の基本事項………………………… 249
予測の限界および裁判官による統制…250

ら 行

ラーバント(Paul Laband)……………… 16
利益の重要性に関する誤った判定… 257
利益の重要性に関する瑕疵の判定… 280
利益の調査(第1段階)………………… 246
利益の調査と挿入……………………… 255
利益の調整に関する瑕疵の判定…… 280
利益を衡量の中に入れること……… 244
リスク概念……………………………… 171
リスク行政と法規範…………………… 195
リスク行政の決定手続………………… 194
リスク決定と衡量……………………… 193
リスク決定と判断余地………………… 189
類型概念………………………………… 121
連邦行政裁判所1969年12月12日
　判決……………………………………217
連邦建設法(Bundesbaugesetz BBauG)
　……………………………118, 217, 236, 323
連邦建設法典(Baugesetzbuch BauGB)…118

〈著者紹介〉

海老沢 俊郎（えびさわ・としろう）

1942年東京市荏原区（現在東京都品川区荏原）生まれ
上智大学法学部卒業
同大学大学院修了（法学博士）
北九州大学（現在北九州市立大学）法学部助教授，熊本大学法学部教授，
名城大学法学部教授，同大学法務研究科教授を歴任

主要著作
単著『行政手続法の研究』（成文堂，1992年）
共著『現代行政法大系』第3巻（有斐閣，1984年）
共著『行政法』第2巻（有斐閣新書，1980年）

学術選書
263
行政法

行政裁量と衡量原則〔増補第2版〕

2021（令和3）年2月25日　第1版第1刷発行
2024（令和6）年12月20日　第2版第1刷発行
28289-02012:P420　¥9000E 012:035-005

著　者　海老沢　俊郎
発行者　今井 貴・稲葉文子
発行所　株式会社 信山社
〒113-0033 東京都文京区本郷6-2-9-102
Tel 03-3818-1019　Fax 03-3818-0344
info@shinzansha.co.jp
笠間才木支店 〒309-1611 茨城県笠間市笠間515-3
Tel 0296-71-9081　Fax 0296-71-9082
笠間来栖支店 〒309-1625 茨城県笠間市来栖2345-1
Tel 0296-71-0215　Fax 0296-72-5410
出版契約2024-28289-02012　Printed in Japan

ⓒ海老沢俊郎，2024　組版／翼／印刷・製本：藤原印刷
ISBN978-4-7972-8289-4 C3332 分類323.903 行政法

|JCOPY|〈㈳出版者著作権管理機構 委託出版物〉
本書の無断複写は著作権法上での例外を除き禁じられています。複写される場合は，
そのつど事前に，（社）出版者著作権管理機構（電話03-5244-5088，FAX03-5244-5089，
e-mail:info@jcopy.or.jp）の許諾を得て下さい。

行政手続・行政救済法の展開

西埜章先生・中川義朗先生・海老澤俊郎先生喜寿記念

碓井光明・稲葉馨・石崎誠也 編

・執筆者（掲載順）
稲葉馨／山岸敬子／岸本太樹／高橋正人／藤原靜雄／大脇成昭／碓井光明
北見宏介／石森久広／今村哲也／石崎誠也／小原清信／下井康史／渡邊榮文
駒林良則／下山憲治／今本啓介／松塚晋輔／和泉田保一／原島良成／柳憲一郎
小澤久仁男／伊川正樹

行政法研究

行政法研究会 編集

◆行政法学の未来を拓く行政法専門誌◆

◆創刊第50号特別企画
　〈特集〉行政手続法制定30周年
◆創刊第40号特別企画
　〈特集〉平成時代における行政重要判例
◆創刊第30号特別企画
　〈特集〉平成時代における行政通則法の整備
◆創刊第20号特別企画
　〈特集〉行政法の課題

信山社